U0936556

珍藏本·增订本
纪念版
汉译世界学术名著丛书

魏玛共和国史

从洛迦诺会议到希特勒上台

（1925—1933）

下卷

〔瑞士〕埃里希·艾克 著
王步涛 钱秀文 译
宋钟潢 校

SINCE1897 商務印書館 The Commercial Press

Erich Eyck

GESCHICHTE DER WEIMARER REPUBLIK

Zweiter Band

Von der Konferenz von Locarno bis

zu Hitlers Machtübernahme 1925 – 1933

根据苏黎世欧根·伦奇出版社 1972 年版翻译

目　录

下卷　从洛迦诺会议到希特勒上台(1925—1933)

前　　言

我怀着对命运的感激之情写下了本书最后一章的最后一个字。这部书所用的写作时间比我所希望的要长。遗憾的是，一个人在其80岁的后五年中已不再能像年轻时期那样迅速和持久地工作了。然而一般说来，谁在这样的高龄还可以从事学术工作，那就有足够的理由向他表示感谢了。

按照人们通情达理的估计，随着这一卷的完成我同德国史告别了。因此，或许可以允许我对我的德国读者讲一句话。你们将会在本书中碰到使这一位或另一位产生异议的叙述。我只请求这样的读者不要用“流亡者的愤懑”这一方便的说法来消除自己同作者的内心争论。我绝不想给人这种印象：我忘却了我和像我这样的人以德国人民名义遭受的不公正。但是我很清楚地知道，我应当感谢我所受的德国教育和德国的精神生活，我有许多正直的、满怀真正人道主义精神的德国朋友，使我不会受他们所暗示的那种说法的感情所支配，或者会影响到我的学术著作。如果说我有时相当清楚地说出我的批评，那完全是基于另外的考虑。和平地重建和发展我们的文明世界，没有德国人的热心合作是不可能的。但是只有当德国人在高度发展全世界公认的许多伟大才能之外也高度发展自我认识和自我批评的时

候，当他们中间许多人不坚持把任何不幸都视作只是别人的罪责而对自己只是同情这一习惯的时候，上述那种合作才具有充分的价值。因此，用不明确的语言掩饰过去错误的历史学家是对未来的犯罪。

伟大的画家马克斯·利伯尔曼说过："绘画就是省略！"这句话也适用于历史学家，如果他不想限于编制年代记，而是试图进行生动的和相互联系的描述的话。当然，决定什么可以省略，总是主观性的；但是我认为，人们将不得不承认作者的这种主观的范围，如果只是由他所叙述的细节结合成一个整体的话。

为写本书第十一至二十四章，我利用了古斯塔夫·施特雷泽曼的文字遗产，这些文字遗产的照相复制品保存在本地的公共档案馆供我使用。我尊敬的朋友、退休国务秘书汉斯·舍费尔博士先生为我提供了一大批很有价值的记录和草稿；我从中学到了很多，虽然我并非总是赞同他的观点。我在上卷前言中表示感谢的奥托·格斯勒在这期间去世，不可能对本册进行预定的详细的商讨。但是我认为自己有责任通知：格斯勒对由拉本瑙所报道、由我在上卷第322页（边码）重述的泽克特对艾伯特的答复"国防军支持我"的说法表示怀疑。格斯勒写信给我说："这样的用语不适合泽克特。"除了我的老朋友、从前的议员奥古斯特·韦贝尔和奥斯卡·迈尔等以外，对退休的中央部长冯·劳默尔先生和退休的领事亨利·伯恩哈德先生，我也有责任做出我的口头表示。我对所有以这种或那种方式帮助过我的人，表示衷心的感谢。

最后，我还想纠正一处错误，这个错误是在我不知道的情况下出现在上卷的封套之中的。我从来不是国会议员。我只是先在夏洛滕堡、后在柏林当过市议员。

埃里希·艾克

1956 年 7 月于伦敦

11 # 第十一章　洛迦诺条约

陆军元帅冯·兴登堡就任总统新职不几天，外交部长即登门拜访，向他报告关于德国未来外交政策计划的设想。年迈的兴登堡为之震惊。施特雷泽曼所主张的，并且已开始实施的计划只不过表示德国方面对缔结国际协议的主动性，通过缔结这些国际协议可给予法国在德国进攻面前所深感缺乏的安全感。

4

早在弗里德里希·艾伯特时代已经开始执行这项政策。1925年2月9日路德组阁以后，施特雷泽曼向法国政府递交一份备忘录，提出讨论保证莱茵地区占领现状既有利于法国也有利于德国的条约设想。这份备忘录的历史背景可以追溯到两方面的根源：其一是备忘录本身提到的、1922年12月古诺政府提出的遭到否决的建议；其二是1924年10月国际联盟第五次大会通过的、关于和平解决国际争端的"**日内瓦议定书**"。日内瓦议定书包括一项大胆的尝试，即让所有国家在非正义战争的侵略面前能够获得绝对安全的内容，列入国际联盟的章程。为此目的，不仅需要扩建全面仲裁法庭体制，而且还要努力贯彻所有国家都要"逐个地和全体地"担保"给一个遭受侵略和威胁的国家提供援助"的基本原则(第二条第三款)。

日内瓦议定书的命运取决于各大国的态度。法国立即表示同
12 意。代表法国的白里安在国际联盟大会上发表了热情洋溢的讲

话，称赞日内瓦议定书是为人类做的一件好事。[1] 法国的盟友波兰和捷克斯洛伐克马上仿效法国的做法。这两个国家无论在过去或是在将来都害怕德国的侵略，除了期待对它们国家的安全做出国际保证以外，没有其他任何奢望。这是不言而喻的。现在要看英国的态度。英国是个大国，因为它很难成为侵略的目标，所以它更不会伸手援救一个遭到进攻而处于困境的国家。当时的工党政府中有些内阁成员如英国驻日内瓦的代表亚瑟·亨德森和帕穆尔勋爵等对日内瓦议定书很感兴趣。人们无法知悉工党政府的最后决定，因为工党政府在这之后不久在其 1924 年 10 月轻率举行的选举中遭到了失败。不过事情一开始就十分清楚，任何一届英国政府都必须小心谨慎地考虑英帝国自治领的利益，它毫无兴趣保证完全在它利益范围之外的欧洲边界的安全。在国际联盟中的加拿大代表在日内瓦大会上指出各民族的心理因素对此起决定性作用。他说："在这种互惠的火灾保险情况下，风险不会均匀地分摊到每个国家。我们加拿大人虽然远离任何易燃物品，但仍生活在燃烧着的屋子里。"尽管集体安全的设想多么美好，多么伟大，但是它却遭到了严峻现实的冲击，人民或国家，只有当他们的切身利益明显或公开遭到危难时，它们才会准备去做出牺牲。

5

1924 年 10 月大选后，重新执政的鲍尔温保守党政府把外交大臣的职务授给奥斯汀·张伯伦。这位颇引起世人争议的约瑟夫·张伯伦的长子，在三十多年的政治生涯中已经担任过很多大臣职务，但还没有担任过外交大臣。不过奥斯汀·张伯伦长期坚持研究外交政策。他对寇松勋爵的那套做法持批判态度。奥斯汀·张伯伦嘲笑寇松，说他作了一次动听的报告，或写了一篇深思熟虑过的外交照会之后，就相信万事大吉。[2] 寇松很想重任外交大臣，但鲍尔温厌弃寇松并乘机宁愿同一个到最后一刻仍能坚持劳合-乔治主张的人和解。张伯伦外交政策方案的基本思想是坚持同法国订立协约，这也是张伯伦从青年时代起就具有的见识和偏爱。

但是，张伯伦却不乐意在日内瓦议定书上签字。因为签订议定书就意味着英国不仅要保卫法国还要准备保卫波兰免遭德国的进攻。但是英国的社会舆论想对此事充耳不闻，因为波兰不仅在普通英国人的视野之外，而且还因为波兰对凡尔赛和约规定的波兰边界线，尤其是对波兰走廊是绝不会感到高兴的。[3] 张伯伦在给英国驻巴黎大使的一封信中，以效法俾斯麦的措辞表达了这种立场。他说："没有一届英国政府会为保卫波兰走廊而冒付出一名英国士兵的生命的风险。"[4] 如果联想到 1939 年发生的事件和奥斯汀·张伯伦的哥哥尼维尔·张伯伦的政策，这种论调是值得注意的。但在当时，奥斯汀·张伯伦的意见显然还不占上风。

1925 年 3 月 12 日，张伯伦在国际联盟大会上宣布英国政府拒绝签约，日内瓦议定书遂告流产。很久以来，英国的这一立场对欧洲各国政府来说也不是什么秘密，尤其对英国驻柏林大使来说，不是不了解的，他于 11 月底曾在伦敦同外交大臣详细讨论了英国的立场。[5] 达伯农勋爵当时成功地致力于在德国与英国之间缔结
14 一项贸易协定，他把这项贸易协定看成是达到英德两国在政治上相互重新接近这一主要目标的一种手段，他为自己的这一努力能得到张伯伦的理解而感到欣慰。但是，他也看到，张伯伦并不满足于拒绝签订日内瓦议定书，而考虑采取另一种手段来满足法国的安全需要。几乎可以认为，对他来说最适宜的办法是建议缔结法

英同盟条约。但是这位大使明白这样一个条约必然会把矛头指向德国，这对他接任柏林使团的任务是一种根本性的威胁，关于在必须解决法国安全问题这一点上，大使同张伯伦和其他左右英国外交政策的专家如格莱勋爵的意见是完全一致的。难道就不能因此找到一条促使昔日的宿敌之间互相达成谅解的道路吗？

在古斯塔夫·施特雷泽曼的遗稿中发现了一份 1926 年 2 月 28 日的记录——可能出自外交部国务秘书冯·舒伯特——谈到了 1925 年 2 月 9 日德国备忘录的来历。洛迦诺政策即由此而发展形成的。[6] 记录一开始是达伯农和舒伯特于 1924 年 12 月 29 日的一次谈话。这位大使"顺便"提到安全问题，并对威廉·古诺总理 1922 年 12 月 9 日的建议表示赞赏。达伯农暗示了对莱茵地区感兴趣的国家用条约互相承担义务而不互相诉诸战争的想法。舒伯特对这种暗示没有给予"实质性的"答复，但无疑立即向他的部长报告了。当时，施特雷泽曼处境困难，威廉·马克思政府几天以前刚刚辞职。协约国又发表声明说，由于德国反对解除武装规定的过错，
他们不会在 1925 年 1 月 10 日从科隆地区撤军。这使德国舆论哗 15
然。但施特雷泽曼及时抓住了问题的关键和它所引起的影响，他看到，法国的安全问题总有一天必须解决，他还认为协约国不撤出科隆地区同法国担心自己的安全有关。施特雷泽曼通过德国驻莫斯科大使勃洛克道夫-兰曹伯爵于 1925 年 4 月 7 日向俄国全权代表李维诺夫宣读了一项声明，详细说明了他的看法："德国政府一开始就估计到，如果不以某种方式满足法国的所谓安全需要，法国就不会撤军。由于 1 月 10 日即将到期，法国即面临这样的选择：是甘心容忍英美当时在凡尔赛为反对法国军人党而付诸实施的关

于莱茵地区问题的解决办法，还是想保住为继续执行那个军人党计划的可能性。当前的法国政府（赫里欧）看来并不愿意决定做出第一种选择。假如赫里欧政府不为法国得到取代 1919 年在凡尔赛拟订的、后来又失效的、与美英订立的保证条约的协议，因为这些保证条约说明了由威尔逊和劳合-乔治所承认的关于凡尔赛和约中解决莱茵地区问题的补充条款，那么赫里欧政府当然不会愿意，或者说无论如何不能够做出这种决定，也不能使这一决定成为现实。假如能缔结一项法—英—比利时三国条约，还通过同英国缔结扎实的军事同盟而得到加强，法国当然是最为欢迎的。……除了协约国之间的协定把矛头直接指向德国并使英法协约永久化之外，这一可能性从一开始就被排除了，因为英国断然拒绝了三国协定。如我们今天所知，最后一点是不完全正确的。但是，其他争
16 论的问题取决于德国积极参与解决安全问题的紧迫性，因为莱茵地区的解放取决于这一参与。另一方面法国还可能担心对德国人提出的解除武装的要求这样过分，致使在短期内……不能取消协约国的国际军事监督，也不能从科隆地区撤军。”[7] 进一步剖析这种思想，表明施特雷泽曼正是非常重视撤销协约国对德国的军事监督。

施特雷泽曼清楚地认识到，德国在安全问题上采取主动对提高德国的国际地位具有十分重要的意义，但他不能不看到当时德国社会舆论对采取这一步骤还不成熟，他也不能不看到会遭到来自右派的顽强抵制。这就是他力争右派参加新政府的原因之一。因为他坚信德意志民族党的部长们一旦进入了新政府，尤其是在确认继续执行迄今为止的外交政策的情况下参加新政府，就会赞

同他的行动。[8] 事实上,他有充分的理由,相信他本人对这些先生们占有的优势。但如果这种情况果真出现,这个党就不得不听从他的指挥。这正是施特雷泽曼估计错误之处,他过高估计党的政治家的责任感而低估了民族主义鼓动宣传的力量。因此,施特雷泽曼最后表明他同时推行了不是互相配合而是互相拆台的两条政治路线。

1月20日,达伯农勋爵向张伯伦转交了施特雷泽曼的一份简短但内容特别充实的备忘录。在备忘录中,德国表达了对法国和解的良好愿望,承认了法国的安全要求是正当的;作为满足这一要求的途径之一,德国提出讨论对莱茵地区感兴趣的国家的一项协议,该协议不仅应该保证现有的占领状况,而且应该保证莱茵地区的非军事化。

奥斯汀·张伯伦并不像施特雷泽曼和达伯农所期待的那样接受这项建议。张伯伦被请求对此要绝对保密。这样的做法反而引起了他的猜疑,似乎他被要求背着他的盟友同德国谈判。张伯伦性格坦率,为人正直,对这一要求具有特殊的敏感性。实际上,施特雷泽曼根本没有想过要这么做,他只不过听从了英国大使的劝告。施特雷泽曼确确实实想防备过早地向公众透露他的建议,因为令人害怕的是,这不仅会在德国,而且会在法国惹起民族主义者的大喊大叫,这就可能会扼杀这个"婴儿"——这是达伯农和舒伯特对这项计划的称呼。在英国,它必会遭到这些集团的反对,它们要求一种像日内瓦议定书中规定的普遍性的和平保证,拒绝各国签订单独的协定。[9]

接着,施特雷泽曼又采取了第二个冒险步骤:2月9日向法国总理赫里欧递交了一份完全类似的备忘录。赫里欧说，他必须同他的盟国讨论这项建议，他首先只限于这一答复。所以，他允诺对建议严格保密。他也遵守了这个诺言。这样就谨慎地避免了在巴黎新闻界通常的泄密现象*。

18 法国总理必须克服的实际困难是同导致日内瓦议定书失败的困难密切相关的。德国准备签订的保证条约涉及它在西部的边界线。那么在东部的边界线又怎样呢？德国不仅认为它的东部边界线极不合理，是一种耻辱，而且对波兰人本身怀有一种几乎是普遍蔑视的态度。赫里欧对此是一清二楚的。尤其在德国认为缔结这项莱茵地区安全条约可以防止可怕的两线作战时，难道人们就不怕爆发一场战争冲突吗？德国为防止这一危险提供了什么样的安全保证？难道不应该要求德国也像在西部那样为承认在东部的边界现状提供同样的保证吗？施特雷泽曼在任何情况下都不准备这样做；他也不可能这样做。德国舆论会一致拒绝做出这样一种保证。施特雷泽曼建议同一切愿意签订条约的国家缔结仲裁条约，然而在这个问题上并没有明确涉及东部边界。但是人们从这项建议中却得出结论，认为德国将不诉诸武力而只以和平方式改变它的东部边界。

* 赫里欧的缄默有其有趣的一方面。1926 年 6 月施特雷泽曼和法国驻柏林大使德·马尔热里在闲谈时流露了这一情况。马尔热里抱怨这份备忘录对他来说可算是自己在外交上的一种耻辱。赫里欧把这事连对他也保密。但在柏林已流传递交了这份备忘录。马尔热里为了追查这件事，把搜集到的情报向巴黎报告，他根本没有想到德国已送交了这样一份备忘录。对此赫里欧向他作了答复并感谢马尔热里的关注，祝贺他搜集到的情报；——但实际上，这份备忘录早已在赫里欧的手中。（参见施特雷泽曼遗稿，第 7328 篇）。——英译者

英国外交大臣就是从这个意义上来理解德国建议的。3 月 24 日，张伯伦在英国下议院对德国的备忘录进行了一些原则性的评论，从而首次向欧洲公众透露了内阁秘密讨论中所持的较为明确的观点。[10]张伯伦为这些谈判创造了良好的气氛，即他坚信德国政府为改善国际形势作了“坦率的和真诚的试探”，英国政府认真地审议了这项建议，希望大家同心协力使这项建议能获得丰硕的成果。他还谈到德国建议的内容并宣称：德国愿意承认迄今为止在
和约的强制下接受的西部边界条款，将来自愿对此做出保证。但 19
在东部边界，德国也愿意放弃以战争手段来变更它。“无论是西部，还是东部，德国都准备完全放弃诉诸战争改变和约规定的边界线的想法。”当然，德国怀着有朝一日“通过和平谈判、通过外交手段……或通过国际联盟的出色工作”改变其东部边界的希望。此外，张伯伦希望，西部的和平得以保持稳定这一事实本身，将对东部边界起到补充保证的作用。

张伯伦对德国建议这一乐观的解释显然首先是说给法国听的。法国政府和法国舆论可以放下心来，即便英国拒绝保证波兰的边界，波兰也无须担忧。但是，张伯伦很快领会到本应消除法国疑虑的事却伴随着引起德国猜疑的风险。坐在英国下议院楼座上聆听张伯伦演说的德国驻伦敦大使施塔默尔博士立即要求同张伯伦会谈，大使指责英国大臣在东方问题上的说明走得太远了。但是，张伯伦对此立即做出了强烈反应。“难道这意味着，为了达到你们的政治目的，你们要保留在东欧发动战争的权利吗？如果是这种情况，我就马上回到下议院，收回我所说过的话，即我们将尽一切努力来促进德国的建议。”[11]于是施塔默尔当然只好退却，张

伯伦的解释就没有再受到德方的非议。但张伯伦事后说，如果他必须撤回自己的声明，那么他可能会立即辞职。他要求自己在法
20 国和德国之间的这些艰难的谈判中充当“正直的掮客”这一角色。他在一封给英国驻巴黎大使克鲁勋爵的信中加上了一句话，“比起这些著名的空谈家还稍稍正直一些”。[12]

事实上，要为协约国拟出一个使巴黎和伦敦都满意的对德国政府的答复确实相当困难。谈判持续到 6 月。兴登堡当选为德意志共和国总统这件事也并没有使谈判进展顺利，而且在谈判结束前，法国又发生了政府更迭。赫里欧由于财政政策日趋困难的问题于 1925 年 4 月 10 日下台，接替他的是激进派的议会议长保罗·潘勒韦，他把外交部长的职务给了在 1922 年 1 月戛纳会议期间被雷蒙·普恩加来推翻的阿里斯蒂德·白里安。

从此，白里安又登上国际政治舞台。一直到施特雷泽曼逝世为止，白里安始终是施特雷泽曼的对手，最后终于成了他的朋友。白里安当然也重视维护胜利带给法国的利益和捍卫不容更改的凡尔赛和约。没有一个法国政治家能够作另外的打算或者有另外的表态。当然对于胜利者来说总是比战败者更显得息事宁人。但是，如果人们仅仅从中想说明白里安热衷于开创一个和平天国，并通过国际组织巩固它，那就错误估计了他的本性。白里安是一名精明强干、有时是老谋深算的务实政治家，但同时他又是一个理想主义者。他对战争从内心深处深恶痛绝，不仅为了他的祖国，而且为了全世界渴望带来和平福音、渴望实现超越国界的人与人之间的谅解。白里安在法国议会上的一次长篇演讲中说，他在肩负法国总理的重任而为凡尔登战斗的那些日子里，有鉴于骇人听闻的

人类大屠杀而向自己发誓过，如一旦获胜，“他将全心全意地、全神
贯注地、全力以赴地为和平事业献身，以制止这种残暴行为的重 21
现”。[13]对他来说，这样一种建议，即通过同数百年之久一直是敌对的邻国达成和平谅解以满足法国（自然也是他自己所同意的）的安全需要，是具有吸引力的。白里安作为一位务实的政治家非常了解，孜孜追求这一目标的政治家务必小心翼翼地对待容易引起公众舆论混乱的、民族主义的各种思潮，而且他也很清楚莱茵河彼岸的情况可能不会有另一种样子。施特雷泽曼5月18日在国会的一次讲话中抱怨，协约国政府一直没有具体告知它们认为可以谴责德国对解除武装条款有哪些违犯行动；而且他还指责协约国政府由于不从科隆撤军违反了它们本身签订的条约。白里安非常清楚，人们由于避免在安全条约谈判期间引起德国新的冲动，制止了递交关于德国违犯解除武装条款的照会。白里安猜测到德国外交部长对此也心照不宣。几天之后，他在法国参议院作了答复。“施特雷泽曼先生必定把他的讲话不仅针对听他发言的议员们，而且也针对公众舆论，因为没有他们的同意，任何一届政府都无法行事。因此必须看到隐藏在他讲话后面的事情真相。人们应该摒弃所有通过公众舆论强加于他的一种争论性质的东西，而从一位政治家的言论中只去发掘达到他真正追求的目标的东西。”[14]接着，白里安在影射兴登堡的当选时说：“对我们来说，我不是不可能在施特雷泽曼的话里找到在大选后所预料到的某些粗暴的东西。”这真像一名政治家所说的语言，同时具有老练的策略家的灵活性，因为他使自己的批评家们无言以对。

13

法国政府于6月16日才向德国政府递交了一份答复施特雷 22

泽曼 2 月 9 日备忘录的照会。其中包括着重声明法国的盟国——当然主要是英国——对此已表示同意。这是不言自明的。白里安只是用接受英国原则立场为代价才征得英国的同意的。照会中没有包括英国保证德国东部边界的任何内容。白里安不得不满足于在德国和其东部邻国之间订立仲裁条约的要求。德国在其 2 月备忘录中早已说明了它在原则上准备签订这样的仲裁条约。但是恰恰德国方面却怀疑白里安所要的仲裁条约是否超出了施特雷泽曼建议所设想的范围。[15]更为重要的是，白里安强调，只有德国参加国际联盟，即在国际联盟理事会通知德国的条件下，缔结安全条约才是可能的。[16]

在安全条约得以缔结之前，还要在这些问题上在德国和协约国之间进行谈判。施特雷泽曼现在不得不看到，这些外交政策问题远不及内政上的困难来得严重。现在必须把德国的备忘录和法国的答复照会同时公布于众，这就必然引起报刊上展开热烈的讨论，而德国的报刊总是不会充满好意的。施特雷泽曼在 6 月 26 日的日记中写道："我们的新闻界真是糟糕透顶。"[17]不久，事态的发展表明，施特雷泽曼通过接纳德意志民族人民党人进入政府而为他自己设置了多大障碍。德意志民族人民党在参加政府时虽然声明同意继续推行施特雷泽曼所代表的外交政策，但这时他们却像施特雷泽曼日记中所说的那样，"准备退出，并要在适当的时候退出内阁"。

23 内阁最初的讨论已经使施特雷泽曼尝到了孤家寡人的滋味。只有一位部长坚定地站在施特雷泽曼一边，这就是同他一起在内阁工作的、唯一的党友交通部长鲁道夫·克罗内。反之，被认为同中央党接近的司法部长约瑟夫·弗伦肯却怀有坚决反对达成完全谅解的想法。施特雷泽曼写道："他无法摆脱战争中的丧子之痛而念念不忘复仇。此人从这种立场看待整个事业。"[18]弗伦肯以前只不过担任州高级法院院长，从来没有在政治上扮演过重要角色。但是，紧接弗伦肯发言的是冯·泽克特将军，他赤裸裸地鼓吹："我们想取得政权，只要我们掌有政权，我们就自然能够夺回失去的一切。"[19]

这是地地道道的复仇战争的立场，因而同德国政府提出的缔结安全条约的建议的立场是完全背道而驰的。这项建议本来要让全世界相信，德国并不想追求新的武装，愿意更多地作为志同道合的成员加入旨在巩固和平的国际组织，而且只想通过和平谈判和谅解的途径寻求改善它的处境和边界问题。然而与之相反，泽克特将军却宣扬普鲁士军人一贯的强权立场，他们在失败中只看到重新武装和重新使用武力的要求，一刻也不怀疑在最后的斗争中将站在他们这一边的是大国，因而也就是胜利。

不容掩饰的是，无数德国人都会对泽克特以果断的将军气魄所表达的那种语调产生共鸣。难道这不正是德意志民族党人对这一条约建议所抨击的和他们的报刊慷慨激昂地向它们的读者所鼓
动的东西吗？德国要放弃阿尔萨斯-洛林地区了！这是民族的耻 24
辱！从材料上看，他们所谓的放弃只是重复德国早已通过签署和约郑重声明过的词句。因为在和约第三部分第五款明确无误地这样记载：

"缔约各方确认再次纠正德国1871年违背法国的权利和阿尔萨斯-洛林地区居民的意愿所犯的非义行径这一道义上的责任，一致同意第51条。

根据……1871年5月10日法兰克福条约割让给德国的领土……重归法国的主权范围。”

难道这样一种庄严的放弃是能随心所欲地说的吗？在全部历史中，哪里有过在一次大的战争中的胜利者把这一种自愿重申的放弃看成是战败国方面的一种偿付，而战胜国就必须用回报去挣得这种偿付？胜利的法国自然一直担心一个再次强大起来的德国可能会发动一场新的战争，以便从它手里再次夺回这个有争议的省份，而且这种畏惧心理实际上使法国困扰不安。但是这样的一场战争不就是全世界——除了德国——决心要制止的吗？德国现时不是完全没有能力拿起武器吗？任何一个德意志民族党的或者人民党的政治家能怀疑这点吗？那么他是否怀疑阿尔萨斯-洛林地区的居民根本就不希望重新并入德国？德意志民族党报刊的立场走得更远，他们认为德国应该保留这种权利，以便在对它有利的时刻发动一场新的掠夺战争，旨在兼并有反感的居民，从而使他们
25 一贯引用的自决权思想威风扫地。德意志民族党的报刊向全世界宣布，它将不得不期待发动一场复仇战争以及德意志民族党人为自己重新夺回在德国的政权。过去的战胜国能够从中得出的唯一的、合乎逻辑的结论是务必最严格执行阻止德国东山再起的凡尔赛和约的所有条款。

但是这些宣传所引起的影响却如此强烈，不仅像施特雷泽曼所述的那样，德意志民族人民党的部长们对此“暴跳如雷”，而且连德国总理也开始动摇不定。德国总理虽然在内阁会议上支持外交部长，驳斥了德意志民族人民党人的观点，说民族人民党的政策是

等待德国有朝一日将重新拥有一支庞大的军队，可是到了那时他们却会袖手旁观，只盼望上帝赐予德国赖以抵御敌人的灵丹妙药。但是，总理又试图推卸自己在对外政策方面负有的责任，把责任加于施特雷泽曼身上。问题是总理何时得知德国2月9日给法国的备忘录的。施特雷泽曼的这些被发表的记录文件引起了在这个从根本上说相当次要问题上的热烈讨论，部分讨论非常激烈，因为路德已在1月30日向新闻界的一次详细的谈话中发表过有利于安全条约的明确表态。这位总理直到6月才要了解他的政府自1月以来所执行的外交政策情况，这样一位总理也是举世罕见的。这些分歧一度如此之大，以致施特雷泽曼7月1日同路德的密谈中一针见血地问路德："他是否想以把我逐出内阁来解决他同德意志民族人民党的危机。"路德的本意并非如此，因为他的政府已经岌
岌可危。但是，施特雷泽曼在这次谈话中听出这位总理最乐意的 26
是打发他到英国去当大使。可是，他在施特雷泽曼那里却碰了钉子。他斩钉截铁地对总理说，他根本不想以这种方式退出政治舞台；如果他辞去了部长职务，他将作为党的领导人"理所当然地回到德国政治界"[20]。显而易见，这是他为了个人的尊严，为了议会制度所能采取的唯一立场。但同样明显的是，路德从中也丝毫得不到任何好处。施特雷泽曼作为国会的对手是令人极为忧心忡忡的，特别害怕的是像路德这样的人，因为他在国会的根基很不稳。路德也可以预计到，施特雷泽曼以后将会把整个左派直至社会民主党团结在自己的周围，而他本人的唯一支柱只有德意志民族人民党人，也许还有人民党人和共产党人的支持。

共产党人有特殊理由阻止缔结安全条约。他们以俄国的辩护

人身份为此而进行斗争。因为他们把同法、英签约看作德国做出有利于西方反对东方的选择。他们以同样的眼光看待德国计划加入国际联盟的这件事。这还在德法互换的照会公布之前即在 5 月 18 日国会就外交部预算进行辩论的会议上表现出来了。施特雷泽曼在这次辩论中作了前已提及的讲话。共产党发言人露特·菲舍尔(即戈尔克夫人)慷慨陈词地回答他说:“施特雷泽曼先生,您欺骗不了任何人,您以迎合作为代价向英法表示了愿意牺牲德国土地和把德国工人推向一场反对俄国的未来战争,这种对外政策
27 要德国变成寻求依傍于英国大盗的附属国,在它的庇荫下一起去抢劫。”露特·菲舍尔称施特雷泽曼是“一个受了骗的骗子”,把国际联盟称为“盗匪集团,其任务是用唯心主义去美化战争”。[21] 她自己是否相信这种无稽之谈,这并不是令人感兴趣的。无论如何,这种做法是完全符合在莫斯科所制订的路线的。莫斯科特别害怕德国加入国际联盟,因鉴于国际联盟章程第 16 条俄国会丧失自拉巴洛条约以来在资本主义世界占有的基地。俄国外长和拉巴洛的胜利者契切林就代表了这一立场。[22] 契切林争取到一位跟德国共产党截然不同的追随者即德国驻莫斯科大使勃洛克道夫-兰曹伯爵。如果有人把兰曹的立场全部归咎于他个人的动机,这样做可能对他来说是不公正的,但他个人的动机也起了强有力的作用。勃洛克道夫-兰曹对他在凡尔赛所遭到的失败是永不忘记的,内心希望有机会对当时的胜利者进行反击。[23] 他的传记作者说,勃洛克道夫-兰曹原则上赞成德国加入国际联盟,但他认为为时尚早。[24] 对于激进的反对派来说,他的这一基础是很狭窄的,不牢靠的,他们甚至迫使这位大使提出辞呈(根据同一资料)。[25] 兰曹于 4 月中

返回柏林，一直逗留到6月底，肯定不会使施特雷泽曼高兴，但是他显然感到自己无力作为他的上司，应该毫不含糊地命令他返回莫斯科去代表德国的立场，但施特雷泽曼无论如何要竭尽全力去安抚俄国大使克列斯京斯基。施特雷泽曼力图使俄国大使理解，无论是计划中的安全条约还是加入国际联盟，都不会疏远俄国；而且德国决不会让自己同波兰结盟。他甚至说，德国在西部愿意在受到威胁的地区建立安全秩序，“此外，德国在东部同样谋求发展，维护它们的正当要求，保障行动自由”。德国政府愿意消除俄国所 28
恐惧的国际联盟章程第16条的危险性。[26]

此外，在德国国会也存在赞同遵守拉巴洛条约所采取的方针的一股强大潮流。人民党议会党团主席恩斯特·朔尔茨在1月间说过，正是对东方的关系使政府对国际联盟持一种极为谨慎的态度。民主党人伯恩斯多夫伯爵在5月间以该党议会党团的名义声明，它将坚持拉巴洛条约的立场。施特雷泽曼特别也对达伯农伯爵，利用这个论点以达到使协约国做出让步。[27]

施特雷泽曼与勃洛克道夫-兰曹的看法在有一点上分歧很大：施特雷泽曼并没有忽视俄国政府同任何其他政府是不一样的，而且它同时是共产国际的首脑，一贯推行世界革命，摧毁德国的政体。施特雷泽曼担任德国总理期间在这方面的领会是够多的了，而且当前发生的令人注目的事件也使他难以忘怀。他在自己的日记中记述了同一个议会党团的党友西格弗里德·冯·卡尔多夫关于俾斯麦的再保险条约*的报告时说，卡尔多夫把这个以当时通

* 指德俄所订的条约(1887—1890)。——中译者

常方式签订的条约誉为俾斯麦的杰作。施特雷泽曼对此说道:“假如今天的俄国仍是过去的俄国,那么做出这一决定是很容易的。但是,同共产主义的俄国联姻,无疑是同谋杀本国人民的凶手同流合污。一个对德国奉行亲善政策的俄国政府和一个致力于损害德国的第三国际的这种假设从长远来说,最终将是不能持久的。”[28]施特雷泽曼对6月来柏林拜访他的俄国副外长马克西姆·李维诺夫也坦率地说,这种假设是站不住脚的。[29]

29　除了上述这些困难之外,还有德国总统的态度,施特雷泽曼对达伯农勋爵也并不隐瞒这一点。人们不能苛求这位老元帅去深究这个对他这样生疏的课题。6月6日,兴登堡主持了讨论协约国提出的有关解除武装的照会的部长会议,施特雷泽曼记述说,兴登堡“不参加发言,给人以一种疲惫不堪和痛苦难忍的印象”。[30]然而,对老将军来说,德国解除武装这一议题却比安全条约和国际联盟更使他关心。施特雷泽曼在同英国大使的一次谈话中忍不住深叹,自己在加入国际联盟的问题上,在总统那里遇到了许多障碍。他说:“兴登堡并不反对国际联盟,但他像大多数军人一样,非常怀疑任何一种能取代战争的手段所发挥的效用。对我来说,他并不完全是反对者,但他对政治问题确实非常生疏。”[31]对于一个确实还属于威廉一世时代的人来说,还能要求他表现另外一种样子吗?而选举他当总统的这些人对此当然是不会费什么脑筋的。

如果综观一下施特雷泽曼所遇到的重重障碍,那么人们就会对施特雷泽曼还能继续推行他的政策感到惊奇。他遇到的最大威胁自然来自德意志民族人民党人,但是他们钻进了自己设置的圈套。如果他们以退出政府的行动回敬法国的复照,那么没有人能

预料到这将会发生什么样的结局。不过，他们不会做出这种抉择。
人们很不愿意离弃与最大的艰难困苦进行了多年斗争而得来的强
权地位。此外，还爆发了农业经济利益的危机。政府在德意志民
族人民党人的影响下对 1902 年关税法提出了补充条例，建议大幅
度提高农业税。这当然遭到了社会民主党人激烈的反对，而且绝 30
不只是它一家反对。如果德意志民族人民党人退出政府，估计社
会民主党人可能会继承这份遗产。对这些人来说，宁愿施特雷泽
曼被搞得灰心丧气，一事无成。属该党议会党团成员的弗赖伊塔
克-洛林霍芬教授在报刊上直言不讳地要求施特雷泽曼辞职，不
过，这对党的领导人来说根本就不愿接受。但施特雷泽曼从一位
党友给他看的通知书中才明白党采取的是何种手法。在这件通知
书中，这些德意志民族人民党人的写作者说，他们只有留在政府中
才能使施特雷泽曼的对外政策“破产”。[32]

更糟糕的是，德意志民族人民党人企图同社会民主党人一起策划阴谋诡计。7 月中旬，正当马上要向白里安发出德国的答复照会时，社会民主党议会党团主席布赖特沙伊德博士[33]将秘密求见施特雷泽曼见诸报端。他虽是施特雷泽曼的政敌，但又是赞助国际谅解的朋友，他对德意志民族人民党人向自己的议会党团提出的无理要求感到气愤。他在请求外长无论如何不能把他提供的消息来源泄露后就披露了德意志民族人民党议会党团通过中间人同社会民主党人联系，问他们是否愿意就两党都能接受的、施特雷泽曼的继任人人选问题达成协议。社会民主党人按国家法指出，外长的任命是执政党的事情，以此摆脱了这一蛮横无理的要求；社会民主党人还补充说，对他们来说，在对外政策中主要不是

看个人而是要看事业。于是，德意志民族人民党的阴谋家们碰了一鼻子灰。布赖特沙伊德还说，德意志民族人民党要破坏德国同
31 协约国政府的一次会议，如果不成，他们则无论如何要阻挠施特雷泽曼参加。他们打算乘机把施特雷泽曼搞下台，而且为了达到这一目的，他们指望得到社会民主党人的帮助。德意志民族人民党人厌恶议会制，在德国人民面前诋毁它，说它是非德意志的、有害的。可是，他们却毫不顾忌地准备最大限度地利用议会制所提供的退路。

德意志民族人民党同样毫无顾忌地开展在党派政治中的保护官职的活动。施特雷泽曼记载了 8 月初同内政部长马丁·席勒的一次谈话。席勒建议在最重要的中央政府官职之间实行形式上的职位对调，其唯一的要点是要把外交部的一名司长职位出卖给德意志民族人民党的一位议员。施特雷泽曼对此写道："这项建议实在令人感到有趣，竟在此厚颜无耻地推行人事交易。如果能够为德意志民族人民党人的目标服务，那么他们对扩大民主影响也就不会厌恶了。"[34]

在德意志民族人民党内，议员阿尔弗雷德·胡根贝格[35]特别强烈地反对施特雷泽曼。这是不足为怪的。当施特雷泽曼任总理时，胡根贝格就在 1923 年警告过胡戈·施廷内斯对施特雷泽曼要小心，其理由是施特雷泽曼是"德国资产阶级的不幸"。这是胡根贝格自己在 1926 年 1 月《地方导报》的一篇文章中说的。克虏伯前理事会主席胡根贝格同施廷内斯一样是通货膨胀的暴发户，不过，他在通货紧缩和经济稳定的年代里照样能继续赢利。对于他个人来说，这同金钱无关。他把金钱看成只是一种手段，用以达到

他终生为之奋斗的目标服务。同他政见截然对立的一些人也证实他是独具一格的一名狂热的爱国者，他首先经常想到的是自己所理解的德国的伟大。[36]当然更为危险的是，他把自己的巨大财富特 32
别使用于以一切手段去影响公众舆论。他买下了中小资产阶级所喜爱阅读的《柏林地方导报》，通过电信联盟和其他手段对省级报刊施加强大的影响，还控制着德国最大的电影企业——“乌发”公司。当《地方导报》的一名编辑求见施特雷泽曼并秘密地告诉他，最初持中立态度的胡根贝格的报刊将转向激烈抨击外长及其政策的报纸时，他才对胡根贝格的作为有了清醒的了解。这位编辑在以后的一次谈话中又告诉施特雷泽曼，报社经理——无疑是胡根贝格的传声筒——把施特雷泽曼称为“民族的败类(以前这些团伙曾用这同一个称号称呼拉特瑙)，必须在政治上置此人于死地”。安全条约必败，施特雷泽曼必须与安全条约同归于尽。[37]胡根贝格显然是这么想的，德意志人民党应在这一设想上分崩离析，致使施特雷泽曼成了少数派，而它的多数派将同德意志民族人民党联合起来。这就是胡根贝格对施特雷泽曼让德意志民族人民党人进入政府所表示的酬谢。

幸亏施特雷泽曼这次把他的议会党团几乎紧紧地团结在自己身边。施特雷泽曼在班辛的几天度假期间，于7月19日在自己的日记中记载了一段评语，其中谈道：“议会党团对我的态度……是令人高兴的。我当总理时在别人那里没有吃过在我自己的议会党团里那么多的苦头，而且1924年夏议会党团准备在我仅仅通过竞选斗争挽救了它之后牺牲我，我们彼此之间的关系确实达到了最低点。在讨论道威斯计划中，在几次斗争后，议会党团才改变了看

法。但在涉及安全条约问题上，迄今还未出现过斗争。”[38]

德意志民族人民党的困难和它同施特雷泽曼的党的分歧，但
33 也有在总理和外长之间的分歧，都是广为人知的，因此，反对党企图通过在国会中的公开辩论加剧这种分歧，从而冲垮右派联盟。社会民主党人和共产党人要求在 7 月 3 日的国会会议上进行一次对外政策的辩论。这当然不符合执政党的利益。不过施特雷泽曼宁愿只在内阁里，在国会外交委员会中，在各州政府联席会议上秘密讨论他想给法国照会的复照，并在巴黎递交后予以公布。国会的多数派拒绝了社会民主党的提案，前总理维尔特为此离开了自己的议会党团并且主张举行一次公开讨论。但泽克特在这几天里写信给他的夫人说：“本来不希望在这时产生一场政府危机——不去更迭赛马中的骑师——但是，最终使这个人（这当然是指施特雷泽曼）下台，从而为执行另一种对外政策扫清道路，这难道不是更为重要的问题！”[39]但是，泽克特恰恰在这种情况下领会到，他和国防军都还没有足够的力量来推翻一位在国会获得多数支持的部长。将军们在政治上成功之前，国会必须先陷入完全混乱的状态之中。

这样，施特雷泽曼才得以把他 7 月 20 日的复照由德国驻巴黎大使冯・赫施递交了。照会的条文当然是广泛地从内政方面考虑的，复照根据可能把针对法国照会的异议放到了首位。复照对拟议中的仲裁条约的解释偏激，似乎协约国政府在某些情况下企图用武力干涉德国，而不是用一种客观的方法行事。同样，照会试图
34 把拟议中的安全条约同提前撤离被占领地区的要求联系起来，尽管它同时承认缔结这项条约“并不意味着改变现有的一些条约”。

这样一种转变当然使德国公众很容易接受这个照会，但是，照会却在英国，尤其在法国，产生了不满情绪。[40] 7 月 22 日和 23 日国会的讨论表明施特雷泽曼恰如其分地让这份照会迎合了德国人民的情绪，国会以 235 票对 158 票的多数作出了同意复照的决议。甚至作为德意志民族人民党发言人的库诺·韦斯塔普伯爵也表示同意，而且他还特别强调：复照是“全体内阁的政策”，这意味着也包括他的德意志民族人民党成员的政策。事实上，赞同施特雷泽曼的政策的实际多数比表决的多数还要多，因为在反对党中的民主党和社会民主党的发言人也表示赞成。只有共产党人和民族社会主义者才携手表示坚决反对。

英国政府和法国政府对那些不满德国复照语调的意见只能置之不理，因为复照最后一段转而采用了另一种积极的语气，肯定了“在主要点上有明显的接近”，并深信能够克服目前还存在的分歧。白里安同受到达伯农勋爵热情支持的张伯伦开始了接触。8 月 10 日，白里安出发去伦敦，两位部长很快在最重要的问题上达成一致意见。尤其使张伯伦感到高兴的是，白里安和他的愿望完全吻合
并希望从书面的照会尽快转入面对面的会谈。8 月 24 日白里安 35
以协约国的名义给德国政府答复，从而发出邀请参加尽快举行的列强会议。为了筹备这次会议，各国政府的法律顾问应在伦敦召开一次会议，拟订出供列强会议作为讨论基础的安全条约草案。这项建议还提出两国部长可以不定期地会晤。[41]

这些建议在德国受到了热烈欢迎。当德国人看到法国政府没有推迟实现其诺言，即赫里欧在伦敦向施特雷泽曼许诺撤出鲁尔地区和所谓的制裁城市时，舆论情绪有了较好的改善。撤出鲁尔

地区的工作于7月31日完成，杜伊斯堡和杜塞尔多夫的撤离工作于8月25日结束。于是，民族主义的政客和记者曾顽固地坚持谴责施特雷泽曼让自己受法国人空洞的许诺的欺骗终于在事实面前遭到了驳斥。

达伯农勋爵在8月3日向施特雷泽曼提出召开法律顾问会议这一想法后，施特雷泽曼本来是持强烈反对态度的。他显然害怕，这样一次会议会导致在政治上使自己面临相当棘手的让步。但是他具有深邃的洞察力，最终排除了这些顾虑，而且9月1日至5日在伦敦举行法律顾问会议的进程使自己在这方面感到完全放心，无论是法国的法律顾问弗罗马热奥特还是英国的塞西尔·赫斯特男爵都是实事求是考虑问题的人，他们根本没有使他们的德国同事外交部法律司高斯司长上当。与此相反，秘密会议是在一种意料之外的坦率气氛中进行的。[42]在施特雷泽曼遗稿里所发现的一

36 段显然源于高斯的记录正是对此的描述。当谈及法国对东方的仲裁条约的保证时，赫斯特说，因为谈话是在互相保密的情况下进行的，他愿意坦率地阐明张伯伦和英国政府的立场。法波结盟已是一种既成事实……按英国的看法，欧洲政策的最重要任务之一是，把这个由于波兰的整个态度而本身就孕育着巨大危险的结盟尽可能加以消除。……如果现在在莱茵条约的可乘之机缔结在法国保证下的一项牢固的德波仲裁条约，那么就能够和将要把整个波法关系引入另一个方向……保证的两重性使法国有理由对波兰的一切侵略意图进行遏制。而且，弗罗马热奥特说，他的英国同事已把法国的或者至少是当前法国政府的政治意图恰当地表达出来。这一些话自然在一次公开的会议中是从来不可能这样说的。

法律顾问会议最重要的实际贡献在于提出对这个难题由赫斯特和弗罗马热奥特仔细斟酌并由高斯接受的一种表达方式，即这项条约一旦遭到破坏，保证人英国可将以什么方式并在什么条件下进行干预。在“明显的”和“可疑的”破坏之间要加以区别。在可疑的情况下，谁是侵犯者这个问题应提交国际联盟决定。与此相反，如果是“明显的”破坏安全条约或凡尔赛和约第 42 和 43 条(关于莱茵地区的非军事化)，则所有缔约国都应立即援助被侵略国家。这个问题通过这些规定如同任何条约的条款一样得到了彻底的解决。为执行这些规定也要有受威胁的各国人民和政府的决心，即在关键时刻承担这样一种保证的全部后果，当然，还没有考虑得这样周全的一项条约条款能保证这一点。

在法律顾问会议拟订出可以作为口头会谈基础的草案之后， 37
法国政府邀请德国政府参加 9 月 15 日在瑞士举行的部长级会议，应邀参加会议的有英国、法国、意大利、比利时、波兰、捷克斯洛伐克和德国。这时，最终做出同意或不同意的时刻已经到来，尤其是德意志民族人民党的部长们必须对是否同意召开这样一次会议做出决定。德意志民族人民党在他们的报刊上长达几周咒骂这一安全条约之后，现在对他们来说要说出同意两字肯定是难以启齿的了。事实上，在他们党内各集团间现已充满激烈争吵，而且他们党的领导人赫尔格特和韦斯塔普向施特雷泽曼暗示，他们预计不得不屈服于极端分子的冲击。[43]此外，德意志民族人民党的新闻处处长要求，只有事先从科隆地区撤军，或者至少在谈判的**开始同时**撤军，德国才能赴会。[44]该党议会党团虽然声明同意施特雷泽曼与会，但是“只考虑对会议的重视而不承担任何义务”。[45]这几乎是好

像这些先生们想要向雷蒙·普恩加来的志同道合者证明，同德国打交道只有采取强制办法。施特雷泽曼同德意志民族人民党的席勒部长、中央党的海因里希·布劳恩斯部长和总理磋商时了解到德意志民族人民党的策略。席勒说，施特雷泽曼在外长会议上应该单独代表德国；而路德总理接着明确表示，他很重视也能出席这次会议。他准备共同负起责任。假如事败，他将承担后果。这时席勒嚷道："我们恰恰是不愿意这样干。"总理无论如何必须保留下来。施特雷泽曼从这一件事中正确地得出结论，即德意志民族人
38 民党蓄意"用许多要求加于外长身上，以致他预料必遭失败，然后解除他的职务，但仍保住没有这位外长的路德内阁"。[46]

这种打算由于德国总理的态度而失败了。但是这一态度也表明路德是认真对待实现安全条约的。如果说，德意志民族人民党人，正如人们从他们的公开言论不得不推断的那样，想破坏这一安全条约并阻挠德国加入国际联盟，那么他们现在必须退出路德政府。可是他们没有这样做！他们还是留着，只想制造困难，为此不断提出要求，对谈判代表的工作进行刁难。

首当其冲的自然又是要向"战争责任谎言"作斗争。这是尽人皆知的！因为绝大部分德国人逐渐相信德国对战争的爆发是完全无罪的。因此，施特雷泽曼在 9 月 26 日的照会中除了表示接受邀请参加会议外还附有一份声明，这份声明必须由德国驻外大使们同时递交。声明虽然明确承认缔结安全条约和加入国际联盟是紧密相关的，但是又直截了当地重复了先前 1924 年 8 月 29 日的声明，即德国在凡尔赛和约里对战争责任的承认无效的。此外，在声明中要求尽快解决从科隆地区的撤军和"最终澄清德国的解除武

装问题”。这一声明在巴黎和伦敦引起了强烈的不满，这是不足为
奇的。悲观主义者已经担心会议将由此而在最后一刻流产。张伯
伦勃然大怒，他把德国政府比作一个总认为自己有理的泼妇。[47]但
他最后还是克制自己，只满足于明确驳回德国的声明。关于战争
责任问题，英国的答复是枯燥无味的：“王国陛下政府不能理解，为 39
什么德国政府认为在此时此刻抛出这个问题是适宜的。关于安全
条约的谈判既不能修改凡尔赛和约，也不能改变其对过去问题的
裁决。”但是英国政府在从科隆地区撤军的问题上答复说，这一问
题只能取决于德国本身；只要德国能完成条约规定的义务，我们是
愿意从科隆地区撤军的。法国答复的内容是大体相同的。施特雷
泽曼除了退让之外没有任何出路了，他通过冯·赫施大使向白里
安保证，在他声明中所涉及的各点都应从谈判内容中删除。[48]这
样，谈判得以于 10 月 5 日在洛迦诺开幕。

但在施特雷泽曼动身去洛迦诺之前，他还同一位肯定不是偶然在这期间到达柏林的来访者讲明了这个问题。此人就是俄国外长契切林同志。在莫斯科，人们显然认为德国共产党人既不机智，也无足够的力量，可以对施特雷泽曼的政策成功地设置障碍。这样，契切林先生决定去西方做一次“治疗旅行”。这次旅行先到华沙。他在那里表现得很友好，充满善意。他向新闻界声明，苏联和波兰之间的关系在过去几年内不断有所改善。他赞扬“俄国与东方各国人民之间的友谊的自然的和不可抗拒的发展是建立在俄国承认一切国家都有自决权的原则之上的，这一发展绝不会损害波兰国家的利益。”[49]

这意味着什么呢？这对于德国外交部来说，是不难理解的。

契切林威胁德国外交部说，如果它不改变转向西方和国际联盟的
40 路线，那么俄波就会接近。但是，德国对此并不十分担心，因为它了解莫斯科和华沙之间的关系，俄国对自决权的承认究竟是什么东西。但是，契切林在 9 月 30 日来到柏林直接施加压力，施特雷泽曼不得不亲自同契切林进行讨论。[50]

契切林的基本论点是，以奥斯汀·张伯伦为代表的英国保守党努力从事建立一个反苏的欧洲统一战线的宏伟尝试。契切林在 10 月 3 日接受柏林右派报纸《德意志总汇报》编辑的采访时说："英国缔结安全条约的运动表明了英国战略中的这一主要行动，这个战略的最终目的是发动一场反对苏维埃共和国的国际斗争。"契切林还想让德国政府在去参加洛迦诺会议之前就决定同俄国签订某些协定，以此阻碍英国玩弄花招。契切林谈到两个协定，一个是贸易协定，对此施特雷泽曼是没有异议的，而且实际上这个协定已被德国内阁于 10 月 2 日批准并于 10 月 12 日在莫斯科被签署了，另一个是应重申并进一步完善拉巴洛条约内容的政治性协定。

施特雷泽曼早在 6 月已向俄国大使克列斯京斯基声明，只要政治局势在西方还没有明朗化，即在拟议中的安全条约或者签订或者最终失败以前，他是不愿意同俄国签订任何秘密协定的。[51] 为此，施特雷泽曼向这位大使明确表态："如果问到我对我们是否同俄国有秘密协定时，我想只能用否定来回答。"他想回避在拉巴洛留下的双重意义的错误印象。此后发生了一些事情，不得不加深了施特雷泽曼的基本看法，即苏维埃共和国不同于那些在国际交往中重视一些传统考虑和惯例的国家。在 1925 年 7 月间，两名到俄国做考察旅行的德国公民金德曼和沃尔施特，由于所谓对斯大

林和托洛茨基的暗杀计划而在莫斯科被判处死刑。与此同时，俄 41
国的司法机关还大肆散布这一离奇古怪的说法，说德国驻莫斯科大使馆公使衔参赞同这些谋杀计划有牵连。在德国，当然是没有人会相信这种谬论的，而且德国新闻界明确表达了他们的愤慨。施特雷泽曼也指责俄国代办，这样一些事件必然会导致这一后果："在德国外交部和政府中，人们对德俄谅解的可能性持怀疑态度。"[52]这件事后来是这样结束的：被判处死刑的两名德国人是以交换一名被德国法院宣判死刑的俄国共产党人而被释放。正如施特雷泽曼很快猜测到的那样，这可能从一开始就是俄国人行动的目的。是的，这种做法确实不只一次。

当契切林（按他的惯例总在夜间）拜访施特雷泽曼时，后者乘机指出俄国在德国进行的持续不断的颠覆活动。但是他在唇枪舌剑之后把话题转入安全条约、德国加入国际联盟以及对德俄关系所起的影响这些关键问题。施特雷泽曼轻而易举地驳斥了俄国关于英国搞密谋的论点。他说，一旦德国加入国际联盟，它将监视"国际联盟不变成在自己的旗帜上写进反俄战争的工具"。德国之所以反对国际联盟章程第16条正是说明它"不愿让人把自己拉入反对俄国的侵略立场"。德国作为国际联盟的成员将按这一宗旨行事。因此，一场反俄战争实际上就被排除了。

对波兰问题，施特雷泽曼也以十分坚定的方式表了态。对德国来说，对波兰边界既不考虑直接的、也不考虑间接的保证。"当然，我们并不承认今日波兰的现状是合理的；我们从来也没有自愿
地承认过波兰的边界。"但是，契切林回答得更妙。[53]我不懂你们德 42
国的政策，契切林大致上是这样说的，1925 年 2 月间，你们向西方

国家提出一项安全条约的建议，企图向西方靠拢。但是，在两个月前，即1924年12月间，你们的大使勃洛克道夫-兰曹伯爵拜会了我，向我建议德国和苏联合作反对波兰。他把“把波兰击退到它的人种论的边界”描述为“这一合作的目的”。“击退”这个字眼完全不可能作别的理解，只能理解为“反对波兰的军事合作，以摧毁今日的波兰”。契切林继续说，他认为德国的这项提议很重要，所以他立即召集苏联部长会议开会，还在12月间向德国政府提交了一份协定草案，草案中建议双方放弃任何敌对行动。但是，德国的回答是什么呢？一种套话，它也许适合于一种祝酒词，但并不适合于一个国家条约，人们可以按歌德的话随意称之为“一个美好灵魂的忏悔”。

施特雷泽曼对契切林的谈话感到“震惊和奇怪”，以致他过了深更半夜还给国务秘书舒伯特打电话向他询问实情。他在这个问题上同契切林争辩很久，一直拖到陪伴部长的克列斯京斯基大使睡了过去，从而使施特雷泽曼有可能中止这场争辩。这场辩论于10月2日即施特雷泽曼动身去洛迦诺的那天还在继续。施特雷泽曼在此期间让人找出档案文件，然后向契切林证明，主动提出共同合作反对波兰的谈判不是来自德国方面而是来自俄国方面，即是由俄国外长的一位名叫柯普的工作人员提出的。德国外交部只不过是同意研究罢了。而契切林则引证说，德国大使向他念了一
43 份来自柏林的电报（还可能是由马尔藏起草的）中的几句话。施特雷泽曼反驳说，据勃洛克道夫-兰曹的报告，他同柯普初次谈话时就说使用武力是荒谬的。但契切林仍坚持他的说法并告知，兰曹伯爵还踌躇了一些时间，才从（施特雷泽曼所笔录的编号568号

的)这份柏林电报中念了一句“看来经过了内部斗争”,在这一斗争中才读到了“把波兰击退到它的人种论的边界”。施特雷泽曼的笔录接着写道:“我跟他讲,柏林电报有这样一句话,但这不是我们的主要观点,不是我们说明中居于首位的一项结盟建议,而是按我面前的这份电报完全由兰曹伯爵做主,是否他愿意去作上述说明。”兰曹在自己的报告中“确有这句话,对这句话兰曹(? 应是契切林)非常重视,认为是一种暗示,而且还补充说,契切林对这种暗示深表欢迎”[54]。

据此,不容怀疑的是,这位德国大使谈到了德俄合作“击退”波兰,而且是按柏林给他的指示执行的。这一同样措辞还出现在勃洛克道夫-兰曹伯爵代表德国政府 1925 年 4 月 7 日(即德国同英法会谈开始之后)向俄国副外长李维诺夫所作的通报之中。这些通报应该看成是德国政府的官方观点,因为在 4 月 25 日向克伦斯京斯基大使面交了这些通报。通报在论及德国可能加入国际联盟
对于对俄关系上产生的后果时说:“假定人们接受出现有可能直接 44
把波兰击退到它的人种论的边界事件这一情况,那么对德国的任何一种主动侵犯由于其成为国际联盟成员国至少得以受到大力遏制。这无疑是具有重大影响的一个缘因。但是,另一方面,这种影响由于以下考虑而受到限制:德国在这样一种情况下作为非国际联盟成员国也就不得不遭到协约国的,至少是法国、比利时、捷克斯洛伐克的坚决反对,由此在积极参加反对波兰的一次行动上实际上就会受到阻拦。”[55]

这比起在兰曹 12 月间同契切林谈话中所表示出来的一种政治观点肯定是较为现实的,也许使契切林感到有一定理由要从军

事合作上去理解这一观点。这次修改也许同马尔藏在此期间离开外交部是密切联系的。对此，正如达伯农勋爵认为的那样，这个人已甘心“为对俄关系做出一切牺牲”。

如果说，我们从 1925 年 4 月这次官方谈话中准备接受施特雷泽曼的这一比较谨慎的观点，那么又使我们诧异的是他的一封机密信。这封信比起他推行政策的任何官方文件更引起许多争论。施特雷泽曼是在 9 月 9 日，即在德国最终被邀参加会议之前不久，发出这封写给德国前王储的信的。[56]施特雷泽曼谨慎小心，没有在这封信上签字，以免它落入他人之手。他正在忙于筹划加入国际联盟，这一加入同德国外交政策的三大任务相联系。两大任务是解决赔款问题和保护德国侨民，这并不使人感到有丝毫的惊讶。但是，外长说的第三大任务是“修改东部边界、重新夺回但泽和波兰走廊，以及修改上西里西亚的边界。德奥合并退居次要地位，尽

45 管我很肯定，这一合并不仅仅将给德国带来好处……”，信里还提到了天主教占上风和巴伐利亚倾向奥地利的危险。

如果我们想认识这些要求的重要性，那么我们必须首先从这点出发，即施特雷泽曼和德国政府不仅必须拒绝把东部边界纳入安全条约并且对此取得英国的支持，而且也对法国在德国和它东部邻国之间所缔结的仲裁条约而作出的任何保证予以坚决反对。就这点而言，施特雷泽曼的计划不乏法律根据，其先决条件是以和平手段去实现。因为同波兰签订的仲裁条约已庄严宣告德国维护同波兰和平的决心，同时条约还保证和平解决在两国之间可能产生的争端。难道施特雷泽曼能相信波兰会被说服去通过和平手段满足他所要求的“修改东部边界”吗？为了回答这个问题，信里的

另一段文字提供了留有回旋余地的一个证据，因为他把德国西部边界纳入安全条约的理由是：安全条约虽然包括了由于重新获得阿尔萨斯-洛林地区而放弃同法国进行的一场战争冲突，但是赋予这一条约的“只是理论上的性质”，因为“并不存在一场反法战争的可能性”。会不会由此而得出结论说，不放弃东部走廊乃是希望之所在，德国将能在未来发动一场反波战争？

在这封信倒数第二段以下语句里，进一步加重了对这封信的疑虑：

“对第一条所涉及的问题（即赔款）来说，最重要的是，把德国的土地从外国占领下解放出来。我们必须首先从脖子上摆脱绞刑
手。因此，德国的政策应该像奥地利的梅特涅 1809 年以后所说的 46
那样，首先必须在这方面使用手腕和回避重大的决定。”

在这一段话里用了这个有失体统的词是“finassieren”（使用手腕）。美国历史学家把它译为“耍花招”[57]；但这的确过于善良了。1908 年的“大迈耶”（毋庸置疑的见证者）把这个词定义为“使用手段”。这同 1910 年海泽的外来语词典的解释和萨克斯-比利亚特对法文词“finasser”的翻译完全一致。施特雷泽曼可能取此词于海因里希·冯·兹尔比克所著的《梅特涅正传》，该书不久前出版，而且他在对拿破仑时代具有极大兴趣的情况下也许很快读了这本著作。兹尔比克多次使用这个词，以说明奥地利在 1809 年失败后梅特涅的非英雄的、但是成功的治国艺术；他猜测，他曾作为驻巴黎大使从塔列兰和富歇那里学到了“使用手腕的艺术，在友好幌子下搞阴谋欺骗的艺术，玩弄两面派语言和方法的艺术”。如果施特雷泽曼在这个意义上表达有失体统的这个词的词义，那么

这个词说到底是为最阴险的猜疑而辩护的。但是，施特雷泽曼同兹尔比克相似的这一论断毕竟不是绝对必要的；这样就不能从读物中精确地解释这些相似之处了。[58]

可以认为，收信人威廉二世的儿子的想法也类似地理解这个含义，无论西方的安全条约，还是德国加入国际联盟都不能阻止德国有朝一日强大到可以使用军事武力迫使波兰把它的西部边界后移。从这个意义上，这位收信人也向那些知悉此信的政治家们作了解释。几乎可以肯定地认为，施特雷泽曼把他的信看成是对德意志民族人民党和其他右翼政客们施加影响的一种手段，这些政客同前王储接近，而他却害怕这些人对他的政策进行抵制。至于他是否也想到对这一政策更多地从感情上而不是从理智上进行反对的兴登堡，这里就暂且搁置不谈了。

47 施特雷泽曼真的希望发生这场军事争端吗？当施特雷泽曼在洛迦诺或其他地方奢谈和平时，难道他正如他的批评者所认为的那样只不过是一位伪善者吗？他对此的讲话总是含含糊糊，因此所有对他的人品有不同看法的人——如同几乎所有与他交往密切的人一样——都认为他“可疑，但无证据，因而无辜”。在公布了施特雷泽曼给王储的信之后，奥斯汀·张伯伦还是断然拒绝把施特雷泽曼视为“欺骗者”和把白里安视为“受骗者”。如果人们把施特雷泽曼的言论看成是他从多年来无疑的民族主义者向欧洲政治家过渡的一个证明文件，那么这样的评价也许最恰当不过的了。他像所有的德国民族主义者一样，对波兰人内心充满一种仇恨和蔑视交织的感情。德国人对波兰人的统治，对他来说，是天经地义的；波兰人对德国人的统治，那纯属是反常的。消除这种反常现象，在他看来，是一个值得追求的目标，而且，如果对此需要使用武力，那就不惜使用之。他逐渐地、缓慢地醒悟到，欧洲的和平是不可分割的，如果一个国家不能以和平手段改变欧洲令人不快的现实，那就必须顺应这种状况。这也可以说是一种爱国主义，一种有时不仅比持利剑的爱国主义更聪明，而且也更纯真的爱国主义。

如果这一分析是正确的，那么对施特雷泽曼可敬的是，他很快从给王储信中的那种不明朗的和模棱两可的立场转变为明确的认识，即从根本上讲，德国只能通过和平方式实现它在东部的目标。他在 1926 年 4 月 16 日，即在洛迦诺条约之后，但是在德国加入国际联盟之前，交给德国驻伦敦大使施塔默尔一份有关波兰和但泽问题的“绝密”文件，在文件中，他以值得欢迎的态度明确写道：“英 48
国的参与是以**和平方式**解决问题的一个必要条件，而且只有**这样一种方式**才可以是被我们所考虑的。”[59] 看来，施特雷泽曼是估计到波兰迫于财政和经济的困难会同德国达成谅解的。

同契切林第二次会谈后，施特雷泽曼就上火车去洛迦诺了。然而，契切林不仅留在柏林不走，而且继续向新闻界发表谈话。在谈话中，他按俄国人的老一套习惯喋喋不休地重弹老调，使人感到厌恶。这些情况自然会立即从柏林传达给在洛迦诺的施特雷泽曼，使他不得不在洛迦诺首次举行的新闻发布会上谈了这些问题。施特雷泽曼声明说：“对于我们来说，在东方政策和西方政策之间没有任何抉择权。我们愿意同双方都保持良好关系。”

尽管契切林的举止同有教养的外交惯例格格不入，但也绝不要认为施特雷泽曼对契切林不成体统地延期待在柏林感到非常恼火。契切林在柏林对西方国家的影响如同一种警告，警告西方国家要始终不忘，德国也可能把手伸到东方。这只能起到使西方国家对德国的要求做出更多的让步并使施特雷泽曼更易起到作用这一效果。美国驻柏林大使在会议期间电告国务院，说契切林是德国人的最佳王牌。[60]很乐意引用歌德语句的这位俄国部长也许会想起阿尔巴斯有关威廉·冯·奥伦尼的话："他没有来！这么说，这个聪明人太聪明，反倒是不聪明了。"

这样，德国总理汉斯·路德、外长古斯塔夫·施特雷泽曼于
49 1925年10月5日在马乔列湖畔山城洛迦诺的市政大厅里同法国外长阿里斯蒂德·白里安和英国外交大臣奥斯汀·张伯伦会晤了。与会的西方国家中还有比利时的社会党总理王德威尔得和意大利议员夏洛亚。意大利领袖墨索里尼也出席了几天会议，但他不是为了参加谈判，更多地为了自己并向世界炫耀他是一个欧洲强国的化身。波兰外长亚历山大·斯克伦斯基伯爵和捷克斯洛伐克外长贝奈斯也参加了洛迦诺会议，但他们是在讨论仲裁条约时才被邀请参加谈判的。而且每逢举行真正关键性的谈判时，这两位外长不得不在前厅等候。只要在议事日程上规定讨论西方安全条约，那就有意强调只允许英国、法国、比利时、意大利和德国的代表进入洛迦诺市政大厅内的正方形谈判桌。同样，这些国家决定一律平等通过不设立安排各位代表发言的主席。

张伯伦抱着对施特雷泽曼某种不信任的态度来到洛迦诺。但他在舌战中几次仔细观察了施特雷泽曼之后，不信任感很快就消失了。这位德国外长的脖子粗壮如牛，秃头，口音时而令人感到刺耳，乍一看很难使张伯伦或白里安感到讨人喜欢。这副仪表酷似在国外令人憎恶的德国人形象。但是，张伯伦和白里安两人是有

修养的有经验的议员，他们理解施特雷泽曼所施展一切手段的艺术。他感到情况不妙时，他会谨慎试探；但他觉得需要向另一方较为清楚地说明某一种观点的重要性时，他也能雄辩。他们逐渐看出，顽强地为自己要求进行斗争的施特雷泽曼确也真诚渴望达成一种谅解，始终把握着这一目标。路德超越他的优点是会说法语，他青年时期曾在洛桑学习，而施特雷泽曼始终要依靠译员的帮助。 50
因此路德和白里安在阿斯科那举行的一次秘密会谈中，共同努力排除前进路上的困难，取得一定的成果。[61]张伯伦的法语也非常好，而且他的德语水平也相当不错，使他能够注意倾听德方发言人的论述，偶尔还能纠正或补充译员翻译上的欠缺之处。他决心要使谈判取得积极成果，有时不怕以其戴有单片眼镜的脸部所浮现的不耐烦的情绪和简短的插话来排除讨论中出现的险情。

如果说，张伯伦一直是这样一位善于克制自己的、外表古板的英国绅士，那么白里安的为人却不拘礼节，通情达理，妙趣横生，这些特点能帮助他绕过暗礁，化险为夷。有一次，当路德总理以冗长而凄凉的语调散布德国人民遭受的苦难时，白里安突然呼叫起来，打断了他的话说："您不要再谈了！否则我们所有的人都将要流泪了。"路德身受侮辱而恼羞成怒，施特雷泽曼的脸色呈现茫然不知所措，他俩的表情滑稽得不禁使白里安失声大哭，整个会场变得欢腾起来。不过白里安能善于恰如其分地感觉出哪些是代表们自己的实事求是的见解，哪些是他们只是充当了自己认为当前还不能不顾及的民族主义者的传声筒。白里安对施特雷泽曼说，如施特雷泽曼本人所叙述的那样，他虽然相信德国绝大部分人民真诚地希望和平，"但是你们在自己的政策中总有我所称之谓的德国神秘

主义政策的东西，这就是在你们那里有人不愿意在当前有这样一项和平条约，因为他们相信什么时候总会出现奇迹。如果您去问
51 他们会有什么奇迹，那么他们对您也讲不出究竟是什么；但是希望能出现奇迹的这一想法使他们面对茫茫然的前景，以此为依据而根本不再去擦亮眼睛正视现实”。[62]施特雷泽曼虽然违反约定一再提到战争赔款问题，但他总是予以谅解。他在内心深处想到这位德国外长需要回国后能对这点做出说明。对他和张伯伦来说，主要的是，这些违反计划的行动不可引起明显的后果，因此当讨论越过暗礁而已经达到使德国人也高兴的合适前提下，他们就立即中断讨论。

当然还保留了一系列实质性的争端，而且双方在这些争端上最初颇有距离。为使分歧比较容易达成谅解，一开始就严格规定不向公众透露。从世界各国汇集到这里来的许多新闻记者不得不只满足于各次会议后所发表的内容贫乏的新闻公报；不可避免地就产生这种情况，他们通过推论和谣传迫不及待地去弥补空缺。路德和施特雷泽曼不时向德国的新闻记者提供内部消息，但他们也领会到一些右派报纸歪曲了他们的谈话。然而，这次外长会议的公开会议绝不是最重要的会。许许多多有争论的问题被立即提交法律工作者去研究解决。但是在重大问题上，代表们经常在他们下榻的旅馆房间里三三两两地进行秘密商谈。最重要的秘密会谈是因地制宜地在一定范围内进行的。10 月 10 日代表们乘坐一艘名为“橙花”的汽艇漫游了马乔列湖畔。不过，这并不像报纸读者所想象的那样，是一次这样愉快的游湖。路德、施特雷泽曼、白
52 里安和张伯伦在船舱里坐了五小时之久只讨论了两个问题，这两

个问题是最有政治性的，即国际联盟章程第16条和东方条约的保证。当汽艇驶回洛迦诺靠岸时，这两个问题已经达成了妥协。

国际联盟章程第16条规定，在联盟执行义务的情况下，每一成员国都有义务参加协作，也包括军事协作，这一条是谈判的主题，而且是德国从认真考虑加入国际联盟那时起就想到的一块绊脚石。这一条之所以特别重要，因为它涉及德国对俄国的态度，因为它要所有成员国承担允许执行部队穿越其本国领土的义务，而且几乎就要令人想到在波俄战争的情况下，联盟就要派其部队穿越德国领土去援助波兰。这个问题必须现在决定。因为西方国家把德国加入国际联盟视为缔结安全条约所不可或缺的前提；而另一方面，德国却要求，强加于它的解除武装条款必须取消或者至少限制第16条所规定的义务。最初，白里安试图向施特雷泽曼指明，德国将在国际联盟委员会占有常委的席位，并可以在那里阻止任何必须经一致同意才能实行的决议的执行。但是，施特雷泽曼立即在他一次非常坚定的讲话中断然拒绝了，这个讲话显然给人留下深刻的印象。“假如我们在俄国发动侵略的情况下把俄国称为侵略者，从而保证国际联盟的一致性，那么我们以我们道义上的全部声望站在国际联盟这一边……仅仅这一行动将会使德国承担最严重的政治后果。我们纵然愿意承担这些后果，但必须期待，这样做被认为是非常值得的。”[63]

在取自失败的日内瓦议定书草案（第11条第2款）的一个模
式里终于找到了解决这些困难的办法。出席洛迦诺会议的六个国 53
际联盟成员国在一份给德国代表团的照会中确认在那里记录的对第16条的解释，即参加联盟的每个成员国都负有义务，忠诚和有效地执行章程，并在抵抗任何侵犯中协作，“其程度应同该成员国的军事状况相一致并且考虑到它在地理上的处境”[64]。如果说，这份照会的签字人，正如他们所称的那样，并不代表国际联盟说话，那么他们为自己的解释所依据的却是联盟迄今所进行的谈判。在德国方面，可以对特别由英法代表所作的这一解释不予怀疑，而视为非常切实可行的。同样不可怀疑的是，任何一届德国政府在口袋里装有这一书面的解释就可以摆脱对它不合宜的一切军事义务。当施特雷泽曼想到同契切林同志的最后几次谈话时，他为从契切林手里夺取了最危险的武器而感到自豪。

如果说，德国代表团对第 16 条达成的妥协可以感到满意，那么在有关东方仲裁条约问题上，它则完全达到了自己的目的。法国放弃了对仲裁条约做出的保证。于是施特雷泽曼可以带着这一成果出现在他的德国批评者面前了，因为德国不允许任何一个外国去保证东部边界，因为德国尽管明确放弃以武力手段改变东部边界，但始终没有承认东部边界。当然，他也不能阻止白里安同时同波兰和捷克斯洛伐克签订互助安全条约以对付这种危险，即缔约国之一“成为破坏……旨在维护普遍和平而同德国协议的共同义务的违反行为的受害者”。

54 德国代表团认为他们在“橙花”汽艇上的秘密谈判中所取得的成果很重要，即刻派总理府国务秘书弗兰茨·肯普纳博士返回柏林，以便向留在柏林的内阁成员介绍情况。但此间反应冷淡，因为德意志民族人民党的部长们首先考虑的是回避做出最后的定论。[65]

除了正式讨论的问题之外，路德和施特雷泽曼还在私下会谈中同白里安和张伯伦讨论了他们认为特别重要的问题。这主要涉及所谓“反响”的问题，即签订这一安全条约必然涉及战胜国对待德国而产生的反响。施特雷泽曼在他的笔录里谈到同白里安的一次谈话：“我一开始就提出科隆地区的问题，然后又转到莱茵地区政权问题，强调发布命令和委派代表问题、削减部队、缩短占领期限、这些协定对萨尔地区的关系的后果、遣返最后一批俘虏、取消缺席判决、更改调查议定书和飞船的飞行。”如果说，白里安对此答复说，这样的表述表现出近于冒险而出众的胆识，那么人们对此是可以理解的；如果所有这些问题都要讨论，那么这就需要一次比洛迦诺会议也许更长的会议才行。无论是白里安还是张伯伦都拒绝对这些问题做出明确的承诺，理由是他们内阁没有授予他们全权。白里安还说，关于像削减占领军这类军事问题不能由他单独决定，而只有同总理兼国防部长保罗·潘勒韦商量征得同意后才能决定；白里安当然知道法国将军们要求有发言权。不过，这位法国人和这位英国人都表示，他们将尽力满足德国的愿望。白里安认为缔结条约必然会产生重大的反响，因此德国人应该感到满意。[66] 55

10月16日，终于到了能够草签这些已达成协议的条约的时候了。正式签署的只是指导各条约的最后议定书，而这些条约将在德国成为国际联盟成员之日起生效。条约本身只是草签，也就是签上签字部长们姓名的开头的字母。最后议定书除施特雷泽曼签字之外，路德总理也签了字，而各条约只由施特雷泽曼草签。路德以自己的签字与施特雷泽曼一起承担了整个条约的全部责任，其中也包括对德国加入国际联盟，这使他的德意志民族人民党人同事们感到不悦，因为他们本来不希望把他的命运同外长的命运

连在一起的。最后议定书确定12月1日为最终签署各条约之日，届时与会各国代表应在伦敦会晤。

10月16日是张伯伦的生日，与会者乐意做些姿态承认张伯伦所起的斡旋作用。在结束会议上所发表的讲话中，德国和法国外长的讲话给人留下特别强烈的印象。路德授权施特雷泽曼讲结束语，而施特雷泽曼善于以克制态度获得令人印象深刻的效果。很少容易感情冲动的张伯伦两天之后在给英国驻巴黎大使蒂勒尔的信里特别明显地表露了这一点。他写道："没有一个在场的人会忘记这一场面。……一开始，施特雷泽曼说了很普通的几句话，他说德国代表们是充满了负责的情意签署这些条约的……然后，他以简短而极其含蓄的言语补充了对他来说最关切的、但又不能直
56 截了当地表达出来的话语。他说，他们是坚信这些条约将会在政治和经济领域里产生其必然效果而签字的。我亲爱的蒂勒尔，一片沉默比用话语表达的含义更深奥，比雄辩更能激动人心！接着是白里安的讲话，他热情洋溢，慷慨陈词，而我为我的朋友和为他的祖国感到自豪。在这里，表达了侠义的法兰西的真诚心愿；在这里，闪耀着巴亚尔*式骑士的大无畏精神，而这一切在他的民族和法兰西历史上是优秀和宝贵的……白里安保证回国后立即投入这项工作，以最大限度地满足德国代表这些内心也许无法表达的希望，但是，他对这些希望是很能理解的，而且令人感到很自然和很

* 巴亚尔(Bayard，约1473—1523)，德国军人，1494年随国王查理八世进入意大利。在福尔诺沃战役后被封为骑士。在路易十二时代的历次战争中，他是身经百战的英雄。——中译者

令人同情。”[67]

洛迦诺唤起的所有这些希望即使今天已经埋葬在血泊和废墟之中，人们读到白里安讲话的结束语时也不能无动于衷。他说：“如果我们在这里除了商定条约之外没有做其他的事，然后又各自回国，听天由命地就完成其义务，那么我们只是摆弄了一副空洞的姿态。如果适应这种姿态的不是一种新的精神，那么这种姿态不能标志一个信任时代的开端，那它就不会起到我们所期待的作用。在我们两个民族之间还存在令人痛心的问题，还存在引起摩擦的因素，希望我们签署的条约成为愈合这些伤口的一贴膏药。存在的困难必须予以解决。我相信，法国将会理解这一文件的重要性，而且会产生一种满意感。然后，我们将会共同耕耘，在所有领域里实现我们所关切的理想：一个完成自身使命的、同时又忠于其文明和高雅传统的欧洲。”[68]

会议结束时，白里安急忙走向施特雷泽曼并向他伸出了双手。“我握住他的右手，”施特雷泽曼说，“并且对他说，我衷心感谢他所 57
说的这番话，他对此回答说：‘不，您别说这些话了。我将向您证明，这不仅是言词，而且是行动。’”

在洛迦诺所有教堂和圣母玛利亚教堂外面响起了钟声，宣布了这时开始的和平新世纪的来临。小城的市民们拥挤在市府广场上欢呼鼓掌。保罗·施密特写道：“当我们同路德和施特雷泽曼一起走下狭窄的露天台阶没有几步，人群中又一次响起了掌声。然后，突然间，一片静寂。所有男人都脱帽排成两行默不作声的夹道欢迎的队列，我们怀着深刻的印象，穿过队列上了我们的车。”[69]

可是，当运载德国代表回国的列车开进柏林火车站的站台时，列车被警察封锁,并不是因为警察害怕前来的几千名柏林人准备热烈欢迎他们的把“光荣的和平”带回国的代表们,而是因为警察获得情报认为代表们将可能受到一种极端可怕的和恶意的接待,甚至不排除发生罪恶的暴行;施特雷泽曼前任拉特瑙被暗杀的事件刚刚过去三年。只有几名部长和外交使团出面欢迎代表们,而且达伯农勋爵走上前去向他们说:“我受张伯伦先生的重托,祝贺你们在会议中取得的成果,并且转告你们,他将始终怀着愉快的心情回忆起在洛迦诺的首次会晤,以及德国代表们对讨论所赋予的真诚和坦率的精神。对导致签订洛迦诺条约所采取的主动性对德国政府来说将永远是光荣的。”

58 这位英国大臣对洛迦诺条约是感到高兴的。因此德国有理由感到悲伤。这听来简直是无稽之谈,但却是《德意志总汇报》10 月 21 日题为《警告》的社论的论点。

“如果说,我们的敌人高兴——而且他们,不论有无洛迦诺条约和国际联盟,总是我们的世仇,他们总是留在德国的土地上——那么对德国来说却是一个不祥之兆。”这篇社论的作者是以前的激进社会民主党人、该报主编保罗·伦施博士,他在自己的《莱比锡人民报》上经常以其特有的精湛技巧使用“粗鲁的语言”对待一切不太激进的人们。[70]右派报纸在其从洛迦诺发出的报道中总是竭尽可能对会议结局散布极端悲观主义的论调。不论这些预言如何黯淡,正当这次会议成功地宣告结束后,愤怒的浪潮顿时爆发开来,似乎德国代表们轻率地做出了最严重的大牺牲,换来的只是些连篇空话。这些报刊的读者和所有听信德意志民族人民党人的人们充满着民族主义情绪,对这些“叛国者”深表痛心疾首。民主党和社会民主党的报纸自然使用了完全另一种的声调，而且根据全部迹象看，大多数柏林人都站在它们这一边。没有理由可以认为大多数德国人同欧洲其他国家的人民想法有什么不同，因为他们渴望在和平环境中享有他们的劳动果实。不过，大多数德国人的声音这时被喧嚣一时的少数派所淹没了。

施特雷泽曼怀着这样的感情离开了洛迦诺，他认为自己在实际可行的范围内已经达到了一切成就。路德却是另一种想法！施特雷泽曼 12 月在一份私人笔记中写道："路德像一个洛迦诺的失败者返回德国。早在会议期间，我们不得不一再提醒他不要做出一副不满意的、满腹牢骚的样子。"路德的这种神态并没有逃过白里安的眼睛，还在几年后，白里安开玩笑地对施特雷泽曼说，路德
在洛迦诺时始终像马乔列湖上的阴云。[71]所以使路德感到忐忑不 59
安的，肯定是想到自己在柏林的内阁，确切地说，是想到他的德意志民族人民党的同事们。他们会不会因为他没有带来他们所要求的不可能的事而背弃他呢？

初看起来，似乎他的担忧过分了。在代表们回国的那个星期一，10 月 19 日，举行了第一次内阁会议。席勒虽然从中作梗，并首先要求应等待条约的全文。但他也说，如果说到是否该承认德国代表团在洛迦诺所作的工作，那么他的回答将是令人高兴的"肯定"。[72]无论如何，主持会议的兴登堡作了总结发言，说会议一致同意这项草签，并且感谢两位代表为此而取得的结果。

但是，德意志民族人民党的部长们之所以采取克制态度只是因为他们的不肯定态度，正如该党对洛迦诺条约的既成事实所持的态度一样。德意志民族人民党在这条自己所绝不愿意走的道路

上违心地、迟疑不决地一步一步跟着走，因为它愿意留在政府，而且总是希望施特雷泽曼的政策将会败于外部的抵制上。这一希望现已化为泡影，而且它最终必须说出“同意”或“不同意”的时刻已经到来了。在表决道威斯计划时，它成功地大声表示“不同意”，而同时又通过臭名昭著的投票分裂活动而使“同意”成了可能。这一绝招使它得以参加了政府。不过，这一伎俩在这次却不能重演了，所以它面临着这一问题，它现在用一种明确的表态“不同意”是否又会失掉昔日所得的利益。它的部长们对此肯定是很扫兴的。内政部长席勒在 10 月 16 日，即在洛迦诺草签条约之日，邀请达伯农勋爵及其德意志民族人民党同事们共进午餐，显然是想借机从这
60 位最知情者那里聆听条约的真正意义。这位大使对这些先生们没有什么深刻的印象；在他看来，这些人实质上是一批“乡绅”，他们的话题主要集中在他们所猎得的鹿和所喝的酒上。但对这些部长们来说事情终究不是那么重要的。他们不得不接受国内各党组织的口号，而各组织的主席只应召尽快赶到柏林去参加一次会议。在会上充满一片强硬的断然拒绝的声调。虽然没有人能够在他们同意派代表参加国际会议后说出德意志民族人民党人究竟期待什么样的结果，但却轻率地奢谈什么实际结果并未实现“德国人民生存所必需的合理要求”。这样一种空话政策实际上是为了党的政治鼓动的需要而牺牲德国人民的真正利益，它甚至使得长期忍耐的路德怒火中烧。他意识到自己必须比任何一届前任总理更要迎合德意志民族人民党人的愿望，而对给予自己的感谢觉得十分意外。路德对力图为其党的立场辩护的韦斯塔普伯爵大发脾气，本来是心平气和的路德终于浑身哆嗦起来，而韦斯塔普，如同施特雷

泽曼所写的那样，“变得极其苍白”。[73]总理指责他说，德国代表团在洛迦诺完全达到了他们的目的，以前沦为奴隶的德国人民现又受到全世界的重视，对此，韦斯塔普又怎能反驳总理呢？虽然路德预言这场愤怒的风暴将刮走德意志民族人民党而过高估计了德国人民，但是，他指责路德说，德意志民族人民党人的行为不仅会引起一场政府危机，同时也会引起一场国家危机。他这样说，却不是没有道理的。幸亏路德成功地使感情上倾向于那些人的兴登堡支持他的行动。他对施特雷泽曼说：“德意志民族人民党人使我痛心，他们将会自食恶果的。”在这种情况下，这位年老总统的军事思想就从事业的利益出发了。从这一观点出发，德意志民族人民党 61
人的态度是“目无纪律”的，因此，他终究不能参与其事了。

德意志民族人民党的部长们实际上成了该党强硬态度的唯一牺牲品。他们接到辞职的命令，而且唯命是从。但部长们怀着怎样的一种感情啊！10 月 26 日，正当他们向内阁辞别时，席勒想发表一次讲话，但他又未能发表，因为他刚说了几句话就再也说不下去了，好不容易才抑制住自己的抽泣。施特雷泽曼在日记中写道：“约有几分钟之久，他抽噎起来，根本就不能讲话了。当他恢复常态时，他说，他和他的朋友们受到了一场风暴的袭击。他们根本谈不上有什么坚定的反对派情绪，或者说有什么胜利者的情绪，更多的却是对党的愚蠢立场所怀有的大失所望和切肤之痛的感情。”[74]

德意志民族人民党人的开小差改变不了事件的进程。政府没有下台。辞职的部长们（还有同他们结交的弗伦肯）的职务临时由留任的其他部长接管。11 月 23 日，政府向国会提出洛迦诺条约和加入国际联盟的问题。经过几天辩论，洛迦诺条约在 11 月 27

日以 300 票对 174 票得到批准；同天以 275 票对 183 票同意授权加入国际联盟。德意志民族人民党人、人民党、经济党和共产党人组成了反对派。赞成这项法案的不仅有执政党，而且还有民主党人和社会民主党人，他们除此之外是绝对反对路德的。不过，路德在国会辩论一开始就声明，他同政府其他成员达成一致意见，决心在解决完洛迦诺条约后，即预定在 12 月 1 日签署后，立即向总统提出自己的辞呈，以使组成一届新政府成为可能。

62 国会的辩论很少涉及条约本身，大部分集中在所谓的反响的问题上，即协约国在德国缔约之际将会在**条约之外**向德国做出的让步问题。路德和施特雷泽曼据此说明，这种反响早已在相当大的范围内出现了。尤其是围绕科隆地区在德国引起异常激烈的争端在 11 月 14 日通过使节会议的声明已结束了，会议宣告在 12 月 1 日开始撤离。此外，使节会议还许诺对第二和第三占领区大大减轻占领状况：减少占领军人数；放宽德国管理机构的自主权；召回占领国代表；限制军事管辖权：允许设立一名面对占领国而代表德国利益的德国专员。德意志民族人民党人及其同伙把这些妥协当然说成是远远不够的；话总是可以这样说，而且还在爱国主义者外衣下发表了这些言论。不过，路德鼓起勇气，“公开表示，这些措施就其总体而言在被占领地区意味着从根本上有了减轻，部分措施也具有重要的作用”。值得注意的是，德意志民族人民党发言人韦斯塔普伯爵在其发言中完全接受了契切林的论点：英国想强使德国进入西方国家的圈子里以共同对付布尔什维主义。由于德意志民族人民党一向大声疾呼反对布尔什维主义和反对马克思主义，所以对于这位伯爵来说，布尔什维主义和俄国

永远不能等同看待的这一相反论点就显得没有什么说服力了。今天对此毋庸赘述。

由于洛迦诺条约按权威性的法律观点是不得加以修改的，所以，德意志民族人民党人这次可以免受在通过道威斯计划时只因运用众所周知的阴谋手段才得以避免的进退两难的境遇。尽管他 63
们意识到草案会获得通过，但他们仍一致投票反对这项草案。韦斯塔普伯爵又节外生枝地声明：根据他的党的观点，如果这项法案不是按照宪法第 76 条获得三分之二多数通过的话，该法案便不具有约束力。这无异于给法国的民族主义者，甚至所有反对德国的外国敌人提供了武器。如果人们对这一声明认真想一想，那么它意味着如果德意志民族人民党人参加政府，他们将不受由国家已经缔结的条约的约束。这难道不会引起极大的不信任并对德国履行条约的能力持疑虑态度吗？但是这正是必须认真对待的声明吗？1927 年 1 月，德意志民族人民党人参加了威廉·马克思内阁，再次成为施特雷泽曼的同僚，他们签署了一份议定书，在这份议定书中说：“洛迦诺条约的法律效力无论从国际法还是从宪法来说都是毋庸置疑的。”而正是这同一位在 1925 年 11 月声称洛迦诺法令为没有约束力的韦斯塔普伯爵，1927 年 2 月又在国会中说道：“洛迦诺条约文件和与之有关的加入国际联盟是德国政策的法律和政治基础。我们今天再次表示，我们过去和现在都把和平谅解作为自己的目的。”[75]这难道不使人想起笔下忽左忽右的没有固定信念的古斯塔夫·弗赖伊塔克吗？然而不应忘记，一位民族社会主义党议员在巴伐利亚州议会中大声喊叫说：“如果一位被驱逐的阿尔萨斯-洛林人杀死了施特雷泽曼，我是会理解的”；还有在德意志民族人

民党的省报中声称,施特雷泽曼夫人的一位姊妹是同普恩加来结婚的,如同拉特瑙的谋杀者窃窃私语说拉特瑙的一位姊妹是同拉狄克结婚的一样。

64 11月28日,兴登堡签署了洛迦诺法令,次日路德和施特雷泽曼赴伦敦去签署条约。他们在英国受到隆重欢迎,从国王直到街上的老百姓,都显示出观在为开创了一个国际关系的新时代而感到欢欣鼓舞,在这个新时代里既没有战胜国也没有战败国,而是共同携手,为和平的和谅解的事业而工作。特别在白里安和施特雷泽曼在签字仪式上所作的讲话中表现出的这种情感,感人肺腑,激动人心。

今天谁读到这些讲话,谁就对于合唱团在《墨西娜的新娘》*一剧中以悲痛心情而抒发的情感不能无动于衷:

> 什么是希望,什么是计划,
> 这样一个人,是他那个时代昙花一现的儿子,
> 难道就在这块叛逆的土地上建业吗?

施特雷泽曼和白里安未能亲身经历他们所开创的事业如何被罪恶的暴力所摧毁,而奥斯汀·张伯伦因为参加了这一事业被授予嘉德勋章。后来张伯伦年老体衰,对罪恶的暴力只能提出警告而不再能发挥作用。[76]在巴黎和伦敦掌权的那些人只满足于纸上的决议,听任灾难发展。是不是因此可以说洛迦诺的整个工作毫无价

---

* 德国著名诗人、剧作家席勒在1803年创作的一个剧本。——中译者

值和毫无意义了呢？难道设想两个民族几世纪来兵戎相见，而现在能相互和解并齐心协力从事和平事业乃是一种幼稚的幻想吗？[77]如果笃信国际条约和国际组织具有约束力，难道这根本是一种幻想吗？诚然，国际条约和国际组织如同一个国家的法律那样，如果国家不通过警察和法庭维护这些法律自己就很难存在下去。
“如果想以法治代替暴力统治，那就不能今天依这个原则而明天又 65
依另一个原则行事，”奥斯汀·张伯伦爵士当时在剑桥的一次讲话中说，“必须一贯采取同一立场和遵循同一路线。”但是，对于这一结论，无论是法国政府，还是英国内阁，在 1936 年都不能持之以恒，而更可悲的是，双方的大多数居民，至少不完全是那些经常口头上讲“集体安全”口号的人，都同意了他们的做法。这座洛迦诺大厦是以极其谨慎的态度和富于乐观的理想主义建立起来的，如今它像空中楼阁一样倒塌了，在这一气氛下，这是不足为奇的，不，这是不可避免的。但这不是条约本身有什么过错，而是对维护这些条约负有神圣义务的那些人的过错。

当然，会有这样一种观点：导致缔结洛迦诺条约政策的出发点是否正确？这一出发点的思想是，一个由双方自愿缔结的条约总比一个由一方通过强制命令强制另一方缔结的条约更持久，更可靠。在理论上，这种思想虽然甚至被希特勒一再公开承认过，但是，只要到了希特勒自感有了足够强大的力量时，他就会用拳头当面予以打碎。因此必须遗憾地承认，洛迦诺的基本思想是没有经住考验的。于是，德国人反对强制性媾和在道义上的基础也就自然而然地被剥夺了。

经常有人指责洛迦诺条约说，它制造了一条边界不可侵犯性的两种不同的等级，即德国在西部有保证的边界和在东部无保证的边界，并说这样就会在关键时刻被解释为间接要求侵犯这条无保证的边界。在这点上这无疑是正确的。但事实上历史发展反其
66 道而行之。首先受到破坏的条约条款正是由英国保证的莱茵地区的非军事化。当希特勒看到他得以不受干扰地采取这一公然违反国际法的残暴行径时，他就把禁止对东部邻国进行暴力袭击的条约置之不顾了。

但是，这一切同德意志民族人民党人和民族社会主义工人党人对条约所进行的批评是毫无关系的。他们的论点是，条约只对法国单方面有利而对德国并无相对的得益。条约的最高目的是满足法国的安全需要，这是对的。但是，如果说，法英结盟后的矛头（如施特雷泽曼所完全正确地看到的那样）以其内在的必然性对准德国就可心满意足了，那么这对德国来说会感到更高兴吗？英国同时保证德国对付法国的侵犯，这难道不算是一种充分的对应得益吗？当法国人于1923年进军鲁尔地区时，整个德国，首先是民族主义者，曾经激起了愤怒的烈火。难道他们完全忘记了1925年他们把英国的保证使重演这一进军不可能看成小事吗？但是还有另一种看法，白里安1926年2月25日在法国议会为批准洛迦诺条约进行辩论时对持有这种看法的人说："对我来说，这个文件的长处是它没有使任何一个签字国受到不公正的待遇。这个文件的起草和签署没有以牺牲另一国为代价而使另一国得到利益。为了捍卫这个文件，必须以其实质精神来理解它，而且它不是一种狭隘的、利己的民族主义精神。它是在一种欧洲精神下和为了和平的目的而草拟的和缔结的，……文件最佳之处是唤起各国人民重新

相互信任，正是在一个充满黑暗的时代里，在一种威吓的气氛中放射出各国众望所归、赖以振作的一线光芒。”

这番话对于德国民族主义者来说，似乎只不过是感情激动的空泛言论。他们所想的，如同泽克特在洛迦诺会议的那些日子里 67
所写的一样：“谅解只能是敌人的胜利。”[78]然而，即便是泽克特传记作者冯·拉本瑙将军也不得不承认伴随洛迦诺条约而出现的是一定的和缓局势。“不能否认，洛迦诺条约首先带来了有益的结果。”[79]在德国，正当人民渴望确保和平、渴望逐渐以均势、谅解和国际合作的潮流取代相互挑拨的时候，他们也感到松了一口气。毫无疑问，德国在经济上从中得到了好处。至于在精神上和心灵上究竟也能从中得到多大好处，这当然在很大程度上要取决于政党的政治斗争是否让它喘过气来，休养生息。

对于民族主义反对派来说，其特点是他们的批评首先对条约的所谓反响纠缠不休。换句话说，只要条约不给予德国超出条约以外的、具有法律上所要求的利益，那么德国从条约本身所取得的利益将被漠然置之或被视为并不存在。当然，缩短凡尔赛和约所规定的占领期、减轻德国人民对驻军的负担和类似的种种势力现在是完全合法的。西方国家通过他们所作的一系列相当大的让步也承认了这点。但是民族主义者总是谩骂这些让步是远远不够的，而且按照灵丹妙方要求自己所必须得到的更大让步，而这些让步恰恰是对方由于必须考虑本国的民族主义者而不能给予的。法国人说，如果给德国人一片洋蓟，那么他们只把它作为立刻索取第二片洋蓟的一种要求，这是并不奇怪的。对右派所发动的民意测验的顾虑使德国政府惶惶不安，倒如它竟在西方国家所作的让步 68

公布后还指令新闻界说，政府对反响是感到失望的，与此同时，正如施特雷泽曼所写的那样，这些让步“超出了我们任何人所能猜想的程度”。[80]在这一点上，在施特雷泽曼和路德之间显然存在着对立，甚至还在伦敦时这就已导致一场“非常激烈的争论”，因为这位总理愿意把“莱茵地区的占领放进”自己的讲话里，但“丝毫不提及洛迦诺精神”。

这些让步中最重要的是撤离科隆地区。从德国方面来说，这一让步虽然被说成是迟到的满足按凡尔赛和约所规定的法律要求，但协约国对这一论点据理驳回了，说德国没有完成它所应尽的解除武装的义务，因此在条约里所规定的期限没有开始生效。在如何对待这个法律上的争执问题上，从协约国的立场上来说这已是一个让步，即**虽然他们知道**德国的解除武装**没有**完成，但他们现在撤出。德国不但没有裁减军备而且还在扩充军备，这在今天已是尽人皆知的事了，因而只要从拉本瑙所著泽克特将军传记里摘引几句话就足以说得很清楚的了。1924 年，有一件被称作对泽克特来说“自然很清楚的事实”，即“陆军实际兵员的缓慢增长已超过它应有的程度”。当德国政府在 1924 年 6 月间不得不接受另一次的监督检查时，泽克特就表现得极度恼火。其原因是：“要隐瞒在这期间为人日益察觉到的陆军人数非法增长的证据，对于泽克特来说，无论如何不是轻易所能办到的。”泽克特所以反对“洛迦诺的整个政策”是出于这一动机，他预计，“每一步增强陆军兵力的伪装措施由此会遇到最严重的困难”。不过早在 1926 年，“泽克特已着手摆脱凡尔赛和约的约束，为撤销国际军事管制委员会这一时刻到来做准备”。拉本瑙还洋洋得意地报道说，敌人一再试图“揭去

69

我们伪装的总参谋部的训练面纱，但都是徒然的”。

但是，西方国家政府都知道，德国根本不想裁减军备，这也是不容怀疑的。这些政府从最后的全面检查报告中深知这些情况。这份报告只被摘要发表，但是，读过这份报告全文的英国摩根将军曾在 1933 年 11 月即希特勒执政的第一年写信给《泰晤士报》说：“在官方未授权我之前，我是绝不受骗去揭露委员会所作的真实报告。但我敢肯定，如果英法政府一旦决定公布这份总结报告，尤其是委员会以前有关兵员实际人数调查的报告，那么全世界都会相信，德国从来没有裁军过，也从来没有裁军的打算，而且七年来，竭尽一切可能，破坏、干扰、欺骗负责执行解除武装的委员会并对它进行‘反管制’。”[81]

当时的协约国政府还是明目张胆地减少了为执行凡尔赛和约解除武装条款所规定的军事管制，并最终加以取消。[82]

当然在撤离科隆地区之前，在协约国使节会议和德国政府之间频繁地交换了有关解除武装迄今存在的缺点以及消除这些缺点的大批照会。使节会议在某些方面作了让步，但在另一些方面却坚持了条约的执行。他们特别坚持取消陆军统帅部首脑的司令权。[83]泽克特对此竭尽全力进行抗拒，而且他非常抱怨施特雷泽曼，因为他在这点上迫不得已地作了让步。可是，事实上，协约国在这点上除了在术语上得到满足外并没有得到其他东西。拉本瑙证实说：“实际上，取消司令权纯系形式。同消除司令权相反，却并 70
不取消指挥权以此应付了过去……从作用方面来看，一切照旧。部队几乎不知道泽克特的地位有什么改变，……泽克特的举止也丝毫没有什么两样。”[84]预见到这一点并不需要预言的才能。

尽管如此，协约国政府还是放弃了对裁军的管制。他们想突出“洛迦诺精神”。白里安通过法国驻柏林代办于 1925 年 11 月 8 日通知施特雷泽曼，他有意不仅从科隆地区撤军，而且要在谈判中取消管制委员会任何进一步的活动；它只监督执行已经制订的措施，然后应结束其活动。实际上委员会名存实亡地过了几个月，终于按 1926 年 12 月 12 日的使节会议决议被撤销了。[85]

即使在德国人异常敏感的军事领域，协约国也向他们明白表示，从凡尔赛谈判那些日子以来，从最后通牒和占领鲁尔以来，他们的政策精神已有很大变化。这种做法肯定是经过政治家们考虑过的。但是，难道必须通过取消管制才行吗？难道不能聪明一点吗？例如把十万人这个军队数字提高，对此，当时任何一个务实的法国和英国政治家都不得不说过这个数字是不够的，实际上是无法遵守的。

协约国政府没有这样做，却通过取消对德国军备的管制，为德国国防军的各种组织开路，使他们后来经过几年的各种措施通向了全面扩军。因此，在历史的审判席上，它们对本国人民如同对德国人民一样对由这一发展所带来的无限灾难负有部分责任。

第十二章　加入国际联盟、 71
同俄国的条约和图瓦伊会谈

路德和施特雷泽曼刚从伦敦回国，总理马上履行自己的诺言，向兴登堡总统递交了自己及其内阁的辞呈（1925 年 12 月 5 日）。但兴登堡委托他在新政府组成之前继续处理日常事务。

但这届新政府该是怎样的前景呢？肯定只有一种消极因素：德意志民族人民党人必须留在外面。然后，只有通过这种方式组成一个多数派政府才可能，即中间派，如人民党、中央党、民主党人，同社会民主党人联合起来，换句话说，组成一个像社会民主党的部长们 1923 年退出施特雷泽曼政府之前的那种“大联合”政府。一个这样的政府就占有压倒多数，以此国会曾通过了洛迦诺法案。但组成这样一个新政府有可能吗？新政府会不会遇到内政方面的巨大意见分歧？兴登堡是严格按照立宪原则办事的，他在同各政党领导人会谈后先委托费伦巴赫组阁，在遭到他拒绝后，又委托科赫-韦塞尔尝试在大联合基础上组阁。这位德意志民主党领导人认为，当务之急是制订出他所认为有关政党都能同意的一系列方针。但这只有部分是正确的。这并不适用于社会政策方面的方
针。特别在法律上调整劳动时间方面，在德意志人民党和要求恢 72
复法定的八小时工作日的社会民主党之间出现了严重分歧。另一个争论点是解决对前德意志诸侯的补偿，关于这点，后面还要谈

及。事实上，科赫的努力败在社会民主党身上。12 月 17 日，各政党领导人举行了会谈，人民党虽然声明该党不顾自己的疑虑仍愿以科赫的方针作为组阁基础，但社会民主党却声明该党从这些方针中看不出有组成新政府的合适基础。对此，科赫把他的委任交还给总统，于是一个大联合政府的设想，也就是一个依靠国会多数的政府的设想，这一次被葬送了。没有其他办法，只好又组成一个少数派政府。

社会民主党的这个决定却有极为深远的影响。在社会民主党议会党团内部，对这项决定先是展开了激烈的争论，在争论中卡尔·泽韦林和爱德华·达维德博士都主张参加政府。[1] 必须承认，做出这种决定是相当困难的。八小时工作日对于德国工人远非一项社会政策上的单一要求；它简直是一种信条。而且经济情况看来日益不景气，1925 年夏，失业数字还相当低，到了 12 月，竟首次突破百万大关。[2] 很明显，如果社会民主党人参加这届不是无条件承认八小时工作日的政府，那么力图从社会民主党人那里夺取工人选票的共产党人就将充分利用这点进行反对社会民主党的宣传。但是，正如泽韦林及其伙伴们确实预感的那样，比起一项——即使是很重要的——社会政策来说，更严重地处于危险境地的还是议会制度和共和国的健全问题。

73 迄今的路德政府在其德意志民族人民党成员退出之前是拥有国会多数的。德意志民族人民党人退出后，社会民主党议员的票数也能使政府继续推行外交政策。在外交政策上一再发生争执，由于社会民主党人要求继续执行其外交政策，尤其是德国加入对洛迦诺条约赖以生效的国际联盟，他们就不得不对此也承担责任。

也许一个小党得以做到置身于政府之外，仅在危急情况下投票支持政府，但是一个拥有几百万选民和一百多名议员的党是不能这样做的。少数派政府自身同议会制是有矛盾的。如果说宪法第 54 条规定政府享有国会的信任，那么它只说明它是议会制的一种必然结果。由于在德国的政治关系上，除了一个由各政党组成的大联合政府之外，再也不可能有别的政府了，因此没有一个政党能期望，它对自己纲领的实现将是不可更改的和不打折扣的。**每个**政党，如果它参加一个大联合政府，就必须做出牺牲。一个政党在危急时刻不准备做出牺牲，它就会毁灭国会的威信，从而搞垮整个议会制度的基础。怕负责任是一个议会制国家的致命伤。它最终不仅导致这个党的自我毁灭，而且会导致按宪法规定的各种因素之间的重心转移。国会不善于运用的权力随着内在必然性转入**总统**手中，宪法赋予总统任命总理和各部部长的权力(第 53 条)。

在解决政府危机时，就会立即出现这种情况。兴登堡在韦塞尔拒绝后把这一政府危机推到圣诞节之后。然后在 1926 年 1 月 11 日，兴登堡再次召见费伦巴赫和科赫，给他们规定了至迟至 1 月 14 日的一个限期，在此限期内应对大联合问题做出最后决定。在费伦巴赫和科赫于 1 月 13 日不得不向总统报告，由于社会民主 74
党人连续拒绝而使大联合政府的设想最终失败了。这时，兴登堡就单方面委托迄今留任的总理路德博士组织新的内阁，从而做出成立一个所谓资产阶级内阁的决定。正当组阁出现困难时，总统乃于 1 月 19 日召见四个政党的领袖(德意志人民党、中央党、巴伐利亚人民党和民主党)，并通过路德再次给他们一个期限，即在当晚 10 点前组成。兴登堡说：“我请求派代表来这里的政党，以伟大

祖国的利益为重，抛弃自己的私利，做出牺牲，从而最终消除持续的政府危机的悲剧，得以重建具有成果的合作，因为现在比任何时候都需要这一具有成果的合作。”

新政府果真组成了。但在组阁时还有一段特殊的插曲。路德原来打算让民主党议会党团主席科赫担任内政部长，科赫 1920 年已担任过此职。但是巴伐利亚人民党反对他，因为他的中央集权思想太严重，而非要有巴伐利亚人参加他的政府的路德只好让步了。民主党人对此理所当然地感到是一种耻辱，但该党议会党团只以**一**票多数置之不顾，而这一票恰恰被科赫自己利用来施加影响，因为他善于克制自己，把整体利益放在个人利益之上。

这样，在长达六个星期之久的危机之后，路德终于在 1926 年 1 月 19 日第二次组成内阁。施特雷泽曼当然仍任外交部长，先是要离任的格斯勒任国防部长，布劳恩斯任劳工部长，人民党的库齐
75 乌斯任经济部长，中央党的威廉·马克思任司法部长。民主党获得内政部和财政部两个重要部门职务，内政部长由国会议员屈尔茨博士担任，在此之前他任德累斯顿市长；财政部长由迄今任萨克森州财政部长的彼得·赖因霍尔德博士担任。

这次危机的进程和最终解决是以**牺牲国会的代价来增强总统的威望**，这是不可避免的。在德国公众的心目中，各政党的威信本来就一直不高。这次又遭到了一次新的打击。这就是说，各政党没有一次能在政府问题上相互理解。但是，兴登堡却达到了自己的目的！从此，迈出了通向灾难性发展的第一步。这种发展并不受到社会民主党特别的欢迎，但该党应首先对此负有责任。对此更深厚的根源在于，社会民主党尽管它本身的发展早已为自己分派了一种较普遍的和较高的任务，但它无法摆脱阶级斗争观念的羁绊。同独立社会民主党人的联合曾使那些小心左转的国会议员们的影响扩大。从社会民主党自己的政策立场出发，如果它所不信任的路德上了台，代替了它曾信任过的科赫，这就肯定不会有什么改善的。它虽然相信，如果路德向右走得太远，它能把他推翻，但这最终意味着又是一场新的政府危机，而且每一场政府危机都会降低议会和政党的威信。泽韦林无疑说得很对："在较长时间节制了参与政府活动后，社会民主党就不得不最终丧失同国家政治的较为密切的联系，并大大丧失对行政管理的影响。行政管理常常同制定法律是同样至关重要的。"[3] 当时社会民主党在最大的普鲁士州和很多大城市中对政府和行政管理具有影响，这一事实使很多社会民主党人蒙蔽了眼睛，不能领悟到这一简单的真理。但是，如果社会民主党人认为管理国家不那么重要，那么他们该领教自己是多么深重地走在歧途之上。

新政府在 1 月 27 日向国会介绍情况时，路德同韦斯塔普伯爵 76
展开了激烈的争论。当他说到"无论如何，德国最终得被治理"时，结果他引起了国会的"哄堂大笑"。但听来越觉得是老生常谈，就越觉得击中了要害。实际上路德只是重复了惠灵顿公爵约一百年前说过的这句话："国王统治必须继续下去"，而且，如果某些德国政治家能够把这一老生常谈的真理常记在心，也许就会好一些。路德同他的内阁全体成员坚持要求投票进行信任表决，这时情况变得一片混乱。只有获得微弱的 10 票多数而通过，即 160 票赞成，150 票反对，而 130 名社会民主党国会议员弃了权；反对派由德意志民族人民党人、民社党人和共产党人组成。这真是处在千

钧一发之际，而政府几乎是处于少数了。那么，社会民主党的情况又会是怎样呢？

外交政策在辩论中当然占有一个重要地位。国会议员亨宁少校（前总参谋部军官，曾退出德意志民族人民党加入民社党）把德国政府说成是“扼杀本国人民的帮凶”，对此，路德激动得跳了起来，“断然”制止这样一种侮辱行为。连德意志民族人民党人也不得不同亨宁坚决保持距离，但这一事件表明，反对洛迦诺和施特雷泽曼的蛊惑宣传导致多么大的骚乱。如果说，在国会中谩骂声如此不绝，那么随便哪位打杂技工就可骑上柏伽索斯飞马*吟唱，“施特雷泽曼这个败类”，并呼喊“杀死这条猪猡！”从而去寻找谋杀的帮凶，[4]这就不足为奇了。但是，更值得注意的是，胡根贝格在其1926年1月9日的《地方导报》的一篇文章中谈到了对施特雷泽曼的“所谓”谋杀计划，他说根本不应该让这些人成为殉难者，更

77 不应该让那些不应有这种命运的人成为殉难者，因为“他们的政治星辰反正已走向泯灭”。他还说，施特雷泽曼是“继俾斯麦之后战前时代的错误的典型，这些错误经过发芽、开花现已开始结果，希望对此予以消除”。[5]我重复这一种胡说八道，是因为这篇文章的作者对德国的命运后来具有重大影响，因此值得引起重视。

在通往洛迦诺条约的道路上，施特雷泽曼并没有迷失方向。下一步势必是德国加入国际联盟了。国会外交委员会2月3日以18票对8票的多数同意加入。两天前的2月1日，占领军完成了

* 柏伽索斯（Pegasus），希腊神话中的飞马。在古代晚期，飞马上天被比喻为灵魂不死。在现在，它是诗歌灵感的象征。——中译者

从科隆地区的撤军。这一行动在整个德国不能不给人们留下这个印象，即“伟大的、神圣的科隆”以其令人激起无限回忆和感触的“宏伟的大教堂”如今又成为一个自由的德国城市。即便民族主义者也无法否认这是洛迦诺政策的显赫成果。但遗憾的是，对于当时德国大部分舆论来说，法国大使德·马尔热里说得很对，他在2月4日对施特雷泽曼说，他从德国方面经常听到，这种或那种让步将唤起一种深刻的印象，但是只要这一让步一经实现，这种印象也就销声匿迹了。[6] 甚至白里安也不得不通知德国外长说，对已经做出的所有让步不足为奇，但对所有尚未满足的要求反倒是极端重要的了，[7] 他为此感到很不满意。白里安认为自己理所当然地需要对德国政府的困难有所理解；但他更有理由请求的，就是也应考虑他不得不与之斗争的这些困难。这是正确的，某些缓解不能像德国人所要求的和自己所希望的那样很快来临，例如要求减少第
二和第三占领区的驻军人数。这恰恰也是白里安需要考虑法国舆 78
论情绪，尤其需要考虑法国军界而只能谨慎从事的事情，而且法国的将军们认为，莱茵河彼岸的同事们的行径是同裁军背道而驰的。

1926年2月10日，施特雷泽曼的照会递交到了国际联盟秘书长埃里克·德拉蒙德爵士（后来是珀斯勋爵）手中。他在照会里以德国政府名义申请加入国际联盟；照会还涉及以前有关此事曾撤换的声明，其核心是德国要求在国际联盟委员会中获得常任理事国席位。这一要求已被各方所承认。没有任何一方现在对此提出异议。但与此有关，其他国家也提出获得常任理事国席位的要求。

根据最初的章程（第四条），联盟委员会由主要的协约国和联

盟国,即英、法、意大利和日本的代表,以及另外四名联盟成员国(1922 年增加到六名)的代表组成。[8] 第一类是当然的常任理事国席位,而其余代表应定期重新选举产生。不过,事实上已有很长时间没有进行重新选举了。比利时、巴西、西班牙这三个国家的席位自 1920 年以来一直保留着。德国要求的席位是属于第一类的,即普遍赞同的常任理事国的席位。以此德国将同其他四个主要协约国平起平坐。根据 1917 年英国政府发表的评论一开始就有意在
79 俄国和德国加入国际联盟后让它们占有常任理事国席位。事情到这一步还没有引起争吵。可是,现在一些国际联盟成员国声明,如果德国获得常任理事国席位,则它们也要提出同样要求。由于增加委员会席位需要有一致同意的决定,因此,要求未能得到满足的每个国家可以阻止德国的加入。在德国引起特别轰动的是,波兰要求取得常任理事国席位,而法国报刊对此热烈支持。某些人士声称,这一倡议正是来自法国的民族主义报刊,这是千真万确的。[9] 另一方面,值得注意的是,英国舆论严厉批评了张伯伦,似乎他许诺了英国对西班牙获得常任理事国的席位的支持。[10] 从波兰和法国的立场出发,波兰的要求是可以理解的。法国声称,德国将会利用它的理事国席位在许多德波争执问题上特别强调它的要求(这实际上是施特雷泽曼的坚定的意图),并由此推论,如果决斗双方所用的武器是一样的,那么波兰应能从同一地位出发维护自己的利益。法国希望摆脱在波兰缺席的情况下代表其利益从而一再同德国争吵的义务。德国的立场是同样可以理解的,因为人们已答应它成为五个常任理事国之一,这当然比六分之一或甚至八分之一的价值更重要。这意味着,德国作为居于领导地位的大国之一

重新得到了承认。可是,没有一个德国人准备去承认波兰可以同德国平起平坐。但如果因此去谴责洛迦诺条约签字国,尤其是白里安和张伯伦施展的狡诈手段,这未免走得远一些了。他们同德国外交部的人一样很难料到事情的错综复杂。另一方面关于扩大理事国的问题几年来已在国际联盟里讨论过,但是这一问题恰恰在整个国际联盟希望德国加入之际被提了出来,这只能是令人感到意外和困惑不解。

为了对接受德国加入国联做出决议,定于 3 月 8 日在日内瓦 80
召开一次国际联盟特别会议。路德和施特雷泽曼作为德国的代表前往与会。正如英国大使注意到的那样,这两个人的情绪又是截然不同的。“路德对结局神经过敏,忧心忡忡,而施特雷泽曼则兴致勃勃,坚决果断,在火车里美美地睡了一觉,怀里揣着一瓶优质葡萄酒。”[11]

但遗憾的是,这一次悲观的路德比乐观的施特雷泽曼更有充分的根据。他们抵达日内瓦时意外地听到白里安因一个财团问题刚被法国国会推翻的消息。这已是一个不祥之兆。不过,白里安仍然出席了 3 月 7 日下午(星期日)洛迦诺条约国的预备会议。他和张伯伦满怀信心来到日内瓦,无论如何要维护国际联盟历次会谈中所体现出来的、在洛迦诺条约签字国之间的这一纽带。

事情并不像那个星期日下午那样进行得很顺利。白里安、张伯伦、路德和施特雷泽曼各自阐述了他们对增加理事会席位问题的原则立场。各种观点是严重对立的。施特雷泽曼强调:“对此,我不想怀疑,同接纳德国有关的、增加常任理事国席位问题可能会促使德国重新撤回它的申请。”[12]这番话促使气氛特别紧张起来。

估计是他由于国会外交委员会2月18日的一项决议而深感有责任这样做，因为该决议把不改变常任理事国的组成作为德国加入国际联盟的先决条件。但是，他在此时此境发表这一声明无疑是令人十分扫兴的。幸亏他很快意识到自己的失误，并且做出了友
81 好的姿态挽回影响。他退回正常的立场表示，只要德国不是国际联盟的成员国，它对于国际联盟的组织问题不得不持弃权态度。后来，在有关扩大常任理事国的问题上也做出了某些让步。这总算还是唤起了人们的一丝希望。但实际上还没有什么作为。当晚，白里安返回巴黎去筹组他的第八个部时，至少他还说过，事情还没有弄到不可收拾的地步。

国际联盟内部的情况越来越复杂。除了波兰之外，巴西和西班牙还要求常任理事国的席位，而瑞典通过其部长温登声明它反对在接纳德国之外扩大理事会的做法。对此，巴西代表说，如果不满足巴西任常任理事国的要求，他将反对接纳德国。张伯伦和于3月11日返回日内瓦的白里安在这些继续进行的、当然还没有德国参加的会议中努力同路德和施特雷泽曼经常商量，以寻求妥协的办法。但事情毫无进展。对此，中立派的公众舆论开始时完全站在德国人这一边。估计也要归功于白里安和张伯伦所作努力的是，瑞典和捷克斯洛伐克准备让出它们的理事国席位，由波兰（作为非常任理事国）和荷兰（作为平衡）当选。最后它们向德国提出一个妥协方案，对德国不再提出其他要求，只要求德国许诺在它加入理事会后不反对增加非常任理事国席位。这也许让德国有否决对它不合适的例如波兰的候选国资格的自由。[13]但是，德国代表坚持他们的立场，认为德国必须像在洛迦诺时按其观点对他们允诺

过的那样，对它将来的态度在不附带任何条件和不作任何许诺的情况下被接纳。

这是符合德国一开始就采取的这一法制观点的，但有一个界 82
限，在此维护法律成了固执己见，按中立派的观点，这条界限现已打破了。在日内瓦的气氛完全变了，如在巴伐利亚啤酒馆里，全世界的新闻记者忙着同外交官们接触交谈。本来德国人可能不冒风险就能接受这一妥协的。但这时巴西——主要是它的独裁者贝纳德斯——采取了极端强硬的态度，竟不知羞耻地从本国的私利出发破坏全世界寄予厚望的和平事业。

在这岌岌可危时刻显示出：和平事业已有牢固的基础，因而它没有被表面上和章程上的难题所摧毁。预定在 3 月 17 日召开公开的国际联盟会议，在会上必须做出决定，但是成功的希望几乎是很渺茫的。为此，白里安和张伯伦请洛迦诺条约国于 3 月 16 日讨论以求拯救事物的核心，即使不得不牺牲事物的外壳。白里安说："可惜，我们必须把接纳德国问题推迟到 9 月会议去讨论，但是我们不允许由此而危及洛迦诺事业。"根据白里安的建议，洛迦诺条约国做出一项决定，声明它们正在达成一致意见。遗憾的是，它们这次将不能如愿以偿地达到目的。但它们"满意地肯定了它们在洛迦诺实现了的和平事业……不会因此而有所动摇。它们今天一如既往坚持这项事业，并决心为维护和继续发展这一和平事业而努力"。[14]德、英、法、比利时、意大利的代表都作了这样的声明。

第二天的国际联盟会议也丝毫没有改变这一消极的结局。[15]
在巴西代表行使否决权之后，张伯伦以常设委员会的名义声明，德 83
国已具备加入国际联盟的一切条件，但其申请必须被推迟到 9 月会议做出决定。[16]接着又是白里安，他以热情洋溢的讲话（没有其他人能像他这样善于使用词令）肯定了德国的态度，表示了对终将克服一切困难的坚定信念，并说明了一项将被一致通过的相应提案。

不过，一切和解姿态和言词当然无法掩盖德国政策首先遭到了一次即使是无辜的失败。这次会议唯一的积极成果是设立解决理事会席位问题的研究委员会。德国也被邀请参加了该委员会。

3 月 22 日，德国国会以外交政策为题进行了几天辩论。在辩论中，德意志民族人民党人把形势描绘成一团漆黑并要求撤回加入国际联盟的申请。他们的发言人之一是阿尔弗雷德·冯·蒂尔皮茨海军上将，用胡根贝格的话来说，他是“俾斯麦之后的战前时代错误”的典型代表。蒂尔皮茨对 3 月 16 日洛迦诺条约国的公报尤感恼火，认为公报里孕育着德国政策已陷入“完全依赖法国”的危险。德意志民族人民党人提出的不信任提案以 141 票对 200 票遭到否决，政府在国会同意下继续执行其外交政策。4 月 15 日，政府还接受了参加国际联盟研究委员会的邀请。

但在几天前，达伯农勋爵的法国同事马尔热里拜访了他。他在谈话中竟开门见山地提问：“您对德俄协定有什么看法？”针对这个英国人的疑信参半，马尔热里便告诉他，德国驻巴黎大使冯·赫
84 施已正式通知白里安，德国政府打算在月底前同俄国签订条约。达伯农虽然已知道德俄正在进行这样的谈判，但他不知谈判已到了即将签字的地步。达伯农猜测得很对，施特雷泽曼本人原来并未想到这么快就能签订这项条约。

事实上，在洛迦诺条约签订后，俄国一直没有停止对施特雷泽

曼施加压力。契切林在1925年12月间再次来到柏林同德国外长作了一次新的会谈；在会谈中，德国外长根据他在洛迦诺谈判的情况，劝契切林放弃有关英国密谋反对俄国的想法。[17]这当然是无济于事的，因为不放弃既定的立场是俄国政策的一条基本原则。连此时开始处于中心位置的斯大林，12月在莫斯科召开的党代会的讲话中也把洛迦诺干脆看作是凡尔赛的一种重复和重申。[18]施特雷泽曼对此坚持了这一论点，即他虽然乐意同俄国达成一项协议，但必须在德国加入国际联盟之后，因为它对此在洛迦诺负有义务。目前在日内瓦已遭到失败。他在莫斯科却受到热烈欢迎。4月初契切林在《消息报》上发表了一篇洋洋得意的冗长报道，他在报道中告诫德国人，这因为是他们把自己实际上联结在凡尔赛战胜国身上的、向西方靠拢的方针放在促进同俄国的友好关系的前面。“德国希望在坚固的国际大厦里为自己寻找一个角落，但代替这座大厦的，除了一堆废墟之外，别无他物。”如果说，洛迦诺条约签字国连对加入国际联盟的手续都无能为力办到，那么一旦涉及比较严重的事件，德国能对它们指望什么样的帮助呢？[19]

施特雷泽曼希望等到9月，届时德国将能如他所愿实现德国加入国际联盟。但是，俄国人在柏林声明，如果现在不缔约，他们
就将重新有权要求他们充分的行动自由。[20]此外，右派政客们一直 85
到人民党都叫喊要同俄国缔结一项条约。1926年3月11日，正当日内瓦谈判还在进行期间，《消息报》发表了同一致同意与俄国签订条约的德国政党领导人的一次谈话。[21]他们之中也包括德意志人民党议会党团主席朔尔茨博士。这又是施特雷泽曼被自己的党搞得不得安身的一个信号。

在这种情况下，施特雷泽曼认为不可再抗拒下去。任何一个政治家都可依靠从这一处获得的成功来弥补那一处所遭受的失败，而且对他来说，同俄国缔结一项条约在德国无疑会被视为一次成功之举。不过，他费了九牛二虎之力制止这项条约含有一切可能被认为违反洛迦诺条约或者阻碍德国加入国际联盟的东西。此外，正如我们所知的那样，他小心谨慎，在最后签订条约之前才通知法英两国政府。《时代》周刊也恰如其分地强调了这一点，它于4月14日即在德国宣布接受参加国际联盟研究委员会的邀请的前一天，作为第一家报纸把即将签约一事公诸于众。白里安和张伯伦对于他们不可更改的事情没有表现得悲观失望，而且尽力消除此事含有西方国家遭受一次失败的性质，他们认为这样做才是上策。当然，这并不妨碍俄国政府把这项条约当作他们在政策上的胜利而庆贺。在1926年4月24日条约签订之日，李维诺夫在党的执行委员会作了一次讲话，他在讲话中表示对条约深为满意。虽然这项条约同所谓的“洛迦诺精神”是否符合，对俄国人来说是无关紧要的，但如果像俄国人一直猜疑的那样洛迦诺的目标之一
86 是组成反俄统一战线和孤立俄国，那么这项新条约同“洛迦诺精神”是格格不入的——他们可以为他们成功地拔除了洛迦诺的反苏毒刺而感到高兴。[22]

这项新条约只包括四条内容。第一条规定拉巴洛条约仍然是德俄关系的基础。当然还补充了两国政府将互相“保持友好的联系”，“以对所有涉及两国政治和经济方面的共同问题取得谅解”。施特雷泽曼在一份同时向俄国驻柏林大使克列斯京斯基递交的照会中作了明确的说明。他说，这种谅解首先应为维护普遍和平服

务。克列斯京斯基对这一条答复表示同意。第二条规定，如另一国“尽管采取和平行为”仍受到一国或数国的侵犯时，双方有义务保持中立。第三条，另一方应不参加旨在对缔约一方实行经济和财政封锁的联盟。对此，施特雷泽曼说，这个条约既不同德国加入国际联盟也不同国际联盟章程第16条和第17条相抵触。克列斯京斯基获悉德国的声明之后感到满意。第四条规定条约有效期为五年。

所有这一切可以有或大或小的意义。这完全取决于缔约双方推行什么样的政策和他们怎样利用这一条约。在德国，这项条约受到齐声喝彩。国会外交委员会通常意见分歧很激烈，但这一次却一致同意了这项条约(4月27日)。一部分人同意这项条约，是因为它既不同洛迦诺也不同德国加入国际联盟发生矛盾；而另一部分人同意它，是因为他们把它视为对洛迦诺的平衡力量(6月10日议员赫奇博士在国会上的讲话)。

施特雷泽曼的地位重新得到了加强，而且他可以满怀信心地 87
迎接国际联盟的9月会议。但是在9月会议来临之前，内政方面又发生了新的动荡。

1926年上半年内政讨论的首要问题是关于先前德意志诸侯的财产问题。在德国，各邦于1918年冬成为共和国后，居民和由他们选出的州议会通常绝不去干预被废黜的诸侯的私法。只有个别的特别激进的州议会和州政府，例如哥达的共产党和社会主义的州议会和州政府采取无补偿的没收财产措施。但是，德国宪法禁止这一行动。它在第153条中规定保障私有财产，而且只允许以适当的补偿方式没收财产。连哥达州的法律也被德国最高法院宣布为违反宪法而撤销了。但是，按照私法观点，不可能对诸侯的要求交给法院去裁决。在这个问题上，政治和法律的因素互相交叉得太厉害了。诸侯作为私有财产提出要求的很多东西，按其性质来说应属国家财产，并且只是由于某些历史原因被作为诸侯财产的组成部分处理的。尤其像图林根这样的一些小邦，根本没有能力按照私法理由去补偿它们前诸侯的要求。此外，对一度曾是共和国不共戴天之敌的诸侯给予特大的财产，而且他们有可能利用这些财产危害新的国家，这在政治上也不能不有所疑虑。

在有些例子中，特别在南德地区，成功地通过心平气和的谅解而得到了解决。在另一些例子中尤其在普鲁士，就失败了。因此，

88 德国政府企图通过一项法律把这一错综复杂的问题加以理顺，但是这些努力都未有成效。只在 2 月通过一项限制性法令，根据这项法令，在公布一项全国性法律之前可以制止有关这些要求的一切法律争论。

但在德国人民中也有一股思潮主张采用快刀斩乱麻的最简单的办法，就是无偿地没收前诸侯及其家族的财产。1925 年 11 月共产党的一项提案首先要求采用这种办法，但被国会否决了。提案者并未因此就善罢甘休。德国宪法开辟了由人民直接立法的道路(见第 73 条和 1921 年 6 月 27 日的公民表决法)。这必须经过好几道程序。首先由提案者呈交一份拟好的法案；然后支持这一举行公民投票提议的那些人在官方名单上进行登记。如果超过十分之一有选举权的人以这种方式同意这项提议，那么德国政府就不得不把这一法案提交国会，同时明确表示政府对此法案的立场。如果国会否决这项法案，那么它就被提交“公民表决”。

根据德国宪法第 75 条规定，只有在有投票权的多数人参加投票的情况下，这一公民表决才有效。因为有投票权的人数大约有 4 000 万，所以共产党人如要实施他们的举行公民投票的提议，就必须组织约 2 000 万选民。因为对手们可以留在家里以最简便的方式予以否决。

在 1924 年 12 月的国会选举时，共产党人得到的选票稍稍超过 270 万。台尔曼在总统竞选时也未曾达到过 200 万票。这就是说，一开始就可排除共产党人能动员 2 000 万选民支持他们所提出的举行公民投票的提议。但对他们来说并不仅仅为了这点。没收诸侯财产是一项最好的鼓动宣传的题材。此外，它能被利用来
使社会民主党陷于困境。事实上，社会民主党尽管内心深处宁愿 89
走一条不太激进的道路，但又认为无法摆脱这一压力，因此也从其他方面提出一个类似的举行公民投票的提案，该提案最后竟替代了共产党人的提案。[23]

第一阶段（3 月 4 日至 17 日）提案者们取得了辉煌的成果。有 1 250 多万人登记，这个数字比在上次国会选举中社会民主党和共产党选票总数还多出约 200 万张。很多本来不赞成这两党的选民站到了他们这一边。联想到通货膨胀年代的受害者，这就不难理解了，因为他们当时没有看清，为什么前诸侯比他们自己要好过。在他们之中也不乏在总统竞选中投了兴登堡的票的选民。

这项法案已提到国会面前。民社党人又提出一个关于“没收银行和交易所王侯和其他人民寄生虫的财产”的补充提案，这样就更突出了法案的诱惑性。5 月 6 日国会以 236 票对 142 票否决了社会民主党人和共产党人的提案。按规定必须在 6 月 20 日之前

举行这种必要的公民表决。在公民表决之前，各种宣传自然是鼓噪一时。在反对公民表决中，“全国市民委员会”最引人注目，该会主席系威廉二世的前部长冯·勒贝尔。他和同伙们成功地促使总统写了一封信，总统在信中把这种举行公民表决的提案称之为一种“非常令人担心的违法行为，它既反对法治国家的结构”，“也反对道德和法律的基础”。如果说，他后来还进一步指明这一危险性在于“可能……产生这一方式，即通过刺激群众本能和充分利用人民的灾难并随着这一公民表决而进一步发展，从而使德国人民抛弃他们的文化、经济和国家的基础”[24]，那么无论是兴登堡还是德国人民都经历了这一预言的实现。但是，策划这种蛊惑宣传和掠
90 夺行为的那些人在当时却站在没收诸侯财产的反对者这一边，而把权力交到他们手里的这个人正是这封抗议信的作者。

冯·勒贝尔忍痛于1926年6月7日立即公布了这封信，以便强化他的反宣传。因此，这位总统就卷入到为解决一个悬而未决的立法问题的日常斗争去了。因此，他的信也促使那些实际上也许完全赞同他观点的那些人不得不非常担心，因为德国宪法的意志是不容怀疑总统应凌驾于各政党和政党斗争之上的。就以司法条款而言，在它的第50条中已明确规定，总统颁发的所有命令和指示要有总理的副署。6月10日，国会为此展开了激烈辩论，议员科赫宣读了民主党议会党团在其一项声明中所阐明的这一正确见解:“它坚持俾斯麦的观点，即国家代表不是不可以用政府的名义出现在公众面前，对于这种观点，威廉二世首先在那些不负责任的和错误的参议影响下持背离态度。掩盖国家代表的公开言论绝非民主的一种要求，也根本不是什么议会制或自由主义的一种要

求，而是一种立宪要求。”[25]冯·勒贝尔先生肯定会把“对不负责任的和错误的参议”的引证同自己联系起来。但是这种引证能有多大帮助，是非常值得怀疑的。兴登堡宁可听取自己的老朋友和业已崩溃的体制的代表人物的话，因为他们同他有共同语言，而不愿听取议员们和政治家们的话，因为他们的思路同他根本是格格不入的。兴登堡恪守宪法的好意是不容怀疑的，但是切勿对这些联系必然带来的危险视而不见。

勒贝尔的行为比从不去认真考虑公民表决提案的一次胜利的 91
人还要卑鄙可恶。在 6 月 20 日，共有 1 550 万人投了赞成票；提案因而被否决了。但不能说，这次的票数并不表明成绩斐然，它比兴登堡 1925 年 4 月所得的选票还要多，甚至比希特勒 1932 年总统竞选的第二轮选举中所能获得的选票还多 200 万张，只比兴登堡当时作为全部中间派和左派（共产党除外）的候选人所能组织到的票数少 400 万张。如果仔细看一看这些数字，那么就可看到不仅群众情绪反复无常，而且更多地说明，在当时的德国真正强有力的东西是那些消极倾向。

关于诸侯财产问题还需要补充一点，拟议中的德国法律因遭到右派和左派的反抗而失败了。由于德意志民族人民党人和社会民主党人都反对，政府只好撤回草案。各州，尤其是普鲁士，除了同它们的旧贵族好好相处之外，没有别的办法进行和解（1926 年 10 月 6 日普鲁士的和解办法于 10 月 12 日被州议会通过）。当然，并不是所有州从中得利。德意志民族人民党人对这一结局表示满意。但社会民主党人又怎样呢？值得注意的是，奥托·布劳恩说，在普鲁士州议会的社会民主党议会党团准备同意政府同霍

亨索伦家族商订的调解办法之前，他不得不以辞职对该党议会党团进行威胁。[26]对社会民主党人来说，简直是骑虎难下，很难表示同意。但不正是他们自己使这项德国法律遭到破坏后从而给自己堵住了出路吗？假如社会民主党人参加政府，这项法案不是更能
92 照顾他们的愿望吗？他们并不这样做，相反却参与共产党人策划的鼓动活动，他们对于这一活动的成就从不相信，至少是他们中的明智者是对激进主义行为不予同情的。所以，社会民主党在诸侯补偿问题上的立场对它在责任感与鼓动需要之间、在协助建设共和国的意志和害怕丧失选民之间的相互矛盾来说，是一个典型。由于候选人名单选举制割断了选民和候选人之间的纽带并给予蛊惑宣传者以最广泛的活动余地，因此，这种害怕情绪更加剧了。

正当这一问题仍困扰着德国人民时，政府本身又爆发一次新的危机。在5月5日，公布了一项由总理路德博士副署的总统有关国外使节使用旗帜的命令。

宪法规定，商船队除挂原来的黑红金色国旗外还需挂黑白红色旗帜，与国旗同挂在内上角（第三条第二款）。这是想要平息而没有能够平息帝国旗帜支持者的怒气的妥协。为执行宪法的这一规定，艾伯特总统于1919年9月27日已颁布一项法令。对这项法令现在通过1926年5月5日兴登堡的法令[27]已予以修改和补充。这一唯一实质性的、在政治上重要的新规定就是规定欧洲以外地区和商船通航的欧洲地区的公使馆和领事馆，除悬挂黑红金色国旗外，将也挂商船旗，即黑白红色旗。按宪法是否合适，至少不得不被认为是有很大怀疑的。德国宪法述及“商船旗”，它指的含义是商船队的旗。[28]一位公使在他的公使馆上空所挂的旗，不管

所在地是不是海港，绝不会是一面商船旗。但是，正如人们对法律 93
的理解，这项法令从政治上讲几乎是一种莫名其妙的蠢举。只要有点政治头脑的人也会知道，这个旗帜问题是没有一个理智健全的人愿意轻易去触及的一个痛处。几百万人在“国旗”下组织起来，另外几百万人又反对国旗颜色，而且他们中间有些放任者谩骂不止，要以其他令人厌恶的颜色来代替“金色”，所有眷恋共和国及其国旗颜色的各界人士把这一新法令只能看作对黑白红色旗的维护者们的一种屈服。德意志民族人民党人首先发难，他们曾因洛迦诺背弃了路德总理，现在对他来说又成为最激烈的反对派。这一反对派打击共和国的追随者，特别是社会民主党的情绪，因为路德依仗社会民主党的选票才能继续推行外交政策。在这种形势下，路德对该项法令还能有什么指望吗？当然，政府的民主党和中央党成员也应该负部分责任，因为他们在这一步骤之前本应对他提出警告。

说路德的行为是为讨总统喜欢的人大有人在。总统同情黑白红色是尽人皆知的事，只要他的官方态度不受私人影响，人们也绝不会反对他。但是在这位“老先生”的耳边喋喋不休地抱怨和诋毁共和国的这些“老伙伴”恰恰非常希望总统这样做。作为内政部长因而在职务上卷入此事的泽韦林讲到过一些庆祝活动，兴登堡在这些活动中对他表示厌恶共和国的颜色，有时采取生硬的态度，以致泽韦林有一次不得不明确告诉他，德国颜色是黑红金色，而不是
黑红黄色。当总统向总理写了一封供发表的文件之后，总统本来 94
就是这一法令的真正主谋这一印象尤其令人感到深刻了。兴登堡在这封信里虽然竭力申辩绝没有废除宪法规定的国旗颜色的打

算，但另一方面却又唤起这样的印象，似乎才从他颁布法令的讨论中得出这样的结论："围绕国旗问题悬而未决的争论对我国人民来说是多么严重和危险。"

如果说路德相信通过公布这封信就会平息对他的抨击，那么他就大错特错了。在5月11日的国会会议上掀起了一场风暴，布赖特沙伊德博士在会上以其慷慨激昂的讲话提出社会民主党的一个质问。会上发言的，除该党领导人外，还有大学生社团*的老成员。路德在其答复中根本找不到得以和缓其对手的语调。他们对待路德在财政和经济政策方面的实际政绩是很不公正的，却一味强调他给人的印象是他非常不喜欢这个现存的国家及其象征，而且人们至少在当时不愿容忍德国总理这样做。民主党领袖科赫-韦塞尔以一项提案给他以致命的打击。提案虽然对总统要以和解宗旨解决国旗问题的意图表示欢迎，但却对总理的态度不予信任，因为"由于他在国旗问题上的态度，使全盘解决这一问题变得困难重重，在患难时刻引起了一场非不得已的新冲突"。这项不信任提案以176票对146票获得通过。德意志民族人民党人弃权。

这样，路德不得不下台了(5月12日)。虽然共和国还在其他岗位上需要他施展其才能，但他的政治生涯毕竟结束了。路德倒台之后对一名政党领袖说："我不明白怎么能为这样一件小事而推翻一个政府呢！"他对此得到中肯的答复是："正因为如此！"[29]

95 总统这时又必须再物色一名新总理。起初，兴登堡委托奥托·格斯勒组阁。他是任期最长的一名部长，总统特别信赖他在政治

---

* 1815年建立的大学生统一、自由运动的组织。——中译者

方面的谅解精神。但两天之后，格斯勒声明他没有能力组阁。看来在他的建议下，接近中央党的科隆市长阿登纳博士应召到了柏林。[30]阿登纳想组织一个大联合政府，但当他同朔尔茨博士会谈后坚信人民党不会参加政府后，他也辞退了组阁任务。这时，总统委托中央党领袖、内阁司法部长威廉·马克思博士组阁。威廉·马克思在排除了同人民党起初的芥蒂之后才接受组阁任务。人民党与中央党在一项声明中意见一致，两党表示尽快组成一届在国会中有多数支持的政府；但是声明又补充说，只有“承认现存的国际条约在法律上的有效性，并保证继续执行迄今为止的外交政策”的这样一些政党才可考虑组成多数。这显然是针对德意志民族人民党人的，使他们注意到，如果他们不收回韦斯塔普伯爵这一愚蠢的声明，那么他们休想回到政府的座椅上来，而且他们无论如何不得不等到完成德国加入国际联盟那个时候。

这样，威廉·马克思第三次出任德国总理。他采用所有部长留任原职的简单办法很快结束了政府危机。不过，兴登堡的旗帜法令又怎么办？法令依然存在！连社会民主党人也不坚持指望总统取消这项法令。[31]

大约在德国政府卷入危机的那些日子里，普鲁士警察局采取
了一项行动，引起政党在政治上的激烈冲突。警察局获悉了个旨 96
在推翻宪法和实施独裁的暴动计划。泽韦林当时在瑞士休假，他的健康因工作劳累和过度紧张而摧垮了。普鲁士总理奥托·布劳恩得知事情经过后便回想起卡普暴动的历史前因，乃下令抄家，但警察的行动不周密。他们把重工业界头面人物如伏格勒的家也都抄了。这样的抄家自然引起了这些集团的极大愤慨，而且根据所

有迹象，这次抄家也没有确凿理由。但警察局通过这次行动却发现了大批值得怀疑的材料。泛德意志协会主席、司法顾问克拉斯受到的牵连最严重。这项计划是很普通的，即为了实行独裁计划应利用一次共产党的起义。普鲁士政府把材料交给司法部副部长旨在进行一次叛国犯审讯。这一职务是由德国司法部前司长卡尔·维尔纳不久前才担任的。奥托·布劳恩在他的回忆录里说，他对此人因其立场反动曾有顾虑，但他的党友、前德国司法部长古斯塔夫·拉德布鲁赫在给他的一封信里竭力推荐他后，他才放下心来。[32]但看来布劳恩对维尔纳的评价比较恰当。此人拒绝干预此事。维尔纳对右派嫌疑犯不太有劲，但对左派嫌疑犯则干劲十足，这已经不是一次了。今天还有人喜欢讲到他的这种态度同他在政治上倾向民族社会主义是有联系的。民族社会主义者在希特勒“夺取政权”后竟大言不惭地说，维尔纳早在魏玛共和国任职期间已是他们的信徒。[33]

数月之后，普鲁士政府由于泽韦林的下台遭到严重损失。他
97 的下台纯系出于健康状况的考虑。他自己把原很结实的身体所以搞垮，主要归因于不公正的攻击，这些攻击不仅损害了被攻击者的政治声誉，而且损害了他的个人尊严。与此相比，帝国时代的部长们多么轻松呀！他们任何时候都可依赖国家司法进行干预，只要有人说一句破坏他们声誉的话。可是现在呢？如果法官不干，那么法院也不干。泽韦林的继任人是柏林警察局长格雷辛斯基。

1926 年秋，外交政策摆到了显要地位，因为在 9 月间就必须决定，德国是否按它所提的条件被接纳成为国际联盟的成员国。施特雷泽曼知道，他会得到国会多数的支持。达伯农勋爵在 1926

年 8 月 20 日的一份笔记中述及兴登堡的态度:“这位总统是地地道道的军人,除了权力之外,对一切事情满腹狐疑,而且对国际联盟的温和的理想主义也疑虑重重。他过去的老战友和右派朋友们增强了他的疑虑态度。这些集团本能地害怕,如果德国加入国际联盟,它的利爪就会被拔除。他们认为,这是对马尔斯* 的不忠。”[34] 尽管如此,从兴登堡那里不会再有什么反抗了。

国际联盟研究委员会工作得很出色。特别重要的是,委员会接受了德国的论点,即只有德国在理事会中获得新的常任理事国席位,也就是说,在政治上德国被作为平等的大国同协约国平起平坐。所有其他问题主要是技术性问题。即使对这些技术性问题,也找到了至少能使绝大多数成员国满意的解决办法。定期轮流占有的理事国席位由六个增加到九个。但其中三分之一席位可经代表大会三分之二多数通过重选。其结果是,三个理事国席位不是法定的,但实际上却都能成为常任理事国。人们非正式地把这三
个席位称为“半常任的”。波兰是争取常任理事国席位的国家中的 98
一员,它对此表示同意。但西班牙和巴西因不能满足它们法定的常任理事国席位要求,以退出国际联盟作为要挟手段。其他国家都表明它们宁可看到这两国退出而不愿疏远德国。这虽然没有使事实上声明退出的西班牙和巴西得到安抚,但是国际联盟会议不顾这些并在 9 月 8 日通过了它的研究委员会的建议。在这天,秘书长致电德国外长说,德国已被接纳加入国际联盟,并获得了常任

* 马尔斯(Mars),古罗马宗教所信奉的神祇,其重要性仅次于丘比特。罗马人相信他保佑国家武运亨通。——中译者

理事国席位。当晚，德国代表团启程赴日内瓦。

施特雷泽曼是德国代表团唯一的部长。威廉·马克思总理的立场是，如果其他大国的总理将出席会议，他才去日内瓦。但英国是以奥斯汀·张伯伦为代表、法国是以白里安为代表参加的。白里安不再是总理了，而只是普恩加来内阁中的外交部长。法国财政的拮据状况导致政府一届接连一届倒台，直到杜梅尔格总统在7月23日授权普恩加来组阁为止，普恩加来在国内比其他人的信誉要高，被认为只有他才能解决财政和货币的困难问题。不过，这并不意味着在外交政策上有新的转折点，也不意味着要回到1923年的政策。白里安留在外交部，总理授权他继续执行他所开创的外交政策。实际上，白里安已把这一情况事先通知了柏林。

施特雷泽曼对于国际联盟对他的接待表示满意。当他们进入大厅时，不仅有会议代表们欢迎德国代表团，而且在大街上的
99 人群也报以掌声。当施特雷泽曼首次在国联会议上致辞时，热烈的掌声经久不息。这一场面深深打动了施特雷泽曼，以致他不得不在头几句话里几乎激动得说不出来。[35]然后他才讲了既维护德国尊严、又表达德国为实事求是地、公正地参加协作的愿望等话。"只有所有国家毫无区别地并完全平等地团结在一个共同体的基础上，助人为乐的和正义的精神才能变成人类命运真正的指路明灯。……在这基础上才能建立自由的原则，每个民族如同一个人一样为这一原则努力奋斗。"正当伴随施特雷泽曼的讲话而响起的掌声刚刚停息下来时，作为会议唯一发言的白里安对他表示了欢迎。而且他的讲话以无可比拟的口才不仅感人肺腑，而且传播到整个世界。他庆贺这天是德国和法国的和平日，是血腥

的、深恶痛绝的冲突的终结，因为历史的每一页曾被这些冲突玷污了。白里安高呼："放下武器，放下机关枪，放下大炮！要和解，要仲裁，要和平！"这时，暴风雨般的掌声响彻大厅。

意味深长的是，白里安向全世界舆论强调他对施特雷泽曼的信赖，而且声称他期待着"德国代表团的见识、和平精神和高尚情操"，他们将如同自己所追求的那样，力争消除谈判中的斗争精神和追逐功名心理。

也许白里安的这次讲话和自 1914 年 8 月 1 日以来生活在梦魇中的全世界几百万人对它所表示欢迎的、振奋人心的这一浪潮，是一次恐怖战争之后普遍寻求世界良好秩序的运动的高峰。因为这一切都是突如其来的，所以很明显，冲突依然是多么严峻地存 100
在，甚至一种以最好的愿望所进行的、但过于仓促地去推动这一历史发展的尝试能引起多么大的失望并从而导致多么大的挫折。在莱茵河两岸，有太多的人，他们或是怀疑论者，或是短视的民族主义者，前者"唯恐引起骚乱，辱骂那些可称为天上精华的奇妙思想"。后者不愿受胜利的果实的欺骗，或是受复仇的愉快的欺骗。难道能有一种高尚的思想把导致德国和法国分离的所有争执一举消除吗？可是，如果这一思想失败，那么人民只会是站在先前站过的地方，而且又会离目标愈走愈远。

白里安在对德国代表团的讲话中表达信赖后想立即采取一项这样的行动，即同德国外长举行秘密会谈，首先完全消除两国之间的一切争端。这就是著名的 1926 年 9 月 17 日的图瓦伊早餐会晤的思想，这在开始时轰动一时，后来成为一种希望，最后却大失所望。白里安几星期来就希望进行这样一次特别符合他完全不拘小

节的性格的秘密会晤。在日内瓦事先已征得张伯伦的同意，而且在德国被国际联盟隆重接纳的当天晚上，德法两位外长终于约定在第二天早晨在没有未经许可的第三者能窥视和窃听的地点会晤。只有早先就充当两个部长之间的中间人的黑斯纳尔德教授作为译员参加。所有参加者都知道，他们必须尽最大努力避开用敏锐的眼光注视他们的国际新闻代表，因此他们决定到离日内瓦很近的法国边界去会晤，以撇开盯梢者的眼睛，而且他们的会谈在白里安非常熟悉的法国小镇图瓦伊的旅馆里会晤，那里既有美酒，又
101 有佳肴。他们逃避新闻界猎犬的追逐几乎是完全成功的，但他们引起的骚动必然轰动一时。这两位被谈论最多的欧洲政治家的秘密会谈成了世界各国报纸的头条新闻。

向我们提供在图瓦伊早餐桌旁会谈的内容有两个间接来源。一个是由施特雷泽曼在9月20日在会谈当天所作的口头笔记基础上整理的这份非常详尽的记录；[36]另一个是黑斯纳尔德供白里安记忆所写的极为简要的备忘录。[37]这些表述就这点而言互有出入，施特雷泽曼把某些激动情绪归之于白里安，而根据黑斯纳尔德的笔记，激动情绪来自德国外长。但除此之外，他们在大部分问题实质上已取得一致意见，以致可以较有把握地知道会谈的话题。会谈主要围绕德国要求尽快消除莱茵地区占领状况的愿望以及法国为此从德国取得的回报。

为了理解白里安想通过交易获取的回报，就必须回顾一下当时法国不得不为之斗争的财政困难情况。这一困境的表现是在国际外汇市场上法郎的贬值。在1926年7月普恩加来执政时，法郎下跌到正常值的十分之一：1英镑战前值25法郎，这时却值264

法郎。压在法国身上的最沉重的负担使它债台高筑，法国在战时不得不向其盟国借了这些债。本来幻想用德国的赔款轻而易举地偿还，如今却成了泡影。法国没有别的办法，只好同债权国尤其是美国和英国搞好关系，达成谅解。1926 年 4 月 29 日，它同美国在 102
华盛顿缔结了一项协定。根据协定，法国要保证在六十二年内按年度付款偿还债务，债款从 3 000 万美元增加到 12 500 万美元。不过，这项协定尚未经过法国议会批准。关于解决法国对英国的债务问题几经交涉没有结果。在 1926 年 7 月间，法国财政部长卡约亲赴伦敦，想同英国财政大臣温斯顿·丘吉尔直接谈判，达成谅解。他们于 7 月 12 日签订了一份法国战争债款的清偿协定。法国也接受了在六十二年内按年付款偿还债务，债款从 400 万英镑增加到 1 400 万英镑。卡约在谈判中特别重视把法国偿还英国债务同德国给法国的赔款支付联系起来。但是，他未能达到目的，只是在他给丘吉尔的一封信里所表示的保留条件：如果德国清偿的赔款根本不到道威斯计划规定数的一半，那么法国有权重新谈判。但卡约未能有机会把这项协定提交议会审议。7 月 17 日，卡约作为财政部长所属的白里安内阁倒台了。德国外交部看来把卡约当作德国的朋友。对这一点，有人从 1927 年 7 月德国驻伯尔尼公爵阿道夫·米勒与施特雷泽曼的一封来往书信中可以证实。米勒向他的部长报告，“在巴黎众所周知的问题严重了”。“卡约在压力机里的朋友们已到了山穷水尽的地步。如果我们愿意帮助他加强反对普恩加来的影响，那么这个时机已经来到了。”米勒主张给予财政帮助。施特雷泽曼在 1927 年 7 月 23 日从威尔东根写的一封信里也承诺一定范围内的资助。[38]

当白里安和施特雷泽曼在1926年9月间在图瓦伊就全面解
103 决在他们两国之间存在的争端问题谈判时，所有这些悬而未决的财政问题都压在法国身上。白里安虽然相信普恩加来总理给予他在其职权范围内相当充分的自由，但是他也想必了解，这个人对德国人的感情同他是迥然不同的，而且只有他们在他所主要关心的问题上，即财政问题上，通过回报达到平衡，他才同意让步。虽然听起来几乎是不可思议的，因为1923年经济上处于崩溃边缘的德国在今天1926年居然能帮助不久以前胜利了的法国，但是参与此事的官方人士认为，这显然是不可能办到的。德国的经济状况自货币改革和道威斯计划以来的近几年有了显著的起色。外国以极大的积极性自愿向德国提供巨额贷款表现了外国的信任。这时，尤其是美国人抱着无限的乐观心情走在前面。美国银行家代表们周游德国，不仅向大工业企业提供贷款，而且还向许多德国城市提供贷款。在1925年和1926年两年内，根据统计，流向德国的外国贷款超过30亿马克(其中美国约占22.5亿马克)。[39] 1926年5月至11月的煤矿大罢工使相当部分的英国经济处于瘫痪状态，但德国国民经济还从中大获利润。

如果说白里安采取这一重大步骤以考虑满足德国要求从全部尚被占领地区撤军的迫切愿望而期待德国一项财政上的回报，那
104 么这就很能理解的了。不管究竟谁在图瓦伊首先提出这个问题讨论，毫无疑问的是，白里安是绝对愿意讨论这样的“全面解决”并尽可能付诸实现。所以，这也符合白里安的思想方法。但白里安不愿做深入的具体工作。其他人在这方面胜过他(他很了解这点)，尤其是他的潜在对手普恩加来，特别是涉及财政和经济上的问题。

但是，德国的回报恰恰是财政方面的问题，这是由白里安所设想的，或者受其顾问们、也许甚至受普恩加来本人的启发而设想出来的。根据道威斯计划，德国国营铁路公司以票面价值 110 亿金马克的债券交给赔款委员会托管人保管，债券以铁路全部的不动产的首位抵押作担保，商业用语称之为“金保险”。白里安的想法是把部分债券“变成资金”或“变成商品化”，即把部分债券投放资本市场并且把变卖财物的收益那部分即 52％归法国，用以偿还债务和增强财力。白里安对有关这部分的款项似乎作了非分之想。施特雷泽曼办事干练，通过说明降低这些希望，他认为世界资本市场——主要考虑的是在北美——最多只能接受 15 亿多马克，而法国却想以大约 7.5 亿马克去投资。

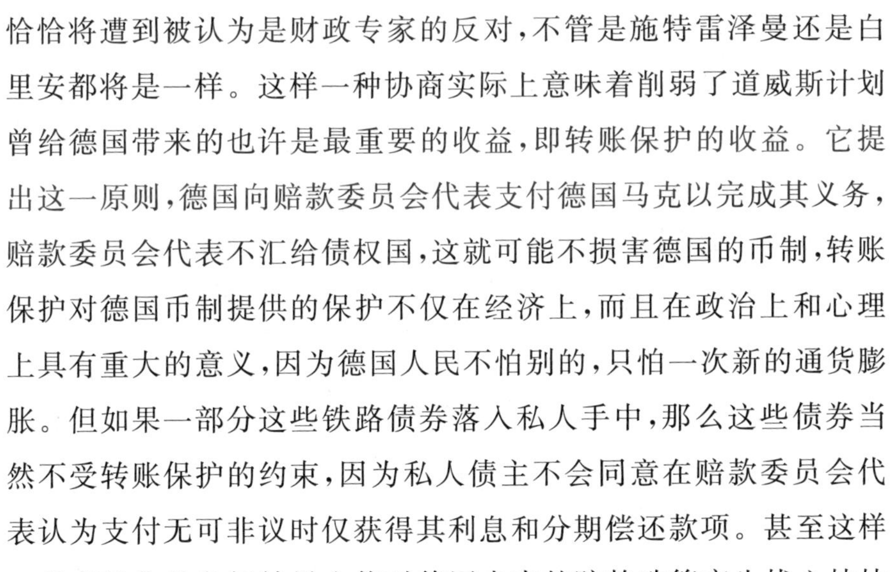

但施特雷泽曼对白里安并不隐讳，指出他的全部设想在德国恰恰将遭到被认为是财政专家的反对，不管是施特雷泽曼还是白里安都将是一样。这样一种协商实际上意味着削弱了道威斯计划曾给德国带来的也许是最重要的收益，即转账保护的收益。它提出这一原则，德国向赔款委员会代表支付德国马克以完成其义务，
赔款委员会代表不汇给债权国，这就可能不损害德国的币制，转账 105
保护对德国币制提供的保护不仅在经济上，而且在政治上和心理上具有重大的意义，因为德国人民不怕别的，只怕一次新的通货膨胀。但如果一部分这些铁路债券落入私人手中，那么这些债券当然不受转账保护的约束，因为私人债主不会同意在赔款委员会代表认为支付无可非议时仅获得其利息和分期偿还款项。甚至这样一种商品化的良好结果也能对德国未来的赔款政策产生忧心忡忡的后果，因为它将宣告世界对德国支付能力的巨大信任。这就可

能在以后的谈判中向债权国提供了违心的论据。[40]因此，有一位像伯恩哈德·德恩堡这样的人表示，他宁可放弃如同取消莱茵地区占领状况那样在政治上的减轻，也不愿动摇道威斯计划保护条款的核心结构，这就很容易理解了。这里涉及的是白里安和施特雷泽曼都感到难以对付的困难的经济问题，而且两人很快达成一致意见，对此不得不首先听取双方专家们的意见。

在类似基础上，双方商谈了提前归还萨尔地区的问题。为了赎买萨尔一矿山，应尽快向法国支付三亿马克。

在政治上更为重要的是关于取消军事管制的会谈。德国尚未全部完成对此所提出的前提条件，因此，施特雷泽曼对这个问题不能有所申辩。不过，他把其余留下的事视为小事，而白里安也极愿这样处理。但他比较严肃地提出了另一个问题，即在德国非常活跃的准军事组织的问题。白里安的军事顾问们显然向他严肃地提
106 出了告诫。特别是，他们给白里安一本“钢盔团”出版的教科书，内容包括军事训练的详细规定、射击课程和演习活动等。[41]白里安向德国外长说，难道这不表明这个“钢盔团”认为自己是正规军的一个补充组织吗？因为“钢盔团”的成员几乎无一例外地都是服役过的士兵，所以从法国立场而言，这并非小事了。施特雷泽曼当然试图贬低“钢盔团”的军事作用。他引用了格斯勒的诙谐语：这个“钢盔团”想代替那些女仆心目中的前皇家军队，给她们以军乐、军服和接吻。施特雷泽曼作了这样的解释，似乎这主要因为不满共和国“穿着单调的黑色小礼服”而渴望“丰富多彩、喜悦、运动”的人们的内在需要。[42]另一方面，出于这一同样的需要，产生了“黑红金三色国旗”。对于总统冯·兴登堡陆军元帅是“钢盔团”的名誉会员

和极端严肃地接受了这一荣誉称号一事，施特雷泽曼自然是闭口不谈了。在施特雷泽曼说完后，白里安回答说，他也没有把这些组织看得很严重，但他请求关心这件事，他的军事顾问们一再向他提出这些责难。根据黑斯纳尔德的记载，施特雷泽曼因白里安对准军事组织的抱怨有些陷于困境，并且表示理解，他认为德国国防部长应该采取有效措施，而且他对并不一贯忠实的高级军官有时太软弱了。[43]根据这份记录，施特雷泽曼虽然没有提泽克特的名字，但实际上就是指他，而黑斯纳尔德——也显然包括白里安本人——想到的也是指他。

不必去详述这一长达几小时之久的会谈的所有细节就可以肯定，有两点是很突出的：两位部长有着做好一切工作的良好愿望，尽管他们遇到的困难不少，而且连他们自己对此还没有全面解决的办法。两位部长对此都是很清楚的，并也表示了他们无权去约
束自己的政府，而且他们会依据他们的报告去做出决定。在会谈 107
后由白里安起草的公报中也表明了这点。“如果他们的意见得到政府同意，他们愿意再次携手合作，以达到预期的成果。”不过，公报上也提到，在会谈中涉及一种“通盘解决”的问题。

在群众的心理上，这就理所当然地觉得“通盘解决”这个词比起在公报中表达的所有保留有一个深刻得多的印象，而且这些保留预示了，特别在德国和法国会强烈地激起幻想。如果说很多德国人陶醉于最后一个法国士兵也许很快将撤回边界的这种想法，那么另一方面，很多法国人却担心他们国家的安全将在过分乐观中被置之不顾了。对此，人们也是不足为奇的。对于有责任心的政治家来说，在这种形势下应负有这种责任，即在他们本人还不明白这些希望能否实现或者多长时间才能实现时，他们在言谈中应尽可能小心谨慎，切勿去唤起这些希望。

施特雷泽曼到图瓦伊会谈四天后在日内瓦的“冈布里努斯啤酒馆”大厅向日内瓦德侨居住区的侨民们发表的一次演说里，还没有充分认识到政治家的这一责任感。虽然他避而不谈图瓦伊会谈，但是全世界自然会把他的这次讲话同会谈联系起来，并认为他在“冈布里努斯”所宣称的这些德国方面的要求就是图瓦伊会议的主题。他谈到，占领德国领土和把德国从以前的殖民地排除是同
108 德国加入国际联盟而产生的局势不协调的；德国必须维护各民族的自决权，人们很容易把这理解为奥地利并入德国的暗示。如果说人们把这一切看作是德国政策的合法目标，那么这在政治上是不合时宜的，这正是在这一时刻被说出来了。当然，内政上的考虑也在这里又起了决定作用。施特雷泽曼认为有必要在他的民族主义敌人面前捍卫自己，因为他们的报纸对他一再进行猛烈的抨击。这里特别重要的是，他出于这种自卫的情感又让自己错误地提出战争罪责问题。

在加入国际联盟之前，他抗议把这一行动被说成是凡尔赛和约承认罪责的一种重复，并且不得不得到协约国的答复，他们不理解他为何在这一时刻抛出一个早已了结的问题。现在他把国际联盟代表们对德国加入国际联盟表示欢迎的掌声说成是德国已宣告没有战争罪责了。[44]这当然是一种完全牵强附会的解释。与会的任何一个外交家和议员都感到很难对依然被认为承担战争主要罪责的帝制德国应有另外的评价，因为德意志共和国已找到通往国际联盟的道路。可以认为，至少是他们之中的专家从中看到了对

威廉二世的政策来说是一种可喜的背离，因为威廉二世在海牙会议时顽固地、傲慢地反对任何一个国际和平组织。也许有这个或那个人在几年前出版的关于大政方针的书卷里已经读到威廉对第一届海牙会议所作的令人厌恶的边注。[45]但无论如何，施特雷泽曼的解释不得不尤其激怒了对白里安和平政策的成功起决定作用的那个人——普恩加来总理。此人在当时是法国人民所信赖的人， 109
因为他们非常重视他所讲的话。从德国的立场出发，同普恩加来挑起舌战，再也没有比这更失策的了，因为他在舌战中，正如人们现在所知道的，从来不会不给予回击的。他 9 月 26 日在圣日耳曼和 9 月 27 日在巴勒杜克（他的出生地）的两次讲话中作了答复。他在那里当然坚持帝制德国对世界大战有责任的看法，并且强调只有不怀疑帝国政府对战争所负有的责任，同德国的一种接近才是可能的。当施特雷泽曼认为人民党在 10 月 2 日科隆党代表大会上同普恩加来的论战是正确的时候，法国政府对此立即给以官方的回答，说总理的声明“根据形式和内容”是在内阁里讨论过的，表达了政府“不可更改的观点”。这绝非孤独的事件。《时代报》在一篇社论中说，在这一点上英国和其他协约国的公众舆论同法国的观点是一样的。这一完全多余地提出的战争罪责问题导致施特雷泽曼在这一时刻的一次失败，那时任何争吵严重危及较高的和较重要的利益。拿歌德的话说，“无益的回忆和徒然的争吵”“在青春年华”时期又来打扰了。

这不得不一再提醒人们注意：战争罪责问题在外交上既然如此有害，但又不断地这样提出来，主要出于内政上和政党在政治上的需要。德国对战争的无罪论是对背后暗箭论的一种补充和追

加。对这一论调的捍卫者来说，根本不想去客观地说明战争的产生和这一方或那一方的错误所起的作用。他们所要的是向德国人民灌输这一思想：德国人民是在其政府没有任何罪责的情况下被卷入这场灾难深重的战争中去的，而且它由于不可战胜的陆军在
110 背后遭到“十一月罪人”的突然袭击才输掉了这场战争。世界各国追求真理的力图探索这一问题的历史科学研究绝不会承认德国战争无罪论的，这和蓄意保卫这种党的主张的人是有关系的，这一研究也另外把罪责有区别地由各国政府和总参谋部去分担。在德国国会调查委员会里也表现了这一同样的情况。委员会虽然一直开会，但只要右派政党在该委员会代表的势力越强，那么就越难做出结论。以官方身份参与全部工作的欧根·菲舍尔-巴林教授对其中所发生的事情经过可以作证。[46]“通常说，十年的存在足以对事情做出确切的结论。如果不是一些专家一再拖延他们的工作，这十年也就足够的了。谁能容忍这些口头上为了民族责任的观点，但实际上暗中却施展阴谋诡计进行斗争的人。一部分人想要……纵观一下表现各国政府追逐权力的相互矛盾及其责任的共同点的过程，对此把德国的政策和俄国的政策作为欧洲不安定的主要因素来加以突出。另一部分人则坚持**不惜一切代价，绝不承认德国的错误，也不承认德国的挑衅**的原则，因为他们把这视为在自己身上抹黑，害怕因此恶化德国在反对凡尔赛和约的斗争中的地位。”最后一种论调肯定是富有诱惑力的，以致也有很多不带偏见的德国人屈从于这一论调，甚至像同鲁登道夫和“背后暗箭”论毫不畏惧地进行斗争的汉斯。德尔布吕克这样独立思考的人也陷入这种论调。尤其因为德国无罪论在施特雷泽曼的党内占统治

地位，而且这种认识被认为是爱国主义思想的重要组成部分，所以对施特雷泽曼所持的立场更不会感到惊奇的了。德国人民中支持 111
这一论调的人越来越多，这也并不令人感到意外，在德国人民中右转特征愈益明显，人们就愈益以为，如果对这一论点助以一臂之力而得以获胜，那么在和约中所负有的一切重担就会像鬼魂一样消失。一俟民族社会主义者成为国会中最大的党，并从而能为自己取得国会议长这把交椅，那么这只能是符合调查委员会走向灭亡这一发展趋势了。戈林先生不仅制止召开调查委员会的各种会议，而且禁止公布其谈判及其所提出的意见。

鉴于这一发展，普恩加来在 1928 年 4 月 20 日对《前进报》一名德国记者维克多·席夫私下采访时所作的一些说明是很有意思的。[47]在法国社会民主党领袖莱昂·勃鲁姆所引荐的这次采访中，席夫指责这位总理，由于他在讲话中把战争罪责归于德国人民，因此一再刺激了德国人民。普恩加来回答说：“我从来也没有这样说过。我一向只是说到德皇政府，但从来没有指控过德国人民。”普恩加来甚至承认，第 231 条的提法是“令人遗憾的”。使他对德国所以一再不信任的，显然是因为德意志共和国历届政府每次还在不适当的时机把自己同已经垮了台的德帝国政府等同起来，尽管他们绝无必要这样做。这次采访正好安排在普恩加来已公开表示同意法德接近的这一时刻(1928 年 4 月 1 日在卡尔卡松的讲话)。正是在这次采访中，他甚至出人意料地自诩有功，作为第一个人推动了图瓦伊会议。“我在白里安赴日内瓦之前，当时以我个人名义和总理兼财政部长的身份给他发了一份正式照会，其中我建议他， 112
在日内瓦谈判之际同施特雷泽曼讨论尽快解决赔款问题的这一问

题以及有关全面解决其他问题。”

所以，这样一位冷静思考的人有时也寄希望于能一举解决存在于德法之间的所有问题。

尤其可悲的是，图瓦伊实际上所开创的进展倒不如说是挫折。在那里讨论的重大问题，没有一个问题能有顺利的进展。白里安所期望德国在财政上提供巨额款项一事并未成功。这事要比白里安所想象的困难得多。白里安在经济问题上的亲密助手赛多克斯从德国大使赫施那里听到白里安在图瓦伊所谈的内容后感到非常吃惊，同时对在财政问题上一窍不通的白里安居然冒这么大风险去谈这事更是惊讶不已。[48]德国的专家们对此也持批评态度。沙赫特开始时对这笔拟议的大交易认为是不可能的，后来又持一种稍稍热情的态度，不过一如既往地又提出在银行技术上的重重顾虑。他面对英国银行总裁蒙塔古·诺曼的激烈的批评态度就更为疑虑了。[49]

德国内阁为处理在图瓦伊会谈中所提出的问题成立了一个专门委员会，德国国家银行总裁也被吸收参加。不过，这个委员会从未提出一个可供谈判的方案。正当表明普恩加来在未借助德国铁路债券的情况下也能完成整顿法国财政时，情况就很快起了变化。在三个月内，法郎与英镑的兑换率从 264 的最低点上升到 124。
113 因此法国对于动用铁路债券总会带来复杂程序的兴趣消失了，而且由此而要作出的回报——提前撤出莱茵地区——的意愿也就搁置不提了。

这对全心全意致力于解放莱茵地区的古斯塔夫·施特雷泽曼来说无疑是一次很大的失望。不过，他并不是在第一回合失败后就放弃这一目标那样的人。对于德国人民来说，这也是一次很大的失望，因为他们已经看到莱茵地区的解放事实上已经一度近在咫尺。但是，这种失望情绪在很多人那里转为新的怒火。他们自以为对他们隐瞒了许诺给他们的许多事情。他们接受了那些期望施特雷泽曼不会有圆满成功的政治家们的影响而更加持有这种邪恶的信念。这样，本应使德、法相互更加接近的图瓦伊会晤却在广泛阶层中产生了相反的作用：民族的仇恨和民族的刚愎自用又摄取了新的养料。

1926 年 12 月 10 日，挪威议会的诺贝尔奖金评定委员会决定给法德外长白里安和施特雷泽曼颁发 1926 年的和平奖（1924 年的和平奖同时发给张伯伦和道威斯）后，施特雷泽曼作为一名参与和平事业的得力工作人员的国际声望获得了有力的确认。在德国，对他的威望自然还争论不休，1926 年 8 月，在施特雷泽曼已经领导德国对外政策的三年过去后，德国报刊仍有这种争论。但在持严肃态度的报刊上，表扬并钦佩他的功绩占了主要篇幅。在给他个人的贺电中，值得注意的是雅尔马·沙赫特的祝贺。他的电文中联系到这位部长的曾引起很多争论的一句话说：“在您的领导下的外交政策再有三年，一线光明将变成万道霞光。”[50]

1926 年秋天，达伯农勋爵离开了柏林，这似乎是对于德国外 114
交史的一个时代的结束来说如同一种象征。他的柏林批评者嘲笑地称他为德国的“保护长官勋爵”。他自诩自己是“和平使者”。他是怀着重建欧洲和平、消除德国同它过去仇敌之间存在的隔阂的坚定决心，在 1920 年夏作为英国大使来到柏林的。他经历了入侵鲁尔区的悲惨年代，然后又经历以后的重建，他以卓越的智慧支持

在其困难道路上行进的德国历届政府。如果他把 1926 年秋同 1923 年秋的形势比较一下，他就可以告慰自己，他已经播下了良好的种子并也结出了一些硕果。难道会有一次全面的丰收吗？命运使谆谆劝诫本国政府要信赖德国人的达伯农勋爵不得不还经历了：在自己同施特雷泽曼及其同事们曾谈判过和平组织的德国外交部里，这个万恶的祸首怎样在那里统治着，并把施特雷泽曼所创建的事业逐步摧毁以及又派出《约翰启示录》的四骑士*奔往欧洲原野上进行虐杀、纵火和抢劫。

* 《约翰启示录》的四骑士，分别象征瘟疫、战争、饥饿和死亡。——中译者

第十三章　国防军困难重重、威廉·马克思的倒台和重新组阁 115

（1926 年 10 月至 1927 年 1 月）

在德国的外交政策经历如此混乱阶段的同时，内政上也问题成堆，危机重重。1926 年 10 月，发生了非同寻常的头号新闻：陆军司令冯·泽克特上将被迫提出辞呈，而总统冯·兴登堡陆军元帅批准了这一辞呈。

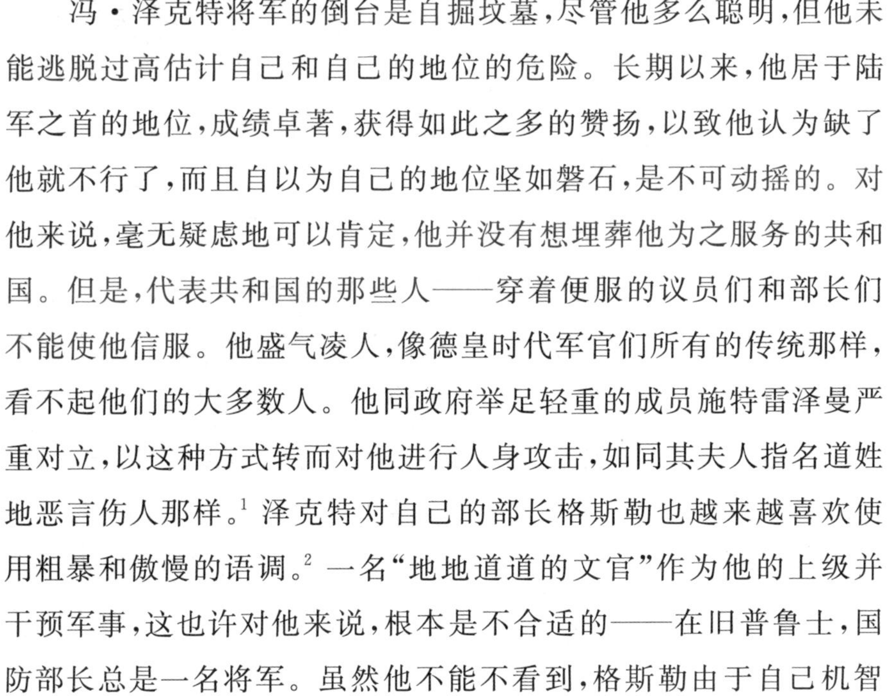

冯·泽克特将军的倒台是自掘坟墓，尽管他多么聪明，但他未能逃脱过高估计自己和自己的地位的危险。长期以来，他居于陆军之首的地位，成绩卓著，获得如此之多的赞扬，以致他认为缺了他就不行了，而且自以为自己的地位坚如磐石，是不可动摇的。对他来说，毫无疑虑地可以肯定，他并没有想埋葬他为之服务的共和国。但是，代表共和国的那些人——穿着便服的议员们和部长们不能使他信服。他盛气凌人，像德皇时代军官们所有的传统那样，看不起他们的大多数人。他同政府举足轻重的成员施特雷泽曼严重对立，以这种方式转而对他进行人身攻击，如同其夫人指名道姓地恶言伤人那样。[1] 泽克特对自己的部长格斯勒也越来越喜欢使用粗暴和傲慢的语调。[2] 一名“地地道道的文官”作为他的上级并干预军事，这也许对他来说，根本是不合适的——在旧普鲁士，国防部长总是一名将军。虽然他不能不看到，格斯勒由于自己机智 116

灵活在议会谈判中总是一再避开了威胁国防军的风暴，但他却简单地把这看作是这位部长的“可恶的职责和义务”。他无论如何也没想到自己会卷入这场议会斗争并帮了他的忙。他也委任格斯勒单独去对社会民主党提出的有关反对决斗的特殊惩罚条例的一项提案进行极为艰苦的斗争，虽然这项提案是由泽克特所编写的名誉法庭规则而引起的，因为他在其中再次对这种决斗表示认可。[3]

1926 年 6 月间，前德国皇太子向泽克特将军提出请求，他想给其长子威廉王子参加军事演习的机会。[4] 这位前皇太子感谢古斯塔夫·施特雷泽曼允许他从并不安逸的荷兰流亡地点回归祖国。在皇太子的家庭成员里，一般都称呼这位部长为“古斯塔夫叔叔”。他在返回德国前曾许诺不参与任何政治活动。但这一切并不能阻碍他现在提出一项政治上十分危险的要求，这在此期间严重干扰了施特雷泽曼所作的一切努力。或者此举的政治影响该是针对他的？这个回答不得不取决于人们相信威廉二世的儿子在政治认识上有哪些欠缺。

但泽克特当然是十分机智和见识广博，以致他不会不觉察到这件事的政治影响。按照王朝的概念，这位年轻的威廉王子是被废黜的皇帝的继承者，他对所有拥护霍亨索伦王族的君主主义者来说也就是要求继承王位者。这好像和法兰西共和国的一位将军把前皇帝拿破仑三世的儿子、年轻的路易·拿破仑或者孙子路易·
117 菲力普斯偷偷地塞进共和国的军队去是一模一样的。法兰西共和国处事还小心谨慎，禁止旧王朝成员在法国继续居留。德意志共和国则却过于宽宏大量，居然颁布了一项这样的“特别法”。对此它没有得到好评。它也没有遵循法兰西的榜样禁止王子们在军队

服役。人们总以为国防军的每个成员都有义务在入伍仪式上对宪法宣誓效忠。人们也从来不会想到一位王子被吸收加入部队而不成为国防军的成员。泽克特完全了解，许多共和主义者怀疑国防军是君主主义反动派的胚胎细胞。他必定估计到，这种怀疑将极大地加剧，而且霍亨索伦家族的这位王位继承者参加国防军军事演习（不论他起了怎样的表面作用）将被公诸于众，而且这事肯定是无法保密的。可是他怀着妄自尊大的情绪，把报纸的记者和议会发言人所发表的言论统统以“关我屁事”辱骂了之。他说“行”，就不用通知他的部长，更谈不上去征求意见了。如果说，格斯勒连从这么小小的困境中都解救不了他，那么格斯勒这个人到底有什么用呢？皇太子就这样分到符腾堡的一个团里参加秋季军事演习。

这时，一切都像预料那样发生了。这件事当然被传开了。而且共和主义的报刊对此表示无比愤慨。这位皇太子的弟弟奥斯卡·冯·普罗伊森王子却多此一举，竟在9月间纽伦堡举行的一次激烈反对“魏玛制度”的示威游行的德意志大会上大肆吹嘘“在国防军服现役”的“年轻的霍亨索伦家族成员”；这样，霍亨索伦家族成员又非常趾高气扬起来了。新闻界的攻击矛头当然首先针对被认为对此事要负有责任的格斯勒。

事实上，格斯勒对整个事情一无所知。[5] 他后来在偶然的机会
才听说这件事。他较长时间不在柏林；这时，他面对巨大的骚乱而 118
无法否认所以骚乱的依据。他不知道，也没想到是泽克特使他倒了霉；他以为这位将军机智谨慎而不会去干这种蠢事（如俾斯麦说过的，是一种军官的蠢事）。当他在10月1日拜访泽克特同他谈

及所发生的这一事件后，他才惊讶地知道，泽克特是这一事件的真正的责任者。泽克特对他总是使出的傲慢腔调更不能和缓他的不快情绪。这位将军说，他出于传统理由决定安排了这位王子并对此承担了责任。出于“传统理由”这个含义是明白无误的：为了君主主义的利益，也就是一种蓄意违反他的职位所负有的义务。可是，在一件政治事故上，将军“承担责任”对这位部长有什么用处呢？格斯勒直言不讳地对这位将军明确指出，这究竟不是一次军事行动而是一次政治事件，而且也明确指出，他有义务事先对此事同他商议。他还提醒泽克特注意其不负责任的行为所造成的对外政策方面的影响。

在格斯勒和泽克特之间就这次事件进行的唯一的一次谈话使这位部长明白了，不再能想象有一种调解或者掩饰的办法了。他无论如何对于这位将军独断独行所干的这一蠢事绝不加以掩盖。格斯勒在他担任部长的长时期内也做了或者说了一些引起恪守原则的共和主义派生气的事；他总能为自己辩解说，为了事业的利益，是必须这样做的。但对这件事却不能说什么了，而且即使他想玩弄其最精彩的雄辩术，在议会里再也不会有人听从他的了。人们只会得到这种印象，似乎他听任他的将军们为所欲为。他对自己的同事说：“我丝毫不想充当冯·泽克特将军的木偶。”他的处境
119 反正非常不妙。以辞职了结一切困难的想法对他来说已为期不远了，尤其是他两个颇有前途的儿子的不幸死亡使他心情长期压抑，积郁成疾。1926 年春，他向总统递交了经过严肃考虑过的辞呈，而这位总统非常赏识格斯勒的政治判断力并且极其重视他的协作，所以也只有他才能成功地说服格斯勒留任下来，他并向总统表

示，他不能背弃他这位老人。但在这样的时刻提出辞职，这无异于开小差，而且格斯勒从未想过把他所负责的决定推到一个可能担任的继任人身上去。

在 10 月 2 日，星期六，即他同泽克特进行激烈谈话的第二天，格斯勒对他的亲信首席副官舍尔巴赫将军和冯·施莱歇尔上校说，看来他将不得不同冯·泽克特分道扬镳；他感到很难过，但这一决定只能由他单独来作，无人能对此向他提出劝告的；因此他要隐居到柏林郊外的某地过个星期日，以便安安静静地周密考虑这件事。[6] 当他星期一返回柏林时，他已做出了决定。他赶到总统那里说明事情原委并声明不撤去冯·泽克特将军的职务就不可能对付国会和协约国。他请求总统同威廉·马克思总理商议此事，但同时声明，他已准备递交自己的辞呈。兴登堡和威廉·马克思都同意了格斯勒的行动；其他部长看来未被牵连进去，特别是施特雷泽曼，因为对泽克特事件的嫌疑自然就已对准了施特雷泽曼，而且德意志民族人民党的报刊利用这次机会对他发动了一次新的挑拨。[7]

在第二天，10 月 5 日，格斯勒给这位将军发了一封极其坦率
的信件，他在信中说，他认为“根据事态发展除了陆军司令辞职之 120
外没有别的可能缓和政府和国防军业已陷入的严重危机”。他驳斥了泽克特的看法：“只有攻击陆军的公开敌人……特别在中间派政党那里对这事才会感到极大恼火。在内政和外交上使国家安定，就不要老是通过这种示威游行进行干扰。”所有这些是符合实际情况的。格斯勒对泽克特对自己的狂妄行为的愤怒只在谈及议会情况时才表达出来：“我只想顺便提一下，我自己也遭到过嘲笑和谩骂。”

冯·泽克特上将现在至少该看到自己招惹出的事了吧？没有，绝对没有，如果我们相信他的传记作者拉本瑙将军的话，则可得出这样的结论。此外，拉本瑙的叙述在很多地方是偏向他的主人公而歪曲了这一整个危机的，但他千真万确地说了："泽克特在10月5日和6日确实还深思熟虑地想过**使用由他支配的权力工具**，也包括使用武力，只要这是一场这样的危机：总统未被牵连进去，而且他在其中领导他或者站在泽克特的一边。"拉本瑙着重提到当时的中校冯·弗里奇男爵（此人后来成为戈林的阴谋诡计和希特勒暴行的牺牲者）也是奉劝泽克特"采取武力反抗"的人。拉本瑙还清楚地谈到，泽克特还面临这样一个问题，"他是否以其本人和事业的全部力量把自己推到德国人民的领导地位"，并且"除了走自己专政这一出路之外"，他的对手们决不再会给他以其他出路了。[8] 据此，对这些军官说来，文职人员从属军队武力乃是天经地义的事，一旦情况突变，他们就认为有权发起暴动。但必须指出，根据泽克特的副官的笔记，事情并没有发展到像拉本瑙所说的
121 那种地步。根据这一笔记，在冯·弗里奇也参加的一次将军们讨论会上，这一反抗的想法只是顺便被提出的，但由于"暴动时机已过去"而被否决了。[9]

有一个因素使泽克特的朋友们感到不安的就是总统的态度。虽然他们经过一些考虑不得不认为，格斯勒事先不得到总统的谅解就很难采取如此重大的、引起轰动的让陆军司令辞职的步骤，但是泽克特却自高自大，对此视而不见，甚至还信以为，只要他当面见了总统，总统就会做出让步。这两个人之间的关系从战争以来就很不融洽。有人认为，泽克特自以为在智力上远远超过年迈的

元帅。他在内心深处也许还想过，他按理应该就任兴登堡现在占据的职位。但是泽克特确实信赖过，面对文职人员的攻击，务必怀有联络普鲁士将军们与之携手团结的情感。可是，兴登堡有自己的理由对泽克特不很满意。他在同格斯勒首次谈及陆军司令的会晤中说："这个人沾沾自喜，败坏了军官团的素质。"[10]无论如何，当泽克特在 10 月 7 日同总统单独谈话时，他是挨了一顿骂的。兴登堡虽然答应核实他的不同意见，但却完全保留了自己的决定。次日，总统发表通告，说他被迫接受这位将军的辞呈；他对此还援引说，国防部长认为用另一种办法解决这次危机是"无法容忍的"；而且说，如拒绝该辞呈，那么总理及其内阁行将辞职。如果泽克特不那么目中无人，他就会对国家的议会机构给予应有的重视，那么他 122
就会预先就能有点自知之明。但他有一次自我吹嘘地说，他"太高贵"了，所以他不想进入国会。

1926 年 10 月 8 日，泽克特终于辞职了。他气愤地写下颇能代表他个性的话："格斯勒先生是这样一名强人，他完成了外部敌人和议会的莫洛克神*迄今未能做到的事。"但是，这样一个共和国不得不同这些家伙合作，其处境是多么艰难呀！泽克特的继任人是海耶将军。

给国外留下深刻印象的是，格斯勒对于一名这样赫赫有名的将军居然以这样坚决的方式显示了他的威望。有人得到的印象是，文官的权力比人们迄今所想象的要强大。《时代》周刊在 10 月

* 莫洛克神(Moloch)，古代腓尼基人所信奉的火神，以儿童作为献祭品。——中译者

12 日的一篇社论里写道："卓有成效地维护资产阶级的权威使德国政府大大加强了，因此它有助于保持洛迦诺和图瓦伊会谈的气氛。"但是，在德国，那些对这一气氛感到不快的人更加怒气冲冲。他们竭力充分利用泽克特的下台作为反对施特雷泽曼的煽动材料，而且把事情描绘成好像这位将军是为了使这位部长能顺利推行同法国的谅解政策而不得不下台的。对此事进行挑拨得特别起劲的要算奥斯卡·冯·普罗伊森王子了。但是对于这样一位王子干这样的事难道有什么奇怪的吗？他在一名小伙计因对施特雷泽曼犯有谋杀企图被拘留审查时，居然毫不畏惧地送进监狱一封亲笔信和 50 支香烟。[11]王子竟为自己辩解，什么都不说，只说他不知道这位犯人是暗杀施特雷泽曼的嫌疑犯；他在给这位部长的信中写道，他只听说此人是"因为一桩民族的事业"而被逮捕的。可是，在"民族的"这个辞藻下却掩盖了多少罪孽和为非作歹的事啊！不过，施特雷泽曼想到他对前皇太子的帮助时，只能对自己说："多亏了霍亨索伦家族！"

123 如果说，解除泽克特职务仅仅是重新激怒了来自右翼的反对派，那么另一方面，它却不足以重新恢复社会民主党人对格斯勒已经动摇了的信任。这位国防部长 10 月 29 日在施特雷泽曼处同普鲁士总理奥托·布劳恩及其国务秘书魏斯曼相遇后就也对此确信无疑了。布劳恩是携带着大批普鲁士当局交给他的关于"黑色国防军"的活动和国防军同右派组织之间联系的材料来的。布劳恩说，1923 年发生的事他不感兴趣，但他希望今天能清理一下这件事。格斯勒为了开脱自己的责任，举例解释泽克特的所作所为给他造成的困难，他从泽克特那里从未得到过一次正确的回答。不过，现在一切都会变化，尤其是，他同新上任的陆军司令海耶将军在这点上的意见是完全一致的。但是他的解释根本不能使布劳恩感到满意。布劳恩反驳说，泽韦林说过，同格斯勒谈话毫无意义，因为他矢口否认一切，以后又装作若无其事；还有冯·施莱歇尔中校讲过，国防军对普鲁士政府的“刺探行径”感到厌烦。施特雷泽曼在其记录稿中把布劳恩的声调描绘成“特别激动”。但施特雷泽曼本人看来也认为格斯勒的解释不能令人信服。[12]

社会民主党人的不满使德国政府感到棘手，因为只有依靠他们的帮助才能指望维持国会的多数。由于社会民主党多次拒绝同意政府的立法程序，致使政府处境更加困难了。

关于保护青年不受**淫秽作品**毒害的一项法律草案起了特殊作用。德国宪法在第 118 条里规定了言论自由的原则和禁止审查，但又赋予立法以特别权力以制订反对淫秽文学的条例。人们可以 124
认为，特别是中央党和该党的部长敦促颁布一项这样的法令。但民主党的内政部长威廉·屈尔茨博士是主管法律草案的制订和代理工作的。在草案中建议，把淫秽书报列在不准向青年出售的这样一类书报的名单上。但什么是淫秽作品？这就使人回忆起臭名昭著的和引起争论的 1899 年克莱斯·海因策所下的定义，即这些描述“不淫乱，但粗暴地触犯羞耻感”[13]。当年争论的情景好像重现在眼前，广大文艺界人士强烈抗议这项草案，他们认为这个草案是对文学艺术作品创作自由的威胁。另一方面，特别是从事青少年教育工作的人士指出投放市场大量无价值的文艺作品恰恰在青年人中畅销盈利，但危害青年。就是说，这里相互对立的是两种原

则上处在同等权力地位的倾向，而且出现了世界各国的立法和判决直到今天必须与之斗争的一个问题。尤其在民主党内，这一争论表现得多么的根深蒂固。该党多数人，特别是民主党报刊强烈反对由一名民主党部长提出的提案，但像特奥多尔·豪斯和格特鲁德·博伊默尔这样一些自由主义并不严重的、有名望的议员都坚决赞成这一提案。但社会民主党自始至终坚决反对这一提案，而且对草案做些修改也不改变自己的意见。1926 年 12 月 3 日，提案在三读后以 250 票对 158 票的绝对多数被国会通过了。为了
125 安抚社会舆论，这一法律还包括某些“意向性条文”。它禁止“由于其政治、社会、宗教、种族或世界观方面的倾向而把一件作品”列入这一禁售书目。此外，还设置了负责开列书目的“审查处”，以防止过多官僚主义地和片面地运用这一法律的危险。[14]

社会民主党在各个立法问题上同政府的不同意见比自己所处地位的不利更使人担心。作为社会民主党的国会议员和党中央机关报《前进报》主编弗里德里希·施坦普费尔肯定非常了解这种情绪。他写道：“社会民主党国会议会党团厌恶宽容态度，它想或者通过自己在政府中的亲信作为自己的代表，或者它作为反对党为了取得人民的宠信和权力自由自在地进行着斗争。”[15]也许应该这样说：社会民主党人如今才意识到，他们以其在 1925 年圣诞节危机中所采取的节制政策而犯了多么大的错误。但机不可失，失去了再也不能通过强硬措施而复得。社会民主党议会党团领导最初也考虑同总理威廉·马克思博士谈判改组其内阁。威廉·马克思开始就对接纳几名社会民主党部长以使他的政府具有大联合政府性质，从而在国会中获得一个稳定的多数肯定不是没有兴趣的。也可以从施特

雷泽曼方面认为，他从自己推行的外交政策立场出发至少宁愿要这样一个大联合政府而不愿意要一个包括德意志民族人民党人的“市侩集团”政府。[16]甚至总统现在也不再愿意同德意志民族人民党人打交道了。人们会以某种惊奇的心情在施特雷泽曼的日记中读到，兴登堡同德意志民族人民党议会党团领导人进行过一次谈话，这次谈话以“一次尖锐的对立”而结束；谈话时，兴登堡责备德 126
意志民族人民党推行的不是从实际情况出发的政策；而他们反驳说，他们将继续执行其政策，尤其是继续反对施特雷泽曼的对外政策。[17]在 1926 年 11 月 24 日和 25 日的国会外交政策辩论中，奥托·赫奇教授的发言语调还比较温和，但他的党友冯·弗赖伊塔克-洛林霍芬教授激烈抨击了洛迦诺—图瓦伊会谈的失败。不过，这个议会党团至少没有对由人民党和共产党人提出不信任施特雷泽曼的提案投赞成票，而只是弃权。

人民党领袖施特雷泽曼对待大联合计划并不抱什么偏见，但该党中有一部分人，尤其是议会党团主席朔尔茨博士却不愿再追随施特雷泽曼。当他在日内瓦参加国际联盟理事会谈判时，朔尔茨先生跑到他的东普鲁士选区游说并且发表讲话，这些讲话明显表示反对大联合。特别是 12 月 5 日在因斯特堡的讲话中，他列举了许多理由，说明人民党与社会民主党之间的联合是不可能的，无论是在劳动时间问题上，还是在国防军问题上，他们之间都不能取得谅解。[18]《前进报》立即把这一讲话称为“宣战”，还报道说社会民主党领袖赫尔曼·米勒和鲁道夫·布赖特沙伊德已提请总理本人注视这一情况的危险性。

正当这些政党在政治上进行唇枪舌剑期间，一枚影响较为深远的炸弹被投进了这场争论。12 月 3 日的《曼彻斯特卫报》刊登一篇关于德国国防军与苏俄政府进行秘密联系的报道。这篇报道的来历是罕见的。德绍著名的飞机工厂——容克斯工厂——在国
127 防军策动下在俄国建厂。这些工厂所承担的产品是根据凡尔赛和约在德国所禁止生产的产品。工厂经营失败以后，容克斯要求国防军赔偿损失。由于工厂的保密性质，他不能向法庭提出申诉，于是他写了一篇关于诉说其困难和要求的详细备忘录，并向国会议员递交了这份备忘录，以便通过议员向政府施加压力。[19]但有一份备忘录不知怎样会落到了英国记者手里，他把备忘录写成一篇文章交给著名的英国自由党报刊发表。从文章中知悉容克斯在俄国建立了一个既为俄国军队也为德国军队生产飞机的工厂。另外，德俄双方还达成建造为两国军队提供毒气的化工厂的协议。德国国防军的军官们用假护照和相应的俄国签证到俄国去。同红军高级军官相处十分融洽的泽克特对这些事情是知道的。至于格斯勒对这些事情的了解达到多大程度，这还不太确切。12 月 6 日的《曼彻斯特卫报》继续揭露此事，并透露德国国防军、容克斯和苏联政府之间所达成协议的细节。

《前进报》于 12 月 9 日首先在柏林转载那篇文章的译文，标题是《为德国国防军提供的苏联炮弹》。该报说，施特雷泽曼赴日内瓦以前已经知道，他由于德国国防军同俄国的非法关系可能会在日内瓦受到指责。令人难以理解的是，为什么全世界都知道的这些事实，唯独在德国却要隐瞒起来。但该报转而又指责共产党人，他们虽然愿意依靠俄国的帮助在德国搞革命，但是对苏联人向反革命提供武器时却视而不见。与此同时，另一件偶然发生的事情

又给社会民主党人提供了攻击共产党人和国防军的材料。在什切 128
青港口，工人们为三艘德国船只卸下从苏联运来的、提供给德国国
防军的炮弹。作为贿赂，工人们得到了一笔额外津贴，但是他们中
间有几名社会民主党人，他们同柏林的一名党的干部屈恩斯特勒
议员取得了联系并且让他为弄清事情真相作了一番私人的调查。
共产党机关报《红旗报》矢口否认一切。但是某些因所谓“背离”而
被开除出党的共产党人如鲁特·菲舍尔等人公开表示反对德国国
防军同俄国革命者结成的这种稀奇古怪的同盟，对此他们被以前
自己的党友严厉谴责为“反革命分子”和“社会爱国主义者”。[20]当
国会的勒贝议长这样有声望的社会民主党人发表致格斯勒的一封
公开信要求国防军用另一种办法招募新兵时，事态就发展得更为
严重了。[21]人们在委托一个议会委员负责征兵时不让右派政党的
追随者占据优先地位，好些人要对这一建议表示拥护或反对。但
是这样一个委员会，即使按照法律程序履行职能，也很难达到勒贝
想象的那样会增加自觉拥护共和制的新兵这一目的。正如当时的
事态发展那样，这些人主要来自青年一代的工人。但青年工人只
要看到眼前在工业部门有就业机会，就没有多少兴趣作为职业军
人在部队里服役长达十二年之久。施坦普费尔也承认这一点。[22]
但如果陆军补充兵员绝大部分来自传统的、倾向右翼的农村地区，
那么这个工人政党对此也不能有什么抱怨。主要责任应由协约国
承担，因为它们强使德国建立一支职业军队，但并不清楚与此有必
然联系的政治发展。当然，这也绝不能原谅某些团长所惯用的手 129
法，总爱在极右组织“狼人”那里打听作为军官候选人前来报名的
青年情况。[23]

在此期间，施特雷泽曼在日内瓦国际联盟理事会中，特别同法、英和它们的盟友商谈结束军事管制问题。这些人当然也读了《曼彻斯特卫报》关于德国国防军同苏联人进行欺诈活动的报道。会不会因此而影响他们对德国军备未来管制的决定呢？绝对不会！如果人们想到就在同一期《曼彻斯特卫报》在披露那条轰动世界的新闻的同时刊登了一篇社论，直截了当地赞成结束军事管制，这就绝非偶然了。比较右倾的《泰晤士报》也用同样腔调为之辩护，尽管这家报纸暗示最近的揭发时声称，德国存在军国主义的倾向是不容置辩的。面对这些倾向，他们寄希望于德国公众舆论的自由发展，因为保留军事管制只会对这一自由发展起到有害的作用。

这样，施特雷泽曼在日内瓦的谈判以全胜而告终。12 月 12 日，签订了一个包括五点内容的“调查纪要”，但其中只有第三点才真正是有意义的。它写道：“盟国军事委员会将从 1927 年 1 月 31 日起从德国召回。”虽然条文接着说，从这天起应该运用和约的第 213 条。但不值得去查阅凡尔赛和约中规定国际联盟进行调查的这一条文。因为这一条文从未被运用过，也根本没有运用过这一条文的任何迹象。这绝不是言过其实，而是客观事实：1918 年的
130 战胜国从 1927 年 1 月 31 日起已放弃任何手段去制止破坏和约规定的解除武装的条款。换言之，从 1927 年 1 月 31 日起，德国国防军可以根据德国的财力和德国人民公众舆论所允许的程度随心所欲地进行扩张。

德国公众舆论对秘密军备实际上态度怎样，就在几天后于 12 月 16 日的国会会议上表现出来了。在会上，谢德曼为了推翻政府

猛烈攻击了国防军的现状。

在这场公开攻击之前，社会民主党的执行委员会先同政府谈判扩大政府基础的问题，即吸收社会民主党参加政府的问题。对于这次谈判，不仅是内阁而且是各执政党领袖也都明确表示赞成。但是社会民主党的谈判代表对总理向他们所作的许诺却不满意。人们可以认为，这主要是涉及国防军的问题，而且社会民主党要求撤去格斯勒的职。[24]从希法亭的一次评论中可以看出，社会民主党对朔尔茨的不信任也起了作用，希法亭对施特雷泽曼通知说他在年底将要外出旅行四至五周，作了这样回答："朔尔茨在这期间就会把一切搞糟。"[25]还在 12 月 15 日下午，威廉·马克思和施特雷泽曼同对格斯勒发泄愤怒之情的社会民主党人进行了谈判。格斯勒被召来，但他的解释并未使社会民主党人感到满意。当社会民主党一名谈判代表谴责这位国防部长还在最近几天里在什切青港卸下军火一事时，正如施特雷泽曼这样写道，格斯勒"以惯用的方式表示对此一无所知"。接着，施特雷泽曼召见了在旁边屋子等候的海耶将军。海耶将军说，社会民主党人的说法是完全不对的，根本没有订购也没有购进的事。[26]

在这次会谈中，双方还明显表示有谅解的愿望。因为部长们 131
同社会民主党议员商妥，有关国防军问题，他们应只在特定的几点内容上要求解释，而且施特雷泽曼负责把威廉·马克思对这些问题的答复通知了他们。另外，社会民主党议会党团主席赫尔曼·米勒对施特雷泽曼所强调的一个问题也作了答复，他们当然也不想触及俄国问题和边防问题。

但是，在会谈后的当天晚上，社会民主党议会党团召开了一次会议，而且在会上似乎激进派战胜了谨小慎微的执行委员会。因为议会党团决定不仅要在第二天提出一项不信任提案，而且要求政府在讨论改组或重建以前下台。次日上午，内阁对此一致表示坚决拒绝，而且总理在 12 月 16 日主持了国会的谈判并发表声明，政府坚决不辞职，并且政府必须把对事态继续发展的责任归于国会。

这时，谢德曼发言，以他的党的名义对不信任提案作了说明。他的讲话猛烈抨击国防军和负责国防军的部长格斯勒博士。他特别强调他的党对格斯勒不予信任。谢德曼的批评特别针对“国防军从俄国得到经济援助”和国防军同大工业家和右派组织的关系。他详细地引证《曼彻斯特卫报》的揭露文章并谈到什切青港口的俄国军火的事情。谢德曼对此强调，港口的共产党支部对这些行径了如指掌，他很高兴地在全世界面前揭露了德国共产党的两面派面目。

谢德曼非常善于演说，但他的这次讲话虽然达到的效果很强
132 烈，但并不有利。《前进报》对演说的作用作了以下报道：

“谢德曼的讲话像一枚炸弹炸开了……右派破口大骂，用污言秽语指向这位发言人，然后离开了会场。共产党人像狂人尖声叫喊。在中央党和民主党的行列里也骚动不安。可以说，所有右的和左的政党从谢德曼的讲话中觉得受到社会民主党强烈的侮辱……就这样，社会民主党议会党团待在国会（我们肯定地说）非常孤立。”[27]我们从另一个渠道获悉，即使在这个党团内部，好些人也认为谢德曼走得太远了。特别对社会民主党人失望的是，前德国总理维尔特博士对谢德曼所持的严厉态度。维尔特坚决确认同俄国的合作,没有俄国的力量,地球就不能正常运转。虽然德国加入了国际联盟,但它同俄国的联系不但不能松弛,还应得到加强。

右派在谢德曼讲话时呼喊,骂他是为了党派政治利益利令智昏而不惜把重要国家机密出卖给外国的叛徒。实际上是不能这样说的,因为《曼彻斯特卫报》早已把这些最丢脸的丑事公布于众了。不过,这些揭发当然由于发言人在国会的讲坛上一公布就产生了很大的影响。主要是由于这些事在国会上一散布就逃避了法律上的追究,而且人们认为,这对谢德曼来说至少不是无关痛痒的事。因为德国的判决可以根据制止任何解释这一原则把这种违犯和约的揭露作为背叛行为加以处理,而且被告不可为他拥护德国所缔
结的一项条约而进行辩护。[28]但是,关于国会的谈判的真实报道避 133
免了这样一种追究,而且谢德曼的观点也不用害怕法官通过报刊传布到最广泛的阶层中去。这些观点在所有基本点上是正确的,这在今天是毋庸争辩的了,至少是不被军界争辩的了,因为他们在当时恰恰把回避凡尔赛和约解除武装条款视为自己的生命攸关的任务。[28a]

能不能指责谢德曼的揭发是不爱国的呢?这部分取决于人们是不是最终把秘密扩充军备看成对德国是一件好事。如果想到扩军这条道路最终把德国导致无尽的不幸和灾难,那么就很难对这个问题做出肯定的答复。12 月 16 日国会的谈判肯定对 12 月 13 日的调查纪要起到一种罕有的后果。但昔日的协约国并没有利用这一时机在他们的让步中做出某些后退。他们宁愿不去理会这些揭露,这对那些进行秘密扩军的人所起的威慑作用恰恰是并不合适的。他们担心的却是普遍裁军谈判所带来的影响,因为国际联

盟为了对谈判做好准备设立了一个委员会，而德国派伯恩施托夫伯爵作为代表参加这个委员会。普遍裁军的前提是德国准备裁军。人们对此还能否坚持？

但是，即使人们对谢德曼的讲话所进行的实质性的攻击进行驳斥，也不能赞扬这一讲话是妥当的。社会民主党进攻的目标是组成一个该党也参加的大联合政府。泽韦林在他的回忆录中一针见血地指出，谢德曼的讲话是达到这一目标的“最不合宜的手
134 段”。[29]通过竭力侮辱潜在对手的方式是不能带来一个大联合的。不用说是人民党，就是中央党和民主党的许多议员，还有那些希望国防军共和主义化和推行一种不受干扰的和平政策的人在感情上都受到了伤害。维尔特在中央党内被认为是最拥护共和政体的人和左派的标兵，但恰恰是他最最严厉拒绝了谢德曼。现在我们知道维尔特赞助国防军同红军的联系，为此提供部分经费，这就不难理解他的态度了。也可以说，即使中央党和民主党还倾向同社会民主党搞大联合，他们的选民也不会听从他们了。[30]

总统对这样一次讲话有什么反应吗？如果说，人们同总统不论有什么样的个人或政治上的关系，切不可忘记，宪法赋予总统有权任命中央政府总理和部长。[31]谁能料到总统会利用这种权力做对一党有利的事，而这个党恰恰是最激烈抨击了人所共知的、对总统来说最为关切的那个国家机构。也可以认为，总统对这次攻击比起几周前由于泽克特的辞职而明确表现出来的立宪态度更是怒不可遏。社会民主党议会党团也绝不可以忘记单靠自己是根本不能推翻政府的。它的力量还不够强大。如果还有其他政党（不管它们出于什么理由）对此同意投票，那么这一不信任提案的表决才

能通过，而且社会民主党后来就不再能控制局面了。民主党议员路德维希·哈斯在国会辩论中以充分的理由说：“如果要求一届政府辞职，那就必须首先弄清楚下一届政府将有怎样的前景。我们必须最终把握这个原则，推翻一届政府之前，必先非常明白下一届政府应如何组成。”社会民主党违反了议会理智的基本原则，因此 135
它只得自食苦果。

这时，正是德意志民族人民党帮助了社会民主党使它的不信任提案得以胜利通过。虽然这项提案毫不含糊地集中攻击国防军，但它也不符合德意志民族人民党人的传统和情感。[32]但是，德意志民族人民党领导人为了开脱自己的责任引证了俾斯麦式的“不对动机投票表决”的著名定理。来回批评国防军，其核心是推翻中间党派的政府，而他们自己则排除在中间党派之外，而且在他们的宿敌助他们一臂之力后，他们就毫不犹豫地跨上战马了。不仅人民党人，而且在前一天最好要把谢德曼撕成碎块的共产党人参加了他们的行列。这样赞成社会民主党提案的就达到 249 票，而反对提案的执政党只有 171 票。威廉·马克思就倒台了，社会民主党人获得了一次议会胜利并且承担了一次政治上的严重失败。因为享受这一社会民主党的胜利果实的却是德意志民族人民党人。

这样，德意志共和国第三次以一次政府危机来度过圣诞节，而且表明政府的每次危机都**加强了总统的地位**。威廉·马克思总理坚定地估计他会再次受委托改组内阁。[33]但是兴登堡却另有打算。正是在社会民主党的示威游行之后，人们可以看到他更为向右行驶了，这对他来说是完全合乎口味的。他极愿委托朔尔茨组织政府。这位夏洛滕堡市的前市长仪表堂堂，彬彬有礼。他作为前线军官活

了下来，而且他脸上的刀剑伤疤肯定不会使这位年迈的陆军元帅产生反感。也许他也把朔尔茨在因斯特堡反对社会民主党的讲话
136 看作是值得受到表彰的一次爱国行为。但朔尔茨知道中央党最不喜欢他，而且没有中央党就不可能组成政府。这样，他就拒绝了总统的提议。总统转而又委托朔尔茨的议会党团中的一位党友组阁，但不是施特雷泽曼而是另一位人民党的部长库齐乌斯。组成一个有德意志民族人民党人参加的内阁，这对施特雷泽曼来说当然是不合适的，而兴登堡所期望的就是这样的内阁。根据库齐乌斯本人的说法，似乎是朔尔茨和施特雷泽曼一致同意后向总统推荐他充当“执政者”的。库齐乌斯接受这次委托是以这些话表示他的动机的：“我作为政治士兵而行动，而且早已声明听从他的召唤。”[34]但他在几天后看到自己尽管有善良的愿望但难以达到目的，于是在 1 月 14 日又回绝了组阁的委托。库齐乌斯是因中央党而失败的。并不像是中央党原则上拒绝同德意志民族人民党合作。该党议会党团的一部分成员相反地推动过这一合作；与此相关，施特雷泽曼首次点了议员布吕宁博士的名字。他虽然从 1924 年后才成为国会议员，但由于他工作积极和精通专业，特别在社会政策和财政政策方面已有相当大的影响。布吕宁提议，为使中央党和德意志民族人民党携手合作，这位外交部长应声明自己只有同德意志民族人民党人合作才能继续贯彻其外交政策，施特雷泽曼在他的日记里把这个提议讽刺地说成是“有创造性的”[35]。实际上，使这两党走在一起的，还是对一种教派教育法的共同兴趣。不过，中央党并不想把这样一种联合的领导权从自己手中交给人民党。这对兴登堡来说，好像是一场轻率的游戏，而且当库齐乌斯不

得不向他报告组阁失败时，他就慷慨陈词："我在上帝和历史面前，控告这一党派精神。"但是，中央党对他的态度是极为客观的。 137

实际上，兴登堡除了委托威廉·马克思组阁外没有别的办法。威廉·马克思最初想组成一个中间党派的政府，因人民党和社会民主党之间的矛盾而失败了。社会民主党人拒绝支持没有他们参加的政府；而人民党又拒绝一个包括社会民主党成员在内的政府。这一互不妥协的结果又把主动权转到了总统手里。总统给威廉·马克思写了一封信，他表示一个中间派政府还是一个偏左的政府目前都是不可能的。因此，只有一个建立在资产阶级政党多数基础上的政府才有可能。然而，总统着重强调，即使这个政府也"负有特别的责任，像对待其他必不可少的国家大事一样去维护广大工人群众的正当权益"。兴登堡的这一做法当然符合德意志民族人民党人的愿望，但社会民主党人无权对此抱怨，因为正是他们自己制造了这一无其他出路可走的状况。

威廉·马克思准备试图同德意志民族人民党人联合，条件只是施特雷泽曼仍一如既往地负责对外政策。威廉·马克思一直放手让施特雷泽曼去做，而库齐乌斯正如他所承认的那样打算，如果他当了总理，他将也干预外交政策；如果回忆一下库齐乌斯后来作为施特雷泽曼的继任人以其失败而终止了他的影响，那么人们只能为施特雷泽曼和德国当时免受这种考验而感到高兴。

施特雷泽曼于 1927 年 1 月 14 日给威廉·马克思的信里详细讲到了这个问题，即德意志民族人民党人也参加的政府是否有可能继续他的对外政策。他理所当然地指出这样一个联合政府对德、法接近带来的这一危险："德意志民族人民党作为一个民族主 138

义政党支持构成法国所真正感到担惊受怕的武装团体，它的观点即德意志民族人民党人的观点自然会导致这种结果，白里安的敌人首先提高了他们的腔调并且说在德国的反动势力蠢蠢欲动，而且内政上的向右发展将引起对外政策的改变。……此外，这种困难局面进入这样一个时期，在这个时期内，**也许由于我们方面提出加速讨论莱茵地区撤军**而使白里安的地位更加艰难。”因此，施特雷泽曼要求德意志民族人民党人不仅保证不加干扰地继续执行这一对外政策，而且要**加强共和政体的国家形式**，“因为这也是对外政策的因素”。“至于德意志民族人民党人在政治立场上的任何模棱两可的态度必须加以清除。”这封信本来还有一段反对德意志民族人民党在“同意大利紧密的单方面的接近”或者“同苏俄搞一种军事联系”[36]的意图下偏离谅解政策。这段话以大家所知道的外交政策上的原因而被删去了，因为这封信除了威廉·马克思过目外，还必须有别人过目。

事实上，德意志民族人民党人为了使自己被接纳参加政府成为可能，发表过一项已提到过的承认洛迦诺条约具有法律效力的声明。但是他们用缓和的措辞“承认宪法具有法律效力”来代替要求他们对共和国表白的信仰。韦斯塔普伯爵在2月3日国会关于政府声明的第一次辩论中却立即明确表态，他强调，一种对共和国表白的信仰和否认其对帝制的信仰既未要求德意志民族人民党人这样做，也未被他们发表过。对此，这位伯爵用一种空洞的说法避
139 而不谈他的党在加入政府时不得不作出的另一种让步。多年来，它一再叫嚣要求对“战争罪责谎言”发表一项明确的声明，以此对对外政策的每一个步骤进行刁难。该党领导人在1月25日同施

特雷泽曼及其最重要的助手会谈时，韦斯塔普伯爵提出要求在政府声明中加入有关这一问题的一段话。施特雷泽曼考虑到德、法的谈判竭力加以劝阻。说这么做会使白里安受到威胁，莱茵地区的撤军问题就会化为泡影。国务秘书冯·舒伯特说得更加明确；他直截了当地对德意志民族人民党人说，这样一种抗议会有什么样的结果。“我们将自己打自己的耳光。”[37]对此，这些老爷们只好退让并且满足于“道义上的平等”这样一句空话，这句话既不能刺痛任何人，也不能给人以任何印象。

民主党在任何情况下都拒绝参加这届政府。这导致财政部长 140
赖因霍尔德辞职。他在工商界是备受爱戴的一名财政部长，而且施特雷泽曼和库齐乌斯都希望他留任。根据总理的特殊愿望在国防部留任的格斯勒只好退出了民主党。

第四届威廉·马克思政府是由中央党、巴伐利亚人民党、德意 141
志人民党和德意志民族人民党组成。德意志民族人民党占了不少于四名部长的席位。该党将其中一席部长职务由图林根议员瓦尔特·格雷夫担任，格雷夫所取得的荣誉称号在于他在1925年作为国会副议长曾拒绝对艾伯特总统作礼节性的拜访。这种做法对施特雷泽曼来说是做得太过分了，而且在1月30日他给威廉·马克思写了封信，简要归纳一句话：“要我还是要格雷夫。”[38]德意志民
族人民党无奈只好建议让议员冯·科伊德尔博士代替格雷夫被任命 142
为内政部长。科伊德尔是那个青年时期同俾斯麦亲密来往的威廉·冯·科伊德尔之子。[39]但是任命他为德国宪法的最高的维护者无异于众口皆碑的让羊去看守园子。由于科伊德尔在卡普政变中扮演过可疑的角色而在1920年被解除了普鲁士的县长职务。对此，奥托·

兰茨贝格在关于政府声明的国会辩论中强烈谴责了科伊德尔。此外，赫尔格特出任副总理兼司法部长，在洛迦诺事件中摔了跤的席勒出任粮食部长；而一名至今还不出名的议员科赫被擢升为交通部长。因赖因霍尔德辞职而空缺的财政部长职位由中央党推荐巴登的财政部长海因里希·克勒担任。维尔特在担任德国财政部长之前，也曾担任过巴登的财政部长。

同意同德意志民族人民党人搞联合对于中央党，至少对中央党议会党团相当一部分人来说是很不容易的。从 1927 年 2 月 3 日至 5 日的国会辩论给人留下几乎是滑稽可笑的印象。在韦斯塔普伯爵乘机竭力扩大新政府同社会民主党之间的分歧后，肯定不太左倾的中央党议员冯·居拉尔特以一次论战式的长篇发言回敬了他。民主党领袖科赫对他的发言有一段尖刻的评语：如果居拉尔特向国会透露过自己在哪些方面本来就同其大联合政府中的朋友德意志民族人民党人意见一致的话，那么他的发言就会简短得多。[40]尽管如此，任何一位政治家当然都知道这一点就是拟议中的教育法。正是这一点是使第三个大联合政府中的朋友人民党最感头痛的问题。但现时，大联合政府尚能团结一致。它以 235 票赞成对 179 票反对而获胜，反对派有社会民主党人、民主党人、共产党人和中央党议员维尔特博士。

143 在谢德曼讲话后，社会民主党人比以往更加被挤到反对派的地位。如果该党愿意从谢德曼的揭露中吸取教训，它就用不着去考虑干扰新政府。但该党并不这样做。俄国政府非常担心德国政府会被迫去发表揭露苏联人的声明。克列斯京斯基大使指望施特雷泽曼以特有的方式简单地否认一切，但他却以充分的理由予以

拒绝。[41]但他答应克列斯京斯基，他必须要发表的一切声明都会事先通知他的。1927年2月初举行国会外交委员会会议后，这个时刻就来到了。当时施特雷泽曼正在意大利的圣雷莫休假，因而国务秘书冯·舒伯特不得不主持外交部的工作。正如国务秘书平德尔给施特雷泽曼的信所说的那样，俄国人和勃洛克道夫-兰曹伯爵对此“怒不可遏”。但一切进展顺利。“通过总理同各政党，特别同社会民主党人的深入讨论和通过最终由格斯勒发表的政府声明的周密准备工作，从现在起才完全了结了。冯·舒伯特国务秘书喜形于色。”[42]

如果人们从这一事件中推断出，社会民主党议会党团自己怀疑其12月所持的策略所表现出来的智慧，那么这是否对社会民主党议会党团来说是不公平的呢？

144 # 第十四章　社会、经济和财政政策的问题

随着接受道威斯计划和洛迦诺条约以及加入国际联盟，在德国经济方面出现了一定的稳定局面。因此，这时似有机会回顾一下魏玛共和国所面临的社会政策和经济政策的一些问题。当然并不想详尽地、全面地来叙述这些问题，只想述及对补充迄今谈到的历史和更好理解后来必然出现的历史罢了。

在社会主义的工人群众视为自己事业的一次革命之后，他们理所当然地兜售那种灵丹妙方，这种药方一直作为他们运动的最高目标浮现在眼前，即**生产资料国有化**，或者人们如今所说的社会主义化。尽管这是可以理解的，而且这种叫喊如此响亮和起劲，但肩负重任的社会民主党人也清楚地看到了要实现它会遇到很多困难。事实上，对整个生产过程的一种这样彻底改革来说，提供了没有比这更合适不过的时刻了，因为在这期间，战争实际上虽已结束，但和约尚未签订，那时币制尚未稳定，而且经济面临着无比艰巨的一项重建任务。事实上，社会民主党政府，除了先设立一个委
145 员会讨论这个问题和对实施社会主义化提出建议之外，几乎是别无他法。[1] 对此，效果甚微，而且去追究是否因为问题的困难还是主观上的阻力所致已没有什么意义了。当德国人民逐渐了解到赔款额之大和当币值下跌到通货膨胀的深渊时，只有狂热者相信德

国的灾难能通过社会主义化的试验才会得到缓解。尤其是，每次选举越来越清楚地表明，社会民主党的追随者只占德国人民的少数。德国宪法的第 156 条规定授权国家“对适合公有化的经济企业转为公共财产”，但必须给予适当的补偿（第 153 条第 2 款）。社会民主党想把公有化作为国家的一项义务，但这一打算失败了。

让公法较深地渗透到经济领域的要求这样强烈，以致国民议会在“社会化”的口号下对两个重要工业部门创建了一种崭新的特殊的组织：煤炭工业（1919 年 3 月 23 日的法令）和钾矿工业（1919 年 4 月 24 日的法令）。人们想把工业的强制卡特尔化和这些卡特尔的内部变化这两种思想，通过工人代表和消费者代表也参加到这些组织的领导相互结合。由此，人们期望这两个组织具有“公共经济的”性质，以使它们同纯私有经济领导的各组织相反而将保持整体利益。这一希望并未能够实现。瓦尔特·欧肯教授用以下的话说明这两个组织的实际效果：“如果工人阶级参加垄断性的赢利，那么同企业主一样对垄断怀有一种强烈的兴趣。如果在价格提高的情况下答应增加工资，煤矿工人就会同意提高煤炭价格的 146
要求。工人干部参加垄断组织的领导使垄断者具有更广泛的基础。由此，工人集团同企业主集团联合成一个垄断集团，而通过这一联合体是不能维护整体利益的。”[2]

雇主和雇员为了整体利益进行共同的、和平的合作，这一充满希望的尝试已在战前的几个月里着手进行过。在战争开始头几个月的全盛时期，双方轻易地被联合到这样一种共同的工作中去。但是，战争拖得愈久，而且每一方愈益担心其在将来和平时期的本身利益，这一合作情绪也自然而然地减退了。这时，已出现这一危

险，即雇主回到他们以前所喜欢“当家作主”的立场，而广大工人群众则被激进的宣传唆使去对他们的“一味追求妥协”的工会领导人进行造反。对此，一小部分人反对，因为他们看到德国经济在战后比在战时更难经受相互残杀的斗争。当时领导电子技术工业全国协会的汉斯·冯·劳默尔需要为自己作出贡献，因此首先在1918年10月间同社会民主党的自由工会主席卡尔·列金洽商。[3] 列金头脑冷静，认真负责，[4] 他对一个主管单位为协调双方组织相互对立的利益和和平谅解而服务的这些想法是充分理解的，前提是要保证工人和工人团体享有充分的平等权利。也许更为重要的是，劳默尔成功地得到胡戈·施廷内斯的协作，多数其他企业主对他
147 的钦佩和自愿的追随使他获得很大的成就。在这两人的领导下，谈判进展迅速，以致连革命的爆发也未能使谈判归于失败。11月中旬，工会和企业主协会签订了一项协议，建立一个在对等基础上的全国委员会。1918年12月间，这个委员会又发展成为“德国工业和手工业雇主和雇员的**中央工作组**”，工作组在其章程中拥护这一“认识和责任”，即“重新振兴我国国民经济需要团结一切经济力量和精神力量和全面融洽的合作”。[5]

从这个意义上讲，中央工作组在共和国成立的最初几年内起了作用，并大大帮助了德国在革命后的混乱中得到保护。卡尔·列金的过早去世（1920年12月26日）是一个严重的损失。胡戈·施廷内斯将其一条新船用这位工会领导人的名字命名的决定也正是工作组的合作精神的一种结果。但是，在通货膨胀和不断增长的经济困难日益加剧了矛盾之后，连列金也难以长久保住这个工作组了。由此而产生的“德国临时经济委员会”接管了工作组的一部

分任务。各工会一开始不得不同最激进的会员的反抗进行斗争，因为这些会员把工作组在其旗帜上所写的谅解政策视为对阶级斗争传统思想的叛逆，而且灾难愈深重和政治上的对立愈尖锐，这种思潮自然而然也更加强烈。通货膨胀使工会的钱箱空空如也，因此它在会员中的威信下降，而且使雇主方面强烈要求回到过去主人地位的那些人占了上风。雇主领导人当然不属于这种人，他们是坚持谅解精神的。但是他们也对工资政策和工时方面十分尖锐 148
的问题找不到满意的解决办法。在 1923 年秋冬两季，最重要工会的纷纷退出已使中央工作组名存实亡了。

工时问题在工作组成立时就遇到了困难。革命胜利后，各工会坚持要把他们原有的**八小时工作日**的基本要求也写进工作组的章程，人们最后通过一项补充协定才克服了这一艰难险阻，协定使八小时工作日的实施要取决于一项国际谅解。与此相适应，在复员的规定中也写进了八小时工作日。但国际谅解遭到了失败。[6] 1919 年年底，华盛顿公约虽然规定八小时工作日，但德国政府鉴于和约强加在德国身上的沉重负担决定在经济上相互竞争的各国政府批准这一公约之前不批准公约。[7] 在 1924 年英国政府拒绝批准之后，德国方面的批准也就不再可能被考虑了。

但由于通货膨胀和鲁尔地区的占领，一场输掉的战争的严重后果发展到了白热化的程度，这也表现为在德国维持八小时工作日的障碍。绝大部分企业主声称八小时工作日对他们当前迫于窘境的经济来说已是无法忍受了。这在政治上具有很大意义，因为在这个问题上持有这一截然对立的立场的是对大联合政府必不可少的站在左右两翼的政党。社会民主党以其过去的全部历史决定

它必须坚持八小时工作日的要求；而德意志人民党却自诩为“经济界”的辩护士，或者正如它的政敌所喜欢称呼的那样是“重工
149 业”的辩护士。但事实上不仅仅是那些得益者把这一普通规定的八小时工作日同战后德国经济的那些特殊增加的任务视为不协调。卢约·勃伦塔诺在1924年10月布拉格举行的社会政策国际会议上的感情爆发[8]也许只是由于他对凡尔赛和约的极大愤慨。对改革不仅不抱怀疑而取欢迎态度的其他社会政治家如赫克纳教授也有这种看法，而且有一些社会民主党的修正主义者也持相同立场。第一届威廉·马克思内阁根据1923年12月8日的授权法于1923年12月21日颁布的工时制，采取了妥协的办法。[9]八小时工作日原则上被予以肯定，但是对其有很多可作更改的可能性，尤其在工资协议上，它实际上更多地成为例外，而不是常规。

中央工作组章程最重要的内容之一就是承认工资协议，即承认“同雇员的行业协会商定的集体协议”。[10]1918年12月23日由人民代表颁布的**关于工资协议规定**适应了这种集体协议，它通过实施法律上的约束力和一个官方机构所赋予的普通约束力就大大扩展了这些工资协议的有效力。[11]此外，工资协议规定奠定了为调解全部争端的方法的基础。人们期望这种调解方法能够限制罢工，因为罢工在战后初期不安年代里已发展成为威胁整个国民经济生活的一种危险。施特雷泽曼政府后来利用1923年10月13日的授权法赋予政府的职权，于10月20日颁布了一项调解法，指令在全德设立具有地区效力的调解委员会。[12]这些委员会把数量对等的因素同政府的因素相结合，它们一方面包括雇主和雇员有
150 同等数量的委员，但受一名或几名无党派的主席领导，主席由州的

最高当局任命。另一方面，还成立由中央劳工部长为较大的经济专区任命一名“调解员”的机构。这名调解员起一种特殊作用。因为调解方法一般要达到的目的是作出使双方都能接受的裁决；而这一调解法也考虑到一方或甚至双方都拒绝裁决的情况。如果裁决“在合理斟酌了双方利益的情况下是公平合理的，并且根据经济上和社会上的理由必须执行的话”（第六条），调解员然后就有权宣布这一裁决具有约束力。所以，调解员承担的任务既艰巨，又特殊，远远超过一名法官的职能。几年之久，这一制度所起的作用令人满意。但是，1928 年在西方钢铁工业的大斗争中，已经受了最严重的考验，对此后面还将详细叙述。

一名由官方任命的无党派的主席同推选出来的雇主和雇员作为委员的合作制度长期以来一直起着裁决产业工人工资争端的工商法庭作用（1890 年的工商法庭法）。后来（1904 年）又扩大到商业职员。但是，这种法庭的管辖权由于同新时代的趋势，特别是同工会的愿望相矛盾，还受到一定的限制。工会要求劳工法庭应该主管一切形式的劳工法方面的争端，包括由集体协议产生的争端。这意味着严重侵犯司法的统一性，因此进行了反复的艰巨斗争。这场争论对禁止在工商法庭出席的律师来说具有现实意义，而且他们不得不害怕在计划扩大特别法庭的管辖权时把他们完全排除在劳工法整个领域之外。因此，一项劳工法庭法从其草案阶段进 151
入提交议会讨论，经过了数年之久。但这位精力充沛而又懂行的海因里希·布劳恩斯博士，一名从赞成天主教德国的人民团体脱颖而出的社会政治家，领导德国劳工部达八年之久（1920—1928）。他进行了孜孜不倦的工作。他在 1926 年 4 月间路德执政时期向

国会递交了一项劳工法庭法的草案，同年 12 月即在第三届马克思政府垮台前不久，尽管德意志民族人民党人和共产党人反对，但草案在国会讨论过程中还是经过多次修改（1926 年 12 月 23 日通过劳工法庭法）后通过了。[13]

适应工会的愿望，劳工法庭的管辖权，尤其通过排除对诉讼事由的价值的任何考虑和通过包括工资协议产生的一切争端，尽可能地被扩大了。为满足司法的统一性的需要，设立了两个高一级法院：州劳工法庭和全国劳工法庭，而且这两个法院被并入普通民事法院（州法院和全国法院）。即使律师不得不抛弃协会秘书的权利同等的竞争，在这两个高级法院里也规定有他们的代表权。因此总能使律师对劳工法产生兴趣并能参与其发展和完善的工作。

在**社会保险方面**，俾斯麦时代的保险法和后来 1911 年的德国保险制度已奠定了基础，在这基础上，只要在这期间没有出现通货膨胀，可以从容不迫地继续完善，因为通货膨胀不仅吞没了承保者的大量储备，而且使他们根本无力完成以后的任务。因此币制恢
152 复后的第一个任务是立法必须经受使保险业的财政状况恢复正常这一考验。这项任务还通过这里也观察到的扩大强制保险范围的压力变得困难起来；而这一压力明显表现在只是部分因为通货膨胀而必须去照顾许多人，这些人本来能够依靠自己的力量并按照他们个人的意愿行事。这点在疾病保险方面具有特殊意义。特别由于强制保险范围的扩大，疾病保险的人数从 1924 年的 1 400 万人增至 1928 年的 2 000 万人。[14]因此，自由行医的范围自然而然地大大缩小而令人担忧起来。因为疾病保险机构除了部分是由于财政上的担心外，部分由于在每个强大组织内在的、扩展影响和权限

的趋势力图限制医生的行动自由；而且这些医生所害怕的是，为了利用当代的社会危机的一种说法，[15]他们被迫“充当流水线上受控制的治疗工人”，于是产生了一种对抗，它在一定时间内甚至会导致一种医生罢工的威胁。[16]这也是有政治意义的，因为医疗保险机构普遍都被看成是社会民主党的机构，并且很容易把这种对抗造成反对共和国的一种倾向。

但在通货膨胀后的年代里，社会保险所产生的最困难问题是财政问题，也就是国家财政负担。在国家政策对之多少负有责任的通货膨胀使保险机构囊空如洗之后，国家为了使保险机构重新具有支付能力而以财政补助进行干预，这是不可避免的。但是令人担忧的是，从那以后要求国家也为这些机构不断开支的补贴越
来越大。国家用于社会保险的负担从 1924/1925 年的 1.29 亿马 153
克上升到下一年度的 2.59 亿马克，随后在 1926/1927 年度增至 2.84 亿马克并在 1927/1928 年度增至 3.45 亿马克。[17]这还不包括无业和失业补助金在内，这些费用是按 1927 年 7 月 16 日的关于劳动介绍和失业保险法才同意给的。

在每次大规模的战争之后，最迫切的社会问题就是**住房建筑**。因为在战争年代建造新的住房被迫停止，即使在那些并非由于敌对行动摧毁住房的各州也是如此。在德国，人们面对在通货膨胀时期的这一问题颇为束手无策。人们甚至还通过人为地压低房租，使其先是缓慢地、而后又很不完善地接近贬低的币值来加剧这一局势。在货币稳定后，立法开辟了一条逐渐回到和平时期房租的途径，在 1925 年才达到了这个目的。但与此同时，增加了战前时代老房主的负担，用以为建造新房服务。1924 年 2 月 14 日第

三次税收紧急法令规定把通货膨胀年代分文不值的抵押资金增值15%(后来的增值法提高到25%)而且给房产主又加了一项房租税,最初占和平时期租金的10%,后来增至15%—20%。这一主导思想是,由于减轻了他们抵押资金的负担因而致富的房产主应拿出致富的一部分用于新建住房。房租税收入流向各个州并通过各州又源源流向各个乡镇,它们虽然将收入的一部分用于自己一般的财政需要,但其余部分都应用于新建住宅,特别用于新建小型
154 住宅。[18]在私人建造住房大大衰退的情况下,这种办法使住宅建筑广泛操纵在公众手里。在这方面,成效相当可观。新建住宅从1926年的20.5万套增加到1928年的30.9万套。[19]在人口学范围里,甚至流行这样一种观点:新建住宅的规模超过了所期待的人口发展的合理速度。[20]不管事情发展怎么样,住宅市场的最大困难是由于新房造价比战前提高很大,反之,旧房的房租却被强制保持在同供求关系再也毫不相干的一个水平上。在这一方面,导致新住宅的房租由于享受公家的补贴而不得不被保持低价。汉堡的瓦尔德马尔·齐默曼教授于1930年9月在柯尼斯堡社会政策协会的会议上谈到旧住宅的状况时说:“由于住房强制管理和老房租保持低价水平,对一所旧住宅的权利或者类似这样的权利在形式上就变成了一种垄断式的、宝贵的合法权利,对这种权利没有人自愿放弃,因为他在强制经济的条件下依靠自己的力量不容易再能取得或代替这样合法权利。这样就出现这种情况,每个人都想尽办法保有自己的居住面积,即使他不再符合自己已改变了的需要。在自由的住宅经济时期,老房租比较高,现在比起那时,空余的住房要少多了,而且事实上,按国家统计人口平均计算,要求的居住面

积今天比 1910 年多得多。尽管家庭情况起了变化，仍然坚持占有同样的住房。迁徙自由停滞了。……由于高高挂着仅仅是住房合法权利的这块招牌，投机的需求还人为地增多了……所谓找房者的统计数字水分很大，远远超过了有租房能力的实际要求。”

齐默曼还对实行这种政策的国民经济效益作了这样的评述： 155
“除了国民财产的储备恶化外，使其资本价值低于再生产成本价值，甚至大大低于原先的成本价格，在资金十分匮乏和号召筹措资金的年代里，信贷基础和可供资本支配的金额减少了。”[21]

这个国民经济上有争议的政策的动机当然是社会政策方面的。正是这一愿望要使工人和职员为支付房租的费用尽可能在他们的工资或薪水额中所占的比重小一些。这种动机在大城市尤其明显，因为在那里，广大选民都属于这些阶层。

我们不得不只能了解这些在魏玛共和国社会政策方面的粗略的和必然不完整的概况。它明显地有一种倾向，尽力支持工人阶级的利益并满足他们各工会的要求，有时也因此而使其他阶层的利益受到损害。显然会有这样一个问题，这样做是否就会加强并巩固联结工人阶级同共和制国家之间的纽带呢？正如拉德布鲁赫博士所叙述的那样，如果社会民主党的青年工人在游行队伍里打起“共和国并不好多少，社会主义才是我们的目标”的横幅标语，人们对此不必去作过高估计。[22]但这无论如何表明，这些阶层对于他们父辈们的共和政体的理想很少珍惜，而且对党纲里未预见到的在世界史上的一次偶然事件所轻易取得的成功不知所措。但更重要的是，以后几年的选民数字也不能对这一问题做出积极的答复。其他阶层认为社会政策方面的措施有利于工人阶级而侵犯了他们

的正当利益；至少人们可以肯定，工人阶级并未像必须做到的那样大力献身于共和国，只是为了尽力抵消其他阶层反对共和国的倾
156 向。这些阶层的人数虽然相对地少，但在经济上、部分在文化上具有在政治上不可低估的作用。

通货膨胀过去以后的工农业形势的特点是严重**缺乏企业资金**。虽然工农业的实际价值是保留的，而且其抵押债务几乎一笔勾销，但银行存款和其他存款已化为乌有。[23]不仅企业继续经营需要资金，筹集税收也需要资金，为了维持新货币和防止出现新的财政亏空，国家必须课税，而税收的金额迄今不详。这时，外国向德国提供它所缺乏的资金。外国的资金持有者，特别是美国的资金持有者，都被德国资金缺乏而必然出现的高利率所吸引。此外，还有外国对德国经济界表示的巨大信任。尽管德国被描绘成一团漆黑，但人们认为德国工业的核心是健全的，而且对德国人的勤劳和经济效力有极深的印象。自愿借给德国人以资金也表明外国坚信德国的政治状况将会稳固，而且不怕内部的颠覆，也不怕战事的纠葛。

对德国政治状况稳定表现出来的信心也特别表现在外国自愿向德国的各州和乡镇提供贷款，而且有相当的数量。根据赔款代办处的报告，给德国法人团体的贷款在 1925 年达到 12.5 亿，在 1926 年增至近 17 亿，在 1927 年还达到 15 亿。从最后一个数字看，贷款数字有所减少，部分原因在于因为德国采取一些监督措
157 施。1925 年 3 月 21 日颁布的法令规定各乡镇和乡镇团体接受外国贷款必须征得德国财政部长的同意，财政部长为实施这项法令设立了一个“咨询处”。[24]咨询处也要过目各州的贷款。在 1925 年

1月1日至1927年9月底这一时期内，咨询处拒绝了大约25%的贷款申请，在城市申请贷款方面，结果更是不利，这方面有46%，即将近一半的申请遭到了拒绝。咨询处审查所接受贷款的目的，并且只有这些目的表明直接获利，才予以批准，也就是说，那些以其收益能够直接支付利息和分期偿还的工厂，才能获得批准。这就是很多地方政治家所抵制的一种立场。美因河畔法兰克福市长兰德曼博士在1928年在苏黎世召开的社会政策协会的辩论会上声称，接纳外国资本用于一个发电厂或者一所医院的设备都是无关紧要的。[25]他也阐明了他所以反对的基本理由。建立新厂，不论是什么样的，对工人来说意味着就业；乡镇所节省下来的一项（被禁止的）外国贷款的投资，他们不得不用来花费在无业者的生计所需。博恩教授对此却持相反观点，他认为贷款政策的目的在于制止失业，相当于制止"半通货膨胀"。[26]

沙赫特尤其关心城市的外国贷款在公众里被讨论得如此活跃，有时甚至十分热烈。沙赫特指责这些城市把这些钱用于建造多余的，或者至少是并不急需的"游泳池、绿化设施、图书馆和体育场"，而且沙赫特的追随者也继续起劲地散布这种指责。在施特雷泽曼文件中发现的、像杜依斯堡市长卡尔·雅雷斯这些人物的抗议信表明此种指责过于夸张了。对熟悉沙赫特的人来说，他至今 158
还坚持自己的指责是不足为奇的；另一方面，德国城市大会在其1955年的纪念文章中，坚决反对指责"城市因其所谓的奢侈性的项目已成为公众舆论的替罪羊了"[27]。今天大概可以这样说，城市消费的增长是政治形势变化的一种必然结果。普遍的、平等的选举制代替了普鲁士三级选举制，这必然导致迄今处于统治地位的

中产阶级被维护自己权利的广大群众所排挤。资产阶级，尤其是房产主和中等工商业者，不得不经常要厉行节约，对此群众则常常感到不合理，甚至感到带有倾向性地损害了他们的利益。今天当然起了变化，而且对于这些新的压力，没有一个市政府是能够完全摆脱掉的。

除此之外，很值得怀疑的是，沙赫特反对长期贷款、同时又不限制短期借款的斗争是否正确；因为危机爆发后，由于宣布取消短期贷款大大加重了对城市的压力。

工业部门把外国提供的贷款首先用于使自己的企业“合理化”，即补充由于战争和通货膨胀所造成的装备不足并用能提高劳动生产的机器装备自己的企业。这就可能造成这一生产方式，即只需要较少的工人就能达到迄今为止的劳动生产水平，换言之，迄今就业的工人中有一部分成为多余的了。[28]只要经济不断繁荣，就不必担心，因为被一些部门解雇的工人可以在另外的合适岗位上找到工作；但如果出现经济衰退，它就成为一个严重而又危险的问题，因为失业人数的增长会比以往发生这一情况时更快。合理化
159 应该使生产成本降低，不过它只有在自由市场情况下才会导致降低。但如果工业部门能把各企业卡特尔化或垄断地合并而排除了竞争，那么工业部门在合理化后也能保持它们的高价并且不使消费者获利。德国在很大程度上处在这种状况。通过1923年11月的卡特尔法的立法虽然力图反对滥用卡特尔，但是也在个别情况下滥用此法竟如此之多，以致立法并不能阻止或者只是放慢卡特尔的扩展。在1925年内，卡特尔的数字已达到2 500个。[29]防止外国竞争的在工业上保护关税的贸易政策促进了这一发展。贸易政

策本身具有这种心理作用，它使德国工业家们疏远这种竞争思想并使之习惯于依靠其强有力的卡特尔的保护。

农业方面也吸收了巨额外国资金。人们估计在通货膨胀后减轻了债务负担以来所接受的新债务达到 70 亿马克。[30] 相当一部分直接或间接来自外国。这些新的投资理应对合理化有用，但由于种种原因未能如愿。[31] 对德国农业主的产品的不利价格是这一最重要的原因，至少在政治上来说是如此。难道应该用战前通常加强关税保护的办法来帮助农业主吗？大多数德国国民经济学界的代表们对此首先坚决予以否定。1924 年 9 月间，一百多名德国各大学的经济学教授和讲师签署了一项声明。声明说，只有“当工农业关税对自由建立国际交往是必不可少的、可见成效的一种手段时”，他们才会同意工农业关税；而且他们声明“通过当代德国的经济政策的措施人为地对生活费用上税”是“特别令人担忧的”。“仅 160
仅继承战前年代的关税保护”将对德国农业的困境“不会有决定性的改善，而且会更加糟糕”。在这一明确的声明中，有一部分签名者在战前曾是地地道道的保护贸易主义的维护者。他们当时为首的是马克斯·泽林教授，他在 1924 年 9 月间举行的社会政策协会斯图加特大会上主张一种“原则上进行自由贸易的、但又附以斗争手段的贸易政策”而获得与会者的热烈欢迎。[32]

但是，政治上的实践对科学界的这一抗议是漠不关心的，它在保护关税的道路上更加大步迈进。1925 年 8 月 12 日公布的所谓“小型的关税税则附律”作了开端，这一附律重新实施战争爆发时已经取消的农业税，当然要比 1902 年的税额低。此外，（按 1925 年 9 月 3 日的法令）进口许可证的制度重建起来，以保证新的关税

完全按国内价格对粮食产生效果。[33]也就是说，这项立法的目的是加强对农业利益的保护。这项立法是由右派联盟所控制的第二届路德内阁的创造并特别遭到社会民主党的激烈反对。不过，现在必须补充一句，以后在党派政治上完全不同地组成的历届政府也在这一道路上继续行进。科学界只有很小一部分人坚持他们对此的抗议。泽林在1930年社会政策协会柯尼斯堡会议上的报告表明了科学界后来的动摇性。泽林在美国考察新机器技术对美国农业的影响后，现在坚定不移地赞成农业保护关税（特别在粮食方面），以此大大帮助了新兴工业。

161　除农业外，德国经济在这些年里所取得的进展表明比起那时它不得不考虑一种税收负担所达到的成效更大，因为这种税收负担超过了战前时期所达到的水平。黑尔费里希估计国家的正式支出1923年达到30亿马克。[34]1924年国家的正式财政支出为68亿马克，此后几年又增加到73亿马克，还要加上各州和各乡镇同样连续增长的财政支出。这是德国财政政策的最困难和最棘手的问题之一。所有团体都得靠同一种国民经济养活，因此这一国民经济不得不受到保护，以防这一个团体所要求的收入来源正是另一个团体已耗尽了的收入来源。此外，各州和乡镇要求有一种高度的财政自由权，以能胜任自己所肩负的任务。现在被称之谓“财政平衡”[35]的这一问题对联邦制国家来说是特有的，而且在德皇时代也存在过。不过，现在的问题更为严重、更为明显了，因为国家由于战争的后果被迫不仅要干预迄今只有各邦（现在是各州）有权进行的直接税收的范围，而且还要从他们手里取得税收管理权。这就是德国铁矿业财政改革的思想，它虽然遭到很多批评，但在认真

考虑后，它的不可避免的必要性是无可置辩的。

人们为解决这一问题所找到的解决办法不能持久，而总是在几年后再寻求新的尝试办法，这是不足为奇的。德国财政机构在这方面拥有公认的权威，财政部国务秘书约翰内斯·波皮茨教授就享有这种威望。波皮茨不仅是一位杰出的专家和才智横溢的法 162
官，而且学识渊博。但是，达到财政平衡的实际组织工作首先并不取决于一名专家深思熟虑的思想，而是必须在中央和各州之间和在当时起举足轻重作用的党派（波皮茨贬称为“多极统治”）之间进行暗中谈判才行，所以这个组织工作一开始就具有短暂的性质。由于中央把从前各州作为财政基础的收入来源占为己有，各州要求把它们收益中的最大部分退还各州。在通货膨胀结束后，1924年2月14日颁布了第三次税收紧急法确定州和乡镇的应得份额为所得税和法人税收入的90％和营业税收入的20％。但在第二年内，即接受道威斯计划以后，州和乡镇的所得税和法人税收入的应得份额减至75％，而营业税收入的应得份额增至30％（1925年8月10日法令）。

州和乡镇在自己的财政管理上很大程度取决于中央财政部长所实行的政策。如果中央财政部长善于从经营管理中取得大笔款项，那么各州的财政部长和各市的司库也能指望自己有装满的腰包。路德控制税额时就是这种情况。他的目标是在通货膨胀的破坏后使德国重新在财政上这样牢固地振兴起来，以致能排除一次新的通货膨胀的任何危险，即从中央财政部长的立场出发，严格避免国家重新负债并防止在不长的时间内产生现金支付的困难。路德达到了他的目标，而且这永远是他的历史功绩。但这对经济界

来说是一次非常痛苦的过程，更何况它本身在刚刚不得不寻求再次站稳脚跟的时刻里受到了税收的压力。路德过于谨慎，迷失了
163 方向，也就是说，他对预计的收入估计得比实际可得的要低，这也不能责怪他；过高估计在当时货币的形势下可能会更加危险。路德的继任人冯·施利本在1925年4月30日所作的国家预算报告中肯定，关税和赋税的收入超过预计的25亿马克，实际上达到了73亿马克，其中国家得45亿马克，而其余的27亿马克已拨给州和乡镇。由此在这些州和乡镇那里造成钱多的这一后果严重的印象，钱多在经济支出中不可避免地明显表现出来了；尤其在乡镇，人们一再提出可以认为是有益的、也就是必要的种种任务并要求把钱用于这些任务，以满足他们的要求。

但如果说，纳税人把从自己口袋里掏出这么多的几十亿利润看作几乎是对他们进行的一次掠夺，那么这也不能责怪他们，更何况他们自己还苦于资金短缺并且不得不高利息向国外要贷款以满足自己的企业所必需的资金。因此要求降低税收的呼声就很高，国会的各个政党，包括人民党和民主党在内，都纷纷发表议论。民主党议员赫尔曼·费舍尔最激烈地抨击了路德内阁和财政部长冯·施利本的财政政策。因为冯·施利本的立场是：如果目前避免财政赤字，还是不够的，还必须预防将来也会出现赤字。这就是被他的政敌所称“积累政策”。施利本希望在清偿债款和以前留下的亏空后从余款中留有五亿马克作为全国的一项企业基金。他想把这笔基金不仅用于弥补每月月底常会出现的意外的现金亏空，而且也作为经济危机时期的储备金，然后国家为再次促进经济发展能从中资助特殊项目。[36]当时的国会多数支持了这一政策，而

且施利本得以筹集到他所需的五亿基金。

但后来缔结了洛迦诺条约，德意志民族人民党人退出了政府。164 施利本是党的政治家，更是专家和官员，他赞同洛迦诺条约并且对他的党所持的僵硬态度是不同意的。但由于他作为德意志民族人民党人在政府里任职，所以，他把遵守党纪视为自己的义务并且递交了自己的辞呈。他的继任人在组成第二届路德内阁时是民主党人彼得·赖因霍尔德博士。赖因霍尔德在担任中央财政部长之前一直主管着萨克森州的财政事务。他同其前任正好完全是对立的。从根本上说，这关系到在财政史上总是反复出现的一种矛盾。这位财政家把国家的财囊充盈看作国家经济繁荣的最重要的保证；但另一方面那位财政家则认为依靠经济所得的钱是最丰硕的成果，并认为国家为其间接目的即使只多花一个马克也是错误的。赖因霍尔德是从经济界成长起来的，他代表了第二种观点，态度坚决鲜明，言词非常动听。赖因霍尔德的口头禅是国家预算必须“在赤字边缘变动”，这就更加清楚地表达了他同施利本的积累政策的对立之处。按这个纲领，赖因霍尔德主张减少税收，特别降低营业税。他因此受到经济界的欢迎，这是不足为奇的。他也许是唯一在经济界代表会议上讲话结束时博得代表们热烈掌声的德国财政部长了。

赖因霍尔德的试验是富有成效的。按当时在财政部任预算处处长的施威林-克罗西克证实，经济上出现了复苏，而且税款收入由此增加了。赖因霍尔德的政策是否能持续贯彻执行，只有有待实践来证明。但是，在1926年底，威廉·马克思政府倒台了，而且 165
新的内阁给予德意志民族人民党人四个席位，赖因霍尔德拒绝入阁，因为民主党从这时起成了反对派。

166 第十五章　威廉·马克思右派政府

（1927 年 2 月至 1928 年 6 月）

总理威廉·马克思博士最优秀、最可贵的品格之一是他对其共事者所表现的通情达理的信赖和绝对的忠诚，而这在许多情况下唤起他们的忠诚。这样，他们相当迅速地、成功地在他的新内阁里创造了一种休戚相关的感情。总理府国务秘书平德尔博士在 2 月底给正在圣雷莫疗养的施特雷泽曼叙述了政府新老阁员之间的非常融洽的合作情景："处理科伊德尔事件困难很大，但最终还算顺利解决。对司法部长先生（赫尔格特）的人品无疑不必去作过多的顾虑。我同您的意见一样，他将是在新老阁员之间的一种特别宝贵的强力粘合剂。很明显冯·科伊德尔先生对总理本人特别感激，因为他再次模范地关心了这件事。"[1]

不过，科伊德尔在这期间毫不迟疑地让他部里的两名负责官员提前退休（1927 年 4 月 12 日），从而使公众很快了解他的路线同迄今为止所执行的路线大不相同了。在这两名官员中，一名是国务秘书舒尔茨博士，社会民主党人，他对新部长的计划，特别是关于学校方面的计划，极不适应；另一名是司长阿诺尔德·布雷希特博士，无党派人士，全国最优秀的官员之一，坚信共和政体和民主的思想。普鲁士总理奥托·布劳恩担心丧失掉这个宝贵的人
167 才，把他接纳到他的部里当司长。[2] 这当然使科伊德尔感到不快，

特别是布雷希特被委任为普鲁士州的代表参加由科伊德尔主持的德国参议院。

德意志民族人民党的部长们还想对其他各部的人事政策施加影响。当施特雷泽曼想于1928年春在一次外交官人事变动时把驻里加的公使克斯特尔博士调任驻贝尔格莱德的比较重要岗位时，赫尔格特就干预了并提出异议，理由是克斯特尔是社会民主党人。但施特雷泽曼坚决予以驳回。他在写给平德尔的信上写道："这些人同德皇时代的保守党人一样。我对此只能说，先生们什么也没有学到，但忘记了一切。"[3]

从施特雷泽曼的立场出发，关键问题是德意志民族人民党的内阁成员是否会干扰继续执行他的外交政策。还在3月底，施特雷泽曼向德国驻华盛顿大使冯·马尔藏吐露，尽管他不怀疑他们的良好愿望，但他通过引证施廷内斯的一句话，说德意志民族人民党人的发言所针对的是国内消费，并非是出口商品，从而触及了痛处。但实际上，该党同事们所发表的一些讲话有时使施特雷泽曼感到相当头痛。当施特雷泽曼试图同波兰在贸易政策上达成谅解时，赫尔格特的一次反对波兰的激烈发言打乱了他的部署。当德国在日内瓦世界经济会议上（5月4日至23日）主张取消关税时，作为农业部长的德意志民族人民党的席勒竟公开宣称赞成提高农业关税，以致代表德国出席日内瓦会议的经济部国务秘书特伦德伦堡博士向施特雷泽曼诉苦，并警告他说，如果席勒的这个讲话表
明德国贸易政策有原则性的变化，他将断然退出会场。[4] 施特雷泽 168
曼对此不得不同威廉·马克思商谈，以便让总理明确同意他的声明，声明政府对这样一种变化是根本不予考虑的。对此，威廉·马

克思深深地叹气说，情况对他来说已不能继续下去了，因为所有德意志民族人民党的部长们总是附和席勒，以致他作为总理不得不通过他的一票做出决定性的一着。但是，威廉·马克思的党友也有时轻率从事。4 月 28 日，英国大使林赛拜访德国外交部长时抱怨说，财政部长克勒博士在一次讲话中声称，他不相信在将来能完成道威斯计划。[5] 那么莱茵地区撤军问题的进展又从何谈起呢？施特雷泽曼向总理报告了这一外交步骤，总理对克勒的这种讲法同样明显地感到不快。[6]

但是，如果说，在这一年里，重大的外交问题没有多大进展，那么原因并不在于德国政府的政党组成上，而在于事情本身所潜在的困难，换句话说，在于法国存在的特别对进一步让步的反抗。如果人们考虑到对法国地位有举足轻重意义的军事地位的恶化，那么就能理解（特别在这期间所得到的经历）莱茵地区撤军问题绝不是一朝一夕所能解决的，而且如果说德国公众舆论对此只看作法国不怀好意，那么这仅仅是他们没有耐心和没有能力去等待果子成熟的一种表现。但是使节会议已在 1925 年 11 月 15 日向德国具有约束性地承诺了减少占领军，而且施特雷泽曼说得非常对，他在同英国大使的那次会晤中说，我们的言论必须最终变成行动。他也不会处于孤立境地。在 1927 年 6 月的日内瓦会谈中，除施特雷泽曼和白里安参加外，还有张伯伦和王德威尔得。会谈中，英国
169 外交大臣竟明确地向法国同事说，这种状况对英国来说是不能忍受的；在这个问题上必须让德国满意。张伯伦甚至私下对白里安说，“只要我们在这个问题上还像当年那样搞不干净的手脚”，他就拒绝对德国作任何指责，而且，张伯伦也很快把这件事告诉了德国

同事。[7]

法国人所以提出反对的理由，只是因为在解除武装问题上还有些扫尾工作有待处理。[8] 但这些扫尾工作同整体工作相比是不值一提的，因而给人印象是可气的，好像法国人从中要搞出多么大的名堂。另一方面，也同样可气的是，德国政府在整个时期内未能澄清这事。今天看来，这不仅仅是法国方面的军方人士在搞一种后果严重的把戏。1927 年夏，事情总算达到得以了结的程度，而且这时在英、法关于驻军问题的政策之间也成功地找到了一种妥协方案，1927 年 8 月 27 日，双方一致同意驻军人数减少 1 万人。这时，正好在国际联盟秋季会谈之前不久，施特雷泽曼在这次会上才正式得知即将进行的裁减部队。德国公众舆论自然而然地把这次裁军描绘成微乎其微。事实上，还有将近 6 万名驻军在那里。如果想一劳永逸，肯定是太过分了。但是，法国人能相信这一点吗？

对此再次担忧的人中莫过于德国总统兴登堡陆军元帅本人了。还在国际联盟在日内瓦开会期间，为纪念 1914 年 8 月德国战胜俄国的伟大胜利，在东普鲁士举行了坦能堡民族纪念碑揭幕仪
式，这当然是在总统协作下举行的，因为总统的名字同这次胜利光 170
荣地联系在一起。这次庆祝会值得注意的有两个方面。一是揭示了兴登堡现在同他的前总监之间存在很深的鸿沟：鲁登道夫拒绝与总统同乘一车检阅部队。然后，总统作了一次讲话，他重提战争罪责问题而且斩钉截铁地向全世界提出德国完全无罪的论调。没有一个人对于总是很难钻研 1914 年 7 月的文件的兴登堡认为德国无罪将会有什么怀疑，而且没有一个人对他个人有权也发表这番话将会有什么争辩。但他以总统身份发言，也以总统身份让人

听他的意见，因此这就有点不一样了。如果说这事对在国外增加难堪的印象起些作用的话，那么这就是前德皇为纪念碑揭幕式给他的前陆军元帅拍发的一份电报。在电报中，他又沿袭老一套方式企图把自己作为中心的尊贵人物，并且用“威廉皇帝和国王”签署了这封电报，好像他并不在荷兰流亡而还一直坐在柏林的皇帝兼国王的宝座上。还有什么比这更能给人以印象，德意志共和国的总统和前德皇只是为了同一事业而有不同的名字罢了？这种反映不仅在法国，而且也在其他协约国存在。也在日内瓦引起了很大愤慨，致使施特雷泽曼不得不向总理作了报告；他深表遗憾的是，总统把讲话稿上原有的一句话删掉了，而他讲话中的这句话比一次政府行动更能表达一种个人信仰的性质。[9] 德国驻巴黎大使冯·赫施不得不打电报给施特雷泽曼说，这次讲话按“法国权威人士”的看法……“是很不得体的”。“公开讨论战争罪责的问题……绝不会有什么积极的效果，而只能使人心烦扫兴”。当时的协约国
171 首脑本来打算致电祝贺他的八十寿辰，但在那次坦能堡讲话后，英国国王断然声明，他不向他致贺了，因此，事情就只得这样结束。[10]

在 1927 年的英俄冲突之际，尽管存在这些事件，德国的国际地位仍明显地有极大的改善。在 1927 年 5 月间，英国政府从警方对全俄合作社的伦敦住所和在同一住所的俄国贸易代表团的搜查中肯定，这两个机构是间谍和共产主义宣传中心。[11] 接着，它在 5 月 26 日同俄国断绝了外交关系，而苏联人力图把这事说成是英国向俄国发动了一场侵略战争的第一步。英国的举动在一些西欧国家里也引起某些不安，在 6 月 7 日苏联驻华沙公使在华沙火车总站被一名白俄大学生枪杀后更增添了这种不安情绪。同天，契切

林访问了正在巴登-巴登疗养的施特雷泽曼并同他进行了一次长谈。在同英国争吵中，迎来了对俄国方面的同情，但当人们得知那里的当权派用大规模的屠杀方式干掉“嫌疑犯”后，就很快对俄国采取的这种方式日益恐惧起来了。

当6月间张伯伦、施特雷泽曼和白里安参加国际联盟会议在日内瓦会晤时，这些所谓洛迦诺条约国的代表们又举行了一次秘密会谈，当然他们也详细讨论了由于英、俄断交后出现的新形势。张伯伦介绍了事情的来龙去脉之后就要求施特雷泽曼表态。施特雷泽曼在承认德国也有必要对布尔什维克的煽动进行斗争的同时，断然拒绝西方采取孤立俄国的共同行动，拒绝或者采取“十字 172
军东征”行动来反对俄国。施特雷泽曼忘不了同俄国活跃的经济交往给德国带来的巨大经济利益，而英、俄冲突对德、俄经济交往也不会有害处。他甚至俨然以充满乐观的预言者自居，说俄国同西方活跃的经济交往将使俄国走上和平演变的道路。其他的政治家特别是白里安对卷入同俄国的冲突没有兴趣，这种情况是张伯伦所未曾预料到的。白里安对俄、波关系的发展感到异常不安，特别是在施特雷泽曼讲述了契切林同他谈及毕苏斯基的情况之后。契切林称毕苏斯基为“浪漫主义者和冒险主义者”，他想把立陶宛、白俄罗斯和乌克兰同波兰联合成联邦制并且迫不及待地要想发动战争。[12]

即使这一单方面的描述没有得到赞同，但与会各国的政治家一致认为国际局势令人感到非常不安。这时，张伯伦转向施特雷泽曼并请求他运用他同俄国的，特别是同契切林的良好关系为欧洲局势的安定服务。张伯伦还向其他政治家呼吁：“同我一起向施特雷泽曼先生呼吁，利用他同契切林的关系，对俄国和全世界提出忠告，我们有鉴于这次事件的发生看到欧洲和平受到了威胁。”[13]这时，德国才加入国际联盟九个月！施特雷泽曼从日内瓦给威廉·马克思总理写信说，参加会谈的每一个人都确信在国际联盟里，德国这个成员国是何等的重要。难道施特雷泽曼说得不对吗？对此，他还明确提到了代表团的德意志民族人民党成员的赫奇教授。[14]

尽管如此，在德国，绝大多数人有这样的印象，施特雷泽曼在
173 日内瓦所取得的成就并不大。[15]他在政府里的德意志民族人民党的同事对此不表兴趣去强调他们与之斗争的一项政策所取得的成就，而且他们决心继续为内政上可能发生的变化进行斗争。另一方面，施特雷泽曼在对外政策上的一些天然盟友现在处于反对派地位，他们因此倾向于多批评、少赞赏。右派极欢迎施特雷泽曼在日内瓦同德国的和平主义者进行斗争，因为他们谈论了德国暗中进行的军备。[16]在一次这样的论战中，施特雷泽曼情不自禁地把弗里德里希·威廉·弗尔斯特说成是“无赖”，因为他在威斯巴登出版了持和平主义观点的《人类》杂志。这种越轨行动促使被污辱者的 80 岁高龄的叔父向他写了一封抗议信，在此期间已认识到自己的错误的施特雷泽曼以一种促使弗尔斯特教授能理解为一种委婉的赔礼方式答复了这封信。弗尔斯特作为一个颇有高尚道德的热情人士决定把施特雷泽曼的复信看作是收回了对他的侮辱并给他写了一封相当长的信以阐明他的立场和忧虑。[17]他要求自己成为一名“最德意志化的德国人”，但也应看到德国处于普鲁士军国主义重新复活的危险。“使我毫不怀疑的是……力图重新夺权的那些有关集团正通过取之不竭的物质资源、占有的武器、传统的势力

和思想意识以及通过三百年之久的德国人的立正和阅兵操练等方式受到支持；**如果**国内外**不能**及时认识这种危害并且全力向这些集团表明不会让他们的突然袭击得逞的话，那么看来他们在内政上的最终胜利（尽管会有暂时的波折和失败）无疑是有绝对的把握。”他针对施特雷泽曼谴责他损害德国利益这样一段话作了辩
护：“我是一名德国人，基于国外许多关系，部分是继承关系（弗尔 174
斯特的父亲威廉·弗尔斯特教授是著名天文学家，德国伦理道德文化协会主席），我比我同胞中的任何一人也许更深入熟悉各种集团的情况，而且我能向您保证，即使没有我们的警告，早已在德国出现众多的群众集会、阅兵操练和权力转移……使在越来越大的左派集团内……对德国右派的意图和德国左派的力量……对及时彻底粉碎那些意图所表示的不信任态度日益增长起来了……我的全部行动正是为了从洛迦诺条约向德国解释这种必要性并向它提供必要的材料，因为它证据确凿地表明幕后正在策划什么和爱好和平的德国对这些事情所持的消极态度在国外起了什么样的作用。”属于这一篇章的也有多数叛国案件，对此激进的《意志》杂志最近写道，一名德国首席司法官维尔纳“在文明世界众目睽睽之下驳斥了施特雷泽曼先生的诺言，这是令人难堪的”。

谁还会在今天指责弗尔斯特看得过于漆黑一团或者言过其实呢？也许正是弗尔斯特谈到的“德国右派的意图和德国左派的力量”的话对施特雷泽曼不无留下印象。他似乎没有答复弗尔斯特，但档案至少表明，他努力在中央司法部长赫尔格特的帮助下，把因犯有叛国嫌疑而被捕的《人类》杂志编辑勒特奇从审查拘留中释放出来。正如施特雷泽曼致函和平主义者赫尔姆特·冯·格拉赫所

说的那样，主宰他思想的是，不使勒特奇成为殉难者而且避免这一印象，似乎在德国任何一个人都会有理由来阻挡他进行辩护。他本人希望在公开审理中驳斥“《人类》杂志说我已了解所谓的军备
175 计划的可笑说法”，并且通过公开的宣誓式的审讯确定“说谎的是《人类》杂志，还是有关的德国军事机构”。[18]当然不能这样加以延伸，好像施特雷泽曼想否认超越凡尔赛和约的所有秘密军备。即使他也许避免去了解比必然产生的更多情况，但他肯定知道发生的这一种情况。施特雷泽曼的辟谣只限于《人类》杂志所说的军备计划，而对这一计划冯·格拉哈也认为是一种故弄玄虚。[19]

也许施特雷泽曼从弗尔斯特的来信和反对和平主义者的叛国诉讼案中也想到尤其是那些右派的一小撮鼓动家丧心病狂地用叛国和类似罪名的极端侮辱性的言词加倍指责他和他的志同道合者。例如有人向他报告，在“钢盔团”的一次集会上，报告者指责他犯有“厚颜无耻的伪造”和“叛国”罪，他对此提出质问，但“钢盔团”主席泽尔德特仅表歉意，那个人不是作为“钢盔团”的负责人而是只作为私人发言的。另如德意志民族人民党的一名书记在一家公共酒店滔滔不绝地谈论，说施特雷泽曼是“最大的流氓”和“受贿者”。施特雷泽曼在赫尔格特那里的诉苦当然就起到了该党要把这位先生赶走的这一作用。但是还有多少这样的诽谤人不知、鬼不觉地流传到全国？施特雷泽曼依据自己的痛苦经历原则上不呼吁法庭给予他自己人身的保护。因为他在自己对一名普劳恩的人民党律师因伤害他的名誉的起诉中尝到了这种苦味。如果连对国家命运负有责任的那些人都不信任法院会很好地提高自己的声誉，那么谈论一切“德国司法的信仰危机”难道有什么过错吗？

1927年春，政府得以向国会提出一项新的刑事法典的草案，这同政府的党派政治结构是毫不相干的，因为自从特别是同弗兰 176
茨·冯·李斯特的名字分不开的刑法学新流派在司法界公众舆论中有了影响并在“国际刑事法联合会”建立了一个组织以来，刑法的改革便提到日程上来了。德国官方机构从本世纪初以来就从事这方面的研究，并在刑法的理论工作者和实践工作者共同合作下提出了大量正反两方面的刑法草案。代表改革思想的司长布姆克博士所在的中央司法部于1926年秋向参议院提交了一份草案。草案在1927年5月间送到国会并在7月间在国会上作了一读。它之所以值得纪念，是因为有德国法学界德高望重的78岁高龄的人民党议员威廉·卡尔博士作了内容广泛、思想丰富的讲话并由此展开了讨论。平时总为会议议事规程权争风吃醋的各议会党团一致同意他的首先发言。继卡尔之后发言的是最大的议会党团发言人、社会民主党的律师、前中央司法部长奥托·兰茨贝格。他发言的第一句话是这样的：“尽管我们之间有这么多隔阂，但是令人欣慰的是，我们也有一致之处，其中就有我们共同钦佩、值得钦佩的人，而且我这样想，当我对这位尊敬的首先发言的先生的讲话表示由衷的钦佩时，那么你们将会允许我作为你们的先行者，因为在他的讲话中，年长者的智慧同青年人的美好的激情融为一体了。”这就是在被政治激情分裂的德国国会上难以听到的话，因此对这样一个罕有的、美好的时刻是不应当忘怀的。

这个草案被提交给一个委员会，从此它遗憾地没有得出任何结果。这也是德国悲剧的一部分，因为持续的危机夺去了这个委员会使其工作获得积极成果的可能性。

177 威廉·马克思政府最成功的立法行动是由两名中央党部长布劳恩斯和克勒发起的。多年担任劳工部长的海因里希·布劳恩斯博士以其公务活动获得了促进社会进步人士的声誉。他深知，属于中央党内的工人对该党同右派联合是感到不快的，而他尽其更大努力向他们表明，即使在这样一个联合政府中党也能有力地推动社会政策方面的立法工作。在这方面，他实际上得到了整个政府的赞同。[20]一是涉及劳动时间问题。[21]当然在执政党之间，首先经过了激烈的辩论，随后终于成功地实施了还是按1923年12月法令所发出的一个新的立法文本，该文本采用了具有最有实际影响的一条基本原则，即对超过工资合同规定的或其他已经执行的标准劳动日之外的超额劳动应付给高于标准计时工资的加班费(1927年4月14日通过的法令第6a条)。[22]令人奇怪的是，不仅共产党人而且甚至社会民主党人都投票反对这项法令，而这项法令在这一关键性的一点上对工人来说带来了一个这样显而易见的进步。[23]

经过长期斗争和修改而产生的1927年7月16日公布的有关职业介绍和失业保险的法律具有更大的影响。这项法律从根本上说对有劳动能力的、也愿意就业的、但又被迫失业的任何人提供失业救济金，只要他完成法律中规定的各项条件(第87条)。从社会政策上来说，这无疑是一大进步。人们对此满怀热情，在财政角度上充满了乐观主义态度，但实际情况却很快使它处于一种严重的矛盾之中。保险金应从雇主和雇员的相同额中抽取工资总额的百分之三。但这笔钱最多只能供养70万失业工人；另外还要筹集一
178 笔“应急基金”以能在危机期间救济另外40万人。但是110万失业工人的这个最高数比起1926年最佳月份所降低的失业工人

130 万这个最低数还有很大差距。

换句话说，资金筹措是从一种经济繁荣出发考虑的，对此，人们总是首先寄予希望，只要这种希望还有良好前景并能在短期内实现。不过，如果失业保险机构的自筹资金有时不够，国家就有义务以贷款帮助德国失业保险公司。这里就埋下了导致最严重问题和冲突的种子。

具有类似影响的措施就是那个被视为中央财政部长克勒的杰作——提高公职人员薪水。克勒本人成长于中产公职人员家庭，强烈感到这些公职人员由于薪俸微薄而处境困难。这一阶层的大多数情况肯定比战前要坏。那时薪俸即使不那么丰厚，但一般来说是足够的了。很多公职人员主要从自己和夫人财产的利息中得到补充。此外，表彰公职人员长年尽心尽职的荣誉称号和奖章也弥补公职人员物质待遇的不足。“公署顾问”在这个官场里是受尊敬的人，即使大家知道他花一枚格罗森以前总要掂三掂。但是通货膨胀吞噬了这些财产；而且安抚他们钱囊干瘪的最便宜的东西就算是荣誉称号和奖章，共和国如今却通过宪法本身把它们取消了。如果要接济公职人员，国库必须花一大笔钱，而且克勒部长认
为，国家的财政状况还允许这么做。提高中央机关公职人员的薪 179
俸必然导致提高州和乡镇公职人员薪俸的后果，由于州和乡镇否认它们能从自己的收入中支付这笔额外费用，也至少要由中央承担一部分费用，为此中央不得不增加对州和乡镇的拨款。

但如果财政部长一旦把提高工资问题列入议程（他很快这样做了），这一运动就变得不可抗拒了，因为没有一个政党能够或者愿意同公职人员搞坏关系。这批人作为选民来说为数很少，但组

织严密，团结一致；而且他们作为议员来说，在所有的议会中享有令人敬畏的能量。[24]在493名国会议员中，有不少于156名的公职人员，而且他们多数是行家，由各政党作为它们的代表派在有关委员会工作。当然，社会民主党人所关心的更多是下层公职人员，而德意志民族人民党人则更多是上层公职人员。不过，在工资问题上，这批人从第1类到第21类的级别*会结成一条统一战线。财政部长一开闸门，这股压力就是不可抗拒的。他本来只打算提高约10%；当这项法律通过时工资却增加到21%—25%。对此提出警告的不乏其人，也有不少来自部长自己的党！布吕宁已成为他的议会党团财政政策方面的权威人士之一，他害怕这么超幅度地提高工资会引起普遍提高工资的新浪潮，从而导致生产费用持续上升的危险。[25]同他亲近的议员施特格尔瓦尔德竟大胆指出议员中的绝大多数公职人员存在腐败的危险。[26]但是在最后表决时仍以压倒多数(333票对53票)通过了这项工资法案。

给德国的财政增加了新负担的政府和议员们知道了他们的这
180 一步骤受到某一方面的指摘，评论较多的就是赔款总代表。年轻的美国银行家帕克·吉尔贝特被委任为赔款总代表这一要职，其任务不仅要管理准时收到按条约规定的赔款支付(他在这方面是无可指摘的)，而且还要关注道威斯计划的职能在将来不受到危害。可惜，他并未成功地同德国财政部为卓有成效的合作保持必要的联系；[27]特别是财政部国务秘书波皮茨博士似乎在这方面让人感觉缺少让步。与此相反，他同国家银行总裁沙赫特博士的关

* 意指工资最低级到最高级。——中译者

系却日益密切，而沙赫特同他对政府的财政政策的忧虑是一致的，尽管他本人并没有建议政府推行这一政策。1927 年 6 月间，吉尔贝特在一份半年的工作报告中强烈表达了这一忧虑，尤其对增加开支，包括中央给州和乡镇的拨款，进行了公开的谴责并要求德国政府采取“正常的预防措施”，以保持财政的稳定。[28]接着德国政府召开内阁会议，总理也邀请这位国家银行总裁列席参加。[29]在会上，沙赫特博士很快发表了他的批评意见；他特别讲了两年来正如总代表所说过的同样的话。这样，提高公职人员的薪俸和财政的管理问题是不能继续下去了。尽管他的批评在很多方面是有道理的，但是他的语气这样骄横傲慢，以致部长们感到极大气愤。施特雷泽曼在纸上画了各种各样的罗马数字以控制自己的怒火中烧，而且当然是首当其冲的克勒在会后称沙赫特是“德国的反面人物，因为他代表了反对德国人民利益的债权国的利益”。[30]尤其使部长们气愤的是，当他们知道沙赫特出席德意志民族人民党议员库瓦茨博士的联谊会时竟自我吹嘘地并嘲笑地讲述了这些部长在他发 181
表抨击性演说时一个个都“狼狈不堪地”坐在那里。

帕克·吉尔贝特早在 1927 年 3 月间给克勒博士的一封秘密信中陈述了他对计划改变的财政平衡，特别是对州和乡镇拨款 26 亿的保证所怀有的忧虑。[31]10 月间，他进一步采取了重大步骤，向这位财政部长递交了一份内容广泛的备忘录。德国财政部长不得不连同他的答复一并发表了这份备忘录。[32]吉尔贝特在这份备忘录中向这位财政部长当面算了算账，即在两年内总支出已增加了 17 亿，强调州和乡镇从中央所得的拨款比以往任何时候都多，而且警告国家所负有责任的财政后果对失业保险机构未来的亏空承

担全部责任。他还特别严肃地谴责政府在提高公职人员工资问题上一步一步往前推进而且如今面前的额外支出高达12亿至15亿；另一方面又缺乏深入改革行政管理部门的任何一种有效的尝试。备忘录的结束语明白暗示："如果允许以上所述的种种趋势存在，并任其发展，那么一方面可以肯定，这些趋势将导致在经济上严重的失败和萧条；另一方面可能将会增加这一印象，德国不拟按应考虑的赔款而行动。"

这份备忘录的发表在德国引起了极大轰动。大多数人力图据理驳斥他作为赔款总代表无权干涉同他毫不相干的事务。大
182 家抱怨一个外国人居然滥用职权抨击德国的内政并视为对德国的一种侮辱，由此并表明了德国不是一个主权独立的国家。但认为帕克·吉尔贝特在这件事上做得对的也不乏其人。民主党议员赫尔曼·菲舍尔[33]抱怨政府使这位赔款总代表有可能"对中央、州和乡镇财政政策的方针提出如此尖锐的、实际上颇为有理的批评"。一位并不关心党派政治的慕尼黑科学家阿道夫·韦伯尔教授在社会政策协会把这称作"战后所犯的最严重错误之一，即人们是在一个缓慢地适应改变了的结构的时代里来提高公职人员的工资的，以致产生一种经济负担，而这一负担以其后果几乎同赔款的年度负担相差无几。之所以产生这一错误，主要因为没有同时把公职人员劳绩与此相联系而使之合理化，因为只有这一合理化才能在一定程度上忍受国民经济几乎会在一夜之间突然不得不承担的额外负担"。[34]

德国财政部给赔款总代表的备忘录的答复虽然承认在某些方面的批评有理，但力图指明备忘录言过其实。克勒为工资改革进

行辩护而强调这一政治观点，“改革应维护很大一部分德国居民免受极其严重的困扰并且使他们重新树立对国家救济有所动摇了的信心”。对于德国来说，“在重建工作中存在的障碍没有再比忠于职守、廉洁奉公而众所周知的德国公职人员堕落到不能信赖的境地更为严重的了”。这种见解当然是令人非常瞩目的。但是克勒的这一论点只有在人们确有把握相信中央、州和乡镇能持续保持这些提高了的薪俸时才是适得其所的。如果说它们后来又被迫夺走了 1927 年已给予公职人员的东西，那么这一剥夺比起公职人员
永远享受不到这一工资待遇的提高所起的破坏影响更厉害。公职 183
人员的这一动荡渗透到国家因全面灾难而处于严重威胁的时代里。奥托·布劳恩也在回忆录里作了这样的论断：“这次走得相当远的工资提高几乎没有为民主争取到一个公职人员，但后来无法避免的降低工资却把不计其数的人推入民族社会主义党人的阵营，这些人在 1933 年以后的境况必然越来越糟。”

如果说帕克·吉尔贝特责备德国政府没有去进行任何深入改革行政管理部门的有效尝试，那么他绝不是主张在德国必须进行这样一种改革的第一个人。评论界人士长期以来一直在研究这个问题：德国的政府和行政机构的建设是否不搞得那么过于复杂，是否可以精简，以适应时代的需要。对此，讨论不得不首先围绕着德国的基本问题，即中央同它的成员——过去称之为“联邦成员邦”现在称之为“州”——的关系。普鲁伊斯已看清了这个问题，特别是普鲁士-德国这个问题，但鉴于各个邦政府的反抗和这一反抗在国民议会所得到的支持，他的中央集权主义纲领只能部分地贯彻实施。因此，魏玛宪法所能满足的解决办法既不能使中央集权主

义者满意，也不能使联邦主义者满意。联邦主义者的代言人当然是巴伐利亚政府，它首先在 1924 年 1 月间，然后在 1926 年 1 月间把它的纲领以备忘录形式递交给中央政府。[35]尤其是民主党主席埃里希·科赫-韦塞尔作为中央集权主义的先驱登场，但他同时也赞成扩大自主权和进一步分散行政权。[36]更为轰动的是，普鲁士总
184 理奥托·布劳恩在 1927 年 2 月间利用对柏林大学的社会民主党大学生作报告时对建立德国统一国家的这一目标表示坚决的拥护。[37]至于如何实现这个中央集权主义纲领，连捍卫这一主张的人也没有达成一致意见。

也正是布劳恩同汉堡市第一市长卡尔·彼特森博士联合向中央政府建议召开一次会议。在会上，由中央政府和各级政府的代表们共同来讨论这一问题。如果说中央政府为这一目的确定在 1928 年 1 月到柏林召集一次“各州代表会议”，那么人们设想它鉴于赔款总代表的批评极愿利用这一机会以表明它对简政并不抱消极态度，这也许不是不对的。在会上，德国一些最重要的州总理，从巴伐利亚的联邦主义者黑尔德博士直到普鲁士的中央集权主义者布劳恩，都发了言。彼此的观点分歧很大，只在一个方面意见一致，即对现状是不能令人满意的，但应沿着什么方向来改革现状，没有取得一致意见。会议只好做出含糊其词的决议，并设立一些继续研究各个问题并寻求进一步解决办法的工作委员会，除此之外是没有更好的办法了。事实上，工作委员会在弄清问题和提出改革建议方面做了大量工作，尤其是普鲁士代表阿诺尔德·布雷希特局长的备忘录得到专家们的特别赞赏。但是，这些工作委员会由于各参加者意向不一致在德国人还能平静工作的短暂年代里

没有能达到实际的成果。

巴伐利亚在所有这些讨论中坚持它的联邦主义路线，在某种程度上是不言而喻的，因为巴伐利亚人民党一如既往是在这个州内的执政党。总理海因里希·黑尔德博士就是来自这个党，从
1924 年至 1933 年的八年多时间内担任着州总理这一职位。他看 185
到卡尔政策的愚蠢，并领悟到没有一个运动比民族社会主义运动更强烈地反对巴伐利亚人民党的联邦主义纲领。黑尔德小心翼翼地避免同中央政府发生冲突，而目光短浅的、顽固透顶的卡尔却一再陷入这一冲突之中。但是，黑尔德也不能制止人们在国内和在共和主义者中对来自巴伐利亚政策的风险久久思索，他们比起巴伐利亚人乐于更久地去思索。

主张联邦制的立场和主张中央集权制的立场一样都是可讨论的，而且巴伐利亚人有理由认为在所有非普鲁士各州中，他们的州是唯一能按照面积大小和人口多少提出要求起到一个邦的作用的。同样，巴伐利亚人民党能提出，巴伐利亚居民的大多数人，特别是该州的小农阶层和城市的中产阶层，在同甘共苦的岁月里是忠于它的；在历次国会选举中约有一百多万人投该党的票；在巴伐利亚州议会上，它直到 1933 年止总是最强大的党，总理和大多数部长人选都来自该党。当然，为了保持州议会的多数，它从 1922 年以来不得不同德意志民族人民党人结成联盟。弗兰茨·屈特纳博士作为德意志民族人民党代表执掌司法部。单单是他本人就足以使任何一个共和国的支持者，甚至使任何一个公正司法的支持者充满极大的不信任感，因为他在希特勒诉讼案中对司法机关的拙劣表演负有责任。[38]他还该负有责任的是检察院对六个月监禁

后的令人愤慨的缓刑期竟未提出申诉，而且对希特勒来说，他的监禁因采取了同一项理智的国家政策和任何一种惩处目的都不相容的方式而得到了减轻。[39] 人们不禁会提出这样一个合情合理的问题，即是否迄今由各州官员执行的司法，或者将来由中央官员执行
186 的司法都应由“国家统一”起来。但是，当巴伐利亚人用司法主权是各州的一个重要的和不可更改的组成部分的准则激烈反对“国家统一”的愿望时，人们就不得不想到巴伐利亚的法院及它们的胡作非为，而一个司法部长居特纳是没法充分保证这种胡作非为不再发生的。正如巴伐利亚政府在黑尔德这样温和的总理领导下对宪法所令人不快的规定根本就不放在心上那样，它竟通过违背宪法第 109 条关于明确禁止授衔的规定而表现出来了。例如它授予巴伐利亚的法学家司法枢密顾问这一称号，而且巴伐利亚的法学家除了少数明显的例子之外都肆无忌惮地接受了这种称号，尽管对他们来说，维护法制是他们本职的一部分。1929 年 12 月 9 日中央内政部长召集的最高法院做出了一项裁决才结束了这种不法行为。[40]

尽管专家们和有关当局对国家改革问题的讨论非常活跃，但是很难说这种讨论会在人民中产生颇为广泛的影响。只有财政政策这件事在这里算是例外。公民和选民们对财政政策特别感兴趣。不得不承担赔款的中央政府必须首先要求征税。对这一点，巴伐利亚的联邦主义者也看得非常清楚。不过，他们要求，巴伐利亚州在税收分配上得到优先考虑。财政平衡法规定，对于那些按人口平均计算而税额低于全国平均度水平 20%强的“纳税能力弱”的州，这种不足额应由中央在一定限度内给予补偿(第 35 条)。

这一“穷州条款”的主要得益者就是巴伐利亚，例如它在1926年特别从中央获得不少于370多万德国马克的补偿。[41]特别是全年税 187
收接近全国平均水平的普鲁士州政府对此表示反对。当巴伐利亚总理不得不向普鲁士总理布劳恩承认在他州内的许多农村只有教员和邮递员是唯一的纳税人时，布劳恩对巴伐利亚的这一优待还是怒不可遏。[42]这就是说，巴伐利亚农民通常根本不纳税，这当然也不能阻止他们尽力对普鲁士和中央政府对他们的剥削破口大骂。差不多在黑尔德承认这一现状的同时，熟知情况的前社会民主党《慕尼黑邮报》主编、驻伯尔尼公使阿道夫·米勒博士向施特雷泽曼作了他在慕尼黑停留的报告。他在报告中直率地把巴伐利亚农民及经济上依附他们的一切阶层的情绪称之“暴跳如雷的”。[43]“性情安静的说话慢条斯理的”州议会议员、社会民主党议会党团主席蒂姆的一次谈话是很有典型性的。他对蒂姆说：“农村地区对啤酒税的不满已达到忍无可忍的地步了，而且被那些起劲儿搞颠覆活动的人充分利用了。”

啤酒税对巴伐利亚人来说是一个极为敏感的问题。[44]巴伐利亚人不会忘记，1919年以前，啤酒税一直是州的税收，为了报答补偿，啤酒税就被拨给中央政府（符腾堡和巴登也依此办理）。这些补偿要求后来一再成为立法和争论的对象。当1927年4月一项全国法令许诺给三个南德各州一笔数额相当大的补偿费时，普鲁士就对此表示不满，它认为这是牺牲其他各州的不合理的优待，特别对巴伐利亚，普鲁士为此在参议院中提出抗议；但借助普鲁士某些右倾省份的投票，这项抗议遭到了否决。接着普鲁士政府决心一决雌雄并向最高法院起诉这项只获得简单多数而通过的法令

使之归于无效。果然，它达到了目的。法院在1928年11月17日的一项很重要决议中对这项全国法令因违背宪法而宣布为无
188 效；这是最高法院首次做出这样的决定。[45]显然，这就是巴伐利亚在司法上遭到米勒博士所影射的并使巴伐利亚民心极度翻腾的这次失败。

表现为持续增长趋势的德国预算的一件事便是国防部的预算。**陆军的支出**从1925年的4.76亿马克增加到1926年的5.04亿马克和1927年的5.53亿马克；在海军的支出方面，从1.56亿马克增加到2亿马克，又增加到2.15亿马克。反对派觉得这样一种增长对凡尔赛和约所规定的不可更改的军队人数是无法解释的。正是民主党在这时提出降低10%的国防预算，对此，国防部长格斯勒博士特别感到不满，而且他不得不使出自己的雄辩口才，不仅反对这项提案而且还要消除左派施于军队的不信任感。格斯勒大声疾呼："经常强调不信任，是搞不了什么政治的。你们用这种方法永远不会争取到军队。你们能摧垮军队，但是将永远争取不到它。它也愿意有朝一日受到赞扬。"军队听从首长们，而他坚信，人们对这些首长是能够信赖的。不得征募反宪法分子。预算在不削减情况下获准。

这是格斯勒最后一次争取预算的讲话。在第二年1月间，格斯勒辞去了自己的职务。

格斯勒下台的原因是国防部违背宪法的、讳莫如深的财政管理。为了花费对协约国所隐瞒的开支，有人向国会递交了伪造的预算。施特雷泽曼当时的亲信亨利·伯恩哈德写道，真实的数字只递交给"出于国内的敏感"而在编制预算委员会共同合作的发言人。[46]这两位先生中的一位是中央党成员，另一位是社会民主党议

会党团成员。这生动地表明，这样一种观点多么深入人心，即一个
有良心的德国人都有责任为回避凡尔赛和约关于解除武装条款而 189
进行合作。另一方面，这一事实也说明，这些秘密开支只被视为加强德国国防力量的手段；无论是中央党人还是社会民主党人都没有参与为进攻目的的秘密扩军。但是，用这种办法塞进预算中的几百万马克是满足不了国防部里想大干一番事业的先生们的。他们认为，如果国防部参与赢利企业，还能获得更多的数以百万计的马克。国防部海军运输部部长洛曼上校在这方面特别积极，他认为电影工业是一个特别合适的试验场所，用国防部的钱向弗布斯电影公司投资。但是，弗布斯电影公司不但没有给国防部带来所期待的数以几百万的利润，反而吃掉了这笔款项并且最终破产。在破产诉讼中，被揭露出全部大宗财政额外交易的问题，突出表现的是，数额极其可观的保证金是由国家承担的。第一笔 300 万马克的保证金是在 1926 年 3 月给的，而且由当时的财政部长赖因哈德、国防部长格斯勒和海军运输部部长连署的。左派报刊当然特别注意这件事并抨击了这一同宪法所规定的财政处理的各项原则毫不相容的行径。虽然谈不到什么人以权谋私，但这事确实够糟糕的了，而且格斯勒已看到他在国会面前无法为此事进行辩护。这样，他在 1928 年 1 月 14 日提出辞呈，主要陈述的理由是自己的健康状况和他所承受的沉重的命运打击。兴登堡立刻接受了这一辞呈。

从此，格斯勒不仅结束了他的官场生涯，也结束了他的政治生
涯。由于他脱离了民主党之后没有再参加其他政党，所以在议会 190
里不再有他的席位。他担任了长达八年之久的国防部长，一直为

胜败进行斗争，但几乎总是获胜。攻击他的一部分人当然有一定的依据，但也不应因此忘掉他的功绩，特别在1923年最严重的危急时期，他在维护德国以及后来解除泽克特职务方面所作出的功绩。如果说，他树敌太多了，那么他也有很多患难与共的朋友支持他，他们钦佩格斯勒在最困难的处境下所表现出的博学多智和精明能干以及他的无私的爱国主义精神。格斯勒一生的悲剧（也许也是德意志人民的悲剧），就是在艾伯特死后参加总统竞选所遭到的失败。德国的政治生活通过把这位具有这样天才的人物排除出去而变得更为可悲了。

但这时谁来接替格斯勒的职位呢？德国宪法（第53条）赋予总统按总理提名而任命一名中央部长的权力。因此，总理威廉·马克思博士的任务就是向兴登堡提出他所认为合适的人选来做格斯勒的继任人。但这再次表明，宪法所未规定的重心以某种方式转移了。由于即将来临的原因，中央政府的内部联系已严重动摇。国会的新的大选已来临；对此，人们普遍期待左派有所加强。人们有权提出要求国防部长一职的任期应该比按照迄今经验所给予内阁的任期要更长一些。这就是说，在具体情况下，即使在新的一届政府里社会民主党人将有决定性的发言权，也不可马上迫使他再次下台。但是比这种在技术上较多考虑更为重要的是这样的事实：总统是陆军元帅，他把国防军看成是他本人主管的事务，对此他不愿
191 意任何一名文职人员插手。他同格斯勒相处很好，因为后者通过自己的聪明才智和政治嗅觉使总统颇为赏识，而且他也懂得保持这位老人所重视的礼节。但这人没有兴趣去同一名职业政治家商谈军情，因为国会多数情况的任何一种光怪陆离的变化将会使他取得

这一职位。总统把本来属于总理的动议权占为己有了。

他所选择的这个人是威廉·格勒纳中将。[47]是兴登堡本人想到了他，还是其他人，特别是冯·施莱歇尔将军，使总统注意到他，对此是无关紧要的。关键是总统提名他和总理接受了他。德意志民族人民党的部长们对这项建议并不十分高兴，不过他们也知道自己的日子是屈指可数的了。他们在兴登堡的"老战友"里的同伙可能在总统那里搞过反对格勒纳的挑拨，但是他们提不出合适的人选和反对拥护格勒纳的理由。原则上他们对任命一位将军当国防部长的想法肯定是没有异议的。哪里还会有另一位将军能像格勒纳那样曾经长期担任过部长(1920—1923 年任交通部长)的呢?总统也许能任命冯·德·舒伦堡伯爵将军为国防部长，他以前担任德国王储集团军总参谋长，现任德意志民族人民党的国会议员。这可能使威廉·马克思和施特雷泽曼都不喜欢，而且无论如何，国会的重新选举使他当部长的美景一去不返了。"这些老战友"所以反对格勒纳有两个理由。一是他是民主主义者，二是他曾劝威廉二世退位。第一条在当时的政治形势下是不会有异议的，而是值得推举的;至于第二条，兴登堡比他们要清楚得多。

这里当然触及陆军元帅的要害之处了:兴登堡非常清楚自己 192
于 1918 年 11 月 9 日在斯帕所表现的态度并不像君主主义的传说对他所要求的那样，而且他也知道，恰恰是格勒纳比任何其他人了解这事。但他也坚信自己可以绝对信赖他。在格勒纳不得不对民族主义的军官在兴登堡有意怂恿下正由于 1918 年 11 月 9 日事件发动反对格勒纳的煽动而进行自卫之时，格勒纳提出过证据。当时，冯·施莱歇尔少校在给他母亲的信中恰如其分地写道:"这次

煽动是一次罪行，是右派政党出于政党策略而违心策划的。”[48]他们强烈谴责他在这一天对德皇周围的一些老爷们说，在革命的变革的时代里，“入伍宣誓”和“最高统帅”的概念将变为空想。[49]这是在1918年11月9日早已为人所知的道理了，但恰恰因此而被旧制度的美化者所极力诋毁。当时，格勒纳为了结束这场煽动服从了旧军官们的志愿的荣誉法庭的判决。1919年秋，这个法庭带着相当懊恼的情绪，宣布了对格勒纳的指摘是没有根据的。[50]在这次对格勒纳来说非常危险的审讯中，他竭力“在他的供词中避免对另一些人士进行哪怕只是一点点的影射”。在“另一些人士”中，最重要的当然是兴登堡了，因此兴登堡完全有理由感谢这位将军当时所持的态度。

在另一次比较重要事件中，格勒纳又一次无私地庇护这位陆军元帅。这正是在1919年6月那些令人震惊不安的日子里，人们必须毫不迟疑地对接受还是拒绝凡尔赛和约的问题做出抉择。在这些天，艾伯特总统亲自给驻科尔贝格的最高统帅部打电话，以便
193 知道他最后的态度。当时，兴登堡离开了房间，而格勒纳在电话里劝告总统，应该像相信他的总监那样相信陆军元帅绝不会做出别的选择。当他听任格勒纳说话而自己却保持缄默时，他毫不怀疑他了解他所做的什么。总统同格勒纳的通话结束后，兴登堡又回到了房间并对格勒纳说：“您承担了严重后果并且又一次充当了替罪羊。”又一次！在1919年6月23日和在1918年11月9日。

格勒纳完全了解，为什么让自己被兴登堡利用为“替罪羊”。他在兴登堡去世以后由于格勒纳亲身尝够了兴登堡的忘恩负义而写道（1935年3月22日）：“出于政治原因，我有意识地宣扬了年

迈的兴登堡的声望。”政治原因当然不是表现在他始终不关心的党派政治方面，而是在对祖国的热爱方面。格勒纳认为，使德意志人民保持对一名由他们所捧为英雄的人物的信念是一种爱国主义的义务。对此，他非常清楚这位众口皆碑的英雄的弱点。他同曾在兴登堡总参谋部负责东线战场的霍夫曼将军[51]一样非常了解这位元帅对那里所发生的伟大的战争创举最多是挂上他的名字而已。格勒纳在上面所提到的那封信里又说：“我曾两次在东线总司令那里所得到的印象是，兴登堡完全是个‘傀儡’……不过，这位老人尽管冷漠无情，无所作为，但不仅在战争中，而且直到他去世之前一直在追逐荣誉。”这种追名求荣之心迫使他需要利用“一只替罪羊”，而格勒纳则对此甘愿为之，因为他以为这样做是对祖国做出贡献。

当格勒纳听从兴登堡的召唤时，他以为后者是一位感恩戴德的朋友，也是后者在被迫迎向风暴和灾难的日子里可以作为可信赖的朋友。人们会对此感到奇怪吗？我们将看到，格勒纳的估计是大错特错了。

他还对另一个人即库特·冯·施莱歇尔将军[52]做出了非常错 194
误的估计。施莱歇尔常常把自己称为格勒纳的“最忠实的、最诚挚的敬慕者”，把他捧为自己“生活中一切重大事件方面的敬爱的朋友和导师”。还在格勒纳担任国防部长的第一年年底，这时任部长办公室主任的施莱歇尔给他写了一封热情洋溢的信，在信的结尾这样写道：“满足我的愿望同时意味着保留一名雇主，在他那里工作，同他一起合作并且推着这部小车往前走，对于任何一个思维正常的人来说是一种愉快和极大的享受。在这个意义上，尊敬的阁下，请接受我对过去一年所表示的谢意，同时请接受我在新的一年里对您始终怀有的永恒的忠诚。”格勒纳对“这种永恒的忠诚”信以为真，他珍视施莱歇尔的聪明才智和灵活的头脑并且竟称他为自己的“养子”以表达对他的喜爱。

德国总理威廉·马克思博士没有理由反驳总统的建议，就这样，在 1928 年 1 月 19 日，格勒纳最终被任命为国防部长。公众舆论对新任部长由总统挑选一事并非不知，而且魏玛宪法的某些坚定信徒对于这种别出心裁的、违背宪法的做法感到担忧，不过他们对这一部长人选也都很同意。事实上，这位朝气勃勃的国防部长既受到左派也受到右派的欢迎。连反对国防军的斗争的第一个领头者谢德曼也为他写了一篇表示支持的欢迎文章。

格勒纳从格斯勒的痛苦经历中所得到的教训是，对国防部的那种掩掩盖盖的、讳莫如深的预算管理必须予以结束。他感到以这样一种管理来加重国防部长的责任是不能忍受的，他不能、也不愿承担这种责任。根据他的建议，在 1928 年 10 月 18 日举行了一
195 次内阁会议（这时政府已经更迭）。在会上，海耶将军代表陆军和雷德尔海军上将代表海军不得不和盘托出违反凡尔赛和约条款所实施的秘密开支。参加这次会议的还有总理赫尔曼·米勒和中央政府内政部长泽韦林。根据泽韦林 1946 年 5 月 21 日在纽伦堡国际军事法庭上的回忆，当时这笔秘密开支总计划达到 550 万至 600 万马克。会议对未来的做法达成一致意见并规定：未经部长明确批准，部队任何单位都不得有额外开支，而且部长必须向内阁报告所有这样的情况，然后由内阁承担这一责任。雷德尔海军上将在 1946 年 5 月 15 日对他进行的诉讼中供称，格勒纳在这个问

题上非常敏感并且解除了一切所谓“黑色国防军”* 组织；他在这类事务中通常同泽韦林进行合作。格勒纳原则上坚持这一立场。但泽韦林在纽伦堡审判中得知海军在 1929 年至 1931 年期间在加的斯秘密建造过一艘潜艇后感到特别惊讶！[53]

格勒纳所参加的一届内阁颇有垂死的特征。1928 年 1 月 30 日至 2 月 1 日国会辩论外交部预算时明显表现了执政党在外交政策方面的意见多么不协调。德意志民族人民党议员冯·弗赖伊塔克-洛林霍芬教授（一名在战争时期移居德国的利沃尼亚人）常常使该党更喜欢进行调解的领袖们感到头痛，他激烈地抨击施特雷泽曼的政策，以致这位属于中央党的、在德国上西里西亚地区的领导人乌利茨卡牧师称他的讲话按其形式和内容，是一篇反对政府推行使德国在国内外必须争取每一笔贷款的政策的反对派言论。
如果说德意志民族人民党人和中央党人在外交政策问题上如此对 196
立，那么两党在**教育政策**上又同德意志人民党存在着一条不可逾越的鸿沟。

教育政策是德国政治中最棘手的老问题之一。划分国家和教会在教育方面的权力界限在所有国家都存在问题。在这些国家里，强大的教会提出的权力要求，对此有一部分居民认为是不合理的。在英国，这些复杂情况使教育立法历经一代人之久依然是激烈的政治争论的焦点。在法国，教育“世俗化”问题恰恰是政治生活的中心，即使在法国的关注主要投向物质问题的今天，它也能引

* 1921 年以来经国防军批准成立的“工作突击队”，其成员为已被解散的自由团成员和反共和国的右派分子，隶属国防军第三师，为地下武装组织。——中译者

起政府的情绪并且影响历届政府的命运。在德国，由于居民分成两个主要教派，问题不能不更是炽烈，而且一部分自由派人士希望建立一种消除一个学校的教派对立的、两个教派合而为一的学校（非教派学校）。尤其在近几十年内，要求摆脱一切教会的束缚和完全取消公立学校宗教课的一股非常强烈的潮流有了发展。即使这一潮流并不只植根于社会民主党，但它在政治上特别代表了这股潮流。在讨论宪法时，这些困难就明显表现出来了，特别是中央党为了考虑根据该党性质不得不最关心的要求，尽量利用本党在政治上的必不可少的状况。在讨论的最后阶段，魏玛大联合政府的这三个党——中央党、社会民主党和民主党，达成了一种妥协，在宪法第 146 条和第 174 条中用文字肯定了这一妥协。据此，非教会学校应构成常规制度，但这一常规制度受到最重要的例外情况的限制，即根据负有教育责任者，首先是学生家长的申请，应在
197 乡镇地区建立他们信仰或世界观的公立学校。对此的基本原则应由对各州立法起决定作用的一项全国性法律（第 146 条第 2 款）来确定。在该项法律颁布之前，各地都应保持现有的法律状态（第 174 条）。这点对普鲁士在当时保守派统治时期所制定的落后的法律准则尤为有利，而非教会学校的支持者由于这一条款的以下原则而心安理得：未来的全国性法律必须特别考虑那些合法地存在不按宗教信仰区分的学校的德国地区，巴登、黑森和普鲁士的前拿骚地区属于考虑之列。宪法在这些条款中有很明显的妥协性，而且这些条款变成争论不休的议题，如同在妥协性条款中通常出现的情况那样。

如果说中央党从天主教立场出发要有教会学校，那么德意志

民族人民党人从新教立场出发也赞同教会学校。两党在它们的教育纲领中不约而同地走到一起来了，正如中央党和保守党战前在普鲁士下议院里所做的一样。德意志民族人民党的中央内政部长冯·科伊德尔积极从事这项工作。他提出教会学校、非教派学校、世俗学校三种学校并存的方案并让父母决定在每个乡镇实施他们所喜欢的学校形式。这样一来，宪法所要争取建立的非教派学校的努力实际上遭到了破坏。中央政府把这一方案占为己有，尽管人民党的两位中央部长施特雷泽曼和库齐乌斯一开始就提出他们的顾虑。他们显然自诩为民族自由党传统的继承人，因为他们一直是支持非教派学校并拥护限制教会对公立学校的影响。但他们 198
开始时放弃了他们的顾虑，希望在国会讨论过程中达到使他们满意的谅解。

这一希望遭到了挫折。一方面，不仅在国会里，而且在州内部对科伊德尔的方案表示反抗，其反抗程度比人们预料的还要强烈。另一方面，特别是中央党干劲十足地充分利用这一对自己素愿非常有利的议会形势继续推波助澜，以作为在政治上的一着妙棋。使施特雷泽曼感到愤怒的是，这位在人民党内颇有影响的中央党议员冯·居拉尔特竟在他 1927 年 12 月间的一次谈话中威胁他说，如果教育法列入竞选主题而他被迫作为党的领导人反对该法草案的话，中央党将把他逐出外交部。[54] 他向国务秘书平德尔声明，这使他感到对产生这一教育法的任何工作都是不可能办到的。除了居拉尔特，施特雷泽曼还点名指责议员、高级教士施赖贝尔博士起劲地使事情推向极端化。1928 年 2 月 19 日，总统通过给总理的一封信企图推动执政党的团结，但是失败了。

导致最终决裂的一个专门问题就是保留巴登的非教派学校，库齐乌斯作为巴登的议员对此特别感兴趣。正当最后表明就这个问题上达成一种谅解不可能时，执政党各党派共同的委员会于2月15日召开了一次会议。在这次会上，不仅葬送了教育法草案，也葬送了大联合政府。典型的是冯·居拉尔特又首先宣布结束大联合，从而也就是结束政府。正在马丁角休养的施特雷泽曼对在他不在时所发生的急速发展感到吃惊。在他行前不久，他曾同兴登堡和威廉·马克思有过会晤，他从他们那里推断出人们将让这些谈判有一段时间暂停，以便在以后再次达成一种谅解。

199 威廉·马克思政府已经完蛋，但还不能立即辞职。还有一系列紧急的法律草案需要处理，特别是1928年全国财政计划和1927年的追加预算。因此，政府在一个“紧急纲领”上取得了一致，政府答应在完成这一纲领后将解散国会，这个纲领被反对派政党或多或少地和部分积极地、部分消极地接受了。在“紧急纲领”完成之后，国会事实上在1928年3月31日解散了。新的选举定于5月20日举行。

在1928年的全国财政预算中存在长期以来进行政治讨论的一个项目要求首批拨款900万马克供建造装甲巡洋舰之用。凡尔赛和约允许德国在某种现已完成的条件下，建造排水量至多一万吨的战列舰以代替已允许建造的六艘战列舰（第181条和第190条）。协约国的海军专家们显然是从这一思想出发的，吨位这样小的战列舰（俗称袖珍战列舰）是不值得的，而且这种看法起初在德国也占统治地位。但是在后来的几年中，德国的工程师成功地设计了一种军舰，既能保持原定的吨位，而且把快速同相当高的战斗力相结合起来。这样，军事当局当然现在要求，德国海军充分利用包括在凡尔赛和约内的行动自由，而且德国总统自然也对这一思想感兴趣。格勒纳当了国防部长后不久，他也同意了这种想法。3月1日，他在国会预算委员会上提出要求首批拨款供建造一艘装甲战舰（暂称A型装甲战舰）。他不顾社会民主党、民主党和共产党的反对贯彻了一项委员会所赞同的决议。这项要求成为他讲话 200
的中心，他把这一要求于3月14日的国会全体会议上提出来了。他在此所发表的一般性纲领对他来说定会博得左派的同情。他不仅明确要求国防军的每个成员“成为一名忠实可靠的公仆”，而且威胁要把那些反抗者从国防军清洗出去。威力更大的话语是：“我和绝大多数的参战者一样拥护一种**健康的和理智的和平主义**而绝不会拥护同一种奴才思想相称的和平主义。”这是出自一位德国将军之口的非同寻常的话语，而且凡熟悉格勒纳的人都知道，这绝不是一番空论。他为说明要求建造装甲舰的理由而维护这种观点，一支现代化的舰队意味着对保卫祖国的力量增长，如果恰恰有人持这种立场，即不考虑德国国防军去进行大规模的战争冲突的话。但是，如果它只要“成功地阻止一种既成事实并在军事大国或国际机构介入之前保卫边界”，那么它就达到了自己的目的。他无须明言就使人明白他首先指的是波兰一次进犯的可能性。

社会民主党人和共产党人提议从预算中取消这个项目。泽韦林受他的议会党团的委托在一次国会辩论中指出，同意建造四艘装甲舰的后果将要支出一亿多马克。在今后几年内要拨出这么一笔巨款是不可能的。此外，建造战舰同德国要求其他国家裁军的目标是有矛盾的。[55]但是，多数派忠于政府并且拒绝取消这

个项目。

但这一预算在国会通过还不算数，现在还必须提交参议院讨论。在普鲁士政府的带领下，参议院的大多数持否定态度。但是，
201 如果参议院对国会的决议持异议，那么就会出现一种难以实现的局面。根据宪法第 74 条，如出现上述情况，这一预算必须被提交国会再次讨论并做出新的决议。但是国会已经解散，而且也不可能等到国会重新选举之后才实施这项国家预算计划。于是，参议院于 3 月 31 日做出一项决议，请求政府除了单纯的设计工作外，不在 1928 年 9 月 1 日前开始建造新装甲舰的工作，而且中央政府依从了这一决议。

这一特殊情况使社会民主党人有可能在竞选活动中作为一个将公开的问题来处理装甲舰的问题。他们在宣传鼓动工作中最大限度地加以利用，把“不要装甲舰，要儿童食品！”这一战斗口号倾注到选民群众中去。这在鼓动宣传上，正如选举结果表明的那样，很起作用。但是像泽韦林那样谨慎的社会民主党人把这类过激的提法看作是对党的“极端分子的术语的一种让步”。[56]

第十六章　又一届大联合政府 202

1928 年 5 月 20 日的国会选举向德意志民族人民党人表明，从选举结果来看，它参加政府是危险的；选举也向社会民主党人表明，它作为反对党却获得有利地位。投德意志民族人民党的票数从 620 万减少到 440 万，其中有 50 万选票为基督教-民族农民党[*]所得。它的国会议席从 103 个减少到 73 个，经常合在其中的有 10 位农民党议员。社会民主党人得以自夸其选票增长（从 780 万张增加到 910 万张）130 万张，该党议会党团以前只有 131 名议员，现有 153 名，以致它比德意志民族人民党人多了两倍。使德意志民族人民党人更加扫兴的是，共产党的选票也增加了 50 万张（从 270 万增加到 320 万张），有 54 名议员，其排行紧跟在中央党之后（中央党有 62 名议员）。中间派政党得票大为缩减。中央党丢失 40 万张选票和 7 个议席；尽管民主党最后处于反对党的地位，它不仅没有保住 1924 年赢得的选票，而且进一步减少到只有 150 万张选票和 25 个议席；德意志人民党不仅参加近几届国会时期的各届政府，而且通过该党领袖人物施特雷泽曼在大多数情况下是有影响的，但它的境况也并不好多少。它的议会党团的议席从 51 席减至 45 席，它所得的票数从 300 万张减至 267 万张。与

---

* 原称基督教民族农民和乡民党，不同于德意志农民党。——中译者

203 之相反，经济党（一个中产阶层的利益政党）却获得 6 个议席和近 40 万张选票，这一信号说明在广大的资产阶级集团里，利益观点压倒政治原则观点。共和国的拥护者得以告慰的是，民社党人的选票从 90 万减少到 80 万张，只取得 12 个议席。

同一天举行的普鲁士州议会选举情况也相同；社会民主党人的选票激增而德意志民族人民党人的选票同样锐减；其他中间党派的选票也大大减少。对布劳恩政府来说，处境最终略有改善。它在州议会中现在获得了——哪怕是微弱的——多数（在 450 个议席中占 229 席）。

正如人们对国会选举结果的普遍看法那样，可以得出一点明确的结论：迄今为止的右派大联合的时钟已停止，威廉·马克思政府不得不下台。在新选举的国会开会之前，威廉·马克思政府在 1928 年 6 月 17 日下台了。但这届新政府的前景该是怎样呢？社会民主党依仗它的选举结果和议会党团的强大力量要求领导政府，而且这一要求原则上也被其他政党所承认。总统也按照立宪原则，在同政党领袖们通常的磋商后，也准备宣布任命一位社会民主党人当总理。现在，这将由社会民主党来决定建议由谁来担任这个最高职位。有两人被提名考虑，一名是普鲁士州总理奥托·布劳恩，一名是国会议会党团主席赫尔曼·米勒（法兰肯尼亚省人）。[1] 如果社民党决定由布劳恩出任，则就出现返回到帝制时期的那种有趣的实际情况，即在这一体制内，国家总理和普鲁士州总理的职务合二为一。这当然在实际上而且在政治上都比过去更难办到了，因为在
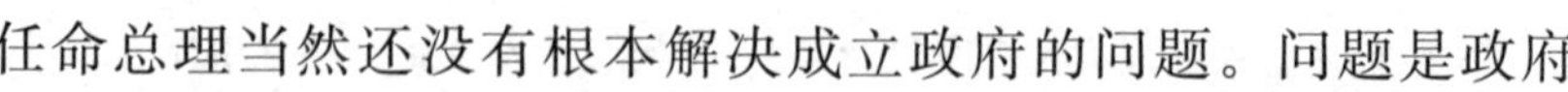
204 党内有一股支持赫尔曼·米勒的强大势力要求布劳恩让位给他。[2]

任命总理当然还没有根本解决成立政府的问题。问题是政府

怎样才能把国会的多数团结在自己周围？对此，一个所谓社会主义政党的联合，即社会民主党人同共产党人的联合，从纯数量上考虑可能不够多数，更不用说这两个敌对兄弟对依据宪法组成的立宪制的共和国采取了截然不同的激进态度。因此，社会民主党只能考虑同它的右翼政党联合。为组成议会多数，不仅需要指望赖以合作的民主党，而且还需要迄今参加政府的几个党派，尤其是中央党和德意志人民党。把所有这些党派团结在一起，这可不是一件简单的事。困难尤其来自德意志人民党方面。

在竞选活动期间，施特雷泽曼的身体健康搞垮了。巴伐利亚的党友决定他为两个巴伐利亚县区的最佳候选人。施特雷泽曼过高估计了自己。当他在 4 月 25 日在慕尼黑举行一次大规模的选民集会时，尽管民社党人那时对德国政策来说已丧失一切影响，可是表明他们在地方上还有足够力量剥夺其敌手的自由发言权。他们竟以哨子声和歌唱声盖过了他们所特别憎恨的这位发言者的声音，以致这位发言者不得不在约半小时后中断了这场战斗。慕尼黑的警察局又一次表明他们无能为力去保护集会的自由，即使对德国外交部长也如此。民社党暴徒们的这场斗争使施特雷泽曼本来已经虚弱的身体更加难以忍受了，而且他根据本党的愿望还要有两个星期之久在巴伐利亚以外地区参加一个接一个的集会，但 205
是他累垮了。在 5 月 8 日，他不得不回到柏林接受医生治疗，医生确诊他患有严重的副伤寒症并引发了肾病，禁止在近期内参加任何活动。国会开会后不久，施特雷泽曼住进了巴登-巴登地区的比勒高地疗养院，因此在政府组阁谈判期间，他不在柏林。

赫尔曼·米勒自然很重视施特雷泽曼继续负责外交事务，因为他在领导工作中在主要方面始终同社会民主党是一致的。也可以从选举数字看出，大多数德国人民都赞成继续执行主要以施特雷泽曼为代表的谅解政策。对迄今担任政府经济部长的另一名人民党成员库齐乌斯博士的留任也未提出反对意见。不过，德意志人民党自以为能够充分利用当时的形势，恢复它在普鲁士1924年选举后非常草率地放弃的地位。该党提出，如果保证它同时进入普鲁士州政府，它才愿意接受米勒使该党参加的中央政府。这样，它不仅遭到普鲁士社会民主党，特别是布劳恩的反对，而且也遭到普鲁士中央党的反对，它拒绝给人民党留出部长空位。布劳恩原则上拒绝承认在持续发生危机的中央政府的成立和享有中央所没有的稳定局面的普鲁士州政府的成立之间有什么联系，因此“大联合政府”的尝试暂时失败了。

布劳恩的这一态度肯定有其充分的理由。他顾虑由于接受一
206 个党参加政府，使他迄今行使职权良好的州政府遭到威胁，他对此已有过痛苦的经历，所以在这一点上是可以充分理解的。可是，回过头想想，如果由此而成功地把人民党同共和主义政党联系在一起，那么会出现这样一种牺牲是否有不值得的考虑。当然是否会出现这一后果，这当然是个问题！

由于米勒不得不放弃一种按政党行使职权的大联合，所以他就面临这一问题，他是否也许能把各政党的领导人联合在他的政府里，虽然他们不会把自己的议会党团按大联合那样拴在政府上面，但由于自己的影响和作用能够关心在关键性的投票中经常提供一个足够的多数。他所考虑的出发点是，如果一个这样的政府一旦成立，原则上持不反对态度的议员们可能担心会又一次引起一场政府危机。对这样一种实践的最重要前提是施特雷泽曼的协作。幸运的是施特雷泽曼对他个人来说也得出类似的结果。虽然他拒绝在没有他的党参加的情况下作为所谓“业务部长”参加魏玛大联合(社会民主党、中央党、民主党)的政府,但是他从比勒高地疗养地同德意志民主党领导人埃里希·科赫通信讨论了这一问题并两人达成了一致意见,认为在当前情况下只能组成“要人内阁”。其次,科赫对此代表这一立场,认为人民党从整个来说对民主党人比起巴伐利亚人民党和社会民主党更接近一些,正如在教育法草案方面所表现过的那样。[3]

在 6 月 23 日,赫尔曼·米勒与施特雷泽曼通了一次电话,最终做出了决定。施特雷泽曼立即在一份致待选定的总理的详细电报中确认了这次通话的内容。电报的核心内容是:“大联合的各议会党团的知名人士清楚地了解自己向国会所递交的纲领,并且从 207
他们方面来说,成败取决于这一纲领。这样一种组阁也符合德国宪法的精神,因为它只承认中央部长的个人责任,并不承认议会党团的责任。”[4]

这最后一句的对话成了在施特雷泽曼和他的议会党团之间立即爆发冲突的根源。当库齐乌斯在施特雷泽曼及其议会党团执行主席肯普克斯同意下发表这份电报时,该党议会党团主席朔尔茨把“发自比勒高地的子弹”视为一种侮辱,他要用辞去其主席职务回敬这一侮辱。施特雷泽曼感到受到议会党团所通过的一项决议的屈辱。这一决议说:“党和议会党团的正确领导是以所有参加政治决策的人互相之间的以及他们同其议会党团领袖经常保持联系作为前提的。”当然,敌视该党的报刊特别起劲地抓住了这项决议,以批驳施特雷泽曼以及他同米勒的单独会谈。施特雷泽曼不是将就好惹的人。他除了给议会党团发去一份语词尖锐的电报之外，还写了一封内容详细的信件，尖锐地提出问题的重要性。[5] 他宣称迄今所用的议会党团逐个讨论的方式是极其有害的。它“使我们越来越脱离自由主义的任何思想并把我们作为党派屈从于形式上的民主，同时也使我们把未来的决策依赖于常常偶或形成的大多数”。不管在原则上承认这些话是正确的还是不正确的，决定性的确是这一事实，施特雷泽曼意识到自己不仅是该党公认的领袖而且是党内唯一的人物，他是该党在德国人民中间拥有强大个人影响的追随者的人并通过他参加政治生活给予党的好处比他个人从党那里取得的好处多得多的人。在德意志人民党巴登地区组织向他转达它对议会党团的决议感到愤怒后，他在 7 月 2 日答复说，他
208 毫不怀疑自己将离开议会党团和党，如果不为议会党团这一决议向他赔礼道歉的话，因为“它使党的主席在德国公众面前惹人取笑”。该党的元老卡尔教授也对议会党团的态度非常厌恶，以致他认真地在考虑放弃自己的议席。[6] 施特雷泽曼实事求是地在自己给议会党团的信中提出这一问题：议会党团是否从根本上拒绝同社会民主党进行任何合作，“这点同我本人的观点将是背道而驰的”。此外，他还坚持库齐乌斯同他一起参加内阁，因为他不打算独自留在内阁充当“妥协的形象”。

施特雷泽曼果断的态度达到了预期的效果。议会党团声明同意这两位部长参加新内阁，当然没有承认它本身因此而受政府的约束。还值得注意的是，在这些争吵中暴露了总统在大联合政府谈判失败后曾试图排斥米勒任总理。总统让他的国务秘书迈斯纳

询问朔尔茨，他现在是否愿意作一次组阁尝试，[7] 当米勒和施特雷泽曼联合起来时，这件事自然就告吹了。

这样，赫尔曼·米勒在政府组成上的最严重的障碍消除了，但还不能说道路已畅通无阻，因为中央党这时制造了新的困难。过程究竟怎样，这还难以说明。前中央劳工部长布劳恩斯博士没有满意地答复施特雷泽曼的质询并称这些事“稀奇古怪”。[8] 事情的结局是，只有唯一的一名中央党右翼的冯·居拉尔特作为中央交通部长参加了政府。此外，中央党保留了在秋季提出要求其他部长职位的权利。

所有这一切对于 6 月 28 日最终成立的新政府做出有利的估 209
计是相当不合适的。政府部长来自不少于五个党：社会民主党、中央党、巴伐利亚人民党、德意志人民党和德意志民主党。这么多的党派肯定是不祥之兆，尤其在各政党之间存在一些问题至今悬而未决，但是诸如装甲巡洋舰问题务必在短期内得到解决。

无论如何，米勒成功地把一大批精明强干的能人和经验丰富的议员团结在他的内阁里。首先，他争取到他的党友卡尔·泽韦林出任中央内政部长，泽韦林在此期间又作了充分的休养，以接任这一繁重的新职。希法亭再次担任财政部长，他虽然在 1923 年遭到失败，但在党内仍是财政政策方面的权威。鲁道夫·维塞尔作为第四位社会民主党人任劳工部长，以前这一职位长期以来由中央党的布劳恩斯博士所担任。民主党议会党团的人数虽少，却占了两个部长职位：迪特里希任粮食部长和科赫-韦塞尔任司法部长，不过事先已达成协议，如果预定在秋季同中央党的谈判有积极成果，科赫-韦塞尔可能迟早要把司法部长职位让给中央党人。无

党派人士格勒纳继续担任国防部长。巴伐利亚人民党人舍策尔任邮政部长。再加上两名人民党人施特雷泽曼和库齐乌斯，这就可以看出新政府的整个班底了。

新总理赫尔曼·米勒高兴地在国会中获得远远超出自己议会党团这一集团范围的高度评价。大家深知他为人聪明审慎，从不把忠诚信念同极端主义相混淆，对不同意见总是实事求是地处置之。可是，他并不善于给人民通常留下什么印象，所以人民对他的
210 印象比对施特雷泽曼相差甚远。他很少在广大阶层中说出一句唤起强烈反响的话。但出人意料之外的是，他在另一方面却能给人留下印象。年迈的兴登堡至少在最近对他非常满意。有一次，兴登堡在他亲信面前说，米勒是他迄今所有总理中最好的一位总理，只可惜，他补充说，他是社会民主党人。

当新政府7月3日向国会作介绍时，就已表明，它的地位绝不巩固。米勒所宣读的政府声明提出了一系列要点，对此部长们已有一致看法并且得到国会大多数的赞同。但政府不敢提出信任问题，因为伴随成立政府而产生的和好不容易能控制的全面争吵可能会再次爆发出来。大家却满足于以216票赞成和134票反对(28票弃权)通过的政府声明。然后国会休会，政府开始了自己的工作。

不久，新政府就面临了至少对社会民主党部长来说不得不难以作出的一项决议。国防部长格勒纳催迫上届国会原则上已决定的A型装甲舰的建造上马。根据参议院的决定，迄今仅限于战舰的纯设计工作。但是，9月1日的期限将到，在这之前，由参议院根据普鲁士的申请所规定的对建造可能性的财政复查工作必须结

束并确定付诸执行。格勒纳声称(如预料那样),这项建造在财政情况上看是完全可能的。事实上,很难说在一项支出幅度在 70 亿至 80 亿马克之间的预算中,建造战舰的 900 万马克的第一期拨款是不可承受的。不过,有了这第一期拨款还不行,而且可能在建造 211
第一艘装甲舰后还接着有另外的三艘,这当然是对的。但在这方面,格勒纳的申请给这届内阁明确保留了以后作出决定的自由权。这样,在 8 月 10 日的会议上,内阁通过了这项申请。

这一决议引起了极大的震惊。对公众不透露表决情况而保守内阁的秘密,这只是符合内阁集体负责的立宪原则。不仅在社会民主党方面而且也在民主党的大部分新闻界中充满了不安情绪。但这种不安情绪看来并不代表民主党选民的真正情绪。因为科赫-韦塞尔在最近召开的民主党代表大会上自己未表态而只阐述赞成和反对的理由之后,他的听众却无动于衷。但是,当迪特里希声明,“我赞成装甲巡洋舰”时,听众对他报以热烈的掌声。

在社会民主党方面,情况当然要严峻得多。[9] 该党在竞选中抛出了“要儿童食品,不要装甲巡洋舰”的顺应时宜的口号,而且将自己大部分的竞选胜利归功于这一口号。难道它现在该否认吗?尤其重要的是,普鲁士总理奥托·布劳恩把这一内阁的决议看成是对他的打击。正是布劳恩曾经执行了参议院的这一拖延的决定,当然希望自己在这次新选举中所期待的左派政府将埋葬整个建造计划。然而,如今由一名社会民主党人牵头的这届政府恰恰反其道而行之了。[10]

这一切是完全可以理解的。不过,如今接踵而来的事件表明,连那些基本上拥护在德国实施议会制的人对于这一体制的基本思

想也了解得很少很少。使人不由得想起胡戈·普鲁伊斯 1919 年
212 在宪法委员会正是针对左翼政党所讲的那番令人忧虑的、告诫性
的话。如果议会制想存在下去，左翼政党必须改变它们建立在专
制国家前提下的全部思想。

在德国政府做出决议后没有几天，党和议会党团的领导机构于 8 月 15 日首先做出一项决议，谴责社会民主党部长的态度，因为他们没有明确地反对装甲巡洋舰的建造。按这项决议的逻辑推理，这些部长必须辞职。可是，该党又不愿再次导致这种结局，于是议会党团和党的委员会在另一项决议中相反地立即强调“考虑到工人阶级的整体利益”（一种非常独特的理由），该党参加政府是特别重要的。按第二项决议的逻辑推理，至少不把这一问题列入议程，并放弃继续在议会里展开讨论，因为这一讨论不仅对社会民主党部长们而且对整个政府的持久存在必然带来新的困难。但是，歌德的话也在这里应验了：“我们做出第一步时是自由的，第二步时我们变成了奴隶。”在竞选宣传中把反对建造装甲巡洋舰的斗争曾列为头等大事，如今面对自己的选民不能沉默不语地容忍建造这一战舰计划。此外，共产党人着力把炉火烧得更旺。他们提出举行“禁止建造装甲巡洋舰”的公民投票自然遭到了彻底的失败。共产党人在国会选举中曾获 325 万张选票，但这次只得到 120 万赞成票，而根据宪法规定至少必须达到 400 万张票才能通过公民投票的提案。尽管如此，共产党的这一竞争对社会民主党人来说，鉴于其选民反对一切军国主义的传统倾向，是相当不快的。因此，他们决定再次在国会对装甲巡洋舰进击。

213 当国会在 11 月复会时，社会民主党议会党团提议做出停止制

造 A 型装甲巡洋舰计划的决定。这当然引起其他部长和支持他们的各政党的强烈不满。不容怀疑，格勒纳将在接受这项提案时辞职，这对政府的稳定会产生最严重的后果。这一切都是在预料之中的。但在社会民主党议会党团中的坚持原则者却强行通过了这项决议，规定所有党员，也包括社会民主党的部长在内，无一例外地必须投票赞成这项提案。连总统关于部长至少应弃权的倡议也未获得议会党团的多数人的赏识。这样在 1928 年 11 月 17 日，德国国会就演了这幕滑稽戏，德国总理赫尔曼·米勒投票反对由他领导的内阁并在他主持下做出的一项决议。人们可能设想过，社会民主党的这一提案可能被通过。那就不仅是格勒纳而且很多其他部长都会辞职（维尔特威胁说，如果社会民主党人再搞这种蠢事，他将提出不信任提案），整个政府可能会分崩离析，而社会民主党人对此应负全部责任。幸运的是，他们只有少数票：对社会民主党和共产党的 202 张赞成票，中间党和右派政党有 257 张反对票，其他八位议员弃权。这样，政府才得以度过了这场危机。但是，它的威信已受到严重危害，而且抨击议会制共和国的人对这样一种制度倾泻他们的冷嘲热讽，攻击这种制度容忍发生这类荒唐事态，而拥护这种制度的人显然不善于掌握这种制度。

即使在社会民主党内，对该党的整个行动持严厉批评意见的也不乏其人。如尤利乌斯·勒伯尔（当时是来自吕贝克的国会议 214
员，后来在 1944 年 7 月 20 日以后成为希特勒的牺牲品）声称："我不知道，我该赞成建造多少装甲巡洋舰了，如果我因此就能挽救共和国和在德国的民主的话。"他在一封私人信件中预言，未来的史学家将只能带着同情的微笑谈论此事，"这个最大的共和主义政党

在这一（决定性的）时刻在1931年还是在1932年开始建造装甲巡洋舰以代替大战战舰的问题上竟会争吵不休。”一位老议员如符腾堡的威廉·凯尔对此也有同感。[11]

但整个事件还能从另一种原则性观点来观察。在帝制时期，俾斯麦曾克服阻力达到了取消在议会制国家里通常每年确定军费预算和海军预算的办法，并将上述预算在较长时期内以法律形式（七年为期）确定下来。他的继任人按此惯例办理，尤其在各种不同的海军法方面更是如此。直到魏玛共和国才取消了这种方法。这对陆军的作用很小，因为凡尔赛和约规定了陆军人数，但对海军却有其重要性。而且，在议会里的多数派一旦有任何变化，就会导致军事政策的变化，因为新的国会不受前届国会决议所约束，所以后果就不堪设想了。

如果说社会民主党表明自己在大联合政府中对承担领导任务无能胜任，那么在这个主要的反对党即德意志民族人民党方面，看来也表示不满意。失败的结果导致对领导的谴责，这是很平常的事，而且毫不奇怪的是，党的领袖韦斯塔普伯爵被很多追随者认为
215 应对失败负有责任。实际上首先是这样一个问题，是否该党两次参加共和国政府做得对，尽管它原则上是一个拥护帝制的反对党。很多党员对此（至少怀恨在心）持否定态度。德意志民族人民党的官员反正感到十分败兴，因为该党参加政府并没有像他们所期待的那样，给他们带来什么好处。但对该党领导更为难堪的是，该党一名议员公开提出这一问题：党的领导是否应仍坚持要求把信奉君主制作为党员的先决条件。提出这一问题的是国会议员瓦尔特·兰

巴赫，他是拥有近30万会员的德意志民族人民党人的店员联合会领导人之一；他作为这样的人物居于该党全国知名人士名单中的第二位。如果说兰巴赫声称帝制思想的光辉和吸引力，在帝制垮台后十年，特别在青年一代里已是苍白无力的了，那么他所依据的经验是自己从联合会里所取得的。但持这种观点在党内绝不只是他一个人。从韦斯塔普伯爵留下的文件里发现，前部长席勒曾想公开地说，“每个具有民族主义思想的德国人，即使他不是信奉帝制的人，在党内都是受欢迎的——也就是民族主义的共和主义者”。党的很多组织对此所表示的气愤竟如此强烈，以致在兰巴赫住地所属的波茨坦II区的党组织采取断然措施，并于7月间把他开除出党。虽然党的最高法院取消了这一处分，仍改为给他以警告处分。韦斯塔普伯爵似乎感到在这个问题上不能给党以一种明确的指示，于是他在7月间的党代表大会上，当自己在表决中处于少数地位时，就放弃了党的主席这一职位。这时，胡根贝格更是全力以赴地投入战斗。8月底，他在自己的《柏林地方导报》上发表一篇文章，通过题为《结盟还是和稀泥》非常鲜明地表明了文章的倾向性。[12]

德意志民族人民党10月20日在柏林举行代表大会，以讨论 216
填补由于韦斯塔普的辞职所留下的党主席的空缺。正是胡根贝格被授权接管了党的领导，看来这是一致同意的。他本人后来在一次对他进行的非纳粹化审讯中声称，当时除了他并没有提出另一名候选人。[13]由于他在党内肯定有许多反对者，所以，人们对这次一致同意只能从出于策略考虑来解释了；这在对外应造成团结一致的印象。

说胡根贝格并非由于其个人有什么杰出的能力才得以当选，这并不是抱有偏见的。在国会辩论中，他除了很少例外总是躲在幕后。他既无口才，也无文才，根本没有给人以显要人物的印象，他的仪表不像是一位大有成就的工业巨头，却更多地像一名心怀不满的下级公务员。但他作为组织者和具有非凡毅力的人物得到人们赏识，因为他对自己认准的事会不屈不挠地坚持做下去。在德意志民族人民党的党内和党外的政治家对这样一个人寄予期望是毫不怀疑的：他对魏玛宪法的这个国家进行了最坚决的宣战，特别反对他所一贯特别敌视的施特雷泽曼及其外交政策，而且在他担任新职时把他斥责为“半瓶醋的典型”。中央党领袖、前总理马克思博士称胡根贝格的当选是对“德国国内和平的威胁”，这一评语表述得再清楚不过了。德国驻海牙公使在1926年11月2日给施特雷泽曼的一封信对德意志民族人民党政客之间关于复辟帝制

217 的这场激烈斗争提供了一篇讥讽的评论文章。这位公使拜访了在多尔恩的前德皇并同他进行了政治性的交谈。在交谈中，威廉通常除发表了一些非常愚蠢的看法之外，也发表了相当理智的想法。但最有意思的是，在信里的最后一段话，这位公使把他对威廉的真实意图归纳为如下印象：“德皇郑重其事地表示不想改变他的现状。我认为，他对现在的处境颇感舒服，而且无论如何感到安逸和安全。我从同德皇也许是最接近的冯·伊尔塞曼先生那里证实威廉的这一意图是千真万确的。”当然这并不妨碍威廉对多尔恩的另一位访问者喜剧诗人鲁道夫·普雷斯贝尔赠以自己的照片并附有自我吹嘘的题词：“对你们决定的事，我谨此声明无效。威廉。”[14]装模作样是他一贯的本性。

在德意志民族人民党党内随着胡根贝格的胜利而占统治地位的意向在一些没有党派政治烙印的并鼓吹同一民族主义方向的组织里，特别是在“钢盔团”里，表现得同样非常明显，对它们来说，一名社会民主党人再次领导这个国家这一事实显然夺走了最后一点的政治理智。1928 年 9 月间在菲尔斯滕瓦尔德市的勃兰登堡地区党组织的一次会议上，对国会选举的失败的愤慨情绪在一篇决议中充分发泄出来：“我们彻头彻尾地憎恨当前的国家结构，因为它堵塞了我们解放我们被奴役的祖国的希望，扫除德国人民头上所负有的被捏造的战争罪责和取得我们在东部必要的生存空间……要对今天统治国家的这种制度进行斗争，要对通过妥协支撑这一制度的人进行斗争。”其特点表现在政治智慧的这一杰作上就是把道义上对“战争罪责谎言”的愤慨同对波兰发动一场新战争的渴望结合在一起。对改革魏玛的宪法的使命来说，显然只有这些具有政治智慧的人更有资格，因为正是紧接着这事于 9 月 218
23 日在马格德堡举行的一次理事会上直截了当地做出了决定。应进行一次为修改宪法的公民表决，以便扩大德国总统即“钢盔团”名誉会员和陆军元帅冯·兴登堡的权力。“钢盔团”对政治赤裸裸的干预至少有这样的后果，人民党在国会和普鲁士州议会中的议会党团禁止它们的成员继续参加“钢盔团”这一组织，这对某些出于竞选策略考虑的人来说显然感到不悦。这位德国总统并不感到有责任同一个在他的旗帜上记着对以他为代表的国家怀有憎恨的政治团体决裂。在菲尔斯滕瓦尔德的讨伐檄文发表后不久，施特雷泽曼给他的一位友人写道：“这种集会……使德国总统陷入不能想象的处境。”[15] 不过，这位总统并不感到有什么不能想象的。

甚至“钢盔团”在其报纸上宣布，它的成员身受他们效忠于德皇的誓言的约束，因此向全国和政府的官方机构提出一名官员可否参加“钢盔团”的问题，这时，总统才请“钢盔团”的两位主席泽尔德特和迪斯特贝格先生到他那里并要求他们对1929年2月23日的这一决定做出确切的解释。这两位先生当然解释说，“钢盔团”只遵循合法途径达到自己的目标并且不对共和国的官员所作的就职宣誓有何异议。兴登堡对此表示满意并仍保留自己是“钢盔团”的名誉会员。[16]

如果说国会反对派的右翼明显转变为极端主义，那么在其左翼的共产党人方面也没有什么不一样。在莫斯科凌驾于各国共产党之上的国际组织，共产国际，也在这期间改变了自己的口号。[17]在德国共产党人于1923年的革命进击完全失败之后，几年来正式起决定作用的是无产阶级“统一战线”的口号，即同社会民主党联
219 合反对资产阶级政党。这个口号导致该党开除了像鲁特·菲舍尔等左翼革命家。但除此之外未使人感到两党有很多实质性的接近。用俾斯麦的话来说，他们耕耘同一块有争议的土地，而且这足以证明了任何一种谅解的尝试都没有什么希望。俄国的炮弹事件已表明，他们多么轻率地和多么积极地投入到一场“兄弟之争”中去了；不过，选举结果在另一方面表明，一场这样的斗争对双方都没有损害。如果说“统一战线”的时期在1928年已结束，那么按布尔什维克运动的行家的看法，这同德国的政策关系不大，更多的还是同俄国的政策有关。1928年夏，共产国际在莫斯科举行了第六次国际代表大会，在会上出现了明显的转折；大会向各国共产党提出今后既不同社会民主党也不同第二国际的工会进行合作。社会

民主党从现在起成了共产党人与之进行最尖锐斗争的最主要的敌人。为了特别鲜明地制造这一敌对状态，德国共产党人把他们的社会民主党竞争对手谩骂为“社会法西斯分子”。对任何一位政治舞台上的观察家来说——不论他是否同情社会民主党——必然清楚，这一头衔是荒谬的。最初，共产党人也明白这一点，但是，他们不断使用的这种谩骂语言随着时间的推移连对他们自己也产生了模糊不清的影响，而这种对语言的歪曲曾在修昔底德时代也产生过这种影响；最终他们自己也相信，法西斯主义的危险首先来自社会民主党，而对真正的法西斯分子来说却是有利无害并感到高兴。[18]

共产国际禁止同社会民主党和工会合作的一种后果是：共产党人不愿再参加 1929 年 5 月 1 日通常举行的联合游行，而是计划在柏林举行一次单独的游行。柏林警察局长、社会民主党人策吉 220
贝尔颁布了一项禁止在即将来临的 5 月 1 日举行露天游行和集会的命令，因为过去在这类游行时一再发生违反公共秩序的严重事件。社会民主党人和各工会遵照这项规定并限于在室内举行集会。反之，共产党人却视之为向警察显示他们革命团结的好机会而把禁令置之不顾。结果是，在共产党人力量最大的市区，如在韦丁和诺伊克恩两个区，发生了流血事件，而警察被迫开枪，七人死亡，近一百人受伤，这就是这场毫无意义的游行示威的结果。

共产党人当然按照“贼喊捉贼”的伎俩行动。在接着举行的国会会议上，共产党议会党团发言人指控了柏林警察局和策吉贝尔“屠杀工人”的行径。为抗议社会民主党领导的一群杀人凶手，柏林工人被号召举行总罢工，直到凶手策吉贝尔下台为止。语调强烈、不断渲染这场骚乱的共产党发言人就是威廉·皮克先生。当时他不会知道自己有朝一日也是“当权派”并且用俄国的坦克来让渴望自由的柏林人变得明智。

在反对派政党内部的这些发展情况固然是很重要的，但德国政府却更关切在中央党人内部出现的问题，这个党只有一名内阁成员。四次担任过总理和由非常不同成分组成的政府首脑的威廉·马克思这时感到厌倦而辞去了中央党主席的职务。1928 年 12 月间，中央党在科隆召开的代表大会上，大多数人反对选举同天主教工人运动接近的约斯和施特格瓦尔德，而愿意选举国会议员、高级教士卡斯博士教授为威廉·马克思的继任人。也许在这次选举中表现出党的倾向性同一个经济利益集团不再一致了。[19]但这次选
221 举别具一格，显然与几星期前(11 月 19 日)卡斯关于外交政策的一次国会辩论中的讲话有联系，这次讲话特别引人注意，因为他作为议会代表团成员参加了国际联盟大会。当时卡斯谈到“德国外交政策迄今所不可否认的失败”，即使他也在另一方面声称，“暂时还没有理由改变德国外交政策”。“德国态度的动力必须随情况而改变，但是离开迄今推行的政策将会是一个致命性的错误。”这是一篇可以作很不相同的解释的讲话，但讲话的声调大大不同于威廉·马克思所支持施特雷泽曼外交政策的坚定性。卡斯本人在科学界颇有声望，并有高度的教养和洞察力。中央党把该党领导权正式交给这位还是教皇的高级教士的神职人员，这在非天主教人士中是引人注目的。因此，卡斯在当选后强调中央党政策的防御性，“以解除似乎自己所穿的外衣就会宣告着力导向进攻性的方向去”。根据卡斯的强烈要求，议员布吕宁博士于 1929 年担任中

央党的议会党团主席，这人由此在几年后就很快飞黄腾达。[20]

1928年的德国外交政策果真像卡斯博士所说的那样毫无成就吗？施特雷泽曼这年大部分时间患病并离开了柏林。直到7月中旬，他在比勒高地疗养后，接着到卡尔斯巴德，后来到奥伯霍夫继续休养。但这时他仍然显得过多地处理着政治事务，一次轻微的中风使他有一段时间连说话都不行了。他身体很快康复，但医生坚决反对他计划在8月底去巴黎签署凯洛格条约和在9月间赴
日内瓦参加国际联盟大会。最后医生同意他必须在他们当中的一 222
位叫聪德克的教授陪同和监护下出访巴黎。至于代表德国去日内瓦一事，他不得不让总理去出席。他从巴黎到巴登-巴登，以便尽可能再休养一段时间。国内外人士对他身体康复的问候和祝愿接踵而来。美国大使舒尔曼写道："德国和欧洲都迫切需要您。"但是，民社党却发起了"攻击"，戈培尔博士先生的报纸在星期一（1928年9月10日）发表了一篇文章，题为《施特雷泽曼的生命屈指可数了》。这篇文章作为一份可耻的文件不得不在此作如下摘录："如我们从犹太人教授（顺便说明一下）聪德克周围的一名可靠人士处获悉，这位外交部长的健康状况远比公众所知的要糟糕得多，而且必须为此而担心……作为肾萎缩的病发原因或由于一种严重的咽峡炎所引起的，或由于过量饮酒和过多吃食难以消化的食物所引起的。众所周知，外交部长在过去几年内未患过咽峡炎。"对这篇拙劣的文章不必继续去谈了；但是，自以为正派而诚实的德国男女（而且生活在其他地区的大多数人）竟参加这样一个党或同它亲密合作，而这个党却用这种卑鄙无耻的手段进行斗争，这永远是令人震惊的。

施特雷泽曼在巴登-巴登健康恢复得很好，尽管他有众多的政治性的拜访，例如从日内瓦回国的总理拜访了他，而且还收到许多政治性信件，其中包括来自沙赫特的信件，这些信件把他卷进了外交政策方面最棘手的问题之中。11 月 3 日他回到了柏林。

除了即将谈到的凯洛格计划之外，1928 年的德国外交政策围绕着两个主要问题：从尚被占领的部分莱茵地区撤军和改变道威斯计划中所确定的赔款规定。

223 根据凡尔赛和约的条款，莱茵地区第二占领区（科布伦茨）应在十年后即 1930 年撤出，其余地区应在十五年后即 1935 年撤出（第 428 条）。但在德国，人们持有这样一种意见，认为在道威斯计划和洛迦诺条约通过后，他们不仅从道义上，而且也从法律上有权要求立即从全部地区撤出；对这一法律上的要求，人们相信可按凡尔赛和约第 431 条作为依据，这一条在法文本里内容如下：

“如果德国在十五年期满之前能满足为本条约所规定的一切保证，那么占领军将立即撤出。”

即德国履行全部和约的义务之后，占领国有义务立即撤出。德国方面声称，随着签订了以道威斯计划为基础的 1924 年 8 月 30 日的伦敦条约，这一前提已经具备了。例如沙赫特因而就说过，“德国已履行了所有条约上的义务”[21]。德国政府坚持这一有利的解释是令人易于理解的，但难以使人相信它是正确的，或甚至是有说服力的。对每一位律师来说，在付款许诺（但在伦敦条约中不再有其他更多的内容）和现金支付之间是有基本区别的。被签署的债券不能作为一种抵押，而是还清债务才是保证。如果就此认为协约国接受德方这一解释，那当然更是不能实现的。不用说与此密切相关的法国了，就连英国皇家律师们也声明，德国认为已履行了和约对它所规定的全部义务，这种说法是毫无法律根据的（奥·张伯伦 1928 年 12 月 3 日在下议院的讲话）。[22]对凡尔赛和
约的草拟者来说，在第 431 条中显然想到过 1873 年在法国出现过
的一种情况，当时法国在商定的到期日期之前还清了 50 亿法郎的 224
战争赔款，并且德国占领军因此在 1871 年法兰克福和约规定的限期之前撤出法国领土。

不容怀疑，施特雷泽曼及其顾问们不是没有注意到他们的立场有其法律上的弱点，他们只是把这当作继续进行谈判的适当起点。但是，所要辩论的事情也许会长久地限制在外交官的讨论中，这会变得有危险，如同它被纳入公开的鼓动之中那样。有利的法律观点立即会被认可是正确的，特别是当这一观点能说成是一种民族的事务时，这在现时也符合德国人民的方式。歌德早就用诗句来描绘过他的同胞的这一特征：

德意志人秉性公正，
每个人只说想要其应得的；
但他首先所理解的“应得”，
乃是他和他亲人所赞誉的；
其他事太复杂，
他宁愿藐视之。

如今这个问题也成了竞选斗争的主题，而且每个演说者自然而然地出于竞争考虑不得不最强烈地提出立即从莱茵地区撤军的

要求作为德国理所当然的权利。当时的经济部长库齐乌斯证实说:“立即无条件撤军的要求……乃是政府……在‘内外’,也就是在全线上未来的外交政策的口号。至于面对外交政策的现实应如何实现这些要求,则无人过问,也无人予以说明……这又一次通过竞选宣传把外交政策的目标变成国内政治斗争的内容并煽动德国人民去提出无法实现的要求的一种灾难。”[23] 事实上,这确是一次
225 灾难,因为在德国,理智的声音一再被民族主义狂热的叫嚣所淹没,而政府出于外交谈判策略的需要不得不向自己的无耻之敌提供葬送自身地位的武器。因为从这些要求中,在内政上的得益者只能是反对任何谅解的死敌。施特雷泽曼在1929年6月24日的国会发言中反驳胡根贝格一伙人说“武器不好,又不一样”,他这样做是非常对的。这位外交部长为顾及他的谈判伙伴不能表明他对以胡根贝格为代表的论点的怀疑,但反对派却毫不迟疑地谴责他太软弱而不能实现这一论点。

赔款总代表帕克·吉尔贝特对赔款问题现在变得如此急迫是首先要负有责任的。道威斯计划已明确放弃最后的解决办法,而且只提出建立一种过渡的有限目标,在这种情况下,德国经济将得以恢复和重新取得对它的信任。按照帕克·吉尔贝特的观点,这项任务已解决了;但按他的意见,最终解决问题的时刻现在已经来到,对此,德国必须在“没有外国监视和没有转账保护的情况下完成自己的任务”。[24] 这里暴露了赔款总代表的中心论据。他在1927年12月10日的报告里写道:“只是转账保护的存在所起的作用能使德国政府当局免受自己行动的后果,而在另一方面,赔款总额的不稳定必然导致在德国到处减低了显然为了国家自身利益的改革

的动力。”[25]如果说吉尔贝特恰恰选择这一时刻力主这一最终解决办法，那么这肯定不在于个人的理由（他有一个加入摩尔根纽约银 226
行财团的吸引人的建议），而是首先出于务实的考虑。看来，他的出发点是：对一种最终解决的前景只会是这样长期存在，正如德国的经济形势仍处于某种悬而未决的状况之中那样。如果德国经济取得一种决定性的重大兴旺，那么债权人的要价将会提得很高，以致很难达成某种谅解；但如果出现一次危机，那么就将无可能在持续解决问题上取得一致意见。也可以认为，吉尔贝特希望从力争的持续解决办法中使德国在付款上有一个相当大的减轻，根据道威斯计划，付款从1928年9月1日起应达到25亿马克。此外，在这一计划内还包括所谓的“增进券”在内，如果已协议的指数表明，德国人民生活水平有所提高，那么按增进券，德国赔款额将继续增加，对这一点几乎是毫不怀疑的。

吉尔贝特的这一想法得到一位强有力的支持者即德国国家银行总裁雅尔马·沙赫特博士的支持。他无论如何在实现这一想法时不得不扮演一个决定性的角色，之所以这样，不仅由于他的地位和他同其他国家的中央银行负责人，特别同英国银行总裁蒙塔古·诺曼有良好关系，而且也由于他在国内外在经济方面，特别在金融方面，是第一流专家之一。[26]他同吉尔贝特交往甚密，多次合作，即便在他同中央政府陷于对立也在所不惜，这早在过去已表现出来了。此外，他断定在外交上的形势对这样一种突进是非常有利的。“大干一场的心理时刻现在已经来到了。比利害攸关的赔款额更为重要的是，重新取得我们外交上的绝对自由权。任何其他束缚、监督和悬而未决的问题必须销声匿迹。”这是沙赫特在1928年9

月 20 日给疑虑多端的犹豫不决的施特雷泽曼的一封信里这样写的。对这封信后面还将经常提到。[27]

227 其次，在德国，沙赫特绝不是孤立的。经济部长库齐乌斯也主张接受吉尔贝特的建议，而且公众舆论也对此呼声很高，当然也有些人反对。赔款总代表竭力在协约国政府方面对最终解决这一问题制造气氛。这对最重要的债权人法国来说特别有吸引力，因为它在废除转账保护情况下能希望把部分德国的赔款变为投资和商品化，换句话说，能够回到图瓦里计划上去。此外，法国在 1929 年 8 月 1 日以前必须批准关于向美国支付的梅隆-贝朗热协定，否则它必须立即支付四亿美元现款。

凯洛格公约源于在美国国务卿弗兰克·凯洛格和法国白里安之间在 1927 年和 1928 年的谈判。8 月 27 日，施特雷泽曼赴巴黎参加凯洛格公约的隆重签字仪式。对于白里安关于通过缔结一项法美条约以消除在两国之间发生战争的建议，凯洛格在芝加哥法官利维森创建的"摈弃战争"运动的影响下做出了缔结一项包括所有大国在内的条约的反建议，参加这项条约的大国放弃把战争作为国策的工具。英国和英帝国自治领即使对此作了一些修改也决定参加了；而且德国接受了 1928 年 4 月 27 日对它发出的邀请。条约最重要的第一条包括各国庄严的声明："它们谴责把战争作为解决国际争端的手段并且放弃把战争作为在它们相互关系中推行国策的工具。"但正如 6 月 23 日的美国照会所确认的那样，绝不应
228 该限制反对任何一种攻击的自卫权利；如果说条约本身对这点没有达成明确的协议，那么这种情况的产生是由于"对攻击这一概念下定义而做出的任何努力遇到了困难"所致。对所有国家来说，参

加这项条约应是敞开的。实际上，苏俄在隆重的签字仪式之后，虽然不无愤激之词，也被敦促于 9 月 6 日参加了这一条约。[28]

当施特雷泽曼抵达巴黎时，他成了热情欢迎的对象。《法兰克福报》驻巴黎的记者写道：“挥舞着帽子，高举着孩子，德语和法语的声音汇成一支强劲的欢迎的大合唱，但也夹有刺耳的口哨声，我们数着有三响。”但是，促使施特雷泽曼背着医生的劝告而来巴黎的，既不是隆重的仪式，也不是这一欢迎的场面。他首先想借此机会同在巴黎的法国领导人会谈，以促进有关解放莱茵地区和赔款这两个迫在眉睫的问题的解决。当然，他在同白里安的会谈中，白里安表示不分第二占领区和第三占领区，而应“全面解决”，也就是说从整个莱茵地区撤军，但他回避了有关此事的和关于赔款问题的具体建议。[29]

对施特雷泽曼来说，虽然他对白里安的思想方法和处事方式现在非常了解，然而更重要的是他同另一个人的会谈，因为他同此人还从未面对面谈过，而此人诚如他们所知的那样对法国政策所起的作用比外交部长还重要。这就是雷蒙·普恩加来总理。五年前，普恩加来曾使施特雷泽曼遭到惨重的失败。但在这期间，施特雷泽曼已成为享有国际声誉的一名颇为受人钦佩的政治活动家，而普恩加来的外交政策却受到本国人民的责备，而他的重返岗位仅仅由于他在财政政策方面的才能而得到人民的信任。无论如何不能把普恩加来看成事业上已毁灭的人，而且他仍然是对法德关 229
系至关重要的人物，对于这点，施特雷泽曼是非常清楚的。据猜测，为了准备同普恩加来谈判，他在 6 月间就已请求《前进报》编辑维克多·席夫把一份谈话记录拿来，这是前面已提到过的席夫在

1928 年 4 月同法国总理的谈话，在谈话中普恩加来自夸倡议了在图瓦里的会晤；[30]在谈话时，也讨论了莱茵地区的占领问题。普恩加来把它看作是收到赔款支付的唯一保证，而且当席夫提出这一问题：如果现在已经废除占领，那么以后假如某一届德国政府蓄意停止付款，是否会再次实行占领时，普恩加来把双手举过头大声嚷道："决不会……如一旦撤出，那么一次新的占领今天就意味着把导火线插入火药桶里。"在讨论赔款问题时，普恩加来强调它同协约国欠美国的债款问题紧密相关。也饶有趣味的是，他对席夫这个社会民主党人说，德国的左派政府能比迄今为止的右派政府从他那里期待到的东西多十倍——这次谈话正值德国进行竞选时候举行的。"因为在我们这里首先是我们能信任德国的和平意图。"

8 月 27 日，施特雷泽曼在医生的监护下同普恩加来举行了会谈。[31]聪德克教授等候在接待室，一小时后他认为有责任提醒他的病人结束谈话，而且在这次提醒未有成效后，他又等了一刻钟送进第二张条子，促使普恩加来在这位有病的外交部长未及把搁在心头的话统统说完就中断了谈话。在谈话开始时，施特雷泽曼试图
230 让法国的谈判对手对德国根本不会有复仇思想这种情绪放下心来。在这件事上，《泰晤士报》前编辑韦克海姆·斯蒂德的一份报告起了作用，他向普恩加来报告了柏林大学的教授们有复仇主义情绪，而且施特雷泽曼企图通过对一致授予他和美国大使舒尔曼名誉博士称号的海德堡大学哲学系的指示驳斥了这份报告。但是，普恩加来不得不坚持说，柏林的教授们向斯蒂德声称，人们应以重新取得阿尔萨斯-洛林的思想来教育德国青年一代，而且了解斯蒂德和大学当时情景的人很少会怀疑他的描述的正确性。对于

普恩加来关于法国对莱茵地区的占领是对获得德国赔款的唯一保证的说法，施特雷泽曼企图以德国必须保持它的国际贷款才是一种更好的抵押的推论来予以反驳。在有关赔款问题上，普恩加来坚持它同欠美国债款有紧密联系。美国的债务人务必保证在六十二年内付清债款，这必然对德国赔款的支付也适用。当然，他也认为这个期限对德国来说太长，但同样对美国的债务国来说也太长。这就清楚地说明，只有美国对它的债务国做出让步，方可考虑缩短德国的付款期限。但是人们只能等到美国总统大选（在选举中竞选候选人是共和党人胡佛对民主党人史密斯）后再谈这个问题。然后谈话转到图瓦里会议和这一问题：当时有希望的整体解决为何失败了呢？这时，聪德克对谈话进行了第二次干预，这次在双方极有礼貌进行的谈话就结束了。

如果说这次会谈也未达到任何直接明显的结果，那么它肯定也没有什么害处，而且普恩加来也希望在法德之间有一种谅解的 231
信念是难能可贵的。无论如何，没有理由使德意志民族人民党的报刊顷刻间掀起一场愤怒的浪潮。可能它当时真正攻击的目标首先是由赫尔曼·米勒总理不得不代表德国参加的即将举行的国际联盟大会。

在米勒出发赴日内瓦之前，沙赫特向他汇报了同帕克·吉尔贝特的谈话情况。吉尔贝特劝告德国总理在他关于莱茵地区撤军的公开讲话中顺便加进这句话：尽管德国政府认为撤军和赔款之间没有任何联系，但它时刻准备就赔款问题进行谈判。[32]这个劝告将决定“给予白里安安排发表一篇热情讲话的台阶”，沙赫特把这个劝告归因于法国的倡议并且在米勒总理面前公开对此表示支持。米勒没有按他的意思办，这使沙赫特很不高兴，正如他在1928年9月20日给施特雷泽曼的信里所流露的那样。他甚至这样写道："略去（由他建议的热情讲话）和赤裸裸地提出撤军的要求必然引起白里安后来不得不发表讲话。"

就在米勒9月7日在国际联盟大会发言后三天，法国外长也在会上以出人意料的尖锐讲话作了回答。如果说，沙赫特把德国总理的这次失败归咎于他没有接受他的劝告，那么，由于沙赫特过高估计自己而发生这样的事是不足为奇的。但是，他不同意米勒"赤裸裸地提出撤军要求"，表明他也是从德国立场出发肯定了把两个问题联系起来解决的必要性。可是，沙赫特竟忍心在他的有争论的文章《赔款的结局》（1931年）里指责德国政府在日内瓦没
232 有阻止把撤军和赔款两个问题联系起来，并且从而容忍"把从莱茵地区撤军这一在法律上和道义上的问题变成了一个金钱和债务问题"[33]，这样就表明不是德国政府，而是沙赫特有了改变。这种提法也同时表明沙赫特的动机是渴望博得敌视共和国的民族主义者的称赞。

沙赫特在1928年9月的那封信里认为日内瓦谈判的整个结局是令人高兴的。在德国代表同协约国代表，包括日本代表在内，（9月16日）达成的一项协议中有三方面的内容。（1）对德国要求提前从莱茵地区撤军问题举行正式的谈判；（2）关于最终解决赔款问题和设立一个财政专家委员会的必要性；（3）关于设立一个"核实和调停"的（监督）委员会的原则。对第3点最后可归纳为，施特雷泽曼成功地说服白里安放弃了这一委员会。此外，这项协议也可被视为赔款总代表努力的结果。但这也是德国政策取得的一个成

果，即这两个最难对付的问题正式作为欧洲普遍关心的和国际和平谅解的一个议题得到了确认。现在各方面理所当然地认为**德意志人作为平等的一员**属于这一拟议中的专家委员会，这也是一个成果。1924 年的道威斯委员会只是由债权国成员所组成。如今这已是一个被人视为克服了的和了结了的时代。

从现在起，德国政府最重要的一项任务是有目的地着手准备举行赔款问题的专家会议。对此特别是搜集判断德国偿付能力的 233
资料（因为这一观点必然被德国置于首位）和专家人选。沙赫特却认为，政府首先要听取他的建议。日内瓦会议结束之后不几天，即 9 月 20 日，沙赫特就给施特雷泽曼写了上面已提到过的那封信，他在信中不少于八次提到他同吉尔贝特达成的建议。对于这些建议本身是无可指摘的，但他所使用的语气不像是一位向政府提建议的专家，而是更像一名向政府下命令的大人物。反复使用“绝不”、“无论如何”这样的措辞不少于四次。10 月底，施特雷泽曼请他到威斯巴登会谈，在场的还有德国驻巴黎大使冯·赫施。赫施属于认为对赔款问题展开讨论为时尚早的怀疑派之一。

在此期间，帕克·吉尔贝特到世界各地游说，以争取协约国政府支持他的计划，实际上，就是劝说他们迎合德国要求减轻赔款负担的愿望。结果只能是大失所望。英法所坚持的立场是德国的赔款额必须高到能满足它们的债权国即美国的需要。这就是说，如果美国给予进一步的债务减轻，那么它对德国人来说也有好处；如不这样，那德国人也没有什么可希望的。美国人正在进行总统大选，因此也没有什么可说，不过在竞选斗争中已清楚地表明，没有一个党有给予债务减轻的准备，而且这位在 11 月 6 日以辉煌成果

当选为美国总统的胡佛同样对减轻债款持拒绝态度。9月底，普恩加来对这个问题公开表态，而且向全世界宣布，法国除了要求补偿它自己的债务支付外，还要求一笔“实质性的”附加费以用来重建被摧毁的地区。吉尔贝特回柏林后，沙赫特于10月25日让他
234 同米勒总理会晤，财政部长希法亭也在场。赔款总代表一直主张最终解决赔款问题，但是他未确定数额而却让德国人明白，他们从协约国那里所期待的只是极微小的让步。在施特雷泽曼1928年11月3日返回柏林后，吉尔贝特于11月13日拜访了他，进行了一次详尽的、无拘无束的谈话。对这次谈话，双方都有记录。施特雷泽曼在谈话之后立即让人记录了他的回忆；至于吉尔贝特什么时候作的记录，从档案中已看不出来；他于1929年5月1日即巴黎会议危机时把记录交给了德国外交部。[34]这份记录特别详细（打得密密麻麻的打字纸有26页），而且包括了施特雷泽曼简要记录里所没有的细节。但在主要方面，它同德方记录中所得到的总印象是没有什么两样。在这次会谈后，施特雷泽曼对整个会议计划抱有很大的怀疑态度，特别是，人们从英法公开声明中大概估计，债权国每年要求德国的赔款大约在20亿到22亿马克之间。吉尔贝特坚持否认，协约国政府已确定了总数而且他甚至根本拒绝现在来讨论支付。但他同时无论如何明确指出德国人绝无理由期待自己会被从轻发落。德国政府必须非常认真对待英法的声明。它也绝不要以为美国会让步。施特雷泽曼对于这一前景的希望这么渺小，以致他（根据吉尔贝特的报告）恰恰在这时是否能向国会提出设立专家委员会一事表示了怀疑。

施特雷泽曼吩咐把他的一份记录抄件送给德国国家银行总

裁。对德国政府来说已确认沙赫特无论如何将是德国的一名专 235
家，并且指定所有涉及赔款问题的事情应通知沙赫特。沙赫特现在有可能鉴于赔款总代表的悲观预测劝告政府放弃这一计划，或者把计划搁置到债权国方面出现更多的让步为止。然而他并没有这样做。另一方面，也根本不可能谈到施特雷泽曼已接受了大约20亿至22亿马克这一赔款额，正如沙赫特后来所声称的那样。在1928年11月19日的国会辩论中，沙赫特拒绝了这一看法，似乎债权国所作的预测将是起决定性作用的，由此说明，他把**德国经济的偿付能力**作为**决定性**因素放到了首位。只有不违背这一问题，才谈得上真正解决赔款问题。国会以三分之二的多数否决了民社党人所提出的对施特雷泽曼的不信任案，而且他才能利用(1928年12月9日至15日)在瑞士卢加诺举行的国际联盟理事会的机会得以同白里安和张伯伦进行了会谈，会谈终于对召开专家委员会一事达成最终一致的意见(12月22日普恩加来和冯·赫施的谈判记录)。实际上，特别重要的是，像讨论道威斯计划时那样，应有美国专家参与合作。[35]对此，美国政府在起初的犹豫之后终于同意了。同样重要的是，规定专家委员会的成员应**独立地并且不受本国政府的指示的约束**。当然，另一方面也意味着，各国政府也不受它们专家的观点的约束，以致如法国政府完全能仍然否决法国专家们所支持的让步。

德国应如其他参加国一样派出两名代表出席专家会议，一个
名额由沙赫特充当。对此，政府很快取得一致意见，而且尽管他几 236
乎不能不怀疑到谈判结果将不会完全符合德国过高的希望，但他仍毫不犹豫地接受了这一职务。政府把第二个名额托付给德国西

部重工业的一名头面人物、德国—卢森堡矿山冶金股份公司总经理阿尔贝特·伏格勒。令人瞩目的是，这位社会民主党人总理竟同意挑选了这位极右的重工业界巨头，而并不坚持委任一名工会领导人。[36]此外，还任命两名成员作为他们各自的副手，在经济界声望很高的全德工业协会副会长、枢密顾问卡斯特尔博士[37]为伏格勒的副手；汉堡银行家卡尔·梅尔希奥博士为沙赫特的副手，此人曾是德国的和谈代表。重工业界不喜欢他，而且伏格勒和另一名重工业界巨头西尔韦贝格博士对梅尔希奥这一人选向施特雷泽曼表示抗议。[38]但他并不介意，因为他从许多国际谈判中看出梅尔希奥“是一名头脑冷静的、深思熟虑的谈判者”。他答复伏格勒说：“除了同我一样具有热情洋溢的性格的沙赫特外，对我来说似乎很需要一位像梅尔希奥这样秉性比较冷静的人。”此外，从交换的信件里可以看出，施特雷泽曼清醒地估计到自己将会遇到怎样的反对派。1929年1月初，他致函西尔韦贝格[39]写道：“我同您的看法一样，为反对这一可能是强大的胡根贝格的反对派，人们必须筑起一道由知名人士组成的堤坝以能顶住胡根贝格报刊所掀起的风暴，因此，我认为伏格勒和卡斯特尔的协作是不言而喻的。”这里，施特雷泽曼正如后来表现的那样，过高估计了伏格勒的坚定性。沙赫特明确证实：“四位代表在整个会议期间的合作是忠诚的、公正的”。[40]

237 2月9日在巴黎召开了专家会议，美国代表也参加了此会。[41]曾参加道威斯委员会的欧文·扬格博士被选为主席。美国另一名代表是著名银行财团奠基人的儿子和继任人J.P.摩根。

谈判是秘密进行的，尽管有各种细节通过紧闭的大门泄露出去，也许更多的是为事情本身服务的。沙赫特和他的同事们详细说明了德国的经济形势和财政状况并试图向专家会议表明，德国的偿付能力是非常有限的。反之，债权国成员力图证明他们的让步更是有限的，因为他们根据他们国家的财政状况不得不坚持已大大缩减了的最低数额。如果归纳一下他们的要求，那么就得付出甚至超过道威斯计划的正常付款的数额。大家在 3 月底复活节休会分散后，供求之间仍然互不相让。依然最同情德国人的美国人也寸步不离他们的原则立场，认为他们早已对债务做出足够的让步，不能对他们的要求再减少一个美元了。

在复活节假期后，谈判进入决定性的阶段，因为现在债权国提出了一定的数额，计算出一笔赔款总金额，对此德国人认为是完全不能接受的。后来在会议主席的斡旋下打了一定的折扣，这样递增的按年偿付额也在 18 亿至 24 亿马克之间，德国人认为远远超出了德国经济的支付能力。接着在 4 月 16 日，债权国托付德国专家们从他们方面提出一个书面的反建议。这项建议是在 4 月 17 日提出的。

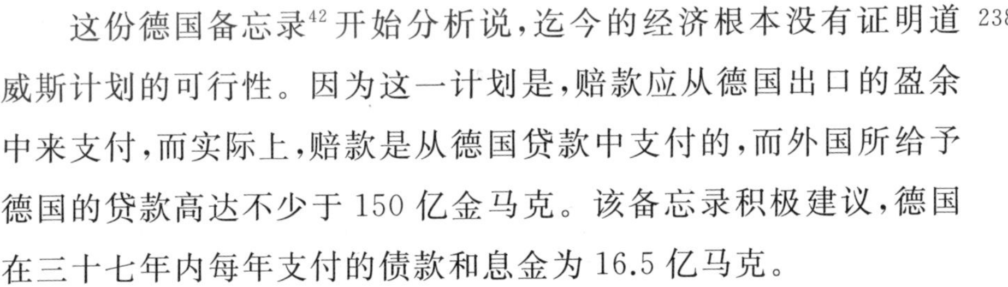

这份德国备忘录[42]开始分析说，迄今的经济根本没有证明道 238
威斯计划的可行性。因为这一计划是，赔款应从德国出口的盈余中来支付，而实际上，赔款是从德国贷款中支付的，而外国所给予德国的贷款高达不少于 150 亿金马克。该备忘录积极建议，德国在三十七年内每年支付的债款和息金为 16.5 亿马克。

但这项建议附有以下条件，德国必须重新获得海外原料基地；德国由于割让东部农业高产地区而遭受的损失必须予以消除。

沙赫特对这些论点的提出辩解说，论点完全是经济性的，而绝不是政治性的。这纯粹是强词夺理。取决于这事的当然是，这些说明如何被债权国所理解和将必须被人们如何理解了。这些说明只能向债权国表明，德国要求归还它的殖民地和波兰走廊，别无其他。这个要求是否有理，这是不在讨论范围之内。但提出这样的要求，毫无疑问，这不是专家们的任务。政府对专家们提出了严重警告，后来他们的行为尤其不可饶恕了。专家卡斯特尔博士于5月1日向德国政府口头汇报了谈判情况，并对此提到美国方面曾提议把这些问题提出来。米勒总理和施特雷泽曼对此立即和肯定地提出了反对意见，“因为这是不能忍受的，而且恰恰对解决这些政治问题非常有害，如果这次会议……最终显得是由于德国把会议引向一个政治性会议的种种理由而导致失败的话”[43]。卡斯特尔也对此表示完全同意。米勒和施特雷泽曼的警告多么正确！现
239 在立即表明这次会议已陷入告吹的危险。

主要由沙赫特负责的德国专家们的这一灾难性的进击还同一段小插曲互有联系，这个插曲在今天来说仍很重要，因为它揭示了沙赫特和他同施特雷泽曼的关系。在会议召开期间，德国外交部前国务秘书里夏德·冯·屈尔曼也逗留在巴黎。此人自以为是地给他过去结识的朋友、英国驻巴黎大使威廉·蒂勒尔先生写了一封信。信中他企图唤起英国对德国重新开展殖民地活动的同情心。蒂勒尔把此信交给了英国外交部，而且张伯伦随即委托英国驻柏林大使罗纳德·林赛先生通过外交途径询问德国外交部，屈尔曼是否根据外交部的指示和在它同意下采取了行动。施特雷泽曼只能问心无愧地予以否认。由于屈尔曼在其信中提到了摆在面前的德国专家的报告和沙赫特本人，所以施特雷泽曼善意解释了

这一事件，说屈尔曼偶尔把他同沙赫特经常的谈话当作了他自己的观点。施特雷泽曼后来在 4 月 6 日把这件事告诉了沙赫特，他当即怒火中烧，竟给这位部长写了一封粗鲁而诉苦的信件。[44]他由此而引起的明确的指责[45]完全是咎由自取的。但是，如果他就闭嘴不说，那他就绝不会是沙赫特了。在他那篇论战性的《赔款的结局》一文中，他重提旧事，对在此期间已故的施特雷泽曼进行恶毒的指责。他竟这样表白，似乎他在巴黎活动期间同屈尔曼根本没有任何联系。这显然是不真实的。从档案文件中可以看出，按记录稿屈尔曼在 1929 年 4 月 24 日向国务秘书冯·舒伯特说，沙赫
特“在巴黎谈判开始之前就再三恳求他”“在谈判期间给予支 240
持”。[46]屈尔曼同财政部长希法亭（没有同外交部）联系后满足了他的这一恳求。屈尔曼还说，他在巴黎几乎每天同沙赫特保持联系。

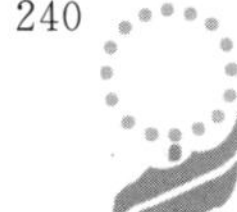

从施特雷泽曼 1929 年 5 月的一篇日记里看，他当时对沙赫特的可靠性表示了严重的忧虑。[47]日记写道，一位朋友对他讲，他在埃及所遇到的德国国家银行总裁的一位近亲曾对他说：“假如我警告您注意提防一个人的话，那么这就是雅尔马·沙赫特。他没有真话。他的野心不受约束。他为了满足他的野心，不惜抛弃与之相左的一切。”我们当然不知道，那位朋友是否如实地、准确地向施特雷泽曼汇报了这次谈话，更不知沙赫特的亲戚对沙赫特的评价是否对。任何一位实际的法官都知道，对待亲属的证明要非常谨慎地加以处理，即使他不同习惯教训其下属官员的旧普鲁法官意见一致：“亲戚和邻居都是每个人的自然敌人。”但事实是，施特雷泽曼在日记中记下了这段逸事，以免遗忘，这就说明他当时是怎样带着批判的眼光来看待这位德国国家银行总裁的了。

德国在4月17日的备忘录给其他国家专家们留下的印象坏到无以复加的程度。会议的一个委员会在英国代表里维斯托克勋爵主持下于4月18日审议继续讨论是否还有某种意义并导致一种消极的结果。因此，该委员会决定向次日预定召开的全体会议提出了中止会议的建议。

形势是非常严峻的。这次会议的失败，正如很快表现出来的那样，恰恰对德国来说是灾难性的。一个重要的偶然事件却在最
241 后一瞬间挽救了这次会议的后果。鉴于里维斯托克勋爵在会议预定召开之前突然改变主意，这样，这次预定召开的全体会议不得不取消了。紧急休会使大家心平气和地探讨并采取私下促成谅解的各种尝试活动。德国代表团竭尽全力以消除他们的备忘录迄今大多被视为已把话说绝的印象。这位消息十分灵通的《泰晤士报》记者于4月18日报道，沙赫特的备忘录是作了这样草拟，以致它能使他日后声明它是作最后通牒考虑的；他所以提出这些政治要求表明了他对自己的政治前途的担心。第二天，这位记者拍发的电讯说，沙赫特在一次私人谈话中向他保证，他没有把备忘录作为最后通牒草拟的。[48]沙赫特现在不得不看到，德国的财政和经济的状况根本不允许冒这次会议失败的风险，因为这种后果完全动摇了德国的贷款。会议处于危险境地的消息就已导致黄金和外汇的一次几乎是灾难性的下跌。德国国家银行在短短几天内损失了10亿马克，并且在4月25日不得不采取提高其贴现率(从6.5％提高到7.5％)的措施，以阻止黄金和外汇的外流。沙赫特指责法国货币发行银行指使同它接近的法国银行解除它们在德国的贷款。这可能起了一些作用，但没说明黄金和外汇外流的原因，因为外流

早在这之前已经开始了。对此更深的原因是，对德国的信任由于怀疑它准备使按自己愿望所召开的会议走向失败而动摇了。

沙赫特利用谈判间歇同伏格勒一起坐车回到柏林，并在4月21日同政府接触。施特雷泽曼直言不讳地说，专家们按自己的观点提出政治性要求超越了他们的授权范围，而且实际上做得也极 242
不合适。[49]施特雷泽曼在为这次会议准备所作的发言草稿里不仅指出了在对外政策上造成的不利，而且也强调了对政府所极不愿意承受的内政上的负担。如果它在危机的压力下被迫面对一次有可能召开的各国政府会议在其偿付数额上超过专家们所建议的数额，那么这种负担就出现了。泽韦林指责沙赫特，如果德国专家们导致这一会议失败，就会在社会领域里造成严重后果；人们不得不预计到会有更多的人失业和发生严重的骚乱，这使国家机构为维护安定和治安将面临特别困难的任务。泽韦林报告说："对此沙赫特只能回答说，那么我们该枪毙。"[50]此外，政府声明并正式公告，"它希望继续保留他们原定的行动自由。"

沙赫特这时无疑已醒悟到自己必须全力以赴地使会议取得积极的成果，即使他为了这一目的不得不提高他所提出的赔款额也在所不惜。该委员会的主席欧文·扬格首先立了一功，他把这个死结解开了。他提出一个妥协方案，建议分三十七年偿付递增的年金和债款，开始时支付16.75亿马克，另外的17亿马克的21项分期付款的款项应根据协约国的债务分期付款随后支付。对这一建议，沙赫特同扬格的代表埃贝施塔特先生达成了原则协议。[51]

但是，沙赫特对此心里并不很痛快。虽然赔款新规定同道威斯计划相比有了减轻，但是这一减轻并不像他赞成吉尔贝特关于

最终解决方案思想所想象的那样大和引人注目。沙赫特同施特雷
243 泽曼一样都非常清楚胡根贝格派的民族主义分子正在等待时机，把爱国主义的怒火猛攻巴黎会议所取得的结果，而且他担心，这个结果从现在看来将不足以平息他们的怒火。然后，他就会是把德国交给“国际资本”摆布（民族主义分子把这个社会主义口号接到自己手里）的那样的人了。因此，他竭力拼命地从最前面的弹道逃脱并且把责任推卸给别人。这些“别人”当然是德国的部长们了。因此，他在5月初的一些日子里，玩弄花招，伪称部长们事先已同意吉尔贝特每年偿付20亿至22亿马克的赔款。我们已看出，这种说法是最没有根据的，而且他对巴黎会议以前的进展情况一无所知的抱怨是错误的。除了所有这些花招，他还企图向政府施加压力，使他摆脱接受扬格建议的责任。

在他本人接受了扬格建议所包括的赔款数以后两天，即4月29日，星期一，他就到柏林参加德国银行会议，这时他当然同政府进行了谈判。我们掌握了库齐乌斯有关这些谈判的详细的、显然符合事实的叙述。从叙述中，首先看出，沙赫特当时对部长们闭口不谈他实际上已接受了扬格提出的数字。库齐乌斯在谈到这次关键性的会晤时说，他利用这次会晤[52]“企图把接受扬格的数字的唯一责任推给内阁，同时他先是回避答复总理问及他自己持什么态度的问题，然后又声色俱厉地宣称，代表团只是在内阁要求的情况下才签字的”。但内阁没有满足他的要求。他不得不在口袋里没
244 有政府使他摆脱责任的决议情况下动身启程了。尽管如此，他还在第二天上午（5月2日）说服了卡斯特尔和梅尔希奥驱车到比利时边境同他会晤，以接受扬格的建议，对此，他是在当天下午才正式

得到通知的。这一切发生之后，沙赫特才接到政府的一封信，此信向他通报了政府 5 月 2 日的决议，决议如他所声称，接受扬格的建议是“不可避免的”[53]了。沙赫特也在 1931 年发表的那篇诽谤性文章里对政府这一决议的实质性内容提不出任何反对的理由。他只能表示愤怒地叫喊：“这就是他们给专家们的独立性！”这只能是掩盖事实真相的一种企图，因为这正如事件表明的那样，不会有人怀疑这个事实：沙赫特不是通过政府指示而被迫接受扬格建议的，因此他和他的代表团同事对此负有责任，即他们作为独立自主的专家决定了德国在扬格计划中的债务重担，感到比中断谈判而对德国已造成的后果较易于忍受。由此，无论如何不能否认，这个决定包含了一种强烈的政治因素。对于一个民族不仅在今天而且在十年或二十年内的生产能力的限度的问题，即使是消息最灵通的专家也不可能有足够的把握来答复的。库齐乌斯写道：“如果说 16.5 亿马克没有超过德国的生产能力，那么谁能严肃地宣称，再多付 3 亿马克就是不能忍受了呢？”[54]当沙赫特主张召开一次独立自主的专家们的国际会议并接受其中的一个席位时，他必然也就懂得政治和经济相互所起的作用了。

这样详尽地叙述这些细节是因为它们能说明沙赫特转变的特点。他曾经在反对剥夺诸侯财产的斗争之际从他所参与创建的民主党被排挤出去，从现在起他彻底动摇和转变了，而且这种转变很
快对共和国带来最严重的灾难性的作用。了解他的人对他这种态 245
度的解释是这样表述的，他的野心是在白发苍苍的陆军元帅任期届满后继任德国总统。[55]对此，他曾利用了那些自诩为“民族主义的”人士的支持；如果他为德国接受了连这些人士也认为太高的负

担，那么他就必将失去他们的支持。随后不几天，当重工业代表伏格勒博士声明要退出扬格委员会（5 月 23 日）时，这就很明显地暴露出来了。在此之前，他到了柏林，以向政府说明他的打算。总理和财政部长希法亭博士的强烈指责虽然给他留下深刻的印象，但后来他参加“全德工业协会”的一次理事会议，而且这里有几位先生成功地给他做了工作，他最终坚持辞去了职务。在这次会上，起特殊作用的是蒂森，他不久成了希特勒的财政资助者之一。[56]卡斯特尔这时接替伏格勒的地位也是同蒂森的愿望背道而驰的。

随后几天的谈判非常活跃，在谈判中沙赫特再次证实他要求并取得政府给他的充分的行动自由。[57]在 5 月 31 日，所有代表团在所有争议问题上取得原则性的一致意见，而且在一星期后，即 6 月 7 日，委员会所有成员签署了专家报告，沙赫特和卡斯特尔代表德国签字，这项报告按主席的名字通常被称作扬格计划。

专家报告[58]的内容非常广泛，而且扬格计划对许多纠葛问题作了调整。这里只列举最重要的内容。

德国在 1929 年 9 月 1 日至 1966 年 3 月 31 日的三十七年期间必须支付的按年付款平均 19.888 亿马克。但这笔款应在
246 1937/1938 财政年度才能达到，因为规定的付款是以 17.079 亿马克为开始并在 1965/1966 年度以付款 24.28 亿马克为终止。对德国的一项特殊让步是从 1929 年 9 月 1 日起才支付赔款并对预算年度还剩下的七个月只需负担 7.42 亿马克。另一方面，在 1966 年后，按年付款仍继续二十二年之久，即使这时款额并不高。对协约国的战债的义务延长到 1987/1988 年为止，而且德国的按年付款将使债务得到弥补。

道威斯计划特有的成分被取消了：转账保护，被取消的还有总代表、外国对德国经济的监督如对德国铁路和德国银行的监督以及同意给予债权国的抵押，换句话说，在这些方面的**德国的主权**从它迄今受到限制的领域解放了出来。就这方面来说，帕克·吉尔贝特所宣称的和沙赫特在 1928 年 9 月 20 日的信里所追求的目标——德国对它的财政完全负责——就**达到了**。但是，专家们一致认为，德国需要对未预见到的和不可能预见到的支付困难有某种形式的保护。因此，他们把按年付款分为“无条件的”和“可以缓交的”两个部分。只有 6.6 亿马克是无条件的，这就是说，在任何情况下每年必须支付的，由德国铁路以直接税的形式支付。至于按年偿付的另一部分的“可缓交的”性质是指，在某种情况下，德国给债权国的付款可延缓两年付清。按年付款的另一部分应以实物形式支付。

这一专家报告建议设立以其非政治性确保其业务活动的一个新机构“**国际结算银行**”来作为监督和管理的组织。报告说，这一
机构将“从事对外管理的全部工作，以及接受和分配付款并使那部 247
分能商品化的按年付款实行商品化”。银行应“配备一个机构，它能在德国的付款和其实际支付之间拟定一个灵活数”。银行还应设立一个监察机构，如德国认为赔款计划危及它的货币和经济生活，它就可向该机构发出呼吁。“国际结算银行”由各国中央银行组成，各国中央银行负责人均应参加结算银行的领导工作。德国国家银行当然也在此列，只有这样它才能负责参与赔款的管理。

出自道威斯计划的物价指数和被视为对德国具有经常性危险的、同这一指数相关的“繁荣指数”也取消了。这个报告正确地写道，“取消了这些不明确的内容，这对德国方面是有好处的”。将来每年所支付的赔款不再增加，而只会减少。

这就是在1929年6月间对德国和其债权国为最终解决赔款问题而提出的计划轮廓。在我们叙述这一计划怎样在德国得到接受和它会引起哪些斗争之前，我们不得不追溯一下在1928年和在1929年最初几个月内内政的演变过程。

1928年冬，莱茵-威斯特法伦钢铁工业的大规模劳资斗争[59]不仅使德国经济界，而且也使整个公众舆论感到震动不安。各工会对同雇主缔结的工资协议到1928年11月1日为止宣布废除并要求大幅度提高工资，特别是计时工资增加15芬尼。工会所依据的

248 理由是，工业家把钢铁价格提高了很多。反之，雇主说，经济发展趋势处在衰退之中，而且工业情况远不允许有这样大幅度的提高工资。由于各党之间的谈判达不成任何谅解，于是将争执交由一名无党派人士任主席和争执双方同等数量的委员所组成的杜塞尔多夫调停委员会处理。因双方意见根本无法接近，主席（一名州高级法院顾问）决定，在10月26日只由他一人进行裁决。他同意计时工资的工人每小时增加六芬尼。各工会接受这一裁决，雇主协会则予以拒绝。

这时，雇主们按雇主协会的决定，在宣布裁决之前就向他们的工人宣布在1928年11月1日之前，即在旧的劳资协定期满那天，解雇他们。雇员们向主管此事的德国劳工部长要求宣布这项裁决具有约束力。劳工部长是社会民主党人鲁道夫·维塞尔，1919年曾任经济部长，但在几个月后因他的计划经济建议被内阁否决而

下台。他在10月31日，即解雇生效前的最后一天，发表了裁决有约束力的声明。但雇主们毫不让步。他们保留他们的解雇通知并且在11月1日关闭工厂。二十多万工人被解雇。

这是对宣布为“有约束力的”裁决的一次公开反抗。当然，雇主们能够为他们的立场阐述法律依据，正如他们后来在向杜塞尔多夫劳工法院的起诉中也否认这项裁决有效。他们最重要的论点是，这项裁决不是由调停委员会的大多数人，而是由主席一人做出的。但这样的“**一人裁决**”是不符合法律的。调停程序的基本思想是，各党派在这位无党派的主席影响下互相接近，而且至少应由一 249
个政党通过参与裁决而对之承担责任。对这种“一人裁决”，根本谈不上承担什么责任。即使这个党至少从中可得部分成果，但它仍会顽固地坚持其原来的要求，并不想为对给予它只有部分利益的裁决承担什么责任。

在这一法律依据的背后(1929年1月22日，德国最高劳工法院最后判决认可这种论据的基本合法性)表现了雇主的一种极为重大的努力。他们反对**国家干预工资关系**。他们声称：国家完全没有能力，因此也就无权调停同工厂经济状况相适应的工资问题。只有那些对工厂及其收益负责的人才能做出这些决定。但事实上，国家机构总是要去提高工资的。在每次签订合同过程中，各工会要求提高工资，它们肯定会期待国家即使它不能满足它们全部要求，但也至少满足它们的部分要求。然而这一经常性的提高工资对于德国工业来说，将是危险的，甚至在经济状况开始不景气时是具有灾难性的。当然，这不仅是个别现象，也不仅是德国有这种现象，而且是任何时候都会在所有的工业国家里出现这种现象，而

且直到今天也没有找到完全满意的解决办法。

对德国政府来说，它面临着一种特别困难的情况。它无法使用武力来结束解雇。在 11 月 12 日至 14 日国会所进行的关于钢铁工业中的冲突的辩论表明问题困难重重，即使撇开那些纯政党政治的空话不谈，相互对立的观点也是完全背道而驰的。如果说国会最后采取了一种妥协的决定，中央政府和普鲁士州政府为支
250 援被解雇者向因解雇而受影响的地区出资进行帮助，[60]这也是各工会对各政党的影响所起的作用。但是这也可以作为一种标志，即雇主协会的严厉行径激发了反对自己的情绪；连人民党人经济部长库齐乌斯博士也在回忆录中说，他“不得不对雇主协会的斗争方式感到厌恶”。[61]另一方面作为特点的是，在表决上述那项妥协决定时，人民党至少有 15 名议员缺席，这才以 267 票赞成对 59 票反对获得通过。

库齐乌斯显然是主张政府干预以结束这场斗争的部长之一，以免斗争给德国经济带来致命伤。米勒总理邀请库齐乌斯和维塞尔同两党的代表们举行几次会议，在会上，总理向代表们建议中央政府任命一位调解代表，而且两党应**预先听从**这位调解代表的决定。[62]政府把这一项特别困难的任务委托居于他们中间立场的泽韦林部长，这个人自己以前当过冶金工人，而且对工业领域很熟悉。已故的胡戈·施廷内斯称他是“风土人情的行家”。[63]雇主甚至比冶金工人协会更快接受这位社会民主党人作为中立的裁判这一事实，表明那些人虽然断然拒绝泽韦林的政治观点，但泽韦林通过自己的性格颇为博得那些人的信任。双方自愿服从泽韦林裁决的后果是立即取消了雇主们的解雇（1928 年 12 月 3 日）。泽韦林

把这一步骤称为“自己使命的真正成就”，对此他由衷地感到“一种纯正的满足”。他的裁决是在 12 月 21 日作出的。他明确承认工业界的不景气状况并降低了前调解代表所定的工资增加额，但作为对侵犯劳资协定的“教育手段”，附有这一原则性的重要限制，即 251
到 1928 年 12 月 31 日以前，在 10 月 26 日裁决中所定的工资增加额依然有效。

这场大规模的斗争就这样实际上结束了。尽管双方对泽韦林的裁决并不满意，但也不能因此贬低了他的这一成就；他本人也并无其他要求。尽管报刊和各组织到处喧嚷，但人们可以认为，某些工人和雇主就此平静地感到：和睦受益，不和招损。不过，泽韦林深感遗憾的是，他为“使争吵的各政党至少能在将来携手前进所作的努力对他们却丝毫没有得到重视”。连拒绝社会主义的人也不得不承认，这位社会民主党人比各工会和雇主协会对德国经济界所面临的问题认识得更清楚。

1928 年 6 月赫尔曼·米勒组阁时，人们预计在秋天同中央党重新举行关于更坚定地参政的谈判以及通过一种固定状况以取代当前只有一名中央党人即交通部长冯·居拉尔特参政为标志的临时状况。这事直到 1928 年底没有任何进展，但并非是总理的过错。要把各政党的要求协调一致实在太难了。表现为很明显的事实就是米勒在施特雷泽曼明确支持下于 2 月间同各政党和各党的议会党团的会谈。中央党要求在政府中占有三个席位。人民党只愿意在给予该党在普鲁士州政府两个席位的同时才同意，对此中央党又有异议。[64]谈判失败后，中央党就转而发难，于 1929 年 2 月

6日把唯一的一名部长冯·居拉尔特从政府中撤回。事情发生在
252 召开巴黎专家委员会会议的前三天。在这样的时刻，政府不能下台，而是必须继续根据迄今的纲领执政。这是米勒和施特雷泽曼的意见，而总统也赞同他们这样去做。

反对引起一次新的政府危机的另一紧迫的原因在于德国特别严重的财政状况。农业形势已长期恶化，同时工业经济状况也明显衰退。失业人数急剧增长；在1928年冬季至1929年，失业工人高达260万这一令人吃惊的数字。同时，这也意味着国家在财政上的要求提高了，因为1927年所建立的国家失业保险机构对这一重担已是不堪忍受了。另一方面，由于营业状况的恶化，税收收入已经减少。

当然，德国财政的这种不景气状况引起强烈的不安，同时又转化为对政府的抨击。反对党的报刊竭尽可能利用这种情绪；他们轻而易举地指出，接近政府的各政党在这样一种危急情况下是不能通力合作的，也找不到出路的，因为此时此刻，人人都只考虑找出路，把新的财政负担转嫁到他人身上。人们议论着一场社会制度的危机，而且谁对这点看得深，谁就忍不住害怕，日益感到危险。

有关胡根贝格一伙人的阴谋的各种各样的消息接踵而来，但没有一个人会比施特雷泽曼对这些消息更加敏感。据说，那里的人希望围绕税收和预算的斗争将会为策划中的“执政内阁”开辟道路来取代中央政府；在这个内阁里，胡根贝格将起决定性的影响，当然只是在幕后操纵而已。特别令人不安的是，外交部的一名消息灵通的官员告诉施特雷泽曼，国防部有某些人已经同以前地下
253 国防军的老熟人取得联系，并且建议他们做好准备；而且说，那些

年迈的老将军如今也参加演习，因为他们等待一次政变。[65]施特雷泽曼也不能不看到，他自己的党也有为数不少的一部分人卷入了这一糟糕的阴谋。因此，他决心大胆地大干一场，并且利用 1929 年 2 月 26 日党的理事会会议进行一场原则性的、针锋相对的争论。在他作为党的主席所作的长篇会议开幕讲话中，他把局势的特点描绘成“一场比信任危机还要严重的议会制度危机”。他特别看到错误在于议会党团无论在政府组阁还是在监督其工作方面享有过多的权力。他特别强调，“我个人反对利用一个议会党团‘撤回’它的部长这样的规章。……这样‘撤回’部长事实上意味着他们没有任何个人政治意志而只是作为组织的代表。这种观点根本就等于自由主义的终结”。他在叙述财政和经济的困难状况后要求各政党必须停止竞相争名夺利的争斗。“面对这种情况，广大阶层正陷入危及国家生活最糟糕的一种听天由命的消极思想……政党的权力之争只能在群众中遭到不是反感就是蔑视。”施特雷泽曼也没有忘记背后有众多议论的独裁计划，并且对此警告说，在独裁制度下，每个人只能领教他自己所希望的独裁者。他最后说，国会必须迫切地在它内部找到不仅在形式上的而且在实际上的多数统治的原则。

这根本不会成功的！连各政党也不愿听到这一告诫：人民正
谈论你；而且许多讲演者强烈反对这位党的领袖，因为他要求他们 254
让自己的特殊愿望和利益服从整体利益。即使在会议结束时通过了通常掩饰业已暴露的矛盾的一项决议，但施特雷泽曼知道，他劝告人们要有理智乃是白费唇舌。他的情绪非常低落，而且认真地思考了自己脱离由他所创建的人民党，即使他根本无意参加另一个党如民主党。这种情绪在他从日内瓦参加国际联盟会议和从圣雷莫疗养中写给同他个人私交密切的党友如库齐乌斯和卡尔的几封充满伤感的信里就表露出来了。[66]在信里，当他述及反对派的特点时，他击中了这场争论的要害。他写道：他们希望“退出政府；他们正如自己所说的那样，让社会民主党单独承担责任；而且他们一味想享有‘具有民族思想的’反对党这个美名，在那里，他们把在‘钢盔团’和胡根贝格那里学来的连篇累牍的空话能发泄出来……你们了解我。我是不会参与这样一种政治的”。这样的话语应能说服那些对施特雷泽曼抱有偏见的人，认为他只是口头上叫喊国际谅解的理想，而在其内心深处却永远是个民族主义者。他也知道对他的反抗来自何处。他说：“在我们党内崇尚空谈的这些聚餐会友们绝大部分按泽尔德特先生或者迪斯特贝格先生（即钢盔团的两位领导人）的旨意大喊大叫。”比聚餐会友（聚餐会旁的中小城市的“绅士们”“大肆鼓吹所谓民族主义热情”）更危险的是各大工业协会，它们力图利用这个党为它们自己服务。“我们不再是具有世界观的政党，而是越来越多地变成纯工业政党，”施特雷泽曼向经历过民族自由党伟大时期的年老的卡尔这样抱怨说，“今天，议会党团根本不再有勇气同庞大的雇主协会和大工业协会分庭抗礼了。”

255　这对一个党的领袖来说确实是可悲的情况，因为他能自称在当时的德国也许是唯一享有国际声誉的一名政治家。更可悲的是，他的身体健康状况恶化，而且他几乎明显感觉自己的生命之流逐渐在消退和他风华正茂的壮年正面临“自己旅程的尽头”。使他得以支持的，还只是那种不可缺少的意念，以挽救德国外交政策免受胡根贝格一伙的“党棍”和富豪财阀的践踏，并且以其鞠躬尽瘁的全部力量达到自己所争取的目标：解放莱茵地区。

但是，他的警告声不会消失。《泰晤士报》在 4 月的一篇社论中报道得非常恰当：“施特雷泽曼引起轰动的这一讲话无疑给议员们和他的选民们留下了严峻的印象。”[67]他为各政党实现意见一致和相应组建政府的努力最终取得了成功，当然这一成功还是在扫除了财政政策方面的绊脚石以后才得以实现的。

希法亭于 3 月 14 日在国会上作了关于 1929 年国家财政预算的讲话，对当前的严峻局势毫不掩饰。特别由于 1926 年和 1927 年紧急预算而引起的赤字造成了困难，因为由于这一德国资本市场的形势而未能通过贷款来抵销亏空。此外，国库状况因而恶化，因为国家必须向全国失业保险机构提供一笔巨额贷款，这笔贷款早已达到 1.5 亿马克，并且预计到预算年度结束时将增至 2.5 亿马克。为了平衡预算，这位部长除了建议厉行节约和减少向州和乡镇的拨款之外，还建议几项税收的提高，特别是增加酒和啤酒税、遗产税和财产税，总额达 3.79 亿马克。

这一计划不仅遭到反对党的反对，而且也有一些执政党对他 256
持批判态度。大的经济协会拒交所有新税，而且接近它们的德意志人民党也唱同一个调子。但要求达成谅解的紧迫性如此强烈，以致五个执政党（包括中央党）议会党团的财政专家就平衡预算的必要措施达成了一致意见。他们削减了很多支出方面的要求，其中削减了政府对航空运输的资助 0.2 亿马克；而在收入方面，提高了烧酒税和财产税。反之，他们否决了提高啤酒税的建议，这并非因为提高啤酒税是多此一举，而是因为巴伐利亚人民党把这作为

它们同政府合作的**条件**。他们对肆无忌惮的分裂主义者不得不做出这样的让步。整个来说，计划增加的 3.79 亿马克的税收中还剩下 1.1 亿马克。对此，政府和财政部长希法亭在形势的逼迫下只得容忍下来。德国财政进一步的不利发展证明了这一让步是一个**错误**。德国经济承受的税收压力如此沉重，以致人们能够理解各政党对继续提高税收的厌恶情绪。当财政计划和中央党重新参加政府的前提看来终于得到保证时，中央党领导人卡斯博士又制造了新的困难，他又提出装甲巡洋舰的问题并且要求社会民主党人在表决第二期制造计划时不投反对票，而最多予以弃权。这一要求遭到社会民主党议会党团多数人的拒绝。但在至少有四名社会民主党的部长答应他们不予否决后，他们最终也就对这一困难视而不见了。

257 这样，政府终于在 4 月 10 日发表声明说，他们同意各议会党团的预算建议，并且现在期待它们在政府工作中给予支持。它尤其希望“具有根本性意义的提案只能在相互谅解中提出和进一步贯彻”。这点为各方所接受，而且他们由此在现实情况下才有可能接近大联合的这一目标。中央党在政府中占有三个席位：冯·居拉尔特任司法部长，施特格瓦尔德任交通部长，维尔特任主管被占领区的部长。这三人在党内的威望可以被看作中央党的议会党团将严格遵守纪律的保证。

不利的一面是，在各方面承认的、作为司法部长在各方面颇有威望和备受称赞的科赫-韦塞尔不得不辞职了。但是，这是民主党因其得票微弱不得不承受的一种牺牲，对此科赫-韦塞尔本人却并不反对做出这一牺牲。人民党不得不对它重新参加普鲁士政府的愿望依然得不到满足而予以容忍了。如果它接受施特雷泽曼也赞成的布劳恩的妥协建议并且对一名部长和一名国务秘书满足的话，那么它也许会做得更好一些。如后来的事态发展所表明的那样，这对普鲁士政府来说也会是更好一些。布劳恩于1930年初再次试图把人民党拉进他的内阁。这一打算再次落空，特别因为人民党要求担任社会民主党也有权要求的文化部长。1925年以来，普鲁士文化部长一直由无党派人士贝克尔教授担任，但他总的观点立场最接近德意志民主党。贝克尔是一位有名的学者，而且是一位有吸引力的人士，他对文化部倾注全力的管理博得了那些根本不喜欢布劳恩政府的人的赞许。但是，社会民主党人吹嘘其议
会党团的强大并声称，两名部长席位太少。从算术上说，这是无可 258
辩驳的，但这是一个严重的政治性错误。布劳恩竟于1930年1月30日迫使贝克尔辞职并将该部委任给在个人威信上简直无法同其前任相比拟的一名虔诚的社会民主党人督学格里梅博士。布劳恩在他的回忆录中也承认他在这件事上感觉做得并不好受。不过，他大概认识到，这事对他的政府以至于对这个州有多大损害！甚至那些客观的观察家现在还在说，在这个新普鲁士，**政党要比人重要得多**。

由于1926年春以来在罗马教皇使节和布劳恩内阁之间一直谈判**协定**问题，致使普鲁士政府的组成问题的争吵愈演愈烈，特别表现在中央党和人民党之间的争吵。在自由主义人士和新教阶层中长期存在反对这些协定的一种偏见，因为这些协定在19世纪几乎总是导致天主教会的统治。巴伐利亚在1924年3月29日所签订的协定也包括某些条款，无论从原则立场还是从宪法立场而言，

都遭到了抵制。[68]另一方面，由于1918年的变革而提出了一大堆国教立法上的问题，这需要进行调整，尤其是天主教会通过1917年天主教教会法典这一伟大创举使其内部法律已得到坚实的统一。[69]在威廉·马克思保守派内阁执政时期，曾多次讨论过德国同罗马教皇订立一个协定的想法，对此中央党当然是首先赞同的；后来这一想法同教育法草案一起告吹了。但是，关于普鲁士协议的谈判并未因此经常受到干扰，特别是，这时住在柏林的教皇使节帕切利（现为庇护十二世）为此事施展了他全部非凡的外交才能和坚毅精神。在普鲁士方面，由文化部长贝克尔博士和总理布劳恩进
259 行了最重要的谈判。罗马教廷要求协定要符合其原则立场，把学校教育列入这一协议。但普鲁士的部长们对此予以原则上的断然拒绝，他们所能依据的是，州议会将绝不会批准一项包括学校教育内容的协定。他们坚持了这一立场，以致在1929年6月14日签订了这项协定，实际上没有一句话涉及学校教育的内容，[70]这是一个了不起的成就！在7月9日州议会上，通过了这项协定，为此，布劳恩成功地使原来激烈反对这项协定的社会民主党也表示赞同了。帕切利随后在8月5日给布劳恩的一封信里强调，尽管罗马教廷同意了这项协定，但并不意味放弃它在学校教育问题上的要求，[71]这是并不奇怪的。乔治·耶利内克说，“教会从来不放弃它由于其神职使命而认为必须要求的东西。”[72]

普鲁士州议会中的德意志民族人民党人持拒绝态度，理由是政府没有同时同新教福音派教会签订协定。但事实上，政府一开始也打算签订这样的协定。在漫长和艰难的谈判之后，在普鲁士州和州福音派教会之间于1931年5月11日也签订了一项教会协

定，对此基督教联盟声明同意。国家与教会的关系在普鲁士以满意的方式得到了调整。

但一项协议仍然是不够的，根据这项协议，新教的神学教授戴斯曼博士作为柏林大学校长在1931年宪法庆祝会讲话中呼吁："签订德国人与德国人之间的协定吧！我们作为德国人还必须学习……上帝给我们以双手，不是让我们怀着仇恨和苦难握着拳头相互对峙，而是让我们握手言和，精诚团结。"[73]

可惜，这些话在德国现已听不到了。

260 第十七章　围绕扬格计划的斗争、施特雷泽曼之死和希特勒的崛起

在巴黎专家委员会谈判之前，政府的巩固已算完成了，这对内阁和国会来说是一个幸运。在扬格计划几乎还未公布之前，施特雷泽曼所预言的胡根贝格的报刊、“钢盔团”和其他一些民族主义报刊和组织竭其所能掀起了一场猛烈的抗议风暴，而且共产党人通常也加入这一愤怒的大合唱。胡根贝格本人以自己对马尔堡大学生发表的一次演说发动了进攻。他虽然在讲话中没有提出德国在拒绝扬格计划的情况下应如何完成道威斯计划的义务的灵丹妙方，但却宣布了这条浮夸的原则：“对全国人民来说，宁愿像无产者共同生活，直到自由来临，也不愿被人利用去反对全国人民而成为外国资本的代理人和渔利者。”这个人对他的企业和业务，机关算尽，唯利是图，他以为用一些空话对待国际财政政策方面的困难问题就可了事。当施特雷泽曼在 1929 年 6 月 24 日的国会辩论中引用胡根贝格的这句话时，全场顿时“哄堂大笑”。但在国会外面，在“大肆鼓噪所谓的民族主义的狂热”的民族主义聚餐会友那里，正是这番空洞的言词却博得了狂热的喝彩。很有典型意义的是，胡
261 根贝格并不干预国会辩论，他让韦斯塔普伯爵和弗赖伊塔克-洛林霍芬教授插手，施特雷泽曼对这两人虽然力量虚弱，但能以国务活

动家压倒这两个纯党派政治家的优势迎接他们的挑战。其他政党的发言人措辞谨慎，尽管他们也宁可要扬格计划也不愿继续保持目前这种状况，但他们强调这一计划也会给德国带来沉重的负担。德意志民族人民党人、共产党人和民社党人对施特雷泽曼提出不信任案，都遭到了否决。在任何情况下，国会对继续执行迄今的外交政策，特别对同赔款有关的应对专家建议表态的各国政府的政治会议，绝不设置障碍。内阁认为有权派人出席 8 月 6 日在海牙召开的会议。

在此期间，无论在法国政府方面还是在英国政府方面，都发生了重大变化。这位按法国人观点看任期三年算已很久的法国总理普恩加来因为即将进行一次大手术而不得不在 1929 年 7 月间辞职。这一决定标志了他长久的政治生涯的结束，尽管他的生涯引起过许多批评，但在历史上所起的重要作用是无可争议的。[1] 普恩加来在法国议会所采取的最后一次行动是极力支持批准扬格计划和实施对同美国（贝朗热-梅隆）和同英国（卡约-丘吉尔）所签的战债协定。此人在 1923 年把德国逼入最严重的困境，但六年后在开辟法德谅解的道路上发挥了他的政治作用，这可以被视之为国际气氛变化的标志。白里安成为普恩加来的继任人看来几乎是不言而喻的事了。

在英国，1929 年 5 月 30 日的大选给保守党人带来一次严重的失败。工党虽然在下院并不占多数，但能得到以劳合-乔治为首的大大削弱了的自由党的支持。因此，拉姆齐·麦克唐纳能第二 262
次组阁，委任菲利普·斯诺登为财政大臣。正是这个人代表英国政府参加了海牙会议并且由此而有一段时间成为世界瞩目的中心

人物。斯诺登是工党的创始人之一，以其思路敏捷和善长言词而著称。在他青年时期因事故致残，他只能拄着拐杖走路。在他的性格中，有煽动家的热情和约克郡男人的那种傻劲相结合。在海牙会议之前，他已对扬格计划表了态，他在劳合-乔治的逼迫下谴责了计划内所建议的在协约国内部的赔款分配是对英国不公正的亏待；另一方面，他坚决反对超过扬格计划增加德国的赔款（7 月 25 日）。

海牙会议并未像德国所估计的那样顺利进行，这首先要由斯诺登负有过错。[2] 德国代表团至少有四名部长与会，除施特雷泽曼外，还有经济部长库齐乌斯、财政部长希法亭和被占领区部长维尔特。施特雷泽曼的病情有所发展，以致他只能参加政治委员会的谈判。在委员会内，他首先关心的谈判是莱茵地区撤军问题。幸亏东道主荷兰政府把德国代表团安排在斯赫维宁根下榻，使施特雷泽曼在紧张会议的间歇得以在海边呼吸新鲜空气而稍事疗养。在打硬仗的财政委员会里，库齐乌斯担负着领导工作。

会上，一开始就笼罩着沉闷的空气。在第一次会议上，斯诺登很快就提出英国对违反 1920 年斯帕协议的德国赔款分配比例的
263 异议，对此，他所使用的腔调特别使法国和意大利代表不得不感到神经紧张。斯诺登在一次发言中竟毫不畏惧地指责这两个协约国对它们在巴黎会议之前的许诺食言。法国财政部长谢隆和意大利代表、工业家皮雷利坚决反对这一指责。当斯诺登的指责有损于皮雷利的名誉时，这位曾在伦敦担任过谈判代表的皮雷利气得脸色苍白。这时，皮雷利保证在伦敦谈判中未谈及保留斯帕的分配协议。斯诺登也就不得不收回这一指责。但这丝毫没有改变斯诺

登的好斗情绪，尤其针对他的法国同事。他称谢隆对多次引证的贝尔福宣言的说明是“荒谬的和离奇的”，这时会议的沮丧气氛达到了高峰。这就要有较长时间的私人谈判和机警的高雅语言，才又一次扫清了道路上的障碍。不过，记者们听说，谢隆指着斯诺登对他的随同人员说：“这就是烧死奥尔良的圣女[*]的人。”

由于斯诺登一开始就声明他要求不增加德国的赔款负担，因此德国代表得以采取这一立场，赔款负担不得不被交给债权国自己去消除它们之间的分歧而达成谅解。施特雷泽曼也发表了相应的一个声明。但是，这一立场未能坚持很久。斯诺登对法国和其他债权国向他提出的所有的调解建议作为很不充分而一一予以拒绝，并且最后用极其强硬的语气威胁说，如果不在最短期限内考虑他的要求，他就要动身回国。人们早已非常严肃地谈论着这一危险，即债权国将牺牲德国而取得谅解。在这种情况下，德国代表团宁愿参与谈判。[3] 德国代表团虽然并未能因此制止英国所要求的 264
一部分“牺牲”被转嫁到德国身上，但它以坚忍不拔的精神和对情况的通晓进行了反抗，最终使德国的牺牲保持在可以忍受的范围内。它首先达到了在会议的政治目标——解放莱茵地区没有确定之前，德国根本不作出任何让步。

施特雷泽曼对此一丝不苟地尽了自己最后的努力。库齐乌斯在他的回忆录里谈到，施特雷泽曼怎样在会议的最后一天在兴奋

* 奥尔良是法国中北部卢瓦雷省省会。1429 年在百年战争中，这里被英军围攻，后被民族女英雄贞德率军解放；后来贞德在作战中被捕，并于 1431 年 5 月 30 日被英格兰人烧死在火刑柱上，因而她被称为圣女贞德。——中译者

紧张的谈判后竟喊出“我再也支持不了了！”而昏倒在地。当过医生的希法亭把施特雷泽曼送到他的旅馆，并且在回来的路上对其同事说：“库齐乌斯，时钟停了。”是的，情况正是这样。古斯塔夫·施特雷泽曼的生命的时钟已临近停止了。在临终前，他还经历了他所渴望的这个伟大时刻：白里安最终以可以理解的理由给予他长期没有表露的保证，即在1930年6月30日莱茵地区将撤出最后一个占领军士兵。正好下午在北海之滨的施特雷泽曼房间的阳台上，法国总理对这位德国外交部长讲出了他久久渴望所要讲的话。当时，保罗·施密特作为译员参加了这两个人的对话；多年后，他几乎抒情地叙述了这个难忘的下午：“阳光突然更亮了，而大海更加波光粼粼。回光照在这两位政治家的脸上，他们毅然相互合作，同两国人民一起为寻求解决办法而努力拼搏。此时此刻，这两人希望，法德两国成为真正友好的邻邦的一个新时代从此开始了。”[4] 啊！开辟莱茵地区解放的新时代焕然一新！德国总统和布吕宁政府1930年7月1日在这一历史性事件之际所发出的呼吁书中却只字不提施特雷泽曼的名字，总统利用这次解放庆典，迫使
265 普鲁士政府取消对“钢盔团”在莱茵地区和威斯特法伦活动的禁令。[5]“钢盔团”得以在科布伦茨举行大会，使法国不得不感到这是一次挑衅行为。在法国军队撤退时发生了来自德国居民方面的骚乱，这迫使白里安不得不向德国大使冯·赫施发出严重警告。[6] 此外，施特雷泽曼的继任人库齐乌斯未按冯·赫施的建议，向白里安克服所有阻力提前实现撤军表示感谢，从而伤害了白里安的心。[7] 但是，德国人民在撤军后的第一次国会选举时，通过选票箱竟有650万张票投向民社党而极其明显地表达了自己的真实感情。英

国驻柏林大使霍勒斯·朗博尔德爵士在 1930 年 7 月 3 日写信给大臣阿瑟·亨德森说："德国人对别人的恩赐很少表示道谢，这是德国人的一种令人不愉快的性格特征；但如果用提出新的要求来回报这一恩赐，那么人们就有理由失去耐心了。"[8]

让我们在对未来作个简短展望之后回到海牙会议上来吧！德国代表团在财政方面理所当然地得不到赞赏的地位，还特别由于沙赫特博士的态度变得更加困难。另外两名专家卡斯特尔和梅尔希奥忠心耿耿地合作，而这位德国国家银行总裁却自行其是。根据代表团其他成员的印象，他所推行的政策很大程度上取决于在德国由于狂热鼓动而搞乱的公众情绪。在 7 月间，成立了一个反对扬格计划公民投票全国委员会。大的经济组织都发表了反对扬格计划的声明。沙赫特本人在全国工商代表大会的执行委员会上的长篇报告中虽然在某些政治条件下赞同扬格计划，但在另一方面，他明显地同政府有很大距离。当代表团这时在海牙被迫改变 266
不受保护的按年付款所拟议的计划表时，沙赫特（同卡斯特尔和梅尔希奥相对立）在 8 月 29 日代表团会议上声明，他不能参与这一步骤，并且将因此退出代表团。他的讲话引起了一次热烈的讨论，至少给他留下强烈印象，以致他保留以后对施特雷泽曼要表示自己的最后态度。但这次会后不久宣布，施特雷泽曼在政治委员会取得了辉煌的成果，最终确定了从莱茵地区的撤军。在随后举行的代表团会议上，沙赫特讲话的声调变得相当地缓和起来，而且强调答应对代表团不再制造困难。德国代表团很多成员得到的印象是，沙赫特在取得政治成果之后不再认为同代表团过分保持距离的做法是正确的了，而且想为自己的今后发展留有两条后路。

在 8 月 31 日最终达到了这一进展，以致这次会议以一项由全体与会者签署一项协议书而得以告终。斯诺登在财政方面取得了巨大的成果，英国在赔款份额上比原来的计划有很大的增加。这产生了几乎是离奇的后果，这位社会主义的财政大臣在回国时特别受到原来讨厌他的金融界的欢迎，犹如欢迎民族英雄。是否算是一项政治成果，是很值得怀疑的。他那种粗暴的表现肯定不会导致民族矛盾的解决和促进和平谅解的意愿，而这比所有的单独条约是更为重要的。德国必须负担由斯诺登坚持而得的牺牲的很大一部分赔款，在财政上说虽然不起决定性作用，但在很大程度上给德国政府的政治工作造成了困难，而且远远超过了财政上的负
267 担。反对派用以谴责政府再次作了投降，反之，只有极少数人能判断这一让步的财政意义和立法地位。库齐乌斯在代表团的一次会议上说得对，斯诺登以其右倾立场应被任命为胡根贝格委员会的名誉会员。

德国代表团尽管在财政上做出了妥协，但对自己的工作是满意的。在最初几年内按年付款的不受保护的部分比按扬格计划的规定要高一些。扬格计划规定的按年付款数额达到 6.6 亿马克，如今第一年就增至 7 亿马克，即 0.88 亿马克道威斯贷款的分期偿还的款项和利息和 6.12 亿马克按年付款。道威斯贷款分期偿还后，这一负担就逐渐减轻。此外，德国还放弃了自己在道威斯计划转到扬格计划必然产生的 3 亿马克余款的份额。在 9 月 1 日后，德国还必须支付占领费 0.3 亿马克。关于由协约国清理德国私有财产一事，除了把直到这时为止尚未被清理的财产应原则上归还给财产所有者外，未能达成更多的协议。德国在接着不久即 10 月

31日同波兰所签订的协定里并没有捞到更多好处；但它竟使约12 000名德国农场主得以保住在波兰土地上的财产。除了这些不利情况外，作为最后结果的是，通过扬格计划使德国的负担有所减轻。[9] 所有抵押退还了，债权国对德国财政和经济的监督取消了。但所有财政上的不利首先由解放莱茵地区而大大得到了补偿，在第三占领区的撤军比凡尔赛和约所规定的期限提前五年。从德国民族主义者的立场出发，对这一成果评价比法国人放弃他们原来要求建立监督委员会一事要高得多。[10] 这项成果的取得几乎都是施特雷泽曼的功绩。这时已离职的奥斯汀·张伯伦对此明确表示了他的赞赏。他在9月9日给施特雷泽曼的信里加倍赞扬地写 268
道："我对海牙会议富有成效的结局感到莫大喜悦，我为所有这些对德国来说具有重大意义的事件，向您表示祝贺，因为**您**和**您的**政策使德国取得了自由。"[11]

在德国，当然也有很多善于思考的人对此同样予以无比赞赏。特奥多尔·沃尔夫把那些想贬低解放莱茵地区的成果的人喻为"狂犬吠月"(9月1日给施特雷泽曼的信)。但那些在口头上不断讲德国的解放和伟大的那些人又是怎样表现的呢？泛德意志主义者又是用怎样的感谢和欢呼迎接施特雷泽曼的呢？正当海牙会议结束后，泛德意志协会就举行了会议，而且该会领导人，这位费了好大力气才逃脱一次叛国审判案的司法顾问克拉斯，评论起代表德国参加海牙会议的这些人时说："像希法亭和施特雷泽曼这些人应该送到最高政治法庭上去。**施特雷泽曼是寓于人民之中一切危险力量的完美化身**，他灵魂上的蜕变显然来源于政治上的蜕变。"[12] 由于施特雷泽曼结合扬格计划达到了解放莱茵地区的目标，故这位泛德意志主义的大政治家只好表示寄希望于骗取德国人民所进行的胡根贝格的公民表决了。这样，这些泛德意志主义者比其他人更起劲儿地使德国在世界上蒙受憎恨，他们竭力反对成功地使德国在其灾难之后重又赢得朋友的施特雷泽曼！他能在那时指导着德国的对外政策，这的确是一种愉快！

在7月9日——还在海牙会议之前——成立的“全国委员会”负责进行胡根贝格力图实施的公民表决。胡根贝格当然居于为首的地位，而“钢盔团”的泽尔德特和刚刚提到过的克拉斯则当然是
269 他的副手了。不过，这个委员会的头号新闻却是它把民社党领袖阿道夫·希特勒接纳到委员会中。在这之前，德意志民族人民党人对这位已定过罪的并受到判决的叛国犯及其蛊惑人心的挑拨存有一定的戒心。如今胡根贝格连最后那一点政治上的脸面感情和预见都没有了。胡根贝格这个人是堂堂正正的普鲁士公职人员，重工业界的亲信，对社会主义这个词通常火冒三丈的人，现在他同这样一个人结合在一起，此人自以为有权破坏国家治安和搞叛国勾当，而且说教他特有的一种社会主义。胡根贝格招来了他自己永远摆脱不了的这些精灵，而且被激发起来的那种狂热必然对恬不知耻的家伙们有利，这些在这位控制《地方导报》和乌发电影公司老板的顽固头脑和狭隘心灵里却是从未想到过的。但对希特勒来说，这当然是一大成果，因为他通过这种方式在某种程度上被引进上流社会了。[13]

如果施特雷泽曼还有精力和时间，那么他的任务可能就会是粉碎“全国委员会”及其实施的公民表决。但命中注定不该如此。他在海牙会议结束后不几天再次赴日内瓦参加国际联盟会议并在

9 月 9 日在会上作了毕生最后的一次演讲。这时，他要求解决在海牙没有解决的萨尔问题；他极力赞成白里安所倡议的“重建欧洲各国之间的关系”和反对那些“顽固的悲观主义者”，“他们扼杀任何新思想的孕育，如果它不顺应一般的正常思想的话。”他用席勒的诗句结束这次讲话，以赞扬“永不枯竭的勤劳”。

一砖一瓦
能盖起永恒大厦；
勤劳的双手
年复一年地却能洗刷几代罪孽。

他是否预感到在他身后将会面临“几代罪孽”大大增加的德国历史 270
的一个时代呢？

这是火焰行将熄灭的最后闪光。安东尼·瓦伦丁描述了他在日内瓦露面时的那种令人震惊的容貌：[14]“一位天才站在死神的阴影之下。西服穿在枯瘦的身躯上直晃荡……他呼吸如此困难，以致他急促的喘气声有时淹没了他的话音……人们可以听到他的心脏急剧的喘气声……”后来，他到菲茨瑙作了短暂的休养。但即使在这里休养，仍有那些紧迫的政治问题使他不得安宁。曾作为代表参加日内瓦国际联盟大会的民主党主席科赫-韦塞尔访问了他，讨论了两人共同关心的一个问题，即联合“一切抵制滥用民族主义思想的分子”（科赫-韦塞尔 9 月 11 日的信里这样说）。施特雷泽曼原则上对此表示同意。还有可能去弥补德意志民主党成立时所遭受的损失吗？对此最迫切的因素也就是缺少时间了。

9月25日，施特雷泽曼返回柏林后，他感到政府因财政原因迫切需要进行的失业保险的改革而面临极大的困难。总理赫尔曼·米勒的极度虚弱的身体也使他忧心忡忡，因为他在长期患病后并没有康复就在几天前又回到了首都。施特雷泽曼还成功地促使他的党的执委会发表了一项明确的、反对胡根贝格的公民表决的声明。然后，他在10月2日下午的一次议会党团会议上努力促使人
271 民党议员通过他们的反提案不使失业保险的改革方案归于失败。讨论生动活泼，激动人心，但显然使他大伤元气。议员冯·劳默尔看出施特雷泽曼的音容不妙，已有大难临头的征兆，于是催促他赶快离开会场，同时向他保证会把事情满意结束。结果也成功地作出了决定，即议会党团一致弃权并且从而避免了一次危机。

施特雷泽曼回到家不得不立即躺倒在床上。傍晚，他虽然同库齐乌斯谈了一席话，但生命的时钟终于停止了。在1929年10月3日凌晨，他停止了呼吸。一次中风结束了古斯塔夫·施特雷泽曼的生命，年仅51岁。

多么短促的生命，多么早地夭折！这一生命短促得令人感到哀伤，如果人们想起这位还比施特雷泽曼早两年出生的人的话*，此人今天（1956年）作为总理以充沛的精力治理着德意志联邦共和国。已故的魏玛共和国的人物——弗里德里希·艾伯特、弗里德里希·瑙曼、瓦尔特·拉特瑙、埃茨贝格、施特雷泽曼——留下了丰功伟绩，而且死亡也很快轮到了赫尔曼·米勒，所有这些人在“只走到一半路程”以前就不得不与世长辞了。很难估计这些损失

* 指康拉德·阿登纳。——中译者

对共和国的命运有多大分量。当时很多德国人和外国人已经感到施特雷泽曼之死对德国甚至对欧洲都是一大不幸。但是，共和国的一些敌人却暗中对共和国失去了优秀支柱之一幸灾乐祸。

施特雷泽曼的一生处在争论之中，而且直到今天，对他的纪念也在反复争论。但争论各方已有了根本的变化。对活着的施特雷泽曼，他的敌人咒骂他牺牲祖国的利益而陷入普遍和平的空想；对死去的施特雷泽曼，批评者怀疑他对这种和平思想并不真诚，他只是把它作为挡箭牌，用以说服德国的宿敌同意消除对他的本来目
的——重新强大起来的并具有能力和乐于发动一场新战争的德 272
国——所存在的障碍。我们认为，这些批评家离题太远了，并且得出了完全错误的结论，特别是他们怀疑施特雷泽曼所考虑的以至于希望的是发动一场复仇战争。他肯定对白里安所笃信的一个即将到来的和平国家没有充满过热烈的信念。他也不像白里安那样从法国革命和空想国际主义的思想土壤中，而是从 19 世纪末德国大学生所陶醉的胜利的民族主义中培育起来的。他所处的这种环境也许比他的小资产阶级出身给他的影响还要大，他一直认为自己的出身是施展自己抱负和才能的一个障碍。正当战争行将结束而考虑任命一批议员参加政府时，施特雷泽曼对他的议会党团的同事席费尔说，他将拒绝接受任命，因为他作为一个柏林的啤酒馆小商人的儿子不得不害怕威廉二世周围的那些老爷们高高在上的傲慢举止。[15]在以后的岁月里，也有一些对他同情的观察家们在施特雷泽曼那里有时感到他有自卑情绪，他们把这种情绪归结到他的小资产阶级出身。可以想象，这种自卑感在他的青年时代更为强烈，而且他力图克服这种自卑情绪的方法是通过大声疾呼民族

主义的热情，而这种热情在大学生的圈子里是备受欢迎的，并有利于发挥他非凡的雄辩口才。青年时期所养成的一种语调很难在成年时期改掉，所以不难理解，当施特雷泽曼同大学生谈话时，他特别重复这种语调。他在民主派右翼人士中创建了一个党后，他总是很难摆脱这种语调了，而在这个党内，如他后来所说的那样，它不过是“说大话的聚餐会友”而已。正因为如此，不应该把语调看
273 得比语调的实际情况更重要，语调只是把那些人争取到自己周围的一种手段，而他个人的思想已经超过了他们。施特雷泽曼年复一年地逐渐意识到，正如他临终时所说的那样，使他同这些倒退的伙伴们隔离的鸿沟已如此之深而无法填平了。

当然，不能完全否认，德国的伟大是他全部政治思想和行动的中心，正如这对一个负领导责任的德国政治家来说是不言而喻的那样。但是，他希望在和平道路上达到德国较好的未来，不仅因为他认为在现实情况下诉诸武力的道路是没有出路的，而且还因为他从各国人民的谅解之中看到对于德国的真正利益来说有着更崇高的、更美好的目标。如果说他把凡尔赛和约看作在这条道路上的一个障碍并企图把它一点一点地清除，那么他恰恰在这一点上同其他国家许多爱好和平人士的意见是一致的。更有甚者，如果说他对在德国进行违反凡尔赛和约条款的秘密武装视而不见，那么他仍同协约国政府交往，虽然它们肯定没有被说服去相信德国已彻底解除了武装，但它们还是放弃了一次又一次的监督。至少从菲利普·谢德曼所发表的轰动一时的有关俄国炮弹的国会讲话以来，它们必然明白它们对德国将军们的期待必将是些什么。在1930年2月间，英国总参谋长米尔恩将军所写的有关德国军事情

况的报告指出，在伦敦，人们对德国回避和违犯凡尔赛和约的许多情况经常了如指掌，而且对此毫不怀疑，德国将军们所孜孜追求的是“组织整个民族，特别是工业，以便它准备有朝一日，如有必要， 274
又能变成一部战争机器，而且在这期间负责使军国主义思想在德国不致消失”。[16]但是这位英国将军一口气接着又说，“当前的德国国防军并没有构成对欧洲和平的威胁”。所以，在伦敦根本没有采取任何行动。如果说，英国军人对于他们所熟知的德国秘密武装措施处之泰然，认为这些措施还不足以使德国发动一场侵略战争，那么这位德国外长当然也就这样行动了。

不论对于这一争论表示什么样的态度，没有一个有头脑的人会否认施特雷泽曼对其祖国做出了巨大的贡献。他在世界各国人民中为祖国重新取得它在战争中失去的地位。由于德国有了这样一位世界所信任的国务活动家，它才在国际机构里重新受人注意。施特雷泽曼所以取得这一地位是由于他能在放弃鲁尔斗争时克制自己。把一次失败承担在自己身上，以重新孜孜不倦地进行建设，这只能是一名真正的政治家。

在死神把这位想把德国引导走上和平谅解道路的人物夺走之后，把德国推向新的战争和引入新的失败的这个人物却越来越走上突出地位。慕尼黑的人民法庭把阿道夫·希特勒被判处六个月要塞监禁视为对他的叛国勾当的正当惩罚，直到 1924 年 12 月 20 日，他被关押在兰茨贝格的巴伐利亚的要塞。巴伐利亚的司法当局并没有使他在那里的生活感到困难，给他以设备完美的、阳光充足的房间、良好的伙食，并允许他津津有味地享用其崇拜者送给他的东西；他可以接待来访者，不限次数，随他所愿，简而言之，如果

说他在要塞的生活比他以前的任何时候的生活都好，那么这几乎是毫不夸张的。[17]这当然并不妨碍他自认为是一个为了自己的信仰而经受过严重考验的一名殉难者。

275 两名追随者在要塞志愿做他的秘书，其中一名是鲁道夫·赫斯，此人以其较高的文化水平帮助了他。希特勒在兰茨贝格向这位秘书口授其一本纲领性的书的上卷，出版商阿曼对这本书题名为《我的奋斗》。尽管希特勒在该书上卷完成时早已获释而重又到处活动，但他后来才得到此书，为了在宣传上提高自己的身价使用了本书写自“勒希河畔兰茨贝格要塞监狱”。上卷共有 400 多页，1925 年 6 月出版，而且在第一年销售量达 9 000 多册，希特勒从中得款20 000多马克。后几年出版的下卷效果较差。但全书销售量在 1930 年内超过50 000册。他在所谓“夺权”后通过强制手段使每年销售量增至 85 万册。[18]在 1940 年，该书总印数号称达 595 万册，而且希特勒以此吹嘘这本书流传之广仅次于《圣经》。

谁要是由于这本书的这一成就而期待它是一部独特的名著，甚至谁只希望它是一部令人印象深刻的、有趣的、可读性的书，那么谁就会大失所望。在开头几页，希特勒把由于自己的过错而造成毫无成就的青年时期描述成了一幅美化而失实的图景，也许这几页还能在一定程度上可读。但正当他散布自己的政治观点时，他用漫无边际的空话和没完没了的重复使人读了精疲力竭。对此，再没有比歌德的格言表述得这样贴切的了：“凌辱的空话，冗长而无力。”几乎没有什么独创见解。大多数内容是借用别人的而后被粗制滥造地加以发挥；这是适应德意志-奥地利民族主义的狂热
276 信徒沃尔夫和舍内勒尔之流的狭隘眼界的。很少有什么论点。相

反，却出现了一些以往在德国政治书籍里从来有过的粗鲁的谩骂。人们可以是一名坚定的、彻底的反马克思主义者和反社会民主主义者，但必须杜绝希特勒那种表面的、粗暴而诽谤性的论战。他所捧上天的"领袖原则"只有一个含义：我，阿道夫·希特勒要成为这样一个领袖，所有一切必须服从其无比强大的、不受任何道义上限制的意志。如果清楚了解了这一点，那么他这样放肆谩骂民主制和民主主义者，谩骂议会制和议员就是可以理解的了。谁要是有另外的想法，谁要是不愿承认这位领袖，谁就当然是犹太人或犹太人奴隶了。希特勒在其长篇空论议会民主的结束语中打出了这张王牌："只有犹太人才会赞扬一种像他们那样肮脏和失实的机制。"这是应用于一切的口头禅。希特勒所不喜欢的东西都是犹太人的过错。他所追求的是世界霸权。证据就是：《锡安贤士议定书》*。因为《法兰克福报》说它是伪造的，所以就证明它本身是真实的。这就是希特勒所轻而易举地对待一切困难的逻辑。用这样一种逻辑，当然，一切都变得那么"简单"。希特勒是雅可布·布尔克哈特所强烈警告的这些"可恶的肤浅者"中的最糟糕透顶的人。迈纳克在《阴谋和布尔克哈特》的学术报告（1948 年）中就明确肯定了布尔克哈特，报告叙述了布尔克哈特所预言的篡权者。"这些人……将……依仗军事机构指挥群众：住嘴，丢掉一切个人欲望，穿上军装在鼓声中集合起来去经受你们日常生活的痛苦，以在傍晚再随

* 《锡安贤士议定书》系作为排犹主义借口和理论根据的伪造文件。文件声称犹太人和共济会会员制订计划要瓦解基督教文明并建立一个在他们联合统治下的世界国家。后被揭露，此文件系从其他材料中杜撰的。——中译者

着鼓声返回家里。”[19]今天，任何一位德国爱国者在播下不和的种子令人吃惊地抽芽生长之后而得以自我克制地、吃力地读一读这本书的胡言乱语，他就会想起几百万的德国人曾把这本书看作罕
277 见的、政治智慧的源泉并把其作者视为民族主义的预言家而不得不蒙头哀伤起来。但这本书在思想和写作上的低劣也说明为什么希特勒的政敌根本就没有怎么去注意它。他们简直不能想象，这么一部拙劣著作居然会对任何一个有理智的人留下印象而且从他们那里会夺走自己的选民。他们的估计是多么错误呵！

最初，当然给人的印象不完全是这样的。在希特勒坐牢期间，他的追随者陷入相互争吵。鲁登道夫将军成为了国会里种族主义集团的头目，在这个集团里，民社党人同他们北德地区的志同道合者如冯·格雷费、亨宁少校和里维特洛夫伯爵联合了起来。但这位大人物不能掩饰他在政治上的无能。蒙森把拉比努斯*、凯撒的背信弃义的副帅，称为“那些人物之一，这些人物把军事上的用处同作为政治家的根本无能结合在一起，而且，如果他们不幸想搞或者不得不去搞政治的话……那么他们就会陷入丧心病狂的头晕发作之中……”[20]难道这话听来不是好像针对鲁登道夫写的吗？1924年12月7日的国会选举似乎表明，在德国人民中出现的安定已结束了民族社会主义的威胁。支持过民社党的一半多的选民从5月以来就脱离希特勒了（从191.8万人中脱离了90.7万人），32名议员又减到只14人。

---

* 公元前49年在凯撒和庞培的内战中，拉比努斯·提图斯从凯撒方面转到庞培阵营，是个富有作战经验的将领。——中译者

对希特勒个人来说，在他监禁期间最重要的问题是，是否他在六个月监禁后实际上将会取得缓刑而获释，以及是否巴伐利亚政府会允许他（违反法律）将继续留在巴伐利亚。司法部长居特纳负责假释出狱。但甚至在巴伐利亚政府里也有些人看到希特勒在巴伐利亚的继续居留同内部的安定秩序将是不相容的。负责该邦安全的慕尼黑警察局在 1924 年 5 月 3 日和 9 月 22 日两次要求驱逐 278
希特勒出境。[21]巴伐利亚警察局长在 9 月 22 日给巴伐利亚内政部长的报告里就预示，只要希特勒获释，他就会发挥他的能量，又将立即成为民族社会主义运动的、引起新的严重骚乱和不断威胁国家安全的推动力，他将不惜破坏新的法律，甚至会出现宣布缓刑期已期满的危险。不需要预言家就能预见到这一点，但巴伐利亚政府无所事事，这样，希特勒得以在 1924 年 12 月 20 日获释而回到了慕尼黑。

希特勒的追随者之间的争吵当然还没有停止，有一部分人是反对希特勒本人的。但是他以其冲破一切阻力的能量竟成功地重新组织起这个党，而且对他至关重要的是，首先让这个组织完全从属于自己。他的敌手，如格雷戈·施特拉塞，却不能持久地与之匹敌。此外，党的机关报《人民观察家》也归属于他。他所取得的一个突出的成就就是 1926 年 6 月间在班贝格大区党部负责人会议上把一直追随施特拉塞的年轻的约瑟夫·戈培尔博士争取到自己这一边，因为戈培尔是党内最得力的智囊人物，是一名思想豁达机灵的新闻记者，同时也是一名卓越的组织者。希特勒对他的酬报是不仅把他接纳入他亲信圈里，而且委任他任柏林大区党部负责人还持有只对领袖负责的特权。

但是，政治上的成就同组织上的成就是根本不能相称的，部分原因可能因为禁止希特勒在巴伐利亚、普鲁士和其他几个州内的
279 公开场合发表演讲的禁令所致。不过，最主要的原因还是在这几年内形势稳定了，德国人民感到有必要摆脱自己的严重灾难，重新复兴，因此绝大多数人不愿意接受煽动者的挑拨，因为他们要摧毁一切现存事物并谴责任何一种和平政策为背叛。1928 年的国会大选使民社党人遭到惨败。只在巴伐利亚的两个选区，他们的选票超过选举一名议员所需的60 000张；另外四名候选人是通过选区的联合才当选的；六名候选人是在全国选举的名单上当选的。在这 12 名议员中有戈培尔、前空军上尉戈林、格雷戈·施特拉塞和党的国民经济"专家"费德尔。费德尔把"打破利息奴役制"吹捧为治理一切经济上和社会上的弊端的灵丹妙药。在民社党人的眼里，这些议席的最大特权是议员享有全国的免费火车票，这就使他们便于进行周游鼓动；他们还享有免受起诉的豁免权，他们特别在报刊上充分利用这一权利。戈培尔恬不知耻地写道："我不是国会成员，我是豁免权证书和免费火车票证明的持有者。"[22] 在议会上，他们只能作为捣乱分子起作用。

希特勒是经过胡根贝格从这一极不满意的处境中被挽救出来的。当德意志民族人民党人的这位强有力的领袖在为争取德国未来这一重要问题的斗争中让这位迄今被"正直"的观众怀疑或蔑视的希特勒成为他的志同道合者时，人们就不得不对希特勒认真看待了，而且忘记了他以前所作的累累罪行。当德国总统充当名誉会员的"钢盔团"的爱国者们同希特勒的举着卐字旗的冲锋队员一起行进时，和平市民就不必再用迄今歧视的眼光来看待他们了。

实际上，当人们看到“德国公民投票全国委员会”所推行的政策时，大家也就难以说出，究竟是胡根贝格还是希特勒是这个委员会的头目。

公民投票必须按照德国宪法(第 73 条第 3 款)进行，即提案者 280
必须向全国内政部长提交一份“制订的法案”(1921 年 6 月 27 日关于公民表决法第 27 条)。[23]在 1929 年 9 月 28 日，即施特雷泽曼逝世前几天，全国委员会提交了一份由它所称的“自由法”的草案。这份文件以令人可怕的方式表明，这一所谓的“民族主义反对派”是用怎样的思想进行着活动，而且指望德国人民为之所做什么。文件只有四段，但每段都会在政治和法制的恐怖展览室里有其特有的位置。

凡熟悉胡根贝格及其同伙的思想方法的人，就能预见到他们将会以“战争责任谎言”发难。德意志民族人民党人虽然在参加马克思政府时已悄悄地抛弃了这一论调，但这当然不妨碍他们的新领袖如今在反对派里再次竖起这面旗子。不过，公民表决全国委员会向德国人民所展示的方法简单得令人吃惊。草案第一部分指令德国政府“立即严正通知外国列强，凡尔赛和约迫使承认的战争罪责是违反历史真实的，是基于错误的前提之上的，而且是不受国际法的约束的”。[24]然后又是怎样呢？德国选民只要有点逻辑思考能力，就不难要问，用这样一种由缔约一方的单方面的声明要达到什么目的呢？接着，草案第二段企图以另一个指令德国政府的方式回答，它“必须谋求”使第 231 条的承认战争罪责……正式归于“无效”。至于提案者对于对方如果回答“不行”时怎样考虑这一“谋求”和会有怎样的后果，“自由法”草案则对此并无只言片语。

可能提案者期望他们的名字将给这些昔日的敌手留下如此深刻的印象，以致他们立刻会同意这种“谋求”。

281 难道能会有一名比司法顾问、泛德意志主义者的头目克拉斯更好的拥护德国战争无罪的律师吗？正是他在 1914 年以前曾写道：“谁热爱他的人民……谁就必须渴望战争，因为它能唤起所有在本质上正常的、健康的和强大的事物。”希特勒当然是能同克拉斯比试高低的。他对此在《我的奋斗》中抱怨，奥地利对塞尔维亚的最后通牒的语气“顾虑太多，根本没有什么过分或甚至粗暴”，他感到爆发战争是一种“拯救”，他“怀着狂热的激情，跪倒在地，全心全意地感谢上帝赐福于我，让我在今世生存”。很明显，这就是“凡尔赛和约的承认战争罪责所依据的”“错误前提”。

随后，草案第二部分继续指令德国政府也要设法使涉及外国占领权问题的凡尔赛和约的第 429、430 条“正式归于无效”，并且“不管接受还是拒绝海牙会议协议……都要从现在起立即无条件地撤出被占领地区”，对此，也不会有人感到奇怪的。但对扬格计划，草案第三部分暴露得更加清楚，它禁止政府“对外国列强去承担基于承认战争罪责的、其中也明确包括巴黎专家委员会决议在内所定的新债务和新义务”。但公民表决全国委员会对这一禁令并不满足。它还增加第四部分，根据这部分，“德国总理、部长和全权代表们”，如他们胆敢“同外国列强签约”，将依照刑法大典第 92 条第 3 款作为叛国分子被处以不少于两年的监禁。

不过，怀着复仇欲的人是拙劣的立法者。德国总统也属于德国的全权代表，而且“钢盔团”突然发现它的名誉会员兴登堡陆军
282 元帅通过其主席泽尔德特连署的提案而受到监禁的威胁。当然，

戈培尔并不感到有什么不正常，但泽尔德特和德意志民族人民党人如今却对自己的胆大包天感到担心并且对草案条文作了小小的修改，把“德国的全权代表”改为“德国总理和部长们的全权代表”，这样兴登堡就不在监禁范围之内了。但德国外长按公民表决全国委员会的一致看法绝对应被送进监牢。这就是民族主义反对派对临终的施特雷泽曼的最后致意！

是否这一“法案”能允许被付诸人民表决的问题，是可以争论的。因为德国宪法把财政预算和税收法明确列为不允许公民表决的对象，而“自由法”要禁止扬格计划，这肯定严重干预了国家财政事务。但政府不愿在宪法上引起争执，因此采用投票方法。在10月下旬，这一公民投票的支持者伺机显示其力量向官方请愿。为胡根贝格投入大量人力、物力而进行一种特别活跃的鼓动宣传开展起来了。鼓动所使用的手段是极端肆无忌惮的，而且力图充分利用兴登堡的名字为他们的目的服务；甚至还上演了一部以德国总统为中心的宣传影片。最后，兴登堡不得不在给总理的信中表示，无人有权“公布他对这一问题的个人意见”；如果按法案的立法过程需要他作出这样一项决定时，他才能表态。对此，全国委员会才撤回了这部兴登堡影片。

如果这项请愿应开辟公民投票这一途径，那么它就必须按宪法拥有投票资格的公民的1/10签名，这就是说要有410万人签名。这一目标达到了。总共有413.5万人的有效签名，占有投票资格的公民的10.02%。3/4强的签名者来自易北河以东地区波 283
美拉尼亚、东普鲁士和梅克伦堡，在那些地区，民族主义分子有相当强大的势力，足以在经济上和社会上施加压力，以利于这次签名

运动。结果并不算辉煌，但已够了。公民投票全国委员会大肆喧闹地欢呼他们的成就。但是，连在持右派立场的报刊上也对胡根贝格运用这种办法的智谋表示怀疑。

这时，德国政府不得不向国会提交这项“自由法”草案，或者如现在所称的“反对奴役德国人民”法案，而且对此要表态（第 73 条第 3 款）。政府当然建议对此拒绝。在 11 月 29 日的国会协商中，委托施特雷泽曼的继任人外长库齐乌斯博士陈述这一拒绝的理由，而且他在一次颇有说服力的发言中这样做了，他这次坦率地发表了意见。他特别同胡根贝格发生了尖锐的争吵，而且他把判处监禁的第四部分称之“卑鄙无耻，对此即使是最尖锐的政治斗争也不能饶恕”，同时他的发言博得了多数人暴风雨般的掌声。现在当然轮到胡根贝格端起长矛，放松马缰，跳上讲台并向全世界表现他多么像是一名祖国的救星为了他的事业大无畏地进行斗争了。可是，嗨，胡根贝格又一次怯场，连面对面地正视一下敌手的勇气也没有，于是他的一名随从、首席教师奥伯福伦博士不得不顶替他出来解围。

在第二天，国会就进行表决。当然“自由法”被否决是预先就肯定了的，但这次失败比预料的惨得多。第一部分以 318 票对 82 票被否决，第二、三部分也以近似的多数被否决。但在表决第四部分即监禁部分时，德意志民族人民党崩裂了。该党 78 名议员中只有 55 名表示赞成，其余的议员不愿意参与这种“无耻勾当”。这时胡根贝格以为可以对这些背叛者报以严厉的纪律措施。但是这些
284 人以退党和退出议会党团作为答复。在这些人里，有迄今一直是该党名列前茅的施兰格-舍宁根、冯·林戴纳-维尔德、冯·科伊德

尔、农民领袖席勒和外交政策专家赫茨施教授。最生动的是，青年议员（前海军军官）特雷维拉努斯公开谴责胡根贝格阻挡该党议会党团成员实施“按照我们的良知的行动自由，正如在人民面前遵守宪法的责任所要求的那样”。最使人感到印象最深的是要算韦斯塔普伯爵辞去议会党团主席的职务了。

国会对“自由法”的否决乃是依法进行公民表决的前提。发起者当然也已经估计到了这一点，而且他们也许把它视为有利于充分利用不满国会的情绪进行鼓动宣传。但是这次在国会里遭到的失败，特别对德意志民族人民党来说，对他们党的政策的后果这样严重，以致它不得不大大削弱了他们在公民投票成功后狂热宣传的必胜信心。正在这时，他们突然获得了沙赫特的意想不到的支持。如今，沙赫特已决心走上他在海牙为自己留有的两条后路中的一条。在12月6日，沙赫特向德国政府提交一份冗长的备忘录，在备忘录中他虽然反对“自由法”，但同时也反对扬格计划。他指责政府容忍扬格计划中那些对德国不利的无必要的改变。此外，他还激烈抨击政府的财政政策。但更加令人吃惊的是，沙赫特在未与政府达成任何谅解的情况下直接发表了这份备忘录。这样，德国全国上下都读到了沙赫特的战争宣言：“就我这方面而言，如果继续按照（西方）当时的措施和要求所采取的那种方式歧视扬格计划的目的和前提，那么我是最坚决地拒绝对扬格计划的生效负责。”

这一备忘录的发表是一次突然袭击，它违反了政治礼节上最 285
起码的准则。德国政府在立即回答沙赫特的反声明中语气非常和缓，同时对这一备忘录的发表表示惊讶！因为“它把同他商定过的

这些问题置于公众讨论中去了”。接着在 12 月 12 日进行的国会辩论中，米勒总理向德国国家银行总裁沙赫特指出，他为掩盖自己背离政府行径所欲利用的所谓让步可从这一事实清楚地得出结论，即德国专家们遗憾地在巴黎会议上未能成功地在这些问题上贯彻他们的立场。国会接受了米勒的这一说法，并且以 222 票对 156 票对政府表示信任。少数派通常是由德意志民族人民党人、民社党人和共产党人所组成。

但如果指望广大选民来左右这些极为棘手的问题，这当然是要求过高了。参加巴黎会议的这位主要专家声明反对扬格计划这一简单事实必然对这一公民表决起了作用。12 月 22 日，只有 582.5 万人投票赞成公民表决，而接受公民投票要求必须达到 2100 万票，在这种情况下，这只能是一个相当可悲的结局。如果回忆一下三年前社会民主党和共产党所提出的有关无偿剥夺诸侯财产的公民表决，尽管它也遭到了失败，但相比之下总算还能征集到 1550 万张赞成票。

“民族主义反对派”的惨败比他们的新伙伴沙赫特在表决前一天推翻社民党人财政部长希法亭更加引人注目。但是，这一事件必须同压在德国政府和国会身上的严重的财政问题相联系来看待。

第十八章　大联合政府的瓦解 286

在争取重新调整赔款所进行激烈的和耗尽精力的斗争期间，德国政府几乎不断地处在财政困迫的压力之下。[1] 我们早已看到，制定 1929 年的德国财政预算所采取的方式与其说是适应主管部长希法亭财政政策的坚定信念，不如说是适应各执政党反对新的收税的倾向。如果经济发展欣欣向荣，这种解决办法也许还能维持。可是，情况恰恰相反，最初的形势是缓慢地恶化的，但后来迅速地、严重地恶化了。1929 年 10 月间，当纽约证券交易所经历史无前例的崩溃从而开始了美国长达数年之久的严重的经济危机时，德国的经济发展遭到了最沉重的打击。从第一次世界大战以来，美国对世界经济的影响特别广泛。一直对许多国家是一个债务国如今却成了最重要的债权国。实际上，德国赔款的一大部分最终肯定会流向美国，以满足其对前盟友的要求。直到那个时候，美国的经济发展如此辉煌，以致人们谈论着“美国的经济奇迹”，而且广大阶层自以为美国必将在很长时期内持续发展。而现在这场灾难愈令人震惊，人们对它愈感到束手无策，这不仅仅在美国如此。

还在美国危机爆发以前，德国经济形势的恶化就对两方面的社会财政问题产生了影响：税收减少和失业救济金支出增加。特 287
别是第二种影响给政府造成巨大困难。德国失业保险机构越来越

不可能从雇员和雇主的缴款中满足其开支。因此，国家不得不日益增加对该机构的补贴，补贴在形式上虽作为贷款，但实际上是完全不可能再归还的了。希法亭不得不在4月底向国会说明贷款的数额到6月底将增至约3.7亿马克。当然，不能这样无止境地持续增长。德国失业保险机构不得不通过任何一种途径使财政得以重新独立，就是说，要么紧缩开支即减少对失业者的救济金，要么增加收入即提高雇主和雇员的税捐。于是，两方的受益者都被召唤到了战场。

在全国实行对失业工人的保险这样一个相当新的经济中，出现了结构上和管理上的失误，这些失误可根据实践经验逐步加以消除，这本身是不足为奇的。没有一方对这样一些缺点的存在是有争议的，但对这些缺点的广泛性及其在财政上的作用却争论不休。当偏右的议员声称，失业救济由于其做得过分而危及劳动风纪时，工人利益的代表们则认为这是一种党派的、不公正的侮辱。一个由雇主、雇员、议员和科学家参加的专家委员会提出了改革建议，但这只能解决一部分的亏空，而且必须通过一次暂时提高税捐
288 至工资额的0.5％才能得到弥补。企业主和工会都不同意。这一方把这些改革看作是欠缺的，并把税捐的提高视为无法承受的；另一方则反对拟议中的降低救济金。[2]

政治上变得日益严重的是，双方也在党派政治上互相对立，不是执政党和反对党的对立，更多的是在执政党中间产生裂痕。更确切地说，社会民主党人和德意志人民党人相互对立，这不仅在国会内而且也在中央政府内对立。随着时间的推移，严峻的形势日趋尖锐。改革迫在眉睫，但几位主要部长——财政部长希法亭和

经济部长库齐乌斯在8月间不得不在海牙参加扬格计划的谈判，因此很难作出所有决议。劳工部长维塞尔和内政部长泽韦林不得不赶到海牙，同他们的同事们商定了一项暂时的解决办法。在普鲁士政府协助下终于产生了一项妥协办法，于9月16日在参议院内以仅多一票的多数得到了通过；属于少数派的是一些右倾的普鲁士省——东普鲁士、勃兰登堡、波美拉尼亚和下西里西亚。这项妥协办法从专家建议中提出争执最多的条款并把它们糅合为有效期至1931年3月31日为止的一项特别法案。在这段时间内，税捐的提高应从工资总额的0.5%提高至3.5%。这随即引起雇主联合会和德国工业界的抗议。在国会的委员会和全体会议上不得不再次进行一些修改。特别是暂时提高税捐的问题仍然没有解决。政治上具有重要意义的是人民党在全体会议的讨论中提出了一系列修正提案，可是这些修正案在二读投票中（10月2日）全被否决了。

人民党从其他执政党中脱离出来被当作对联合的严重威胁。民主党议员哈斯博士在讨论中尖锐地反对这种漫不经心的态度。289
总理毫不隐瞒，如果法律草案失败，他就辞职；中央党也让人民党知道，如果它的相当大一部分议员在三读中不赞同法律草案，那联合就被视作破裂。这一点甚至施特雷泽曼在他去世前一天主持的议会党团最后一次会议上，也没有能够实现。但是他至少达到了使这些议员一致地弃权。这对拯救法律草案足够了，10月3日，法律草案在三读中以238票赞成对155票反对而获得通过，投赞成票的是其他的执政党，投反对票的是德意志民族人民党、经济党、民族社会主义者和共产党人。这样，政治观点再一次——即使是万分艰难地——战胜了利益政策。这是施特雷泽曼为德意志共

和国作出的最后贡献。

但是这一临时性地解决失业问题的措施还完全没有解决国家财政问题。对这样的问题不仅存在困难，实际上不可能使国家的收支协调，而且国家无能力完成当时的义务。希法亭对此在1929年3月14日关于国家预算的讲话中已着重指出了。德国资本市场的状况是这样的，通过银行贷款或借款方式筹措当前的资金是特别困难的。在5月间，形势如此严峻，以致政府决心贷款五亿马克，为这笔贷款，政府给债权人以特别优惠的条件，不仅付给7%的利息，而且免征所得税、财产税和遗产税。国会于5月15日以
290 微弱的多数批准了这笔贷款。但所筹集的贷款并未超过1.77亿马克，这是一次完全的失败。这也表明，对拥有资本实力的阶层来说缺乏对德国财政的健康发展和复苏能力的信心。因此，贷款正值德国银行贴现率达到7.5%的最高峰。但政治原因也起了作用。不仅因为赔款问题的巴黎会议正好在这个时候召开，而且也因为右翼反对派竭其全力以动摇对德国财政的信任。德意志民族人民党人在讨论贷款时把贷款说成是“变成靠借债过活的政治体制的绝望的一招”和“变得束手无策的财政经济的恐惧贷款”，以致人民党的发言人克雷默博士也把“对当前面临的灾难持续进行的空谈”视为对德国经济的一种危害。

尽管有这一令人忧虑的失败，但总算度过了5月底和夏季的几个月的难关而未出现较大的波折。可是，毫无疑问，冬季又将使局势日益严峻。沙赫特从自己的财政角度考虑企图通过这一手段利用这一局势：只要财政部不采取他认为迫切需要的政府措施，他就不准向财政部继续贷款。财政部国务秘书波皮茨教授对德国国

家银行总裁的行径非常气愤。他认为这是贬低财政部长和以他为
首的整个机构的职权。波皮茨[3] 能力很强，性格鲜明。他是一位
优秀的法学家，也许还是财政法最好的专家以及草拟和创立税收
法的行家。他不是一名真正的政治家，但对于某些政治基本问题
有自己极为明确的见解。他特别痛恨他所称的“多极政治”，即各
种不同政治力量的混乱状态，而这些力量力图使政府屈从于它们
的意志并使领导不能统一。从这一角度而言，波皮茨考虑了赔款 291
总代表对德国财政政策的批评，尽管批评并非没有事实根据，但他
对此持坚决拒绝态度。他在这方面认为德国国家银行总裁的行径
现在也是这样，他不但没有帮助政府度过财政困难，相反把政府置
于压力之下，以使它屈从他的意志。波皮茨力图通过从别处即从
一家外国银行接受必不可少的贷款以摆脱沙赫特的压力。波皮茨
同美国狄龙银行谈判，这家银行准备向德国提供一笔临时性的短
期贷款，直至较长期的协议达成为止。这时，沙赫特突然发表了
12 月 6 日的声明，恶毒攻击政府没有保持预算和财政管理的正常
秩序。声明说：“未能达到预算的真正平衡，没有采取有机地消除
迄今的赤字的措施；不断增加的新的亏空和要求出现了，而得以弥
补亏空和要求的办法主要只是通过增加税收，也就是通过增加负
担。”估计由于这种耸人听闻的攻击国家财政政策的影响，美国人
就顾虑重重，并且询问国家银行是否反对他们向德国政府提供所
需的贷款。这时，国家银行总裁抓到了进行一场尖锐批评的把柄。
“沙赫特大发雷霆。”当时在财政部任司长的施威林-克罗西克这样
写道。[4] 波皮茨在这种情况下不得不递交辞呈，这项辞呈不得不被
批准。但是希法亭拒不让自己的国务秘书独自去承担这一失败行

动所带来的后果，他也声明辞职，而总理米勒除了接受辞呈外别无他法。国防部长格勒纳写信给他朋友说："希法亭确是一个正直的男子汉，伟大的财政学者。他懒散，但没有狂妄野心。他的死对头是沙赫特，这人野心勃勃，不讲礼貌，他如今还向德国人民自我推荐任德国总统一职。"[5]

292 于是，希法亭作为德国财政部长所进行的活动已是第二次也是他的最后一次以失败而告终。如同 1923 年那样，他不能从极大的困境中找到出路，而且也不能向政府和国会强加自己的意志。他再次表明，他并不缺乏理智的头脑，但力不从心。部分原因大概是他在议会党团内没有必要的支持。诺斯克说，希法亭曾向他诉苦"这一简直不堪忍受的状况"，"自己被一个群龙无首的、毫无方向的议会党团追逼"。在这个议会党团中，"那些决策者为了是否给失业者多花或少花 30 芬尼的这一问题……准备把整个民主制和共和国断送掉"。[6] 但除了议员本身的缺陷外，希法亭所面临的这一确实无法应付的问题是，一名信奉社会主义的财政部长处在一个非社会主义国家内同资产阶级各政党所搞的大联合之中，而且面对着一个非社会主义多数派的国会：他纵然有最大的能耐也无法推行社会主义的财政政策。胡根贝格一伙人当然咒骂这位社会民主党人财政部长的"马克思主义"倾向；即使沙赫特特别喜欢使用这种伎俩，但这不过是蛊惑人心的空话。实际上，在希法亭的政策或建议中根本看不到一丝一毫的"马克思主义"。社会民主党致力于把因打输了的战争和国家开支增加而压在德国身上的极大的财政重担作这样一种分派：对于党所代表的那些阶层，负担尽可能少一些，而另一方面，对于那些从这个正在发展的福利国家享有

较多好处的人负担尽可能多一些。这一目的同德意志民族人民党人和人民党人在另一种旗号下所追求的，原则上是相同的，更不用说像经济党和农民党那样明显的利益政党，而巴伐利亚人民党还把地方分裂主义的特殊色彩渗入这幅本来就已混乱不堪的政治图景中去。社会民主党在这场利益争斗中吹嘘其议会党团的强大，293
这是徒劳的。因为根据议会制的边际效用价值学说，即使一个作为一翼的小党，以其构成议会多数派的不可缺少性，因此它的作用也就增强了。当然，心里只想到他的选民和席位的个别议员就不会清醒地认识到作为部长对整个民族，特别对国家的财政平衡，是要负有责任的。

新的财政部长不再从社会民主党人里选出，因此这对该党来说倒是减轻了压力，尽管它对外的威望遭到了一次沉重的打击。新财政部长是人民党议员、科隆大学保险学正教授保罗・莫尔登豪尔博士。前不久，当库齐乌斯在施特雷泽曼逝世后接任其外长一职时，莫尔登豪尔就担任了经济部长。人们可以认为，他是人民党党员和被推测为具有书本专业知识的教授，所以他的出任在经济界所遇到的阻力较少。当时，经济界人士的信任对一名财政部长来说是特别重要的。作为平衡，由一名社会民主党人任经济部长，他是以镇静和求实著称的罗伯特・施密特。波皮茨辞职后空缺的财政部国务秘书一职幸运地由迄今任经济部司长的一流人物汉斯・舍费尔博士担任。他在此之前一直主管赔款问题并参加过许多次有关的国际会议；由于这些问题的作用不得不减弱之后，他就可以脱身就任新职了。如果说，他像其前任一样不是一名税收问题的专家，那么他对国家支出，尤其对现金支付比较谨慎小心，

而波皮茨对此却并不这样认真。

294 当然，德国政府现在不得不依从沙赫特的要求。实际上，他所要求的是设立一笔4.5亿马克的偿债基金，这一建议是有道理的，事实上，政府在财政计划里早已包括了这个项目。[7] 但是，沙赫特由此对德国财政政策所作的贡献被他为此目的所使用的独断独行的手段抵销而有余了。他通过在筹措必不可少的贷款方面不给予国家支持的威胁迫使政府和国会在三天内颁布了一项法令，根据这项法令，至迟于1930年会计年度末在预算里纳入一笔必须达到4.5亿马克的偿债基金。随着这一立法，沙赫特才指示德国银行的一个财团提供必要的临时贷款。就在国会通过“沙赫特法令”的那次会上，他又提出另外两项提案，这些提案进一步阐明了政府务必在各方面对付紧急状况的困难：一个特别对农业有帮助的贸易保护的关税法和提高对失业保险金的税捐0.5%，即提高到3.5%，但这只是一项截至1930年6月30日之前的临时性措施。这个对政府联盟来说十分危急的问题不得不在春季再次提交国会讨论。最后国会还通过了一项由各执政党提出的提高烟草税的提案，以使国库得以找到一些额外的财源。

从税收政策观点看，沙赫特法令的真正负担落在不断争取降低税收的那批人身上。这事至少在现时已经过去。但是，他的行径在政治上引起左派的极大不满，因为对他们来说，这是金融资本家的一次干预，使国家的立法机构必须屈从于金融资本。[8] 这既不能有助于缓和阶级矛盾，也不能有助于共和国的稳定。当最终通过扬格计划的第二次海牙国际会议即将来临时，德国政府岌岌可危的地位更加可悲了。这次会议于1930年1月3日召开。德国
295

代表团由施特雷泽曼的继任人库齐乌斯率领，另有三名部长随行，计有：莫尔登豪尔·维尔特和罗伯特·施密特。英国又首先由斯诺登任代表。白里安也再次出席以代表法国，但他这次不是以总理而是以外长身份出席会议。他的内阁是在 1929 年 10 月 22 日被议院推翻，在此期间，对外政策的问题，特别是从莱茵地区撤军问题，起了一种重要的作用。法国新内阁比其前任更加右倾。安德烈·塔尔迪厄总理在凡尔赛会议上作为克列孟梭总理的助手和他在 1921 年出版的书中作为和约的坚决捍卫者而闻名于德国。但是，塔尔迪厄让白里安留任外长一职，以表明他坚持迄今奉行的谅解政策。危机前后的议院讨论总是表明，德国最近发生的事件引起法国的不悦情绪以至于不信任。法国民族主义的先驱弗朗克兰-布荣在 11 月 7 日指出胡根贝格的公民表决案并且怀疑在提案取得成功后是否还能相信德国的善意。他说，在 400 万签名者后面还有德国大学、大工业界和军界的支持。对此，白里安反驳说，胡根贝格谈论前德国外长施特雷泽曼同法国的胡根贝格之流谈论他白里安是一模一样的。当他称已故的德国外长是这样一个人，即他的去世使全世界感到丧失了一个不可弥补的损失时，议院整个左派报以热烈的掌声。他继续说，胡根贝格报纸所污蔑的这样一个人曾在海牙会议上抱病并受到死亡的威胁，然而他坚持坐在他面前；在他还没有为他的欧洲和平事业添上一块新砖之前，他是不甘心过早地离开人间的。白里安在指出埃茨贝格尔和拉特瑙* 296

* 埃茨贝格尔于 1921 年 8 月 26 日和拉特瑙于 1923 年 6 月 24 日先后被战后德国民族主义组织自由团所谋杀。胡根贝格报纸曾对此拍手欢呼。——中译者

的被害的同时，在议院绝大部分人的暴风雨般的掌声中大声疾呼"难道一个真诚愿望和平的人就得死去吗？"但是，连白里安本人鉴于法国公众舆论的不安，不得不在 12 月 7 日亲自提问德国大使冯·赫施，如果德国出现一个德意志民族人民党人的政府，他将被问及法国将采取什么行动时，他该怎样回答议院，因为德意志民族人民党人现在已经宣布不受扬格计划的约束，并且冷酷地说，他们不能、也不愿继续支付赔款。[9]

因此，出席第二次海牙会议的德国代表团不得不估计到，债权国将在债务国拒绝支付赔款的情况下可能对德国采取迄今所回避的制裁措施的问题将成为话题，而且这完全由于胡根贝格-希特勒之流的蛊惑宣传和沙赫特的阴谋活动所致，使代表团陷入这一困境。这时法国人指出凡尔赛和约第 430 条（塔尔迪厄*的个人杰作），如果赔款委员会确认德国已拒绝履行其赔款义务，那么该条款授权协约国可对已撤出的占领地区重新派军队占领。由于扬格计划，赔款委员会已不复存在。法国人就问，这是否意味着第 430 条无效并且因此剥夺了他们为反抗德国恶意拒绝支付赔款应采取的任何条约所规定的措施吗？

这是法国代表团团长塔尔迪厄在海牙所谈到的一个问题，这个问题并未在公开谈判时而是在同库齐乌斯举行的私下会谈时提到的。塔尔迪厄要库齐乌斯承认，德国将把债权国鉴于德国可能放弃扬格计划而应决心采取的措施**不看作是敌对行动**。在讨论中，塔尔迪厄明白提到出现由胡根贝格、希特勒或共产党人台尔曼

* 塔尔迪厄（1876—1945），法国政治家，参与凡尔赛和约的起草。——中译者

所统治的政府的可能。库齐乌斯把塔尔迪厄的这一无理要求立即
作为干涉德国内政而有力地驳回了。[10]这在政治上讲是不可避免 297
的，而且从不干涉思想的立场出发，在国际法上讲也是正确的。然而，正如后来事件发展也表明的那样，这绝不能改变这一事实，即塔尔迪厄的要求却是十分公正的。

不研究谈判的细节，人们可以把这事看作库齐乌斯在外交上的一次重大成就，他成功地促使塔尔迪厄放弃了他的要求，而且还同意海牙的常设国际法庭受理此事。这一法庭应该裁决德国政府是否“已完全表明其撕毁这一计划的意愿的行动”。塔尔迪厄本人公开承认，他完全放弃了自己原来的立场；在3月24日的议院会议上，塔尔迪厄痛苦地把自己比喻为自食其子的乌戈利诺“en mangeant l'article 430，mon enfant”[11]*。当然，这并不能制止德国的“民族主义反对派”谴责政府通过这一所谓“制裁条款”损害了民族尊严。例如，沙赫特在他的论战性的小册子里用整整一章篇幅谈论了这点并得意洋洋地概括了他的论述，这一条款是“社会民主党战后政权及其追随者所追求的屈辱政策和阉割政策的最低点”。[12]在争吵中谩骂的一方总是无理的，这一古老名言在此也得到了证明。最糟糕的是，沙赫特为了给他的诅咒式的判断寻找论据而对海牙协议的解释不仅是错误的，而且，如对立面加以利用，这对德国却是极端危险的。在其他情况下，人们总是持对德国有利的解释作为唯一正确的立场，而如今却采用旨在挑动德国人民去反对他们政府的对抗方法。民族主义反对派明显地把掩盖事实

* 法文，意为“吃掉了第430条，我的孩子”。——中译者

真相视为最好的策略。这一真相是，如果这位“伟大爱国者”胡根贝格的公民表决不使法国人极其担心他会从一届胡根贝格或希特
298 勒政府必将得到什么，那么在海牙会议上也许就不会有人提出这个制裁问题。

真正为沙赫特所关心的是，这次一般还算平静的会议不经过一次轰动就不该结束。

他注意到在谈判中由巴黎专家委员会建议设立“国际结算银行”[13]的机会。10月间在巴登-巴登，各国中央银行代表在会上讨论了这一银行的组织和章程，沙赫特作为德国国家银行代表出席了这次会议。银行所设立的地点的问题争执很激烈，最后倾向定在巴塞尔。在海牙还应对此事做出最后决定。在1930年1月13日，国际结算银行的委员会举行了一次会议，沙赫特也出席了。不过，这一次他并非德国代表团成员。米勒总理曾让他作为代表团团员的资格参加，但他拒绝了，也许是害怕上圈套。在1929年12月28日，主管赔款问题的德国部长们同他进行了一次讨论，沙赫特明确声明：“在海牙会议结束之前，他绝不公开发表他同政府的不同意见。”[14]但沙赫特在银行委员会会议上却直接违背了自己的诺言。沙赫特让他的秘书宣读了他1929年12月31日给美国银行代表的一封信，信中说，除非实现某些政治要求，否则，他将拒绝德国国家银行参加国际结算银行。要求也包括撤销已在第一次海牙会议上决定的专偿协定和最终取消凡尔赛和约的制裁条款。在宣读他这封信以后的讨论中，他仍坚持这一否定的立场。接着，所有其他代表，包括被沙赫特公开批判其观点完全错误的美国代表
299 在内，一致声明，在这种情况下，继续进行讨论已是毫无意义的了。

会谈于是终止，也没有商定下次会议的日期。

在这期间，德国部长们同其他政府还商谈了一些尚未解决的问题。沙赫特不仅没有向他们汇报他在银行委员会上持“否定”意见，甚至在当天上午对财政部长莫尔登豪尔说，在这个委员会里，一切事情将顺利进行。[15]在库齐乌斯促使会议至少延迟两小时后，这时部长会议自然就告吹了。部长们曾利用这一短暂时间同沙赫特展开了辩论，这时使用了不少像“在敌人面前哗变”这类明明白白的话语。正在这一时刻又发生了奇妙的事情。在沙赫特看到德国代表团不听他的指挥，而其他国家的银行又一致反对他的态度之后，他想找条出路，以避免会议失败。但是他，正如库齐乌斯所写的那样，“得不出我们大家在讨论后所期待的唯一可能的结论，要么顺从政府，要么立即下台”。[16]

德国部长们想寻找一条出路，最初想让一个银行集团（德国信贷协会和普鲁士海外商行）来代替德国国家银行的地位，但是后来在 1 月 14 日又接受了莫尔登豪尔的建议，在法律上确定德国国家银行参加国际银行的义务。当莫尔登豪尔把这一设想告知沙赫特后，沙赫特立即表示同意；这位部长感到，“沙赫特乐意通过这一方法解除他对这一决定的所有责任”。[17]

这样，沙赫特这一次想在国际舞台上充当英雄角色的企图总算告一段落了。他还是作为德国国家银行总裁回到了柏林。不过，他终究也不能隐瞒他的时钟已停止。在 1930 年 3 月 7 日正当国会讨论扬格计划时，沙赫特就辞职了。正如库齐乌斯所说，他提 300
出他辞职的一种理由被总统作为不合理而予以拒绝，以致他又书面提出另一种理由。在兴登堡的这封信里说，“如果接受一种按国际法确认的原则而被推论为导致新的制裁可能性，这是令人遗憾的和有害的”[18]。不论他愿对扬格计划持何种个人态度，这位陆军元帅很不愿意容忍违反纪律的粗暴行为。

第二次海牙会议在1930年1月30日闭幕，各方签署了一项包括两次会议全部工作的议定书。这时，各国政府的任务是通过他们的议会批准生效。2月5日，德国参议院以48票对6票通过了这一议定书。投票反对的还是易北河以东的普鲁士省份：东普鲁士、勃兰登堡、波美拉尼亚、下西里西亚以及图林根。在图林根，从1月14日起成立了一个右派政府，其中由民社党人弗里克博士任内政和教育部长。巴伐利亚和梅克伦堡-什未林弃权。

从2月11日至2月13日，在国会对扬格计划和海牙协定进行了一读。这次，胡根贝格以一次非常激烈的发言干预讨论，他把投票赞成公民投票的600万选民称作是正在形成新德国的核心，并且对接受扬格计划提出警告，因为扬格计划所包括的约束力比凡尔赛和约所包括的约束力更可怕和更危险。但正如库齐乌斯当即指出的那样，他根本就没有说一句，如他处于政府的地位，他该怎么做。但是，他不得不接受这位部长的指责；如果海牙协定“插入在恶意撕毁计划的情况下的条款”，那么他对此要单独负责。更重要的是中央党议会党团主席布吕宁博士的发言，因为发言中声
301 明，如果事先不充分讲清国家财政状况和新计划引起的财政后果，那么中央党是不能同意这一草案的。巴伐利亚人民党发言人也站在同一立场讲了话。这些要求被通常理解为这两个执政党意欲把对扬格计划的支持取决于国家财政有一种它们所认为的充分而适当的改革。通过两党在委员会中的表态证实了这一解释；这两党

在 2 月 8 日表决时弃权，在这之前，布吕宁说明了采取这一态度的理由是，迄今对整顿现金支付状况和确保财政的未来所采取的措施是不够满意的。

布吕宁对德国财政状况的担心是太有道理了。虽然从道威斯计划向扬格计划的过渡有希望减少支付七亿马克，但是把这笔钱得以用来降低税收的打算不得不最终予以放弃，因为莫尔登豪尔在 1930 年 1 月 27 日向国会声称，省下的这笔钱刚刚够弥补本年度的财政亏空。为了消除现金支付方面的困境，他不得不采取一项特殊步骤。瑞典的火柴托拉斯（克罗伊格尔）向德国提供 1.25 亿美元（折合约 5 亿马克），条件是让该公司在德国占有火柴专利权。德国政府通过了这一建议，而且国会不顾激烈的反对（1 月 28 日）予以同意。可是，税收的收入锐减和失业保险的要求不断增加继续威胁着财政状况以至于达到最严重的境地。这两种情况的出现是经济危机日益尖锐化的必然后果。对此，并非是政党政治的责任。但是，以什么方式才能弥补这一赤字（莫尔登豪尔估计有 7 亿马克）的问题越来越成为政党争吵的问题，而这却不是一朝一夕所能决定的事。在财政困难未解决之前，国会如推迟扬格计划 302
的解决，这就意味着对政治形势具有决定性的这一问题还将在几个月之久才见分晓。

布吕宁也看清了这点，因此国会在 3 月 11 日进行二读时，他和他的议会党团同意接受扬格计划。布吕宁的这个转变事先还有一段引人注目的插曲。在表决扬格计划的当天，布吕宁晋谒总统，进行了一次有关德国财政改革的谈话。柏林中央党机关报《日耳曼尼亚报》报道，布吕宁向总统报告了这一改革的绝对必要性和总

统也完全同意他的意见。在谈话中，兴登堡说，他将为了及时贯彻执行这一改革，“利用宪法许可的一切手段”。《日耳曼尼亚报》用这样的话来评论，对中央党来说，总统的这一保证比任何一次对政党的诺言更有价值。《日耳曼尼亚报》还更露骨地写道：“国会如不能胜任，那么总统……将采取许可的、必要的全权措施……假如政党不行，可解散国会或实行宪法第 48 条，或者两种同时使用。”这就是对以后几个月事态实际发展的一种值得注意的切中要害的预言。更值得注意的也许是，中央党机关报对这一发展预先表示了它的赞同。布吕宁自己清楚地暗示过他同总统的会晤。他在国会说明他的议会党团已改变的态度的动机时用了“重要的言论”和“坚定的保证”，即他作为接受海牙协定的先决条件所要求的德国财政的保障实际上将会来临。

这些事件当然会在政界议论纷纷。很多人把这些事件看成布
303 吕宁已被总统选定为所谓“钦定者”，他将受托成立下届德国政府。[19]这无论如何确实表明兴登堡在内心里已疏远米勒内阁了。在这些日子里一再谈论兴登堡的库齐乌斯对此进行了不是没有道理的猜测，即陆军元帅的绝大多数“老战友”肯定坚决反对扬格计划，特别反对同波兰缔结清偿条约，他们又一次对兴登堡施加了影响。[20]在这一方面，他们虽然在他那里没有取得任何成果，但是人们可以想象，他们将大大加剧他本性上对执政党之间的不断分歧必然表现的厌恶感。

在这种情况下，扬格计划经历了它最后的难关。海牙协定以 266 票对 193 票的表决得到了批准；同时，德波清偿协定只以（236 票对 217 票）微弱多数获得通过。这时，反对派仍力图使总统本人

卷入对扬格计划的斗争。反对派援引宪法第72条提议延缓这项法令的宣布。由于对此只需要国会三分之一的票数，所以这项提案（以173票对289票）被通过了。提案的目的是，根据宪法第73条第2款进行公民投票。但是政府的多数派立即抵制这一进攻，他们声明这些法令无疑是迫切需要的（第72条第2款）。德国参议院也以42票对5票同意这一声明。结果是，可以由总统来宣布这些法令。这时，关键在于总统是否使用这一权力，还是通过放弃这一宣布而使一次新的公民投票成为可能。兴登堡早在3月13日，即国会表决的第二天，正如他自己声称的那样，“怀着沉重而坚定的心情”签署了海牙法令。他在一项公开的紧急声明中说明采取这一立场的理由，他告诫德国人“克服我们之间的分裂和对立而最终为我们的未来团结协作，未来将重新出现一个自由的、健全 304
的、强盛的德意志民族”。民族主义分子对这一号召的答复使在他们之中找到得以休战的任何希望的努力都破灭了。鲁登道夫甚至抨击兴登堡没有资格身穿灰色军服并指责他破坏他作为陆军元帅应为之所奋斗的目标。[21]几天后，这位总统在确定了对他来说在宪法上已不产生异议之后也就批准了德波清偿协定。

这样，吉尔贝特和沙赫特在1928年夏季发动的战争赔款的改革大事在1930年3月间终于结束了。当然，它远未满足那些眼睛里只看到取消赔款才是唯一可接受的改革的德国人的愿望，而且这些人自以为并且说服自己的追随者相信，他们的赔款负担并不是打输了的战争的一种后果，而是凡尔赛和约“战争责任谎言”的一种后果。毫无疑问，赔款支付的担子即使在改革以后仍然很重；而且对德国是否会年复一年地承担赔款的疑问，正如后来的事态

发展所表明的那样，是非常合乎道理的。但是，这绝不能改变以下的两个事实：扬格计划对现在和不远的未来确实大大减轻了道威斯计划的负担；这一事实为已经达到的和平谅解开辟了今后修改和最终取消赔款的道路。反对派所强调的主要借口是扬格计划为六十二年，给两至三代人都带来沉重的负担，这显然是令人痛心的一种主要借口。正如民主党议员德恩堡博士曾在国会里所说的那样，这本来就不是荒谬的，一次大规模战争的重担绝不只由这一代人负担，因为它是“经历了无法估量的血肉牺牲和钱财的消耗，经
305 历了饥饿和财产的损失，经历了压迫和通货膨胀”的。何况扬格计划不会使德国后代的处境比基于协约国之间的战债协定之上的法英后代的处境更坏。国民经济学家们正确地指出，按现值计算在三十年或四十年后所支付的赔款额是微乎其微的，而且还没有把政治和经济原因所引起明显的不稳定因素计算在内。对付款稳定的问题，历史已给予明确的回答：民族主义分子害怕的所谓受到无法忍受的财政负担的这一代德国人不仅没有支付这些战债，而且还发动了一场新的战争，使全世界许多地区，尤其使德国，变成了一片荒芜之地并强加于各国人民头上以无穷无尽的财政负担。

除了财政问题外，扬格计划使德国摆脱了监督并且免交了道威斯计划强加于它身上的押金。这从当时的民族主义立场出发理应被看作是一大进步，但是情况却不是这样。如果说“民族主义反对派”力图嘲笑这一成就，那么这也是由于党派政治的狂热而造成冷静判断的混乱的一个标志。民族主义分子甚至更加嘲笑只有接受扬格计划才有可能提前解放莱茵地区。

如果说从1930年的观点看德国政府和国会的政策是有道理的，那么从20世纪中叶的观点看即考虑到从那时以来德国和世界的经历，情况却有所不同了。今天，决定性的着眼点应当是，在扬格计划里所确定的赔款改革是否真正促进了世界和平。这曾是改革的目的和目标。对此，巴黎专家委员会的报告说得非常清楚。报告建议清除战争气氛，以“保证欧洲最终回到财政和经济上的正常关系”。报告最后说：“我们体会到，有多少事要取决于各国人民 306
彼此之间的未来态度……因为赔款问题的解决不仅是德国的任务，而且也关系到所有参与国的共同利益，并要求所有参与国的共同合作。”达到一目标的第一步应是德国人民把这项改革看作一种进步和负担的减轻。“民族主义反对派”却用狂热的煽动制止这一步。在这个意义上讲，衡量反对派的成果，不能根据投票赞成公民投票案的600万张选票，而要视他们使全体德国人民陷于动荡骚乱的程度而定。他们不让德国人民看到债权国的行动完全是一种让步。扬格计划的捍卫者被迫处于守势，并无法承认他方的任何一种让步。作为参加联合政府的第二大党的发言人布吕宁在国会说明接受扬格计划的理由时，不也讲了完全歪曲事实的话吗？他说：“扬格计划不是平等强国之间的协定；这是单方面的苛刻条件，而且我们对它只能顺从。”扬格计划是在债权国和债务国之间的一种和解，债权国在和解中所作的让步比债务国所要求的要少——债权国和债务国在打交道时会无数次出现这种情况，而且今后仍将不断会出现这种情况，绝不会有人因此会把它说成是一种单方面的苛刻条件。可是，如果说，像布吕宁这样谨慎的人唱这种调子，那么，在德国人民中间，就会缺乏和解精神，

而且这种国际谅解的思想不仅没有得到加强，而且受到震动，这就不足为奇的了。

当然，这绝不应该说，债权国已竭尽全力和尽其可能使德国人民感到他们的正当愿望已得到了满足。如果债权国对于稍为少一些的赔款额感到知足，或者干脆接受沙赫特所提议的数字，那么这也许在政治上是更聪明的做法。最后结果，即实际支付的赔款，如
307 我们今天所知的那样，根本没有什么变更。但如果债权国对此曾有这种趋势（当然，这也是很成问题的），那么由于沙赫特 4 月 17 日的备忘录，由于他把政治要求引进付款计划之中，致使债权国的这一趋势肯定被驱散了。因为债权国只能把这理解为德国人将提出**新的危及世界和平的要求**，只要他们在赔款问题上的要求得到考虑的话；除此之外不能作别的理解。难道西方政治家的考虑错了吗？如果德国人的债权国表现出更大的让步精神，难道德国人就会变得满意和爱好和平了吗？难道协约国方面的让步会比取消监督、交回抵押、甚至撤出莱茵地区在德国所引起的印象一样微薄吗？在 1930 年以来的世界史上，任何事件都不能做出一种积极的答复。相反，事件的实际进程只能令人深思这一结论：如果不取消监督，不交回抵押，不撤出莱茵地区，或者至少在莱茵地区留下白里安所建议的、而施特雷泽曼所成功地反对的监督委员会，是否这样做会对维护世界和平更好呢？这样一种政策也许就能制止导致第二次世界大战不可避免地发生的 1936 年希特勒向莱茵地区的进军，难道这是不能想象的吗？

这不能去责备那些达成海牙协定的人，他们是怀着坚定的希望和意念想在大西洋两岸促进谅解精神的。但是，他们的努力也

被厄运挫败了，席勒的《华伦斯坦》对这种厄运用以下名言作了描述：

命运的主宰者充满妒忌，
我们把种子交给他们的手里。
幸运，还是厄运？结局将向我们赐教。

扬格计划几乎还没有批准，财政改革的问题迫不及待地又被 308
提到了显著地位。几乎可以这样说，解决这些问题现在更加困难了，因为兴登堡在给米勒总理的一封信中（随信附有3月18日签署的德波清偿协定），提出了对农业，尤其对受灾严重的东部地区的一项紧急援助计划的轮廓。这必然也需要钱，而兴登堡在信里也坦率地表示，为他的这一计划要筹集到所需的资金“在德国财政状况恶化的情况下是困难的”。值得注意的是，一个由社会民主党领导的内阁居然建议并实行提高农产品关税，而且属于自由贸易的传统支持者民主党的粮食部长迪特里希还在国会里为这一措施成功地进行了辩护。不能责备左派缺乏善意去援助农业（当然，这不能适用于共产党人）。但居于主要地位的是由于经济危机而几乎空前尖锐化的失业保险的财政问题。领取救济金的失业人数在1929年12月间已超过150万人，而且在1930年1月间几乎增长了100万人。[22]因此，莫尔登豪尔在说明其实施财政改革的草案时确定领取失业救济金的平均人数不超过120万人作为基础，这几乎不能被看作很够的了。但是，即使在这一乐观的前提下，全国失业保险机构的赤字也达到了2100万马克。根本没有希望它能在

短期内把接受的贷款归还给国家，而且它不得不额外提出新的补贴，其数额之高是无法预计的，不过可以肯定会以数亿马克计。在国库空前危急的情况下，政府该从哪里弄到这么多钱呢？

去年只是延缓解决的问题是，怎样才能缩减全国失业保险机构的额外补贴需求，如今这个问题又提到了眼前。全国失业保险309机构不得不或者减少支出即减少对失业者的救济金，或者增加收入即将临时规定3.5%的税捐不仅保留到1930年6月30日以后，而且还要继续提高。社会民主党人把缩减救济金不仅看作对失业者的不公正，而且他们也害怕雇主将乘机降低就业者的工资。另一方面，特别以人民党作为其发言人的经济界人士声称，他们在营业不景气的情况下不可能承受更多的负担。对于这两种异议务必认真对待。如果说，按社会民主党人的做法似乎人民党只注意大工业的利益，那么这未免把形势看得过于简单化了，也是不允许的。手工业和商业部门的中小企业大多数同样不得不艰难地挣扎着并很害怕增加新的负担，如社会民主党强调的那样，对于降低税收的任何希望都必须予以放弃。这一形势的特点是，在社会民主党的阶层里这时还出现了对固定工资的人员抽紧急税的想法；这就意味着至少部分撤回克勒当时对公职人员薪俸的提高。但是，无论是政府，还是其他政党都不准备讨论这个问题。

莫尔登豪尔在他的法案里提议授权全国失业保险机构理事会把税捐从3.5%提高到4%；对此需有一项由雇主和雇员代表的多数所同意的决议（3月24日）。大多数执政党同意这一做法，但**人民党不同意**。为左派所特别不信任的人民党新任主席恩斯特·朔尔茨几天前在党代会上公开承认，至少目前来说反对社会民主党

进行统治，或者从长远来说，没有社会民主党进行统治，几乎都是不可能的。在这讲话之后，人们对人民党打算推翻米勒政府这一说法是不会接受的。虽然财政部长自己是该党成员，但它在这点上仍顽固地反对这一建议。在执政党之间不断进行的议会党团内 310
部的协商中，并不那么片面强调党派利益的中央党和民主党企图找到一种解决办法。民主党议员、柏林商会法律顾问奥斯卡·迈尔只参加专家评定，但不参与其事，他提出一项调停建议，他的这项建议获得布吕宁的签字认可。他建议，政府应给予全国失业保险机构补助费，这一费用每年在国家预算中加以确定，而且在下年度确定为1.5亿马克。在很有可能出现这项补助费不够的情况下，该机构的理事会不仅要采取节约措施，而且可以将税捐——以莫尔登豪尔建议中的那样的方式——提高到3.75％。

布吕宁-迈尔的这项提案成为协商的中心议题。看来在短期内似乎有可能在这项提案的基础上取得一致意见。所有执政党，除社会民主党和巴伐利亚人民党外，对此都表示同意。意味更深长的是，内阁里的三名社会民主党部长——米勒总理、泽韦林和罗伯特·施密特——都接受这项提案，只是第四位部长，劳工部长维塞尔拒绝这项提案并独自坚持这一态度。于是，在3月27日，社会民主党议会党团召开会议对此做出决定。

在政治上指挥有150名成员的议会党团，这本身就不是那么容易的事。而且这些议员是在比例选举法基础上产生的，这就不能不是更加困难了。因为这种方法有利于那些政治上中间派人士和那些有组织的利益集团的代表，在社会民主党内，当然是指工会的代表。议会党团的37％的成员是工会领导人，其中有五名是全 311

德工会联合会的理事会成员。[23]党是非常感激工会的；只有在工会的帮助下，党才成功地把革命工人士兵代表会和平地引入议会统治。但是，议会党团如今不得不对之表态的这一问题与其说是一个社会问题，不如说是一个政治问题，而且工会工作者像所有其他利益集团一样，对这些直接威胁他们的不利情况比对一种否定态度不得不引起间接的政治后果看得更加清楚。他们一致采取了维塞尔所持的那种不同意的立场。他们指责布吕宁-迈尔的妥协建议，并认为它即使不会马上危害失业保险，但将来肯定会对之产生危害。他们的一位发言人声明，这一提案不仅不能接受，而且还威胁说，如果议会党团接受提案，他就要以最强烈的方式在国会、在报纸上和在党内表明其不同的立场。可以想象，这样一种威胁对议席本来受到共产主义蛊惑威胁的所有议员留下了何种印象！特别是在社会民主党的议会党团内存在一个（即使不很强大的）反对派集团，他们比以往更希望脱离政府而愿意回到反对派那个肥沃的草原上去。赫尔曼·米勒疲惫不堪、力不从心，重病使他更加衰弱，他不是能抵挡这场风暴的人。肯定也参加这次会议的施坦普费尔报道说，大家“几乎一致”决定拒绝这一妥协方案。[24]维塞尔胜利了。但付出了多么大的代价呀！

这时再也阻止不了这次厄运了。在紧接社会民主党议会党团会议之后举行的内阁会议上，米勒总理不得不声明，他和他的社会民主党同事们拒绝这项妥协方案。当他试图使莫尔登豪尔回到他原先的建议上来时，莫尔登豪尔坚决拒绝了。怎么能期望他同自
312 己的党处在尖锐对立的地位呢？他的同事们已经同意了这一妥协方案，而且它之所以失败只是由于总理被他的党抛弃了。难道能

因此而责备莫尔登豪尔不愿让他的党成为谅解失败的替罪羊吗？因为事实上，对失败负有责任的是社会民主党。

这时，已不再有任何其他出路了。整个内阁显然处于尴尬境地。戏演完了，帷幕不得不降下来。按照总理建议，全体内阁成员决定辞职，也不再在国会露面了，哪怕是一次也不行。[25]

兴登堡总统接受了辞呈，并委托中央党议会党团主席、国会议员海因里希·布吕宁博士组织新政府，并作为总理主持领导工作。这个“大联合政府”终于结束了，而且一去不复返了。它比施特雷泽曼仅多存在了半年。

今天，每个人都看到从此出现了一个规模巨大的、灾难深重的转折。但在当时，明确表示这一呼声的不乏其人。尤其是民主党的大报（即使民主党的力量弱小，但该报却被尊为强有力的）也不惜对通常与之持相当友好态度的社会民主党进行了批评。《柏林日报》抱怨这是一场“四分之一的危机”；《法兰克福报》质问：“难道社会民主党不想一想这场危机对于我国整个内政的发展和德国民主制的未来会产生什么影响？现在，一切暗淡无光，捉摸不定。通过第 48 条还是通过不稳定多数的文官内阁来建立财政秩序？[26]我们面临着后果严重的发展。”即使在社会民主党党内，正如《曼彻斯特卫报》驻柏林的记者所报道的那样，“比较明智的人也抱怨工会的‘官僚统治’，因为它迫使他们接受这种灾难性的决定”。

在这里，问题并不涉及拒绝布吕宁-迈尔的妥协方案是有理还 313
是没有理。事实上，后来的历史证明，社会民主党和人民党两方都是有理的；前者要求提高税捐，后者希望紧缩开支都被证明是必要的。唯一有意义的事实是社会民主党挫败了妥协，虽然每一个有

思考能力的人都认定，只有经过妥协才能找到摆脱困境的出路。有一条古老的政治戒律：切勿去做敌人最希望做的蠢事。多年来，社会民主党人的对手一再叫嚷不能同它共同执政。因此社会民主党本应对此具有最基本的政治理智，从而避免向这些对手们提供证据以证明他们的主张是正确的。社会民主党本来应该回想起艾伯特向党提过的告诫，他不仅是一名优秀的社会民主党人，而且也是一名国务活动家。在社会民主党推翻了施特雷泽曼以后，他曾大声疾呼地告诫："什么东西促使你们去推翻这位总理，这在六个星期后就被遗忘了。但再过十年，你们将会感觉到你们的蠢举所引起的后果。"这一次对他们来说更加明显，而且预先已有警告，他们本来就应该对之引起重视：这就是关于布吕宁同总统会谈的报道，这不仅让人知道，布吕宁将是下届总理，而且首先是他把总统将视为支柱，因为他在一个四分五裂的、无力形成多数的国会里不可能得到支柱。即使人们不能公平合理地责备社会民主党人，但他们也没有预见到由此开始形成的这一整个灾难性的发展，然而他们肯定认识到米勒的下台将导致在德国的政治重心的一种根本转移，而且这一转移比起这位现任总统在内心里不支持现存国家

314 必然更令人忧虑，尽管他还认真地致力于遵循他所宣誓过的宪法。但无论如何可以肯定，兴登堡强烈愿望，一旦扬格计划的法案安然通过，就立即与社会民主党人分手，这一愿望部分出于总统的个人倾向，部分是受其社会环境影响所致。这也可能是对的，在他 3 月 18 日给米勒信中所说明的农业政策方面的目标对这一决定起了一种重要的作用。但是，由于一个至少值得讨论的社会政策的个别问题而竟把堡垒的钥匙又扔回给总统并使他减轻负担，这样做

在政治上是否明智？

社会民主党不能推卸自己对这一转折所负有的责任，而且它指责人民党不断反对政府为整顿失业保险问题的建议而进行的抵抗。关键的事实是，人民党接受了这一最后的妥协方案，而社会民主党则拒绝了它。社会民主党声称布吕宁只是半心半意地联合迈尔提出他们的妥协建议，这种说法对自己也是无济于事的。尤其这是布吕宁通过大家接受这项建议而坚持了这一政治理智的要求。社会民主党之所以不能振作起来，最终要从阶级本性上来说明；该党是在帝国时期作为一贯的反对党发展了这一阶级本性的，而且它现在不愿放弃这种阶级本性，虽然，情况从它有资格担负起它对政府和维护祖国的部分责任以来有了根本性的变化。在其党代会上一再保证“党和工会是一体”，听来确实很有诱惑力。但实际上，党和工会的任务是截然不同的。工会有理由对信托给自己的特殊利益坚决地、必要时毫无顾忌地予以坚持。但是，政党却不得不牢记，它只有同代表其他利益的其他政党联合才能执政，因此
互相妥协才是它所参与的这一届政府存在的前提。这才是它必须 315
维护的非常现实的国家利益。该党一位发言人明确拒绝“把一种假想的国家利益凌驾于无产阶级的阶级利益之上”，这就表明该党左翼反对派的不成熟程度。[27]时光过去几乎还不到三年，对每个德国工人来税，他们不得不丧失的东西显然要比党的术语所称谓的“无产阶级的阶级利益”多得多。

赫尔曼·米勒在他的政府倒台以后只活了不到一年时间。在1931 年 3 月 20 日，他死于长期折磨自己并使自己精力衰竭的胆囊炎。兴登堡在米勒去世后明确称赞他具有“崇高的意志和无畏

的特性”。米勒的党友也深切地纪念着他。然而，米勒在德国人民之中所留下的印象并不深刻。

在我们继续叙述德国政治史之前，还必须提到一个事件，虽然它属于柏林地方政治史范围，但是它在整个德国却产生非常大的影响，这就是斯克拉雷克丑闻。

根据1920年4月27日的一项普鲁士法令，柏林连同它的郊区合并成一个统一的行政区。社会民主党通过1919年1月的大选取得了优势地位，它就在制宪的普鲁士州议会上利用这一优势地位推行一种激进的、合并成大行政区的政策，旨在消除在西部以资产阶级为主的行政区和东部以无产阶级为主的行政区之间的、在经济和财政上的差别。虽然从财政和社会政策观点看，这一目的颇得人心，但人们不禁要问，完全取消迄今各行政区的自主权，难道这不正是同地方自治的精神背道而驰吗？因为如今占地878
316 平方公里、拥有人口400万的大柏林的20个专区只有一个自己的行政机构了。另一方面，新的市政单位实在太大，以致它的市民不能把行政单位的事务看作自己的事务。为此组成市参议会，它的组成特别受到政党比例代表选举法的影响，而且具有纯粹党派政治的倾向。这种党派参议会必然导致组成党派政治的市政府。但是，这一市政管理机构扩展到这样大的规模，以致它的中枢领导不得不应付由此带来的极大的困难。

1921年以来担任这个新柏林市长的是民主党人古斯塔夫·伯斯。他是一名可以信赖的共和主义者，经验丰富，熟谙地方行政，精力充沛。他面对在党派政治上分裂的市参议会也能屡次达到自己的目的。但正是伯斯本人卷进了斯克拉雷克丑闻之中。

斯克拉雷克兄弟在柏林经营一家服装厂。他们善于为这家工厂争取市政机构的光顾，因为市政机构极其需要制作大批各式各样的制服。但他们并不以这一联系所取得的合法利润为满足。他们还想在社交活动中扮演重要角色，甚至想当赛马场主人出出风头。他们挖空心思地搞出一套欺骗手法，借此在没有交货前就取得市银行的付款。当然这一欺骗手法终于被识破了，斯克拉雷克的工厂也垮台了。调查结果表明，斯克拉雷克兄弟向市府公职人员和地方行政官员赠钱赠物，实际上无异于贿赂。斯克拉雷克家的两个兄弟都加入了社会民主党，这很明显，不是因为他们对党的目标有什么同情心，而是因为他们充分利用所取得的这些联系为他们的目标服务。但引起最大轰动的事是，伯斯市长从斯克拉雷克家的一个兄弟手里为他的妻子买下了一件皮外衣，其价格之低连外行也能说大大低于这件皮外衣的本身价值。在披露这件事期
间，伯斯正在美国进行公务旅行，他以一种几乎难以理解的方式对 317
此事进行了错误的判断，而且没有立即回国。当他最后抵达柏林时，一群民社党人在火车站以精心组织的鼓动宣传的喧闹声“恭候”着他。这时，伯斯才明白他的职位不能再保持下去了。他自动提出辞职并甘愿接受惩戒诉讼。

普鲁士内政部竭尽全力应付业已暴露出来的失误和损害。“民族主义”和反犹主义的鼓动以其空前的狂热程度宣传这次丑闻，因为斯克拉雷克家族是犹太人，而且他们同社会民主党的联系提供了导致激烈反对该党的一个把柄。市参议会的右派为了使这股怒潮不至平息，同共产党人结合一起尽可能久地拖延伯斯所要求的退职和选举新市长。1931 年 4 月间才新选了市长。一直担

任但泽市长的海因里希·萨姆博士当选为市长，另外两名助理市长由社会民主党的法律顾问朗格博士和德意志城市联合会副会长弗里茨·埃尔扎斯博士（他一直在柏林工作，为最优秀的地方行政官之一）担任。对伯斯的诉讼案于 1930 年 10 月 1 日结束，终审时由最高行政法院进行判决，判处他一个月薪金的罚款（3 000 马克）。在希特勒上台后，伯斯在严重触犯刑律的指控下立即被拘留待审，但是从来也没有提出过任何一次起诉。因此大家认为，对他来说根本没有任何理由能指责他触犯了刑事法。

柏林市政机构的这些弊端也促使普鲁士立法机构在 1931 年
318 3 月颁布了一项对柏林的特别法。最重要的一条是，市长有权对即使被参议会否决的那些措施使之生效。[28]萨姆曾不得不反复使用这一权利。但是，要加强市参议员的责任感，这肯定不是一个正确的方法。假如人们知道市长反正会使一项必要的、但又不受欢迎的措施生效，那么否决这项措施便是颇为引人注目的事了。

第十九章　从议会制到宪法第48条 319

在所有德国总理中，最难认识的要算是海因里希·布吕宁了。他是一个具有杰出才能的人物，这点是无可争辩的。即使他的政敌也不怀疑他的性格庄重耿直。他的外交政策的指导思想是提高德国地位的爱国主义思想。他原则上希望同以前的敌人在谅解的道路上达到提高德国地位这一目的；可是他一再认为有必要提高腔调，以加剧国际紧张局势，而且他通过同奥地利缔结的关税同盟挑起了一次新的国际性冲突，使德国蒙受了严重损失。

关于布吕宁的对内政策很难说得清楚。他内心深处是保守派，但又不是有意识的反动派。虽然对他来说君主政体并不疏远，但人们却可以信赖他还是愿意保存现有的共和制国家。但不能否认这一事实，布吕宁常常在保卫国家方面滥用权力，在解释宪法的方法上是危险的。他意识到民族社会主义危险的扩大，但又迟迟不采用国家权力手段对之进行有力的抵制。人们通过两次经历可以肯定他的政治态度。他多年来从事基督教工会运动，确切了解德国的社会情况，而且真诚地关心着工人的命运。例如这表现在 320
他在国会擢升为中央党财政专家（以他命名的布吕宁法）之后。该法力图通过限制国家从下至上所得工资税的收入，以保护工人和职员免受过重的税收负担。这次努力由于国家财政状况的持续恶

化而失败了。另一个经历是他在第一次世界大战期间在前线的服役。时年30岁，当他作为志愿兵参军时，他已在德国、英国学习过，并在波恩大学获得了政治学博士学位。他以其在浴血战斗中的勇敢和谨慎而得到了嘉奖，并晋升为少尉和步兵分队长。这次经历教育了他“只有通过牺牲、无私和自觉的纪律，才能掌握世界的伟大命运”。[1] 但经历也使他对这次大战中的德国陆军的最高统帅兴登堡陆军元帅特别崇拜。从单纯的人道主义意义上说，这只能是对前预备役军官布吕宁的一种高度评价。但是在政治上说，兴登堡任总统，布吕宁任总理，这并不是没有异议的。导致这一政治派别的特殊情况只能使这位总统增加他的绝对权力的意识。因此，对这位总理来说，困难越多，就越有必要坚持让总统尊重宪法赋予他的权限。以前的一些部长都了解兴登堡喜欢超出这些权限行使他的职权。1928年11月26日，总统曾力图让施特雷泽曼作出对他来说认为总统无权要求的一种有约束力的承诺，这时，施特雷泽曼回答说：“因为我参加政府工作时曾对宪法宣誓过，因此我凭良心感到有责任向您总统先生声明，根据宪法明确的含义或词句，我不可能在这些问题上向自己提出以宪法为根据的要求。”[2]
321 人们很难想象，布吕宁在这种情况下会对总统和陆军元帅做出一种这么明确的答复。反之，非常典型的是，他在给他一位友人的信里解释他接受自己熟知布满荆棘的总理这一职位时这样说：“我最终不能抗拒总统先生对我军人责任感的号召。”[3] 谁见到布吕宁，谁就得到的印象是，他是一个特殊和古怪的人。他的脸庞刮得光洁无疵，带有苦行主义的味道，看上去像是一位天主教教会侯爵。1931年到柏林赴任的法国大使弗朗索瓦·庞塞描述说，布吕宁的外表唤起人们对他的同情和信任，但补充说，“浓密的眉毛，狭窄的额头，薄薄的嘴唇，从镜片后面流露出来的不安眼神，这都显现了不祥之兆”[3a]。这就是人们当年所见到的只担任过德国政府首脑两年的人物形象。

在出人意料的短时间内组成了布吕宁内阁。赫尔曼·米勒政府下台三天后，总统就在 1930 年 3 月 30 日签署了新部长的任命书。有些社会民主党人声称，布吕宁同他们讨论妥协方案时，在口袋里已装着他的内阁名单，这几乎是不符合实际情况的，因为在 3 月 29 日还需克服可能使新政府组阁失败的困难；其次，对此也没有理由去责怪布吕宁。几周来，没有一位政治家怀疑大联合内阁会有什么险恶形势，而且米勒的假定继任人，如果他努力尽可能快地向下一届政府过渡，这只是他应尽的责任；持续几周之久的内阁危机已给国家造成严重的损害。

布吕宁接受了上届政府中的大部分部长。国防部长格勒纳一职也几乎被认为会保留下来，因为格勒纳被认为是这届新的联合 322
政府的精神之父之一。的确，他对这位“杰出的”总理米勒作为名人和政治家评价很高，但他却越来越相信，由他领导的政府不得不因其内部矛盾而夭折。格勒纳力图首先归咎于社会民主党人，因为他是按照同社会民主党人在装甲舰问题上打交道所取得的经验，这样做是不言而喻的了。1930 年 1 月 4 日，格勒纳给他的朋友格莱希的信里说：“如果社会民主党联合资产阶级政党一起进行财政改革，它就害怕它的大批选民转向共产党人。”格勒纳甚至还劝告米勒向他的党“告别”，对米勒来说，同 1931 年拉姆赛·麦克

唐纳*采取的态度相反，这一劝告未被接受。由于格勒纳注意到米勒政府的倒台是不可避免的，因此他认为有理由准备组成一届新的、没有社会主义政党参加的政府以在目前情况下取代现政府。在这些努力中，他安插在国防部的办公厅主任和他的朋友冯·施莱歇尔显然给他帮了大忙。格勒纳在1月4日的这封信里提到施莱歇尔说："在我因公缺席时，'我的负责政治事务的红衣主教'……总是在幕后工作得很出色。我以这张王牌稳操胜券。这样，我们静待着1930年将要出现的事。"[4] 但是，他并未等待便在1930年1月22日发表的"主教通告"中警告国防军防范不仅来自共产党人，而且来自民社党人对国家的威胁，他直截了当地指责民社党人想挑起内战。[5] 格勒纳不是那种容易接受"民族主义"宣传口号欺骗的人。一般地说，他同布吕宁的意见是一致的。布吕宁在任总理前，曾同格勒纳一起在格隆纳森林里长时间散步，深入讨论了下届政府面临的一些问题并且显然在几乎所有问题上取得了一致看法。

323　外交部仍操在库齐乌斯手里，国外把他看作是继续执行施特雷泽曼政策的一种保证，而他的党友莫尔登豪尔执掌财政部。中央党的原部长维尔特、冯·居拉尔特和施特格瓦尔德分别任内政部长、交通部长和劳工部长。巴伐利亚人民党的代表舍策尔任邮电部长，民主党人迪特里希任经济部长。这样，参加米勒政府的所有政党，除了社会民主党外，在新政府里都有代表。但布吕宁还力

* 麦克唐纳(Ramsay Macdonald，1866—1937)，英国工党议会领袖，1924年出任首相兼外交大臣，1924年辞职，但在1929年重新担任首相，1935年改任为枢密院院长。——中译者

图把他的阵线向右延伸，因此他吸收经济党主席布雷特教授参加政府任司法部长以及两名德意志民族人民党人特雷维拉努斯和席勒分别任被占领区部长和农业部长。从战时以来特雷维拉努斯与布吕宁之间的关系已经很友好。人们谈到现在由“前线一代”掌舵，这主要就是指这两人。特雷维拉努斯同胡根贝格彻底闹翻，并且激烈反对他的无赖政策，力图使用武力迫使总理绝对依赖于他。对席勒却呈现了比较复杂的情况。他仍是德意志民族人民党议会党团成员，议会党团主席胡根贝格坚决反对参加政府。担任德国农业协会主席的席勒首先把自己看成是农业利益的代表并且要求在他参加政府情况下可以提出一项广泛的农业援助计划。兴登堡在 3 月 18 日的信里已表示赞成这项计划。他也赞成任命席勒为农业部长，并帮助克服实施该项计划所出现的困难。于是，新政府紧紧地向 1929 年通过所有农业组织合并组成的“绿色阵线”靠拢，而且“绿色阵线”对政治发展施加的影响也增长了。席勒为了避免同本党的议会党团发生冲突，放弃了国会议员的席位。

如果把所有执政的议会党团成员加在一起，在国会里仍只占 324
少数。现在处于反对党地位的社会民主党人，加上原来的左翼和右翼反对党，组成约 300 人的多数。政府能够依靠的执政党这一前提是很有限的。这些执政党中，没有一个党承担过责任，而且尤其像在经济党和巴伐利亚人民党这些利益政党那里，表决总是取决于他们是否相信它确保他们特别关心的切身利益。

这样一届少数派政府不得不在必要时只能在国会外，即在总统那里，寻求支持。外国报刊的一些评论也强调了这一实际情况。《泰晤士报》在 3 月 31 日的一篇社论里视贺德国总统丝毫没有偏离宪法赋予他的职能，尽其个人所施展的影响，以巩固和左右德国的政策。也许该报作者想对陆军元帅说点特殊的奉承话，胡说他的威望同鲁登道夫相比是一高一低。《曼彻斯特卫报》对总统同样赞不绝口，虽然它最终遗憾地指出，政府通过紧急状态法进行统治就是承认议会制的失灵，这在当时法西斯主义增长的情况下尤其令人感到遗憾。[6]

1930 年 4 月 1 日，布吕宁向国会宣读了政府声明，在声明开头几句话里已证实了这种看法。声明提到他“受总统先生给予的委托”，因此，这届新内阁“不受政党大联合的约束”。这就是说，布吕宁政府是否符合德国宪法第 54 条关于总理及其部长均需要取

325 得国会信任的规定，这一点从一开始就值得怀疑了。当然，布吕宁并不怀疑，如果国会拒不听从他，他将解散这个国会。“这届内阁的成立旨在最短期间解决那些普遍认为对德国生存攸关的任务。解散这届国会将是最终的尝试。”政府声明建议解决这些任务的方法原则上同上届政府建议的是一致的，就是实现莫尔登豪尔的预算计划和改革方案。反之，农业计划是新提出的，大家认为这是兴登堡及其亲信席勒施加的影响所致。布吕宁特别强调，他的政府“将不惜利用非常手段”。他还宣布一项“东部援助”特别计划，这一计划应突出将短期贷款变为长期贷款、清偿债务、降低利息和减少负担，目的是巩固和维护现有的经济企业。

社会民主党人对政府声明提出不信任提案作为回报。对该提案作出说明的布赖特沙伊德声称，他的党已注意到由此产生的一切后果，并不怕重新选举。他不得不公开地这么说，但在他内心深处是否具有这一信心，是很值得怀疑的。他对总理的批评更多的

是警告，而不是谴责。他特别警告轻率地运用宪法第 48 条，说这种做法同新部长特雷维拉努斯的“海军军官候补生的脾气”是一模一样的。对此，布吕宁反驳说，“如果国会和各政党不再有希望完成它们的使命”，他“才使用宪法的这一最后手段”。

不信任提案表决的命运以及国会和政府的命运都取决于德意志民族人民党人的态度。只有他们投票同意才能加强执政党，以至于有足够力量去制胜社会主义和共产主义的进攻。胡根贝格不得不按其整个政治路线对这届内阁取断然拒绝的态度，因为在内 326
阁里，扬格计划的支持者和反对者，施特雷泽曼政策的支持者和批评者并肩坐在一张桌子旁。他惯常说，这届内阁不是“集团”而是“奶油冻”，他的报纸尤其尖锐地表达出这样的观点。但是，这届内阁答应给予农业界以极其宝贵的援助，作为德意志保守党的继承者的德意志民族人民党，感到自己有责任和适合代表农业利益。因此，胡根贝格不得不害怕，如他赞成不信任提案，会遭到本党议会党团多数成员的唾弃。为了避免德意志民族人民党的进一步分裂，他表示反对不信任提案，但在发言中又激烈抨击政府，表示不信任政府，正是这次发言同他的反对态度形成令人可笑的自相矛盾，引起了全场哄堂大笑。[7] 一些无党派人士日益困惑不解，为什么他的党恰恰就是委任这样一个愚蠢透顶的人作为党的主席并在他一再出丑丢脸之后仍紧紧抱着他不放。在不信任提案以 253 票对 187 票遭到否决后，布吕宁感到满意。而社会民主党人十之八九可能也是这样。胡根贝格本是真正的失败者，而且他也这样感觉。[8] 他期望解散国会，但又违心地通过其议会党团的投票阻止解散。但地球是圆的，而且不停地转动，今天被认为是一次失败，将

来可能是一种荣誉。当胡根贝格1949年在非纳粹化诉讼案中对指控他为希特勒的得力助手不得不进行辩护时，他在辩护词中说，他在1930年4月3日“拯救了布吕宁政府”！在这个文件的附件里，根本找不到胡根贝格在这天的发言副件。[9]

几天后，布吕宁在中央党全国委员会的会议上对不信任案表
327 决后出现的局势作了评论。他说：“国会取得的成果愈少和各政党的意见愈不一致，那么总统的地位将愈益巩固。”他继续说，总统是严格遵守宪法的，但宪法赋予他“得以运用的手段，如果国会无力恢复民主和议会秩序的话”。布吕宁恰恰把这当作他组成政府的宗旨。如果说，他利用机会警告社会民主党不要拆除通向中央党的桥梁，那么人们知道他所指的是基于这两个政党合作的普鲁士政府。

右翼政党当然很愿意看到，普鲁士联合政府会像全国大联合政府一样垮台。普鲁士总理奥托·布劳恩格外警惕以防止出现这一危险。他作为居于最高级领导地位的人也并不同意国会议会党团的这种目光短浅的态度，不论在推翻米勒政府上还是在至少是过早提出对布吕宁的不信任提案上。布劳恩厌恶社会民主党报刊过火地抨击布吕宁内阁并称之谓“反对党的不负责任的快感”，而且他在普鲁士州议会里敦促以求实态度对付这种过火行动。[10]幸亏普鲁士的中央党议会党团及其主席赫斯不喜欢玩弄右派的这种游戏，这样，普鲁士政府仍未被触及。

但是，在全国范围内明显表现的右转趋势很快在同图林根州的争吵中显露出来了，值得注意的是，正是在左派中享有最大威望的所有中央党人中的维尔特最先观察到这种右转倾向。

1923 年由共产党-社会民主党共同执政的图林根，在 1930 年 1 月组成一个右派政府，在政府中政治上起决定性作用的内政和教育部部长职务被来自慕尼黑的民社党的国会议员弗里克博士篡夺。图林根人当然不会挑选这位巴伐利亚人任部长；相反地，希特 328
勒公开吹嘘：他“派弗里克作为民族社会主义运动的代表去参加图林根政府”。[11] 弗里克的行径同希特勒的这一吹嘘是符合的。他利用其职务肆无忌惮地加强民社党人在学校系统和警察局的地位。魏玛的一位校长由于他禁止该校学生参加一个民社党的组织而被弗里克解除了职务，因而中央内政部长泽韦林为维护德国宪法于 1930 年 2 月 17 日致函图林根的内政和教育部，询问这个组织是否具有违背宪法的目的，州政府在这种情况下打算怎么办。被弗里克所显然控制的这个部置之不理，而且弗里克在公众集会上吹嘘说，泽韦林在得到答复之前可以长久地等着。泽韦林决定在 3 月 18 日所写的一封非常明确的信中回敬了这一明目张胆的挑衅。他在信里不仅通知图林根内政和教育部，在没有得到对 2 月 17 日那封信的答复之前，德国内政部不再答复可能提出的质问，而且说，鉴于在图林根警察局内成立了民族社会主义基层组织，在图林根内政和教育部“对此提供确凿证据以证明”“所提供的国家津贴费的原则受到它充分遵守”之前，他停止国家发给图林根警察局的津贴费。图林根人当然立刻又说话了，虽然他们开始时表现得很气愤，但后来不得不作了退让。这时，中央政府更迭，泽韦林的内政部部长职务由约瑟夫·维尔特博士接替。然而，维尔特不但没有利用有利形势去镇压民社党人的颠覆活动，反而根据图林根部长所表示的一些让步声明又于 4 月 17 日取消停发对该州警察局

329 的津贴费。弗里克自然就趾高气扬起来，并且赶紧向这位中央内政部长表明这一古老谚语的真理：如欲捅马蜂窝，则必须坚决捅死它。弗里克对维尔特的退却竟用指令图林根学校开设所谓的学校祷告课来作回答，这种祷告课实际上是煽动反犹太主义的讲话。此外，他格外起劲地继续让民社党人掌握警察机构。维尔特的抗议无济于事。于是，他在6月6日又回到4月17日以前的做法。他不得不再度停发图林根警察局的津贴费。[12]后来此事提交到国家最高法院，法院声称弗里克让学校开设祷告课是违反宪法的。此外，图林根还有一项授权法，图林根政府借助这项授权法拟裁减其不喜欢的公职人员，这项法令也遭到同样的命运。可见，当时国家并非是完全没有武器来对付一个州政府的民族社会党人的暴力行径的。最后在1930年12月间在国家最高法院院长布姆克博士斡旋下取得了和解，从此国家仍然拨付津贴费，但图林根政府必须宣誓改邪归正，并以其**集体**名义对此做出保证。整个事件本身并不很重要，但是它通过民族社会主义第一次企图滥用政府暴力为其服务的这一事实却有其重要意义。与此同时，民族社会党人危及国防军的阴谋活动日益引人注目，这一事实更增加了图林根事件的重要意义，对这些阴谋活动后面还将详细叙述到。

在6月30日，由于最后一个士兵撤出占领地区而完成了莱茵地区的解放，这时又出现了抛弃现有政策的迹象。右翼报刊拉长了脸，流露出一副失望的样子，谴责法国人的政策缺乏宽宏大量并
330 重弹老调，说什么在签署道威斯计划或洛迦诺条约后本来就应实现撤军，这种做法是不足为奇的。所有这些口号都是右派分子在

反对扬格计划的失败斗争中曾经使用过的。更令人忧虑的是高级教士、中央党主席卡斯博士在《日耳曼尼亚》报上所发表的一篇文章中发出类似的腔调，要求取消莱茵地区的非军事化，即重新修订洛迦诺条约以作为德国享有“平等地位”的条件。但更有意义的是，由所有的内阁成员签署的、总统在 1930 年 7 月 1 日发布的一份号召书却只字不提导致莱茵地区解放的政策，也根本不提为实施这一政策贡献毕生精力的施特雷泽曼这个人物。兴登堡总统和布吕宁总理对这种有失体面的疏忽共同负有责任。这一责任尤其严重的是，因为应在号召书上连署的普鲁士政府特别指出这一点，而且用内容空洞的借口对之搪塞。[13]它拒绝签署并发表了一份特别号召书。人们对兴登堡和布吕宁的离奇行为只能作这样的解释，即他们努力追求在右翼政党方面获得支持，而不愿正式赞赏施特雷泽曼及其政策，以免使他们的努力受到威胁。他们也许认为，通过总理以总统名义在施特雷泽曼墓前献个花圈就可以安抚他们在左派方面的追随者。

这份号召书对不持偏见的外国观察家产生怎样的作用，可以用英国驻柏林大使霍勒斯·朗博尔德 7 月 3 日给英国外交大臣亨德森的报告来说明：“我认为，这份号召书体现了德意志人性格的两个最突出的特征：忘恩负义和举止失礼。德国内政同我们并不相关，但人们总是期待，施特雷泽曼博士的名字会出现在政府的号召书中，他以这样的坚毅和做出这么多牺牲所贯彻的外交政策应
在号召书中被提到……从全面政策考虑，德国政府本来能够加上 331
一句承认占领国的忠贞不渝和法国部队按期完成撤军计划的话才是合适的。可是，在号召书中提到的是从萨尔撤军，这更使我担

心。德国人对所受到的善举极少表示感谢,这是德国人的令人不快的特性,但如果这样的善举反而招致提出新的要求,那么我们有理由失去耐心了。”[14]

可是,更糟糕的事接踵而来。总统利用庆祝解放莱茵地区一事,公开显示其参加“钢盔团”成员的身份,而且把极其明显的矛头指向普鲁士政府。由于“钢盔团”搞军事演习,而且它的会员使用战争武器操练,普鲁士政府曾根据 1921 年 3 月的一项德国法令照样在 1929 年 10 月间禁止“钢盔团”在莱茵兰-威斯特法伦地区的活动。如今庆祝解放的活动即将来临,“钢盔团”领导人企图绕道通过总统和总理促使普鲁士政府收回禁令。在布劳恩拒绝这种间接的做法后,“钢盔团”领导人只得在 7 月 4 日迁就地以书面向布劳恩请求取消禁令。双方正在商谈,普鲁士政府作为取消禁令的前提是,要求“钢盔团”发表声明,谈判正进入只是对声明的措辞进行磋商时,兴登堡突然在 7 月 19 日声称,因为禁令尚未取消,他将不参加莱茵地区的庆祝活动。他在一封给布吕宁的立即发表的信里说明,做出这一决定的理由是,这一禁令是没有道理的和违法的,要求“钢盔团”发表声明是不能接受的。布劳恩对此既不能又
332 不愿善罢甘休。因此,他立即写了一封长信答复总统。信里以无可挑剔的事实有力批驳了总统的说法并坚持要求“钢盔团”理事会的书面声明。声明由“钢盔团”的两位联盟主席泽尔德特和迪斯特贝格以较为缓和的方式签发。接着,兴登堡在居民巨大的热情下参加了莱茵地区解放的庆祝活动。但布劳恩冲破阻力使总统当着布吕宁的面接见了他,他在会谈时坦率地向总统谈了自己对这次事件的看法。根据布劳恩事后对这次谈话的回忆录看,总统的谈

话未能涉及这事本身，只谈了一些冠冕堂皇的话。当然，布劳恩不仅是我们的发言人，而且也是党的发言人，不过他的报道给人印象不深，似乎他对“这位老先生”做得不很公正。[15]

无论如何，这个插曲也表明，兴登堡如今向右转了，也许可以这么说；他现在感到可以放任自己，随心所欲地行事。

新政府能否和如何对付**财政困难**的问题对它来说却是非常重要的。在新闻界和科学界的一些专家中，建议为堵塞预算漏洞而增收新税的不乏其人。《德意志国民经济学家》周刊出版人古斯塔夫·施托尔佩尔已在 1929 年建议过对烟草实行垄断，仅此一项，他指望可多收入 15 亿马克。施托尔佩尔说明采取烟草垄断的理由是德国的烟草税比英国低得多，他认为这对像德国这样的一个国家来说，是极其荒唐的，因为这种状况使它以沉重的牺牲陷入极大的资本危机中，并且不得不依靠引进外国资本。[16]但这种途径对德国政府来说是行不通的，因为它必须照顾它赖以支持的各个政党的愿望。巴伐利亚人民党反对财政部长提出增加 75%啤酒税的建议。甚至执政党在总理主持下于 4 月 10 日在一项全面妥协

方案中达成一项提高 50%税收后，巴伐利亚人仍然拒不签字。另 333
一方面，中产阶层的经济党则在提高营业税时对百货公司和消费合作社的营业额坚持特殊附加费。这只能加强社会民主党的反对，因为它把消费合作社视为由它特殊保护的对象。

在政府接受农业部长席勒的、内容极其广泛的农业计划后，形势就更加复杂化了。任何一方对德国农业的困境是没有争议的，即使社会民主党人也是如此。希法亭在国会的发言也很明确。他们在米勒政府中已参与关税的提高，而他们在几十年前把提高关

税看成是罪恶的重利盘剥。但库勒的计划走得更远，例如库勒建议黑麦实行浮动的关税率，规定黑麦在德国市场的价格比国际市场价格约贵一倍。在小麦方面，情况也类似。这一特点贯穿于整个计划，它赋予政府前所未有的全权。人所共知，这个计划受到德国总统特别的赏识。因为人们知道，总统作为东普鲁士诺伊德克庄园主对这个问题不无怀有个人利害意图，所以，去推荐这一计划在分量上是大为减弱了。在 1927 年总统八十寿辰之际，人们把诺伊德克庄园作为兴登堡家族未来的庄园赠送给他了。对此所花的钱主要由德国工业界来承担。但是这个主意出自东普鲁士聪明而狡诈的农业领袖（极端保守的容克地主）埃拉尔特・冯・奥尔登堡-雅努绍。他的目的显然是，把兴登堡个人的经济状况同东部地主
334 的经济状况视为一体，而且把他作为庄园的友好邻居纳入东部地主的势力范围之内，因为总统自那时以来定期在庄园度假而置身于他们之中。但鲁登道夫对这位前陆军元帅非常仇恨，并不久前公布了总统授意在税收手续上作了极为可疑的欺骗手法，这是人们以前所不了解的。这一诺伊德克庄园在地产登记簿上所写的不是接受馈赠的总统的名字，而是写了总统之子奥斯卡的名字，作为奥斯卡的财产，其目的是很明显的，就是在兴登堡去世后可免交应交的遗产税。[17]

致力于保持自由经济政策的执政党需要高度的自我克制，来接受席勒的主张并参与这一新的农业计划。在这个问题上，社会民主党当然不会有理由去支持席勒和政府的。可是，右派却愈加心急如焚地要接受这项计划，其中不仅有已脱离德意志民族人民党的特雷维拉努斯和施兰格-舍宁根集团一伙议员，而且还有仍留

在胡根贝格身边的大部分人。危险在于，虽然农业计划在右派的帮助下会得到通过，但补偿计划却要遭到右派同共产党人和社会民主党人的共同否决。执政党对此采取的预防措施是，把农业计划和补偿计划两个草案糅合成一个所谓“一揽子计划”。在农业计划草案里加上一段话：只有在整个补偿计划草案通过之后，农业计划草案才能生效。布吕宁对此也施展了他的全部权势使之实现。他声称，如果拒绝这项“一揽子计划”，国会将立即解散。在4月12日以217票对206票的微弱多数通过了这项计划。德意志民族人民党议会党团因此而发生了分裂。只有23名国会议员作为少数派追随该党主席胡根贝格投了反对票，以前议会党团主席韦斯塔普伯爵为首的多数派投票拥护政府。但如果就此认为，这一分裂标志了该党的胡根贝格可悲统治到了末日，那么通过几天后 335
即4月25日举行的该党理事会会议却令人大失所望了。该会以压倒多数支持胡根贝格并声明党的政策是反对布吕宁的。这对反叛的国会议员们是一次沉重的打击，因为在他们脱离党的情况下，党的组织和司库无疑仍操在胡根贝格手中。这也使总理及其朋友特雷维拉努斯促使政府进一步右转的打算落空了。

尽管如此，布吕宁无疑是暂时取得了伟大的成果。不过，谁要是对新的法令不得不提出很多指责，那么他就会发现总理具有一种现时最需要的性格——实现领导的能力。可惜的是，新的法令还绝不可能找到解决财政问题的途径。1930年的财政预算尚未制订。如果说人们在纸面上找到还能使预算达到某种程度的平衡，那么持续的经济危机，尤其是失业人数的直线上升，彻底推翻了所有的预算计划。6月初，财政部长及其内阁坚信，一般估计会

有 200 万失业者需要资助；而在这之前，人们总认为有 140 万失业者。莫尔登豪尔按这个数字估计财政赤字的总额将近 7.5 亿马克。内阁想为就业计划提供 1 亿马克，因此总共要筹措 8.5 亿马克。对此，莫尔登豪尔提出一项补偿计划，但他同本党——德意志人民党——在这个问题上发生了冲突。结果，他在 6 月 18 日提出了辞呈。布吕宁除了接受辞呈外没有别的办法。然后布吕宁去诺伊德克晋见总统，同他商议重新任命在所有部长中现时最为重要的财政部长。布吕宁选中德意志民主党国会议员经济部长赫尔曼·迪特里希，并对他的专业知识和充沛的精力都予以信任。兴
336 登堡同意了。这样在 6 月 26 日公布了对迪特里希的任命。他还作为总理的代表主持内阁。民主党议会党团在一项决议里表示，迪特里希担任此职由他自己负责，议会党团不受补偿计划所有内容的约束。[18]起先并没有新任命一名经济部长，而是委托了国务秘书特伦德伦堡主持日常事务。

在此期间，国会讨论了本年度的财政预算。这时又出现了严重的政治分歧。不过，主要的注意力放在讨论迪特里希在 7 月 7 日提交国会的新的补偿计划草案。草案除了削减预算外，还建议提高一系列的直接税和间接税，例如追加 5％的所得税，10％的单身税，加重征收烟草税等。最引起轰动的是，从公职人员收入中征收一种以“支援国家”为名的 2.5％的特别税。在失业保险方面，实施两种有争议的措施：一方面限制收入（应节约 1 亿马克）；另一方面把税收提高到 4.5％（迪特里希从中希望收入约 2 亿马克）。为了帮助在经济危机下深受其害而资助负担持续增长的乡镇，提出不少新的税收，实行的办法由乡镇自己来定，例如一种酒税和一

种被称谓“公民税”的人头税。对这种税收的想法是基于乡镇每个成员都必须像他通过自己的选票参与自己行政管理的决策一样，分担乡镇的负担。人们可以把这视为遵循 18 世纪美洲殖民地论证脱离英国本土的原则的对应观点。如果说当时的口号是“不纳税就没有代表权”，那么现在的思想是“没有代表权就不纳税”。本来，交纳此税很低，因为它由每个公民不论其收入的多少平均分摊。这种税收由于不分等级的欠缺引起了社会民主党的极其强烈的反抗。

决定是在总理 7 月 15 日的开幕式的长篇发言后二读草案时 337
作出的。他把计划草案列入一个在未来年月内应实施的、内容广泛的改革纲领之中，现在所需的税收将为这一纲领创造前提。布吕宁激昂慷慨地要求国会在这一伟大时刻自觉负起责任。它将以此为保障民主制和议会制作出比以往几年还要多的工作。但是，如果国会缺乏这种责任感，那么政府将“运用为消灭财政赤字所必需的、一切符合宪法的手段”。最后一点当然是这次讲话中最重要的，也是最引人注目的。这一点一般立即被理解为宣告运用德国宪法的第 48 条。

在这期间，大部分社会民主党人已看到了他们在大联合政府崩溃中和在对新政府提出不信任案上犯了多么大的错误。因此，该党议会党团发言人符腾堡人凯尔提出了尖锐而又实事求是的批评。他明确指出，如果政府方面愿意做出一些让步并对其建议进行修改的话，那么他的党是准备和解的。该党议会党团甚至向执政党中最强大的中央党提出要求达成一种和解，但遭到了拒绝。然而，社会民主党人为了开辟和解之路，在表决第一条时弃权，以

便这一条获得通过。这时，德意志民族人民党人，民社党人和共产党人又集结在一起进行反对。但在表决后的次日清晨公告，布吕宁已从总统那里取得全权，如国会拒绝补偿计划草案，可按宪法第
338 48 条紧急法方式实施这一草案。当国会 7 月 16 日在否决了补偿计划第二条关于规定所谓的“支援国家”后，就出现了这种情况。如今，社会民主党在表决中投了反对票，而且不仅有共产党人和民社党人，而且还有大部分德意志民族人民党人，他们都纠集在一起。结果是，以 256 票对 193 票否决了计划草案第二条。总理立即起身声明，政府对继续讨论这一问题置之不顾了。这样，通过议会途径整顿国家财政的努力宣告失败而终止了。德意志共和国走到了十字路口。

还在当天晚上，内阁通过了两道紧急命令，该命令按宪法第 48 条把否决了的补偿计划草案置于总统的权威下付诸生效。对此，社会民主党立即做出了回答，根据宪法第 48 条第 3 款，提出国会应将紧急法令归于无效的提案。奥托·兰茨贝格在 7 月 18 日的国会上以明确的法律论据说明了这一提案的理由。他指出，运用第 48 条的前提应是，社会安全和秩序在颁布紧急法令的这一时刻受到了威胁，而对社会安全和秩序以后可能受到威胁的担忧不足以构成运用第 48 条的理由。民主党议员奥斯卡·迈耶博士要求自己和他的朋友竭尽全力阻止运用第 48 条，可是，他对政府是否遵守了宪法规定而发布紧急法令的权限这一问题暂不讨论；但可能出现的越权行为可通过国会事后的追认加以补救(在这种情况下废除对提案的否决)，这是符合所有时代的宪法权益的。泽韦林在回忆录中表示，即使在社会民主党人中也存在对兰茨贝格的

法律论据的怀疑。他说，眼前存在着必须尽快克服的财政困境，这是毫无争议的。“当前必须行动起来，并从一届政府在任何情况下 339
都要以整顿财政维持执政出发，才能透彻理解政府把运用第 48 条作为最后的挽救手段。”[19]

布吕宁授权内阁两名极左的成员对紧急法令进行政治上的辩护。内政部长维尔特警告说，一旦废除紧急命令，不可避免地会出现民主危机。经济部长迪特里希不仅在国会里而且在大庭广众的公开场合发表了热情洋溢的、果断明确的讲话，给人留下了极其深刻的印象。他在讲话结束时说：“对于今天还耗费几百万马克用于烟酒的德国人来说，他们肯定能够堵塞像国家预算中的这样一个漏洞。但当前的问题是，**德国人是一群特殊的获利者，还是一个国家**。”[19a]

决定权掌握在德意志民族人民党人手里。奥伯福伦代表该党议会党团发表了一项反对紧急命令的语无伦次的声明。反之，韦斯塔普伯爵却明确表示赞成保持总统的命令。现在的问题是，韦斯塔普能否使足够数量的右派分子的票投到政府阵营来呢？对这个问题的回答是，社会民主党的提案以 236 票对 221 票的微弱多数通过了。只有极少数民族人民党人反抗胡根贝格的独断专行，因为他同社民党人、共产党人、民社党人结成同盟反对总统的命令。

布吕宁立即以宣读总统解散国会的命令作为回答。正当绝大部分国会议员怀着沉重的心情离开国会大厦时，共产党人则举行了一次可笑的示威游行，这次游行以高唱《国际歌》达到了顶点。歌德的名剧《浮士德》中的摩菲斯特*说得太对了：“人们不知道魔

* 指歌德著《浮士德》中的魔鬼之名。——中译者

鬼在那里，即使他可能已经抓住了他们。”

340 解散1928年选举出来的国会（最后一届共和派占多数的国会）是在魏玛共和国史上后果最严重的事件之一。它打开了大门，让灾难先是倾泻到全国，而后又倾泻到整个欧洲。更为重要的是，应该考虑是否解散国会确有必要，是否它是布吕宁从长期不堪忍受的困境中摆脱出来的唯一途径。难道同反对派没有可能达成妥协而避免政府收回计划草案、发布总统紧急法令和解散国会吗？

社会民主党人一直声称，这样一种妥协将是可能的。他们声称，正如7月26日的第二道紧急法令所规定的那样，按收入把人头税分成等级就足以取得他们的同意。[20]初看起来这些语调好像是事后聪明，力图推卸解散国会及其严重后果的责任。但是，这样一种解释肯定对他们来说是不公平的。正如我们所看到的那样，他们在最后时刻仍想采取达成谅解的努力。关键问题是，他们对政府是否作了足够的让步，以期取得政府的让步，因为致力于谅解的奥斯卡·迈耶在国会全体会议上声称，该党议会党团在书面提出建议的文本上把谈判的成功写得是令人很值得怀疑的。迪特里希也肯定指的是社会民主党人，当他谈到“税务委员会的混乱”使他不得不得出结论说：“这样搞不行，因为各人都想自行其是。”但根据凯尔回忆录中对那些在激烈动荡的日子里所进行的谈判的描述，似乎是布吕宁如不对迪特里希阻拦，迪特里希本人就可能已准备同社会民主党人达成一种谅解了。[21]

库齐乌斯的见证更有说服力。他写道：“我在决定性的时刻曾
341 恳请总理不走解散国会这条灾难性的道路。”[22]这些话都是徒劳

的。为什么呢？库齐乌斯认为，布吕宁觉得在总统面前有责任“维护其因取消紧急法令将受到攻击的威信”。如果说这一解释是正确的，那么布吕宁的态度表明了他的浪漫主义观点或者（如果你愿意这样说）他对陆军元帅兴登堡态度的军灰色观点的影响。

总统发布紧急法令权和解散国会权这两条均来源于德国宪法的同一条款。这两条是互为补充和互相制约的职权。如果把国会使用自己不容怀疑的权力看作是对总统本人的伤害，这显然是歪曲了宪法的含义。总统的权威不得超出宪法的规定范围，更不允许违反规定，把权威凌驾于国会之上。人们以这样一种解释摧毁了对他作为“宪法的维护者”的信任。

但人们把库齐乌斯对总理态度的解释通过狭义的政治上的考虑加以补充，就得出了正确的依据。无论是兴登堡还是布吕宁都希望以中间派和右派结成的联盟来代替已分崩离析的大联合政府，只要这个中间派和右派联盟忠于国家并具有谈判能力。如果布吕宁背离这条路线，那么他就陷于丧失总统信任的危险。如果布吕宁同社会民主党达成谅解协议，那么即使他不想把社会民主党吸收到政府中来，他也背离了这条路线。因为可以预料到的后果是，连那些看到胡根贝格“不惜任何代价进行反抗”的愚蠢的右派议员也会抛弃布吕宁的。但是，布吕宁迷恋于自己在4月14日所取得的成功，并自以为，只有采取一种果断的、不屈不挠的姿态才能把大多数人团结在自己的周围。实际上，他也没有走得很远，反对他的票数差额总共只有15张。诚然，他本来也能做好，只要他心里牢记德意志民族人民党理事会对胡根贝格的信任声明所发 342
出的警告。因为这次表决明确表明，脱离德意志民族人民党的一

些人将得不到任何党组织的支持，因此也就没有选举机会了。一位重视这一迹象的政治家可能就会在最后一刹那紧急转舵，并且接受社会民主党的帮助，如果它提出的条件是能够忍受的，而且又不危及财政改革的话。当时的情况是不是这样，没有人能讲得清楚，我们对布吕宁策略的判断也只能局限于这样的观察：他并没有想尽一切办法去阻止这场灾难，对于这场灾难的规模，他肯定不会预见到的。正如他后来所说的那样，他希望“通过新的选举……以确保一个民主派占多数的国会”。[23]但是，新的选举结果使他大失所望。对其他政治家来说也会有这种情况发生，但不会有人对他们进行指责。即使有人把“民主”的含义扩展到比实际所能理解的还广泛，但有人徒然地问，在1930年的德国，究竟什么东西使布吕宁寄希望于寻求民主派的支持。

人民党领袖朔尔茨博士在7月18日的国会发言中为布吕宁的行径进行了辩护。他说，米勒内阁早就考虑借助宪法第48条实施财政改革。布吕宁本人（1947年）致函《德意志论坛报》出版人鲁道夫·佩歇尔说，米勒总理曾建议总统发布紧急法令，但遭到了总统的拒绝。[24]从另一方面，总统的这一态度可追根到国防部所起的作用。[25]通过以前在同一步兵团的战友总统之子奥斯卡·冯·兴登堡得以随时见到总统的施莱歇尔代表格勒纳发表声明说，“只要社会民主党的领导被排除”，他才可以在一个以紧急法令进行统治的内阁里“承担责任”。但另一方面，肯定也了解情况的泽韦林保证说，无论是米勒，还是另外一名部长，当时都没有要求总统授
343 予这种发布紧急法令的权力。[26]泽韦林同时承认，他原则上并不拒绝发布这种紧急法令的想法，而且他甚至在1929年春向当时的财

政部长希法亭提出过这种想法，但立即遭到了拒绝，这一拒绝带有幽默的色彩，因此这个争辩有更重要的意义。实际上，人们很难想象米勒在 1930 年 3 月那个危急时期会成功地采取一种总统的紧急法令。米勒与布吕宁的区别在于，只要他的政府联盟团结一致，他在国会就占有多数。但如果有一个党退出政府而使大联合崩溃，那么颁布一项紧急法令对他来说也是无济于事的，因为组成多数的反对党会取消这一法令。米勒也谅必清楚兴登堡厌恶利用他的特殊权限以保持社会民主党掌权的想法。因此，可以认为，布吕宁给佩歇尔的信犯了记忆上的错误，而施莱歇尔的所谓行动却采取了另一种形式。

国会所反对的总统紧急法令立即无效。但 7 月 26 日在德国法律刊物上刊登了一项“为消除财政、经济和社会紧急状态”的新的紧急法令。这项措施比被取消的法令走得更远，而且把 1930 年度预算付诸生效。一个重要的修改是把人头税分成等级，对收入最低的人减至 3 马克，而对收入最高的人一直增至 1 000 马克。关于东部援助，法令包括以下最迫切的措施：年底前的执行法和政府给农业贷款用作移民和培训。反对运用第 48 条进行统治的人
强调，新的法令回避了国会的取消紧急法令的决议。但是，人们对 344
这一事实无法抗辩，即在当前和新的国会举行会议前，任何有助于财政秩序的措施都是不可缺少的。

政府把重新选举推迟到宪法（第 25 条第 2 款）规定的许可日期。9 月的第二个星期日即 14 日为选举日。

竞选一开始就以民社党人的狂热攻击为其特点，他们不仅在自己的集会上，而且也在对手的集会上发出最激烈的声调，而且不惜使用谩骂或殴斗方式进行。[27]根据英国驻柏林大使的印象，竞选的特征是“民社党人表现特别积极，而公众却麻木不仁”[28]。“资产阶级”政党被迫处于守势。在德意志民族人民党党内，退党的人日益众多。长期来尽可能留在党内反对胡根贝格的韦斯塔普伯爵这时也决定退党了。他和他的追随者以及特雷维拉努斯集团创建了“保守人民党”。他原想把所有不满胡根贝格领导的保守力量都聚集到该党，但在“德意志农民党”和“基督教社会人民服务会”也提出该党名单后，韦斯塔普伯爵的这一希望就落空了。

在自由主义中间派里，他们感到有必要联合起来，挽救自由、民主思想通过这一不利时刻。不仅人民党领袖朔尔茨而且民主党领袖科赫-韦塞尔都为此做出努力。但是谈判取得的成果甚微。民主党只同“德意志青年社团”联合。该团原持极右观点，实行所有中世纪的礼仪，但后来特别在反对民社党人斗争的影响下逐步
345 采取更多趋向建设的和立宪的态度。科赫-韦塞尔认为，通过同他们的联合能在这样一些集团里灌输对他们至今不熟悉的民主主义和共和主义思想。民主党理事会的绝大多数人，即使非常勉强，但还是同意了科赫-韦塞尔的观点。他们甚至决定放弃迄今沿用的党名，并称呼同“德意志青年社团”联合组成的党为“德意志国家党”。该党接受了迪特里希的口号并在竞选号召中谴责解散了的国会在关键时刻“没有表明它是一国民众的工具，而是一群获利者”。但是竞选运动表明，在新老成员中达到协调一致是何等的困难。进一步想把“德意志国家党”和“德意志人民党”联合的努力彻

底失败了，而且两党在竞选斗争中分道扬镳了。

当然，竞选一开始就处在恶劣的经济形势的影响之下，这种情况或多或少地加重了人民各阶层的负担。情况已经够不妙的了。但反对党竭力把形势描绘得愈来愈糟，首先把形势描绘得比实际情况更加渺茫。谁听过反对党人的演讲，谁就会得出这一印象，如果不把德国的命运交给反对派——希特勒、胡根贝格或共产党人，那么德国由于其政府的罪责将不停地滑入深渊。但竞选的另一个特点是，德国的民族主义这时乘机大肆泛滥，狂热无度。这种情况逃不过英国驻柏林大使霍勒斯·朗博尔德的眼睛。8 月 29 日，他向英国外交大臣亚·亨德森报告说："在没有莱茵地区占领阴影下开展起来的德国第一次竞选把德国在外交政策方面所期望的和为之而斗争的所有事情，一会儿从这一个党，一会儿又从那一个党一股脑儿地公诸于众。"[29]这时像历次竞选发生的情况一样，没有一个人愿意在"爱国决心"上比别人自甘落后，而且如果这一个党咒
骂德国受到以前敌人的不公正待遇并提出一大堆修正对外政策的 346
极端要求，那么另一些党就竭其所能竞相赶上。在竞选中根本谈不到冷静地权衡已经达到的东西并在理智的谈判中还能达到什么东西。施特雷泽曼的政策随着他的去世也就失去了对这一政策的强有力的捍卫者了。

德国政府在纲领上意欲继续推行施特雷泽曼的政策；同他长期交往的党友和同事库齐乌斯在外交部的留任似乎能确保做到这一点。但并不是所有成员对此认真对待。8 月 10 日，"东部爱国协会"为庆祝西普鲁士和东普鲁士表决的第十周年纪念举行了集会。在这次表决中，所有"爱国者"不分宗教和党派，都充满德意志

意识，履行了自己的职责。但是，这些协会随着时间的推移日益陷入民族主义政党的航道。他们争取到中央部长特雷维拉努斯作为他们的大会发言人，而且此人善于迎合他们的情绪。他以炽热的言词要求“整个德意志民族统一和动作起来”以消除“东部边界无法愈合的创伤”，他向波兰人呼唤，“如果德国和波兰不因不合理的边界划定而常处于不安之中”，他们的未来才能得到保障；而且他还谈及“今日还失去的、将来总有一天收复的德意志土地”。他讲话结束时高呼：“让灾难的流言蜚语见鬼去吧，鼓起勇气克服一切苦难！”我们该怎样来理解这些话呢？

在波兰，当然这番话被理解为走向一场德波之间的战争的挑动。波兰外长扎伦斯基正式抗议说，一位德国部长“制造了同和平合作相违背的气氛”。法国也同样有此反应。因病很少参与政治活动的普恩加来在一次讲话中对这次讲话给予尖锐的答复；而且《时代》杂志警告德国人，他们休想再期待得到任何新的让步；协约国政府“本着信任的精神”早已做出巨大牺牲，“而德国至今还没有
347 以任何方式表现有这种精神”。连英国驻柏林大使也写道：“特雷维拉努斯先生显然是一位年轻的、狂热的前海军军官，但他的态度反映了在今日德国**这种**引人注目的、**迅速而广泛发展的倾向**，对此我只能希望它是暂时的现象。”[30]然而，大使也报告了德国外交部国务秘书舒伯特的继任人冯・比洛对特雷维拉努斯干预外交政策显然感到不安。[31]

事实上，正在休假的库齐乌斯立即赶回柏林向布吕宁提议，以便通过某种方式务必公开撤回特雷维拉努斯的“吹嘘”，或使之减弱。显然，他在内阁里也明确向他的这位年轻的同事谈了他的意

见。特雷维拉努斯在另一次讲话中解释说，他以前的论述并非想诉诸武力。正在柏林提出这一意见的波兰部长不得不正式表示满意。但波兰的一家报纸写道，特雷维拉努斯只差把洛迦诺条约说成一堆“废纸”了，因为它在那时对德国来说还没有比利时中立条约更为重要。布吕宁本人在一次讲话中声明，他和库齐乌斯“将保证决不再有这些冒险性的讲话”。这一事件肯定不会对提高政府的威望有所帮助，而且正如库齐乌斯所说的那样，在政府里重又笼罩着一片沮丧情绪。[32]朗博尔德看到，德国外长在其讲话中控制着内心的激动，而且表现出“头脑冷静的勇气”。不过，他不无遗憾地补充说：“遗憾的是，库齐乌斯不能再有什么影响，而且当前人们对他已视而不见了。”[33]

348

第二十章　1930 年的九月选举——布吕宁处于守势

山羊们，左边站！”法官有一天指令我们，
“你们这群绵羊，我要你们站在我的右边！”够公平的了。
但还可有另外一个指令：
“理智的人们，你们愿意在其中找个位置吗？

以歌德这首“威尼斯的警句诗”来衡量，德国的“理智的人们”已于 1930 年 9 月 14 日被贬为一个没有希望的少数派了。虽然中央党再次表明它是具有反抗力的。它的选票甚至达到 40 万张，它的议员从 62 人增至 68 人，但是，该党是通过其他政治力量而得到支持和团结起来的。天主教教会总是特别对女选民具有强大的影响。除此之外，前中央党议会党团主席布吕宁本人是具有吸引力的。布吕宁所希望的特雷维拉努斯和韦斯塔普的保守人民党的选票并没有达到 30 万张，并且不得不满足于四个国会议席了。此外，勉强算作中间派的基督教社会人民服务会和农民党分别还有 14 个议席和 19 个议席。

自由派政党在选举中有很大削弱：失去了施特雷泽曼这位唯一为民众爱戴的领袖的德意志人民党丧失 100 万选民，国会议席减少三分之一（从 45 席减为 30 席）。国家党丧失的选票较少（从

150 万张减至 130 万张），但党内发生分裂。从该党选举名单上所 349
列的 20 名国会议员中，有 6 名来自德意志青年社团的议员在几星期后“以世界观对立为理由”分裂出来了。计划中的融合一体彻底失败了，而且对此事首先负有责任的科赫-韦塞尔承担了后果并辞去国会议员和党主席的职务。奥古斯特·韦贝尔博士接替他任民主党议会党团主席。韦贝尔在 1907 年至 1912 年作为民族自由党的帝国议会议员积累了议会方面的经验。德意志青年社团成员们再也没有参加过国会竞选。他们是否能给国家党带来很多选票，这不得不令人怀疑；他们的选票数同由于内部协商分给他们的六个国会议席是绝对不相符合的。其余 14 名民主党议员在国会里是一个数量上无关紧要的议会党团，尽管他们有不平凡的、多方面的才能，连他的政敌施兰格-舍宁根也不得不承认在这个党内有这些能人。[1]

社会民主党的状况保持得相当好。它有些损失，但相当有限：10 个国会议席和将近 60 万张选票。该党拥有 143 个议席，仍是国会最强大的政党。但共产党取得巨大进展。它拥有 77 名国会议员和 460 万张选票，这时，除社会民主党外它也引人刮目相看，而且扮演着无产阶级代表的角色。如果按右派报纸的话来统计“信奉马克思主义者的”选票，那么它比 1928 年增加了 70 万张票。

在右翼方面，这位对解散国会特别负有责任的胡根贝格遭到了一次惨败。支持民族人民党的选票从原有的 430 万张减至 240 万张，1928 年选举后有 73 个国会议席，但这次选举后该党议会党团只有 41 名国会议员了，如果说人们考虑到 1924 年 12 月间该党在国会里有一百多名议员，那么人们几乎可以说遇到了一场灾难，

350 因为造成灾难的罪魁祸首是胡根贝格的领导。但阿尔弗雷德·胡根贝格不是一个能从失败中吸取教训的人。他仍处于目光短浅的反对派地位。虽然现在事情明摆着:反对派在公民表决中所取得的成果对他并不有利,而是对他的盟友有利,因为他们这时夺走了他的大部分选民。

但所有这些变动的政治意义都不能同**民社党人的崛起**相比拟,因为大大超过了他们的希望和他们对手们的惧怕情绪。有640万张票支持他们。现在一大批进入国会的107名议员代替了只有12名议员的小组,而且一跃成为国会第二大党。这是在德国议会制历史上从未有过的天崩地裂。

为了说明这一情况,必须首先从选票数字上回忆这次比1928年多400万人参加的投票。有选举资格的人在这两年内增加170万,参加选举的人数比例从74.5%增加到82%。可以认为,绝大部分以前不参加选举的选民和刚进入20岁具有选民资格的男女青年都投了民社党人的票。但这当然还不足以说明增加550万张选票的原因。

最重要的影响当然是糟糕的经济情况和失业人数的空前激增(1930年9月已逾300万人)。这批人几乎或是投了民社党人的票,或者投了共产党人的票。在这种形势下必然产生的冤屈和不满情绪对民社党来说特别有利,因为这使"民族主义的"煽动成功地在选民的广泛阶层中使人信以为这种情况首先是扬格计划的后果。事实上,这是一次世界性的经济危机,其他国家所遭到的困难
351 不亚于德国。但是,认为赔款是主要祸害的论点在德国当然尤其普遍,至少是没有人敢于去反对这种论点的。由此而去谴责扬格

计划仅仅是大多数人比较容易完成的一步，特别是他们无能去判断，如果没有扬格计划，经济状况将会是个什么样子。

民社党人在农民中受到欢迎。这里，农民的困境产生了一种以炸弹谋杀和类似极端行为以表示悲愤情绪。虽然布吕宁政府恰恰推行一项有利于农业而采取迄今从未有过的激进措施的援助计划，可惜新措施还没有来得及产生效果，因此对选举没有产生任何影响。具有古老民主和自由传统的石勒苏益格-荷尔斯泰因地区的农民投票赞成民社党人的不少于24万人，占该地区投票人数的四分之一。另一方面，政府为了使预算平衡而增加的税收激怒了深受其害的大部分人，其中也有对国家举足轻重的因素如受到实施救国税的公职人员，其后果特别严重。

除了这些具体原因外，由于长期战争和史无前例的通货膨胀导致中产阶级的破产，这都有利于民族社会主义的反对派。经历过好时候的人，或者在盼望好运气中成长起来的人尤其感到灾难深重。这对成长中的青年一代尤其如此，因为他们把美好的过去同暗淡无光的现实相比较，他们不明白，不论在德国推行什么政策，他们所渴望的一种天堂的大门在1914年8月1日那天已永远关闭了。青年一代的民族主义的狂热化也许在大专院校表现得最为明显。[2] 当然，这不仅仅有像生活斗争中前景恶化等这样一些社 352
会原因。在大部分德国高等院校里，民族主义精神被多数教授所宣扬，[3] 这只能极大地促使大学生民族社会主义化，而教授们多数对德意志民族人民党反对派满意。当共和国对带有色彩的大学生联谊会和大学生的好斗性持反对态度时，大学生们更把共和国看作他们的敌人。被民社党人视为最有力的宣传手段的反犹太主义

从特赖奇克*年代以来已经在大学生中就有其肥沃的土壤。大学生们以为，只要他们把谅解政策咒骂为软弱的和非德意志的，崇拜权力和拥护多少带点不太明显的复仇思想，这就证明了他们的爱国主义。在一些刚有选民资格的很年轻的人中就开始有这种倾向，青年一代的这种思潮占了很大优势并引起严重的危险。

实际上，在德国宪法中对国会选举的新规定从根本上就构成了民社党人取得成功的最重要的前提之一。以党名代替个人姓名的候选人名单可以把一批大多根本没有经过考验的无名小卒，以至于把政治谋杀者海涅斯等罪犯塞进国会。他们当中很少有人会去寻找一个选区，如果不是候选人名单选举法切断了在选民和被选者之间的纽带，他们就得在选区中以自己的能力为自己的事业而进行活动。这种选举法也赋予党组织绝对权力，使一个不愿屈从于党组织的国会议员，除了辞去议席和离开政治生活之外，通常是没有别的出路的。但是，民族社会主义的煽动对其他政党所强烈谴责的正是这种党性，反之，它却用史无前例的纪律性和严厉性强加于自己的追随者。

希特勒所标榜的“领袖原则”也吸引了很多选民，因为这种原则可以解除选民个人决定的负担。
353 这个民主制国家过多地要求它的公民们不断作出决定，而且人们不可设想，每一个人都喜欢没完没了地去对问题作出决定。如果把这种决定由“领袖”去作而自己对此只要齐声欢呼一下就可了事，这有多舒服啊！也许有人认为，

* 特赖奇克(Treitschke，1834—1896)，历史学家。他的著作充满民族主义思想和反犹太主义思想，对民社党有很大影响。——中译者

这些人性弱点也存在于共产党人之中，因为他们也习惯于盲目执行莫斯科给他们发出的号令。

当然，民社党人狂热的、肆无忌惮的强大宣传攻势是该党取得成就的重要原因。咒骂迄今所发生的一切是错误的和罪恶的这样一种鼓动宣传常常对群众来说颇有吸引力，特别是像希特勒这样一位蛊惑人的宣传家所发动的这场运动。他不知疲倦地、紧张地和迅速地出没在各地，利用飞机时而在这里，时而在那里，给人以深刻的印象。他全力倾注其仇恨于狂热的演讲，吸引着成千上万的人的心，这些人为了听到他的讲话，甚至不惜为一张入场券付出高昂的价钱。当然，仅仅这些收入还不足以弥补鼓动宣传的巨大耗费。一部分钱来自一些早就同希特勒结合在一起的工业家，如蒂森和基尔道夫。但是，还有其他一些经济来源至今尚未弄清楚。

但是，即使把所有这些理由加起来解释希特勒所取得的成就，还是有许多事情按正常准则仍然难以理解，甚至根本理解不了。我们不得不借助歌德的话来进行理解。这位年迈的诗人在其自传第20篇中谈到了他晚年深入探索的“魔力”。他在文中叙述说，在他一生里，他如何有机会观察了一些着了魔的人。“正是这些不总是出类拔萃的人，既无天才，又无思想，很少表现出心地善良；但有一股巨大的力量从他们身上迸发出来，他们对所有其他生物施加一种不可思议的威力……所有团结起来的习惯势力却对他们无能 354
为力，较开明的人徒然咒骂他们是受骗者或骗子；但群众却被他们吸引住了。”他继续写道：“除了他们与之斗争的天地万物之外，没有什么东西能够阻挡他们了。”难道歌德这番话听来不像是一种预言吗？

国外对德国选举的印象十分可怕。从前的协约国的人们惊奇地看到，德国人并非那种人们制造的仿佛是要推行和解政策的形象。最敏感的当然是首当其冲的法国人。在召开国际联盟大会的日内瓦笼罩着强烈的不安情绪。巴黎《晨报》的世界知名的颇有经验的记者尤勒斯·绍尔魏因对德国翻译保尔·施密特预言："如果你们那里民社党人夺取政权，那么肯定很快会再次爆发战争。"[4]库齐乌斯证实说："选举结果使整个国际联盟感到震惊。"[5]大会主席蒂特卢斯库在闭幕词里也公开肯定了这一点。白里安在讲话里抱怨德国群众的激进情绪，库齐乌斯说，白里安当场呼喊："多么仇恨的歇斯底里，多么毁灭性的歇斯底里！"[6]他说得太对了！在法国，白里安的信奉民族主义的政敌愤怒地呼喊，说他的政策已被证明是错误的，并说，法国接近德国的努力只能助长极端野蛮的德国民族主义，绝不会有别的后果。[7]在英国，虽然在当时杰弗里·道森领导下的《泰晤士报》竭力缩小民族社会主义的危险，但在它9月16日的一篇社论中说："虽然民社党人的策略肯定包括暴力行为，而且他们很少遵循通常的法令和秩序，但他们把所取得的巨大成就归功于他们对某些根本性的和受人尊敬的事物所提出的控
355 诉。他们像意大利法西斯分子一样，主张民族主义的理想，虽然是朦胧地、感情洋溢地表达这种理想，但个人和阶级利益应服从于它。"当《泰晤士报》吃惊地表示，尽管扬格计划使德国的负担大大减轻，但德国的广大阶层对凡尔赛和约的经济条款所表示的厌恶情绪仍然有增无减，这听来几乎是滑稽可笑！但是，这些安抚论调对英国那些依赖于维持和平的经济利益集团显然是不会留下什么印象的。在伦敦交易所里，德国证券猛跌。例如，在发行的80%

的扬格计划债券中，5.5％的债券在两天之内整整下跌 5.5 个点，跌到 77。世界各国的所有交易所都是这种情况。《科隆日报》在 9 月 26 日写道：“纵观证券行情已表明，德国国内和平秩序所受到干扰的可能性已产生了多大影响。”德国已不能再推销其国库债券了。最致命的影响是从德国银行提取外汇和黄金，仅在 9、10 月间，总额达 6.33 亿马克，德国银行损失总计将近 10 亿马克。德国信用社[8] 在一份报告里以非常谨慎的语调确认，这次世界性的黄金波动“直接或间接地产生于政治上或各国人民心理上的因素”。换句话说，不仅是外国债务人纷纷收回他们的债款，而且德国资本家也把他们的部分财产转到国外安全的地方，因为他们对民社党人的野蛮恫吓感到害怕(他们总想到民社党人关于无偿没收“银行和交易所权贵们”的财产的蛊惑性宣传，而且他们后来实际上真的宣布剥夺犹太人的财产)。结果，民社党所取得的成就导致经济危机更为加剧。它使德国所付出的 10 亿马克资本损失比 1930—
1931 年按年偿付赔款的一半还多得多(按年付款为 17 亿马克)， 356
更不包括中断了急需的外国资本的输入。大批客户突然争先恐后地抢着提款，使大银行的流动资金一时也受到威胁而感到非常震惊，以致他们对所有长期的贷款业务，特别是国家的贷款业务，畏缩不前长达几个月之久。这一切当然不能阻挡“民族主义反对派”把所有不幸仍归咎于扬格计划，而且民社党人运用熟练的蛊惑手法，充分利用他们本身所造成的损害，变成控诉“资本抽逃者”的爱国主义宣传。

当民族社会主义的毁灭性影响也渗透到国防军时，不安全感更为加剧了。即使军队从来也未被人当作是具有共和主义思想

的，但它似乎终究还是按格勒纳和泽克特的教导坚定地随时准备“为国家服务”，正如格勒纳在1930年1月22日的一封所谓“主教通告”中说的那样：“超脱所有的党派政策，反对强大的外来压力和危迫的内部争吵，以拯救和维护国家。”[9] 希特勒从1923年自身的经验以来深刻认识到，一支忠于国家的德国国防军是对民族社会主义革命的任何一种尝试的不可逾越的障碍，因此他竭力从内部对军队进行瓦解。1929年3月间，希特勒在一次演说中谈到民族社会主义同德国国防军的关系时委婉地提出，国防军的真正任务是帮助他的运动击败“十一月罪人”的国家。这次讲话的精神可以通过精辟的语句显示其特点。“人要活着，他们就必须被迫去杀死别人。”“实际上在和平与战争之间是没有任何区别的。”他在对马克思主义者和犹太人的习以为常的咒骂之后向国防军呼吁：“如果今天左翼**由于军官们**不问政治的态度而取胜，那么请你们

357 写着：……国防军完蛋！另一方面，如果我们的运动胜利了，那么我们坦率地承认，我们将日日夜夜致力于创建和平条约禁止我们应有的军队。”希特勒认为把这一讲话在《人民观察家》的《国防军专辑》中进行宣传会起很大作用，他们力图使它送到国防军青年军官手里发挥影响。[10] 在普鲁士的内政部里，人们意识到这一颠覆企图的危险性，并在官方的一次报告里仔细分析了希特勒这篇演说，并把这份报告送到德国最高法官维尔纳，但未能促使维尔纳出面干预。[11] 民族社会主义在军队中的煽动活动所取得的成效在1930年9月23日至10月4日德国法院不得不判决国防军乌尔姆卫戍军三名少尉叛国罪后就暴露出来了。舍林格和卢丁两名少尉曾在德国各地游说，以推动其他卫戍军里的青年军官参加民族社会主

义运动，并反抗所谓的陆军司令部的“左倾路线”和以和平主义思想腐蚀军队。这些活动的实际目的是使国防军无力镇压一次民族社会主义的暴动。这些军官在法庭面前的申辩明确表明了他们的政治诡辩和观点，例如：“法制论者即爱国者……，因为我们作为军官是热爱祖国的，而热爱祖国的观念只有少数政党才有。”简言之，这是旧皇家警卫团军官所玩弄的政治游戏的复活，在他们眼里，谁站在保守派的左边，谁就是“祖国之敌”。被告被国家法庭以其集体策划一次叛国行动而被判处 18 个月的监禁，对于这样一次危险的行动，惩罚并不算是严厉的。尽管如此，民族社会主义者照样举行强烈的抗议集会，而且《人民观察家》报厚颜无耻地说，这是一次 358
“有政治倾向性的判决”。民社党在夺取政权以后，嘉奖了卢丁少尉，任命他为冲锋队高级领袖，后来当了驻斯洛伐克的公使。另一方面，民社党对舍林格并不是这样，因为他还在监禁期间转向了共产党，而且后来也一直忠于共产党。

但这一审判最轰动的是民社党领袖阿道夫·希特勒出庭所作的证词。被告的辩护律师之一、民社党国会议员汉斯·弗兰克为了证明他的观点，即他的党只愿用合法途径取得政权，他建议让希特勒出庭作证。他估计自己的提议会遭到否决，正如他后来在纳粹统治垮台后所写的那样：“一个党的领袖宣誓证明这种合法性，即宣誓证明他的政治行为符合宪法的要求，这样的观点在我国整个法学史上还未有过先例。”[12]但法院决定同意这一提议使他吃惊，这对国家的尊严是严重的损伤。这样，希特勒得以在 9 月 25 日出庭在全体德国人民面前花言巧语，滔滔不绝地作证长达几个小时之久。他断言，他根本不想瓦解国防军，他的冲锋队不具备军

事性质，而只是为保护民族社会主义运动不受其左翼敌人的攻击，对他来说，不使用任何非法手段，即严禁党实施任何同法律相冲突的图谋。诚然，他谈及革命，但只是指在政治意义上作为思想革命而已。法庭庭长反驳说，他曾公开声称，在他的斗争中将会“人头落地。不是我们的脑袋，就是别人的脑袋！我们关心的当然是别人的脑袋落地”。对此，希特勒打出最蛊惑人心的一张王牌说：“如果我们的运动获胜，那么将会组成一个新的最高法庭，而且1918年的十一月罪行将在这一法庭面前得到清偿。然后将有一批人头
359 落地。”庭长对这种杀气腾腾的威胁居然无言以对，而挤满法庭大厅的希特勒追随者却对他的“精辟言词”报以雷鸣般的掌声，正如一位拥护希特勒的记者所写的那样：“这是发自我们内心的肺腑之言。”德意志共和国的最高法庭被利用来向全世界宣布，这个刚刚拥有六百多万德国人选票的、“在思想意识上”进行革命的政党渴望着为同胞报仇。[13]

中央政府内政部和普鲁士内政部徒劳地派出他们的专家到莱比锡同希特勒进行斗争。法院只允许内政部国务秘书茨威格特作为证人出庭。[14]茨威格特至少可以按档案证明希特勒经常违背自己的誓言。但法庭和公众都对他的说明未予重视，而且法庭认为应该让希特勒作为证人起誓。

这次对舍林根和卢丁的诉讼案不仅使希特勒借机达到了新的蛊惑宣传的胜利，而且也增加了在德国人民中，尤其在国防部和国防军中的不安情绪。难道人们还能真正相信国防军吗？连总统也对右翼政党及其报刊对军官团里的老年和青年军官之间进行挑拨离间感到愤怒。格勒纳竭其所能抵制这种扰乱，并使军官团坚决

反对这一破坏活动的危险。但收效甚微。

陆军司令海耶将军的下台也许也起因于乌尔姆事件。格勒纳对此写道:“善良的大叔不是硬汉子,他被几个少尉牵着鼻子走了。”冯·哈默施泰因-埃克沃德将军接任了陆军司令一职。他具有杰出的军事才能,在卡普暴动中已证明他是忠诚的。虽然他是 360
冯·吕特维茨将军的女婿,但他并没有参加暴动,而是保持他对政府的忠诚。民社党人恨他并在他们的报纸上贬他为“办公桌将军”,这是不足为奇的。哈默施泰因在极大骚动中能够采取断然的措施。只可惜后来日益表明,他首先考虑自己的生活舒适,而且宁可把工作推给别人来干。[15]

民社党人在德国和世界上引起骚动,“钢盔团”也不甘落后。在国防军诉讼案宣判后的那天,即 10 月 5 日,“钢盔团”在刚解放的莱茵地区的科布伦茨举行集会。它无异是一次大规模的军事示威,不仅有将近 10 万名钢盔团成员而且还有泽克特将军和前王储参加了集会。[16]自施特雷泽曼去世之后,王储公开认为可以不受放弃参与政治活动义务的约束。“钢盔团”领导为发展势力让人拍摄一部影片,根据柏林电影审查处的决定(但该决定被更高的当局机构取消),这部影片被视为显示“对战争的军事准备”。这次大会尤其在法国引起普遍的关注。库齐乌斯企图通过一项空洞的声明安抚英国大使。[17]这次大会通过联盟领袖泽克特反对“马克思主义的”普鲁士政府的狂热讲话和联盟委员会反对“普鲁士没有成果的马克思主义专政”的决议,并“以一切合法手段”的斗争对之进行威胁而显示了大会的对内政治的性质。

这次选举结局对布吕宁总理来说是一次惨重的失利。他们不仅粉碎了他对一个不依附于胡根贝格和希特勒的右翼大党所抱的希望，而且他们使他根本看不到有自己所能依靠的一个多数派。
361 如果说他在选举之前曾希望有一个能允许他抗拒社会民主党而执政的一个多数派，那么他现在只能期待社会民主党投赞成他的票，才能在国会里战胜他的政敌。尽管如此，他在选举后两天宣布，他不想离开他的岗位。他显然相信总统会一如既往地坚决支持他并认为借助他能够抵制议会的冲击。但他看来也希望通过在外交政策方面的转变得以使一部分民族主义的强劲之风顺乎他的意图，这方面可能也有总统及其周围人士所起的影响。库齐乌斯在他的回忆录中作了以下叙述：[18]

“选举后的那天，高级教士卡斯……布吕宁的亲信……飞抵（日内瓦）。最初，似乎是卡斯带来要我‘在政治上紧急让位的消息’。他们在柏林已没有了头脑，而且想让在日内瓦的德国代表团采取攻势。我应该紧急转舵，以离开我迄今执行的外交政策。‘是这样吗？’我问卡斯先生，‘宣布什么样的政策呢？’对此，他未予置否。”库齐乌斯声明，如果总理坚持这种新的思潮，那么他将离开日内瓦。他力图使卡斯领会到，这一新的政策将要求德国不得不退出国际联盟，而且这意味着布吕宁在内外政策上承认失败了。库齐乌斯是不会参与执行这条新的政治路线的。如果回想一下卡斯在施特雷泽曼时期的态度，库齐乌斯上面的一段叙述无疑是可信的。但卡斯最后不得不同意库齐乌斯的意见。他飞返柏林，没有改变德国代表团的态度。

但如今又发生了什么事呢？在社会民主党内，最初也出现一片混乱。正如米勒致函布劳恩所说的那样，在党的委员会的一次会议上有人提出，“他们应当让右派分子参政，以使他们包括民社党人在内治理不善而下台”。幸亏米勒和布劳恩拒绝这种鲁莽的 362
想法。奥托·布劳恩说，他同布吕宁进行了一次直至深夜的长谈，但他未能说明谈话日期。他向布吕宁提出两个方案供选择，要么像普鲁士政府那样坚决同民社党人进行斗争，要么让他们参加政府，“只要他们的力量还太弱而不能贯彻他们的极权统治要求”，虽然他认为第二种方案是相当令人担忧的。但重要的是，布吕宁不能按布劳恩所说的这两种方案做出决定，即“他要照顾到自己继续推行其政策所必须考虑的总统和反动势力”。这个说法可以说是恰如其分的，因为总统在选举结束后是布吕宁所能依靠的唯一因素。但通过接近兴登堡的钢盔团在科布伦茨大会上所做的上述决议，那些力图对总统施加影响的“反动势力”的目标已昭然若揭了。钢盔团把布劳恩政府看成是民族主义分子取得胜利的最大障碍。决议的最后一句话关系到兴登堡本人：“作为国家摄政者的总统将来也应该执掌普鲁士总理之职。”

人们把布劳恩在 10 月 13 日国会开幕那天在《前进报》上发表的那篇文章看成是他同布吕宁会谈的成果。这篇文章表明明确改变社会民主党议会党团迄今所奉行的反对派政策。“在德国资产阶级中对民主思想已达到成熟程度的阶层日益联合后，今天已不同于保罗教堂*时代了，德国社会民主党肩负着艰巨的、但要求作出重大牺牲的历史使命，应投入全部力量以防止德意志共和国落

* 保罗教堂是 1848—1849 年第一届德意志国民议会(法兰克福国民议会)开会地点。——中译者

入法西斯独裁统治之下。”[19]布劳恩要求本党执行一种即使不受欢
363 迎的但具有责任感的政策。布吕宁能够把这看成是对自己所提供的支持，或者至少看成是社会民主党方面的容忍，如果他不使社会民主党置于太难堪的境地的话。

1930年10月17日，新选的国会开幕。民社党人立即利用这一庆祝机会向德国人民表明，他们对其统治将会有所指望。几千人非法在国会前的所谓“禁区”内聚众闹事。当警察强迫他们撤离禁区后，他们就冲向莱比锡大街，砸碎犹太人或者被他们怀疑为“犹太人”的商店橱窗并故意冲撞他们所不喜欢的行人。[20]天天鼓动“进攻”的戈培尔博士对这次骚乱感到洋洋得意，即使这并不符合刚刚宣誓效忠于法律的希特勒的心意。因此，希特勒事后向外国记者宣称，不是他的忠实信徒而是“流氓无赖、小偷和共产党破坏分子”搞了这次暴行。在德国有一点政治头脑的人绝不会被这一诡计所蒙骗。但是《舒尔特赫斯的欧洲历史年表》的出版人却把它作为真事记载了下来。[21]

民社党的国会议员身穿冲锋队的褐色制服，得意洋洋地出现在国会里。由于在普鲁士禁止穿党的制服，他们就把制服偷偷带进国会大楼，并在那里换装。可是，他们企图把“马克思主义者”勒贝从议长席位上撵走并没有得逞。10月15日，勒贝以269票对舒尔茨博士的209票再次当选为议长。勒贝为人正直，稳重，公正，和蔼可亲，是德国国会历来所有最优秀的议长之一。

这一切自然只是一场前奏曲。主要问题在于，面对着这样一
364 届崎岖不平的、被狂热的激情和鼓动弄得支离破碎的国会，政府能否有所作为呢？对此，在10月16日至18日对政府声明的辩论不

得不做出决定。

至少为了暂时能解决国家刻不容缓的财政问题，财政部和内阁制订出一个计划，在新国会开会之前就予以公布。计划将继续压缩开支和增加收入。这对呻吟在赋税压力下的居民来说自然意味着新的负担，特别对于公职人员。不过，这个计划也规定了保护农业和降低实物税的新措施。为了阻止德国财政由于失业保险而持续失调，全国保险机构将来应在没有国家补贴的情况下能过得去，同时雇工和雇主缴纳的税收从工资总额的 2%提高到 6.5%；但他们所得保险金也不得不削减。这就是在大联合政府在提高四分之一的税收问题上垮台后半年所表现的严酷现实！

德国财政部取得了一项重要成就。10 月 13 日，它从美国一家财团得到一笔 1.25 亿美元（约相当于 5 亿马克）的临时贷款，从而保证了直至 12 月底和以后几个月处在威胁状态的国家现金支付能力。美国资本家在这时所表现出来的信任感特别受到德国政府的欢迎，因为自财政危机以来，德国资本市场通过选举已无力接受国库债券，因为在正常时期内国家银行用这些债券来弥补暂时的救急需要。美国债权人当然也提出条件，即政府为这笔贷款所授权的法律规定分三年偿还，每年偿还 4.2 亿马克。这完全符合财政部的意图。问题在于，国会对此是否会同意。

10 月 16 日，布吕宁在国会为说明并辩解政府的财政和经济 365
计划时发表了一篇深思熟虑的长篇讲话，他在发言中再次表现了他有能力把这些主导思想归入一个重大问题上并给予有力的说明。他为其政策进行辩护，并反对这种怀疑，似乎这一政策力图持续降低实际工资。但这一政策旨在调整在世界价格下跌情况下难以保持的德国价格体系。但他把经济政策同外交政策联系为因果关系。他说，只有德国人民完成它的“直接任务”，即“竭其全力建立本国的秩序”，它才能运用这些措施“使德国按条约规定抵制其经济和货币危机”。布吕宁从而表达了他全部政策的基本思想，而且这一思想也推动他为了实施其必要的措施而不得不忍受不受欢迎的后果。此外，他把要求国际裁军置于突出地位，根据他的观点，凡尔赛和约已赋予德国这一权利。与此有关，他保证，他的政府将使德国武装部队“摆脱政党和政治的影响而团结一致和服从命令”。

这一辩论是非常激烈的。德意志民族人民党国会议员施密特-汉诺威同代表民社党的发言人格雷戈·施特拉塞在激烈攻击中相互竞赛，特别反对社会民主党。社会主义者也不遗余力地进行反击。但当巴伐利亚社人民党人赫格纳尔历数民社党人的罪过时，民社党人用大声呼喊压倒他的发言，有人对此用“非议会主义者”的这一术语确实太软弱无力了。在国会议员中，有一名因政治谋杀被判刑并引以为自豪的前少尉海涅斯表现得十分突出。当主持
366 会议的中央党国会议员埃塞尔对这种过激行为束手无策时，泽韦林从座位跃身而起并且让他注意海涅斯的一种特别粗暴的叫喊，于是，埃塞尔要求遵守会议秩序。但这激怒了民社党人，他们举起拳头威胁泽韦林，但他镇静自若地在民社党人中间走过。泽韦林在其回忆录里写道：[22]“狂妄的人民代表竟骂不绝口，举着拳头，但没有人敢碰我一下。”可是，一百多名议员竟以这种低级趣味的方式引为乐趣，那么他们所代表的这一国会将成为什么了呢？

右翼政党猛烈攻击乌尔姆军官案件，这并不使人感到意外。

施特拉塞喊道，格勒纳将会按照这一案件中所搞的那种背叛行为的精神继续搞下去。当施特拉塞的党友、议会副主席施特尔毫不斥责这种针对政府一名部长的恶毒谩骂时，布吕宁却引人注目地站起身来并离开了会场。但在最后一天辩论时，当德意志人民党国会议员冯・奥尔登堡-雅努绍也利用乌尔姆案件对缺席的格勒纳进行蛊惑性攻击时，布吕宁就决定给予有力的反击。他在发言中谴责这位老容克地主“最严重地损伤了普鲁士军队的古老传统”，他的讲话被左派和中间派国会议员一再报以暴风雨般的掌声。

表决结果说明，布吕宁现在由于社会民主党的支持争得了多数派。多数派根据布吕宁的愿望决定把紧急法令和对扬格计划的全部提案交给各委员会处理；然后它以 318 票对 236 票否决了所有不信任提案而开始了议程。关于三年分期偿还法也以类似的多数获得通过，从而使美元贷款得到了保证。这时，经济党已退出政府，并想把该党代表司法部长布雷特博士召回，这显然是违背他本人意愿的。事实上，他在 12 月初辞职。

布吕宁面对这个难以驾驭的和起消极作用的国会，成功地贯 367
彻了自己的意志，这给国内外留下了深刻的印象。在场听过布吕宁的国会讲话的英国大使赞扬他面对经常非礼打断他讲话的做法总是镇静自若，并评论说：“这位总理确实是当前德国所能找到的、少数几位国务活动家之一。”但他也赞扬了社会民主党的爱国主义和赫尔曼・米勒的政治远见。[23]

由于国会休会到 12 月 3 日，所以政府得以安静工作了几个星期。但是，国会这样自动休会只能表明，它目前进行积极性的和建设性的活动是不能想象的。

在12月间国会的下轮会议也证实了这一点。在这期间举行的各委员会会议所进行的讨论继续使反对派失利，也没有取得什么特别的政治成果。政府向国会递交了它的草案，其中包括1931年的预算，供讨论并通过。但就在国会开会以前，布吕宁在1931年12月1日根据第48条公布了兴登堡签署的“关于保障经济和财政”的另一条紧急法令。它决定实施10月改革计划的大部分内容，但政府同各政党协商后作了一些修改。因为布吕宁从颁布第一条紧急法令和随之而来的解散国会中吸取了教训，即只要在他的政策原则许可范围内，对各政党，特别对社会民主党的利益和要求尽可能作出让步。他也不否认这一事实，他也要求社会民主党方面在政治上表现出巨大的自我克制；例如，当社会民主党人应投票赞成新的农业保护措施和降低农业税时，它比农民党要更多地
368 表现自我克制，因为农民党人不管对他们的农业显然有利，仍然否决了这一紧急法令。社会民主党也依然忠实遵循政治上相互妥协的路线，在293张赞成票中该党占了绝大部分，从而使国会不顾253张反对票而保住了这项紧急法令。值得注意的是，这项紧急法令也把部长的薪水减少了五分之一，在这之前，国会已在10月间把其议员的津贴一律也减少了五分之一。

民社党人力图迫使内阁辞职的一套把戏也遭到了失败。他们估计，社会民主党人虽然准备“容忍”布吕宁，但不可能明确地对布吕宁表示信任，于是民社党人提出一项对他的信任案进行投票，当然他们想以内心的保留来对自己的提案投反对票。但是，国会的多数派挫败了这次阴谋，同时宣布这项提案是不能容忍的。

如果说，民社党人通过国会未能获胜，那么对他们来说还可以不断走上大街。而且戈培尔博士残忍狡黠的手法取得了成功，他们在所有的群众集会上炫耀这些成果。1930年12月初，柏林一家影剧院放映一部由一家美国公司根据埃利希·玛利亚·雷马克*《西线无战事》一书拍摄的影片。该书描写第一次世界大战中一个普通士兵的经历，因为该书由民主党的乌尔施泰因出版社发行并销售了数十万册，使民社党人恨之入骨。他们狂热地咒骂这部书对德国军队进行了恶毒的侮辱。事实上，正如作者在前言中所说的那样，这本书“既非控诉，也非忏悔”。但此书淋漓尽致地叙述了战争的真实情况，描写了几百万德国人在战争中所经历过的
一切恐惧和无尽的折磨，描写了流血、污染、饥饿以及思乡之情。369
这不适合于民社党人美化战争和鼓动“德国人民尚武意志”的要求，因为该党领袖后来作为点燃第二次世界大战战火的战争贩子而载入史册。该书也不适合于散布“十一月罪犯”“暗箭伤人”的谎言的要求，因为书中生动地表明，德国士兵自1918年夏季以来极度厌战，疲惫不堪，由于损失惨重而大量减员，他们只有一种想法：渴望停战。备受称颂的德国统帅部在最后看到每个浴血战斗的普通士兵久久盼望的这种打算后才做出停战决定。民社党人声嘶力竭地叫嚷反对该书的传布，但未能取得成功。但当这部影片上演时，戈培尔以为时机已经来到。他不仅纠集他的一大批打手威胁

* 埃利希·玛利亚·雷马克(Erich Maria Remarque，1898—1970)，德国小说家，因《西线无战事》一书于1929年发表而成名。1930年美国依据此书拍成电影，获得成功。1933年纳粹上台后，他的小说被查禁，1939年流亡美国。——中译者

看这部电影的观众，而且让打手们溜进影院用臭弹和异想天开地在观众座位下驱放老鼠赶走观众。警察有力的干预也未能奏效。这种恶作剧所引起的震惊也在官方机构方面产生了影响，以致电影最高审查机构根据前线战士协会的提议禁止上演这部影片，“因为它危及德国的威望”。最高当局对这部影片无可指摘，而在1931 年 3 月国会辩论时，民主党议员、前内政部长屈尔茨博士和经济党的一名议员都声称他们对这部影片没有发现任何有伤风化的地方。普遍认为这项禁令无异是政府向暴徒和戈培尔博士的投降，因为电影最高审查机构听取了它的专家意见。[24]从总统同普鲁
370 士总理的谈话中可以推断出，总统是非常希望禁止上演这部影片的。当然他并未看过这部影片，可能也没有读过这部书，但对他来说，“民族主义青年的愤怒”已足以使他做出这一判断了。

普鲁士警察局现在又置于卡尔·泽韦林领导之下。泽韦林因米勒政府下台离开内政部后不久，奥托·布劳恩乃于 1930 年 10 月间就要求他在普鲁士内阁中重任旧职。现任普鲁士内政部长的温蒂希教授已表明自己不能胜任此职。泽韦林就任以后首先采取的措施之一是让克谢辛斯基担任柏林警察局长。克谢辛斯基曾任警察局长和内政部长，政治上颇有才能，但特别受到右派记者和鼓动者的疯狂攻击。泽韦林上任以前，[25]右翼政党在普鲁士州议会提出过对泽韦林的不信任提案，这也逐渐成为“州的惯例了”。提案以 192 票对 228 票未获通过。普鲁士执政联盟依然是德国政治生活中少数的坚定支柱之一。“民族主义反对派”的政党和各协会对之进行猛烈的攻击。钢盔团暂时得以站在这个运动之首，并提

出公民表决提案，要求立即解散普鲁士州议会。

这一公民表决案是在 1931 年春提出的。提案所需的签名人数绰绰有余（将近 600 万）。在必须形成公民表决的条件上，共产党人也同民社党人和民族人民党人互相勾结。力图渗入普鲁士政府而未能如愿的德意志人民党的大部分人也同他们联合起来。1931 年 8 月 9 日的公民表决结果因只获得 970 万张票而失败，因 371
为必须有 1 370 万张票才能通过。尽管如此，成果是令人瞩目的。37％的选民都赞成解散普鲁士州议会，这对于 1932 年春即将来临的大选无论如何都是一种不祥之兆。

1931 年 2 月 3 日，国会再次举行会议。这一次在会上执政党主动发起同民社党人的斗争。为了抵制民社党人蛊惑性地滥用信任表决，在议事规程上规定，信任问题按宪法第 54 条的精神只有在这种方式上才可被提出，即“国会撤销对总理等人的信任”。在其他提案中，最重要的就算是处理财政法案了。在国会提出的不得不导致增加开支或减少收入的一些提案，只有在同补偿它们的平衡提案相联系的情况下，才能被允准提交讨论。[26]这也符合推行一种健全的预算政策的基本原则，尤其在财政最困难时期是如此。因此一开始就排除了无数蛊惑性的提案，从而激起了极端分子的怒火，因为他们企图利用这些提案时而在这部分居民里，时而在那部分居民里进行煽动，使他们对之垂涎三尺。他们的反抗运用了最粗暴的形式，例如，民社党的一名发言人、律师弗兰克第二称德国政府“只不过是为法国和波兰的压迫者服务的执行机构”。当民社党人看到他们的提案失利时，他们就全体离开会场，而且他们兴高采烈地看到，不仅有德意志民族人民党人和部分农民党人，而且

还有共产党人与之一起退场。共产党人考虑一天之后，在第二天的会上声明他们“不参加右派的喜剧表演和欺诈骗局”，而将继续参加讨论。但民社党人和德意志民族人民党人则宣称他们所以退场是抗议国会“实质上违反宪法”，因为它只是“国际附庸资本主义
372 的组织机器”。用这种话谩骂的是作为国会副议长的民社党议员施特尔。这时，他辞去副议长之职，这当然无损于毫毛的。在议事日程委员会的一份报告中指出有 400 件刑事申诉针对 107 名民社党议员后，民社党人就报以“嘘声”，以示他们有很大的权力。

右翼反对派的退场当然使讨论反而容易多了。不仅议事日程的修改以 303 票一致通过了，而且对预算有可能按部就班地进行了讨论。实际上，值得注意的就是农业界极端分子对确实竭力帮助农业的席勒部长的反抗以及施兰格-舍宁根对这一反抗的有力反击。不仅是预算问题，而且有关东部援助和关税授权的政府提案均获得通过。共产党人还试图让社会民主党人处于尴尬地位，为此他们提出从预算中取消第一期造装甲巡洋舰 B 的费用。因为在右派分子缺席的情况下，如果社会民主党同意这项提案，这一削减提案必会被通过，而且如果出现这种情况，将不可避免地产生极端分子所渴望的政府危机。正因为如此，社会民主党人却在表决时弃了权，由此共产党的提案遭到了否决。但对社会民主党人来说，痛心的是，他们有九名议员不管该党议会党团的决议仍投票赞成了共产党的提案。

整个来说，布吕宁政府在那时出现的实际情况下还能对国会所举行的这次会议感到满意。

第二十一章　关税同盟和银行危机 373

布吕宁和迪特里希都知道他们的财政政策在很大程度上是不受欢迎的，因为他们要求生活已经拮据的人民还要做出沉重的牺牲，而且他们采取措施所帮助的农业更不会有人对此表示丝毫感谢。如果政府能拿出几十亿马克流动资金，以分配给规模巨大的国家建设任务，以此“促进”日益萧条的工业，这当然是会受到欢迎的。但根本不可能这样做，因为在国家的口袋里一贫如洗，而且也没有任何可以被利用来填满口袋的贷款。为了满足每月的日常开支，在发放像国库债券这些通常的贷款方面，政府所遇到的困难已够大的了，因此国家只好被迫扮演一个不招人喜欢的“囊空如洗的人”。财政预算必须达到平衡。像美国那样的富国能为自己暂时承受一笔财政赤字，但没有一个像德国那样当时缺乏资金和失业严重的国家能够这样做。

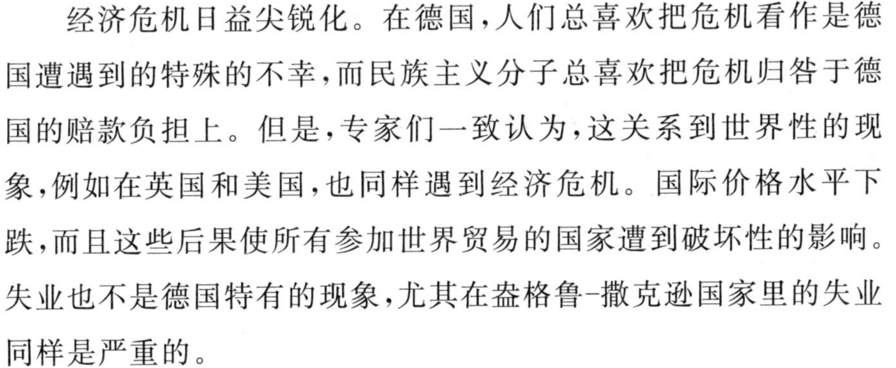

经济危机日益尖锐化。在德国，人们总喜欢把危机看作是德国遭遇到的特殊的不幸，而民族主义分子总喜欢把危机归咎于德国的赔款负担上。但是，专家们一致认为，这关系到世界性的现象，例如在英国和美国，也同样遇到经济危机。国际价格水平下 374
跌，而且这些后果使所有参加世界贸易的国家遭到破坏性的影响。失业也不是德国特有的现象，尤其在盎格鲁-撒克逊国家里的失业同样是严重的。

这当然不是对德国失业者的一种安慰，也不是对那些负责失业者维持生存最起码条件的有关机构的一种安慰。1930 年 12 月底，求职人数达到 440 万人，1931 年 1 月底甚至达到 490 万人。春天因季节关系人数虽然比上一年稍稍下降，但正如德国贷款信用社[1]强调的那样，这种区别“还不足以达到超过终止经济衰退减慢的程度”。

德国政府不能希望对它的一种有利的经济发展将及时给予帮助。布吕宁把更多的注意力放在对他来说能取得成果的外交政策方面，因为其成果会获得德国人民对政府较大程度的好感。他的最重要的目标是减少赔款负担；如果成功，那么他认为他的工作无论如何会得到某种程度的认可。他对这一问题的困难性却不抱任何幻想。在库齐乌斯向英国大使暗示，他也许会被迫去寻找一种延期清偿债务的办法后，肯定不是仇恨德国的英国外交大臣（工党）亚瑟·亨德森在 1930 年 12 月 2 日在一份详细而坚定的外交照会中反对这一想法。[2]英国大使霍勒斯·朗博尔德向库齐乌斯转交了这份照会，大使给伦敦的报告中对这次交谈中补充了他的看法，他认为，这个不得不要求人民做出这样大牺牲的政府寄希望于减轻自己将来向债权国付款负担，以使它的苦药变甜，这是可以理解的。大使甚至明确告诫他的外交大臣不要采取使布吕宁的地
375 位变得更加困难的任何步骤。“在今日的德国，几乎没有一个人能比现任总理更有能力来领导德国的工作。如果他不得不下台，那将是德国的不幸。”[3]

不管英国人的驳斥，他事实上坚持把减轻赔款负担这一目标放在眼里。但他正因为知道，如果债权国相信德国人为建立本国

的正常秩序曾尽了一切努力，他们才会准备作出让步，所以他坚持他的财政政策，即使不受欢迎也不能动摇，何况这位总理和他的财政部的顾问们没有忘记巴黎赔款会议的经验，而且决心避免类似情况的再次发生。只有在德国不被无法克服的财政困难所威胁，德国才能在国际谈判中坚持自己的立场，不怕产生灾难。人们可以把布吕宁致力于积极“推动”德国外交政策视为对应策略，例如积极敦促实现普遍裁军，按德国人和布吕宁所理解的观点，凡尔赛和约对德国人已许诺了实现普遍裁军。在日内瓦举行的国际筹备会议的谈判已有几年之久，而德国代表伯恩斯多夫伯爵敦促安排最后的裁军会议至今没有实质上的进展。德国外交政策所从事的另一个领域是保护在国外的少数民族，特别是在波兰。

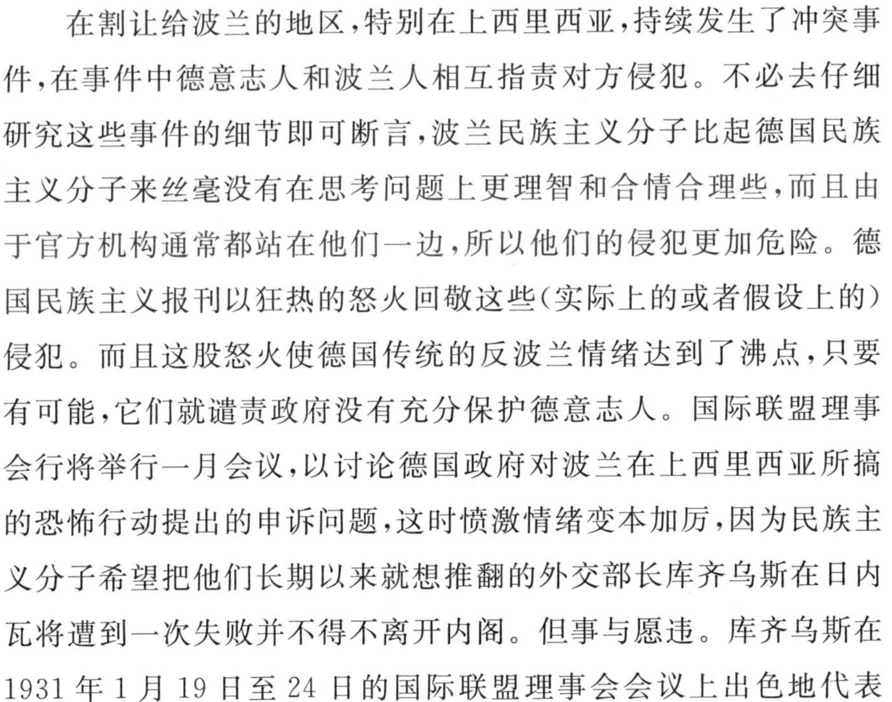

在割让给波兰的地区，特别在上西里西亚，持续发生了冲突事件，在事件中德意志人和波兰人相互指责对方侵犯。不必去仔细研究这些事件的细节即可断言，波兰民族主义分子比起德国民族主义分子来丝毫没有在思考问题上更理智和合情合理些，而且由于官方机构通常都站在他们一边，所以他们的侵犯更加危险。德国民族主义报刊以狂热的怒火回敬这些（实际上的或者假设上的） 376
侵犯。而且这股怒火使德国传统的反波兰情绪达到了沸点，只要有可能，它们就谴责政府没有充分保护德意志人。国际联盟理事会行将举行一月会议，以讨论德国政府对波兰在上西里西亚所搞的恐怖行动提出的申诉问题，这时愤激情绪变本加厉，因为民族主义分子希望把他们长期以来就想推翻的外交部长库齐乌斯在日内瓦将遭到一次失败并不得不离开内阁。但事与愿违。库齐乌斯在1931 年 1 月 19 日至 24 日的国际联盟理事会会议上出色地代表

了德国立场，以致理事会毫无异议地通过了认为德国申诉有理的报告。正直的、爱好和平和友好的理事会主席、英国外交大臣亨德森的发言更使库齐乌斯的这一成就增添了光彩。他不仅从英国立场出发，而且作为理事会主席祝贺讨论的成果，因为他非常坚定地维护少数民族利益的制度。[4] 如果说他在这方面要求有关双方的民族忠诚地携手合作，那么他在几个月之内就发现，这一合作政策在德国如同在波兰一样，遇到了无情的、顽强的反抗者。

5 月底，钢盔团举行了一次规模很大的集会。1930 年 10 月间在刚撤军的莱茵地区的科布伦茨举行的集会上他们用紧握的拳头威胁了法国人，这次他们的集会在距离波兰边界很近的布雷斯劳举行，为了向波兰人明白表示他们必将为这条边界再次进行战斗。尽管时世艰辛，仍有几万成员响应这一号召，而且出席的贵宾们不仅提高了这次集会的重要性，而且在国外留下了深刻印象。前皇
377 太子这次甚至同皇太子妃一起参加了集会，据知情人声称，她渴望复辟比她的丈夫有过之而无不及。泽克特也再次出席，在他旁边还有陆军元帅冯·马肯森和前不久退役的海耶将军。为了让人毫不怀疑这次示威的威胁性，主席泽尔德特命令他的大批人马面对东部即波兰边界并向他们喊话：“战友们，那里是德国的东部，那里存在德国的未来，存在德国的命运！”[5] 这样一种威胁当然再次激怒了波兰人，而且他们的外长委托其使节提请各国注意这次集会。波兰驻伦敦大使为此同英国副外交大臣罗伯特·范西塔特进行了会谈。范西塔特向他说，他同样完全不同意这样一种集会。但是他接着说，难道大使先生相信德国政府能制止集会吗？如果要求德国政府这样做，那就会促进它的垮台，而布吕宁政府是当前人们

所能期待的、最好的德国政府。“能替代它的不论哪一个政府都会使他（而且他相信，使每个人）感到惊恐。”[6]

普遍裁军和保护德意志少数民族也曾是施特雷泽曼纲领的内容，而且他毫不怀疑地像他的继任人一样为此作出很大的努力。但不能不承认，布吕宁和库齐乌斯在一个关键问题上即对法国的关系上背离了施特雷泽曼的政策。库齐乌斯在他的回忆录里[7]非常坦率地承认了这一点，虽然他力图把这方面所采取的主动性和负有的责任加在法国身上，特别是加在1929年10月至1930年2月和1930年3月至12月任法国总理的塔尔迪厄身上。他特地引用了塔尔迪厄1930年10月的一次讲话，在讲话中塔尔迪厄对法国部队撤退以后莱茵地区的放纵行为，德国对提前撤军不表示任 378
何感谢，特别是对德国国会选举的结果和民社党选票的激增提出了责难。塔尔迪厄当年提出的这些指责是很确切的，而且今天几乎没有一个人能否认这些事件，尤其是德国国会选举，而所有这些事件不得不引起这位法国负有责任的部长感到严重不安。然而，布吕宁当时反驳说，从选票箱里不会产生仇恨和战争威胁，今天听来确实是一句空话。不过，塔尔迪厄也说，他不是即兴讲话的，而且他将坚持法国政策的主要目标，即坚持白里安经常宣称的“缔造和平”。

如果说库齐乌斯和布吕宁把塔尔迪厄这些话解释为法国政策开始了同德国敌对的转变，并由此得出结论，他们也不得不离开施特雷泽曼的谅解政策，并在国际事务中推行一种“更加积极”的政策，那么这显然是出于强烈的内政考虑。他们以为，这样做可以在较大程度上把德国人民团结在政府周围，而且也许能切断（如各州

每次选举所表明的那样）越来越多拥护希特勒的人加入民社党人行列的去路。德国公众舆论逐渐习惯于把和约看作一切痛苦的根源；而且大多数德国人不能容忍对“缓慢建立的、但永远不能摧毁的”谅解政策表示满意。1930 年 11 月，连新当选的德意志人民党主席、国会议员丁格尔戴在就任时辛酸地回顾了施特雷泽曼的政策并用这样的话宣布一种转变：“现在我们不必再只讲那些克制的和外交理智的话了。从现在起，如果我们又能讲出内心的话，那么我们就是对德国外交政策和负责外交的部长（即他的党友库齐乌斯）给予了最好的效劳。”理智的倒退，即使它是用外交辞令委婉地加以表达，总归是令人不愉快的。

379 1931 年 3 月中旬，在欧洲各国首都盛传库齐乌斯（在 1931 年 3 月 3 日至 5 日）正式访问维也纳时商谈了在德国和奥地利之间的关税同盟的计划，而且在 3 月 21 日于柏林和维也纳正式公布，两国政府拟议中的关税同盟的基本原则和方针已达成一致意见。3 月 23 日公布了这些原则和方针。

从德国方面说，这一关税同盟计划的精神之父似乎是外交部国务秘书伯恩哈德·W.冯·比洛。[8]1930 年夏，在库齐乌斯把施特雷泽曼的同事冯·舒伯特派往罗马当大使后，他就把当时 45 岁的部长顾问比洛任命为国务秘书。[9] 比洛很有能力，文化修养也高，会多种外语，是国际法方面的权威。他彬彬有礼，待人和蔼可亲，争论时冷静、务实，深受部里同事和外国大使们的爱戴。[10]虽然他在希特勒统治下仍任国务秘书，但绝不能怀疑他倾向或者同情民族社会主义。[11]他的宗旨恰好相反，他认为以这种方式可以使外交部抵制民族社会主义的一切影响；他的朋友们保证说，比洛对希特勒及其周围的人是非常讨厌和蔑视的。但是在比洛1923年出版的《凡尔赛的国际联盟》一书中，可以看出他同施特雷泽曼的观点是非常不一致的。他是一位推行所谓"积极的"德国外交政策的坚定鼓吹者，而且认为在德国和奥地利共和国之间的关税政策合作方面可以找到支柱。在奥地利方面，推动这一计划的是外长和副总理朔贝尔博士。他作为"民族经济集团"（正如现在前泛德意志主义者所称呼的那样）的领袖属于基督教-社会党人总理恩德尔 380
的联合内阁成员。他先前担任过维也纳警察局长，去年担任过联邦总理。朔贝尔邀请布吕宁和库齐乌斯到维也纳作了一次访问并讨论了关税同盟计划。

布吕宁同库齐乌斯一样对关税同盟的想法是很拥护的。不过，当涉及是否接受邀请去维也纳时，库齐乌斯就劝他找些借口拒绝邀请并由他独自应邀前往。他所以这样考虑，目的在于，万一计划失败，总理不致被牵连而倒台，而他作为外交部长反正是要受到威胁的。[12]这种想法肯定是很正直的。与此同时，这也表明这两位德国政治家并未意识到这一计划的充分意义。正如不久的将来所表明的教训那样，他们比把部长职位作为儿戏还走得更远了。因此，对这样重要的行动必须步步谨慎，用俾斯麦的话来说，"当你把脚踩到沼泽地时，必先小心试试它的承受力量"。施特雷泽曼在1926年面临必须同俄国签订条约时，他在条约签署之前首先向伦敦和巴黎通报。但库齐乌斯却持相反立场，他在其回忆录中这样说："如果我们在所有问题上能达成一致意见，我们才能自然地通知有关政府。"因此，德国和奥地利两国政府正式接受了在朔贝尔

和库齐乌斯之间商定的原则后才发出通报。这并不只是做法上的笨拙，而是有政治上的即内政上的原因：部长们不想让右派背后说他们事先征求昔日的敌对国家的同意而损伤了民族的尊严。

商定的原则措辞是很谨严的，以致这些原则只反映了所签条
381 约的贸易政策性质和强调了缔约双方“充分保留的独立性”。这一
完整计划的核心是这一思想，即德国与奥地利的一个关税同盟必
将导致一种政治上的**兼并**，如同 19 世纪的德意志关税联盟按普
遍的看法必将是走向德意志统一的准备步骤一样。海涅早在
1844 年在他的《冬天的童话》里通过邮驿车上的一名乘客已作
这样的表达：

他说，这个关税联盟
将奠定我们德意志民族的基础，
它将使支离破碎的德国
联结成一个整体。

绝大多数德国人似都认为海涅所写的这位乘客的话是对的。普鲁士总是把它在关税联盟内的领导地位看成政治上的优越性并竭力加以保护。当天才的奥地利商业部长卡尔·路德维希·布鲁克于 19 世纪 50 年代促成一个也包括奥地利在内的关税联盟的伟大计划时，[13]普鲁士就对之进行强烈反抗，因为它干扰了普鲁士的政治计划，而 19 世纪 60 年代，俾斯麦竭尽全力把奥地利长期排除在关税联盟之外。[14]这样，现在大多数德国人也把拟议中的德奥关税同盟看成是自奥匈帝国崩溃以来以自决权的名义而要求合并的先

导，因而出于这一原因热烈欢迎这一同盟。至于对它会给这一方或另一方带来什么样的经济好处，却只有少数人才有一定的概念。

出于同样理由，外国，特别是法国，对关税同盟极为猜疑。对
法国人来说，从他们1918年胜利以来这一“合并”是压迫人的梦 382
魇，正如对俾斯麦来说，自他1870年胜利以来“联合的噩梦”是压迫人的梦魇一样。因此，他们在圣日耳曼和约里接受了奥地利不放弃其独立性的义务（第88条）。奥地利在1922年为了避免彻底崩溃需要外国的财政援助，那时就在这一给予奥地利帮助的条约里不仅重申了这一义务，而且还对此作了补充性的许诺：奥地利“可以放弃任何一次谈判和不受任何一种财政义务的约束，只要这一约束在其本质上直接地或间接地可能危及其独立性或者给予任何一个国家以危害奥地利经济独立性的特殊好处”。德国外交部竭尽最大努力请国际法专家来阐明关税同盟原则同这些条约是互不矛盾的。但法国人认为，一种抵触的情况仍然存在，而且白里安还立即委托其驻伦敦大使提请英国政府对此注意。

这时，英国政府对布吕宁及其内阁是非常友善的。英国大使霍勒斯·朗博尔德在3月6日——关税同盟引起政治纠纷之前——向亨德森建议，他想在布吕宁处在艰苦斗争时刻以一种友好姿态支持布吕宁，例如通过他邀请布吕宁访问伦敦。[15]亨德森乐意地接受了大使的建议并在3月11日把这一想法通报了白里安。3月底，邀请果然发出了，而且访问时间终于定在6月初。英国政府虽然并不因为这一关税同盟计划而影响它的友好姿态，但对于德奥两国政府的处事方式感到非常恼火。[16]英国常务副外交大臣

范西塔特在 3 月 21 日警告奥地利公使弗兰肯施泰因说，他的政府
383 不希望把既成事实强加给其他国家的政府，[17]而且在 3 月 23 日，正当德国大使冯·牛赖特男爵向范西塔特通报德奥所定的原则时，他也经历了不愉快的时刻。[18]对于冯·牛赖特的通报：这一计划草案一年来一直是悬而未决的，范西塔特严厉地回答说，正因为如此，德奥更有义务早一些同“有关各方”进行磋商。英国人特别感到不安，因为德国方面的行为严重动摇了白里安在法国的地位。朗博尔德大使受委托向布吕宁着重指出这件事情。在这次会谈中，这位英国大使也引用了特奥多尔·沃尔夫在《柏林日报》尖锐批评了德国这一行动的文章。布吕宁相当傲慢地回答说，沃尔夫并不代表德国公众舆论。[19]这当然说得对，但问题是这位普通的德国人政治目光非常短浅和在了解法国人方面远远不如沃尔夫，因为沃尔夫在巴黎生活多年，而且彻底研究了法国的政策和法国人的性格。

没有多长时间就说明了沃尔夫的警告是完全正确的。首先，很快就表明德奥两国政府并非步调一致。亨德森想把关税同盟同奥地利应尽的国际义务是否符合这一法律问题提交给国际联盟理事会，而且如有可能，提交给海牙法庭，同时在 3 月 29 日通知了柏林和维也纳。布吕宁答复说，他认为国际联盟是没有任何理由干预这件事的。朔贝尔却回答说，他不反对这一法律问题由签署 1922 年协议书的各国政府进行审核。有意思的是，朔贝尔做出这个回答是在库齐乌斯通过电话敦促他要同德国的答复一致之后，同样有意思的是，朔贝尔对英国大使说，他已拒绝了德国的劝告。这一分歧并不是偶然的。奥地利人已经怀疑他们同德国商定的措

施是否能实行。

几周以后，奥地利财政界和工业界不得不经历这一痛苦的教训，即法国债权人纷纷宣布废除或收回短期贷款。这是否由于法 384
国政府为了给奥地利施加政治压力而做的，暂且搁置一边，因为连库齐乌斯也对这一问题不予置评。[20]不过，即使是这样，财政为政治服务，这也绝不是第一次了。只要联想一下 1887 年 8 月俾斯麦不满沙皇政策时所宣布的禁止推销俄国证券就可以了。[21]尽管威廉街应该特别回忆起俾斯麦的这种做法，但无论是柏林还是维也纳似乎都没有认为有这样一种可能性。5 月 12 日，当奥地利政府宣布它必须采取付出代价最高的行动以挽救维也纳的“奥地利信贷银行”时，奥地利财政界的绝望景象如同被雷电闪亮了一样。

维也纳罗斯柴尔德家族所创建的“奥地利信贷银行”是奥地利最大的、最有威信的银行。几乎整个奥地利工业或多或少地同它发生联系，并依赖它的贷款。该银行的倒闭不单单是由于外国抽回其贷款；过去的错误，特别是朔贝尔政府接管“土地信贷银行”后产生的严重后果，使这家银行蒙受巨大的损失。但是，外国资本的抽回和外汇行情的持续下跌使该行遭受致命打击。为了避免这场灾难，奥地利政府不得不承担信贷银行一亿先令的股票；这笔资金只能由外国提供。与此同时，为了取得议会对弥补这项财政计划的同意，政府遇到了极大的困难。信贷银行的倒闭给全世界留下灾难性的印象。如果这样一个有威信的大银行经受不住时代的风暴，那么什么才能使人相信呢？日益增长的普遍不信任感到处蔓 385
延，而且导致新的取消信贷，这还不仅仅来自法国人方面，这样的取消贷款对德国银行的打击尤其沉重。

1931年5月15日，欧洲各国的国务活动家在这种沉闷气氛中在日内瓦会晤了。不仅有国际联盟理事会而且还有“欧洲委员会”召开了会议。这个委员会成立于1930年9月，是为讨论白里安所草拟的关于“欧洲联盟组织”[22]的备忘录而设立的。这是他通过欧洲各国的联盟达到消除战争的最后的伟大尝试，而且他不能不把库齐乌斯和朔贝尔的进攻看成是对他的理想的一种威胁。但当白里安赴日内瓦时，他也怀着个人动机对这两人颇为气愤。1931年5月13日，法国国民大会（参众两院一起开会）选举共和国的新总统，白里安也决定参加竞选，但他落选了，当选的是杜美，这明显表明法国人对他所推行的谅解政策不满。这种不满情绪一般被归因于最近的德奥关税同盟这一令人吃惊的事件上，多数法国人把它视为他们所害怕的走向德奥合并的第一步。正如《泰晤士报》[23]报道的那样，特别是法国东北边界地区的代表们“常常以令人可以理解的对德不信任感”反对白里安。朗博尔德向布吕宁提议，他应当照顾到白里安的处境，这时布吕宁的回答很冷淡，并说他并没想到，他的处境真会被关税同盟计划所动摇。布吕宁这样做是不对的。[24]

白里安在竞选失败后立即辞去外长职务，但根据现任总统杜美格和新当选的杜美总统和赖伐尔总理的请求暂时留职。因此，白里安又来到日内瓦，但正如库齐乌斯所写的那样，他的“情绪特
386 别不好，身体极度虚弱”。[25]白里安的这种恶劣情绪在某些谈话和谈判中不能不有所表现。但整个来说，一切进展顺利。亨德森提请海牙国际法庭对有关拟议中的关税同盟是否同奥地利以前所缔结的国际协议相一致的法律问题作出鉴定。这一提议在5月19

日被国际联盟理事会一致通过了，也包括德国所投的赞成票。更重要的是，亨德森要求朔贝尔声明，他在海牙法庭未做出决定之前将不改变现状，而且朔贝尔即使一再拖延而受到一再催逼，仍发表了这一声明。库齐乌斯则避不发表这样一项必须有的声明，但它在朔贝尔许诺后也是多此一举的了。在德国，人们对这一转变感到非常恼火，并且责备亨德森的做法不是光明正大的。[26]这里已经出现了在两个缔约国之间存在一种不协调的关系，而且随着时间的推移日益公开化了。6 月 17 日，朔贝尔私下和非正式地告诉英国公使，即使海牙作出有利的判决，关税同盟也是不可能成立的了，而且他也把这一情况告诉了奥地利联邦总理。[27]

在德国，“民族主义反对派”力图充分利用为派别利益服务的日内瓦谈判。他们指责库齐乌斯的讲话软弱无力，对白里安不够严厉而屈服于亨德森的“压榨”。用国务秘书冯·比洛的话来说，他们长期渴望剥掉“库齐乌斯的带发头皮”，*[28]因为他在他们看来总是固执地充当施特雷泽曼的继任人。他们的主要目的是鼓动不满情绪和引起骚乱，而且他们在这方面也取得了很大成果，如表现在 5 月 17 日的奥尔登堡的州议会选举中，民社党的选票急剧增长。与此有关，钢盔团在布雷斯劳举行的示威游行也属于此例，这在上面已经谈过了。

经济困难日益增大。在 1931 年的整个上半年，找工作的人数 387
从未低于 400 万人。领取津贴的人数 1 月份有 330 万人，而 5 月份仅下降到 250 万人。外资继续从银行抽走，甚至愈演愈烈。[29]令

* 带发头皮，系北美印第安人把它从敌人头上割下来作为战利品。——中译者

人震惊的是，德国银行不得不在6月第一份报告中公布竟有10亿多马克以黄金和外汇形式被抽走，而且银行几乎处于法定的40％最低限额的黄金储备。随着经济衰退，国家的收入当然减少。显然，千辛万苦制订出来的财政预算的平衡计划重又陷入严重的危机。为了对付这一威胁，德国政府在6月5日颁布了总统签署的“为保障经济和财政”的一项新的紧急法令。正如政府公开承认的那样，它要求广大阶层的人民做出新的沉重牺牲，因此又遭到了公开的反抗。政府对此只能回答说，如果不让整个财政陷于混乱，就只能这样做，别无他法。每一个到期付款日就在财政部里引起严重忧虑，德国的贷款减少得这样多，以致要得到即使只有几个月的预支款，也已是困难的了。布吕宁在发布紧急法令时直言不讳地说：“我们所能加于我国人民的贫困生活已达到了极限。”为此，他感到颇有理由地要求“使德国人从不堪忍受的赔款义务中摆脱出来”。

布吕宁和库齐乌斯在应英国政府邀请前往伦敦访问的前夕提出这一赔款问题，其意义是尤为深远的。如果这在德国能唤起希望，那么在另一方面，结果就会引起债权国的不安情绪。美国总统
388 告知伦敦，布吕宁的这一声明使他担心：他害怕英德两国部长的会谈可能会导致宣告使全世界蒙受损害的一次延期偿付。[30]

这当然不会是英国政府的意图。英国坚持这次访问首先应当是一种友好姿态，通过这一姿态应加强布吕宁政府在德国的威望；它所希望的“不是详尽的或甚至是纯技术性的讨论”，但只准备一般性交换意见。为了使这次意见交换尽可能不拘泥于外交礼节，会谈安排在首相在切奎斯附近的庄园进行。

布吕宁在出国时在库克斯港乘船起航，码头工人们紧握拳头进行威胁，并用共产党的战斗口号“打倒饥饿独裁者”来欢送他。在回国抵达不来梅港时，有组织的民社党一帮人用卐旗和“德国觉醒吧！打倒布吕宁！”[31]的怒吼迎接他。右翼和左翼极端分子举行了示威游行，以表明“德意志高于一切，只要它团结一心！”

在英国所受到的欢迎大不一样！每个人都尽力对德国部长们表示友好接待。国王乔治也接见了他们。正如《泰晤士报》[32]报道的那样，国王的接见是“一件喜事，希望它有助于使德国人民坚信，英国政府以一视同仁的友好感情对待所有外国，而且它除了希望抹去旧的分界线外再也没有别的愿望”。但会谈正如开始所估计的那样没有达成具体成果，因为英国政府强调这次会谈的目的应是互相交流思想，不应是达成任何协议。但思想交流极为坦率，因

此也是有益的，尤其因为布吕宁懂得，通过他的平静的求实精神和 389
既无保留又不夸张的讲述德国的经济现状，给英国部长们留下深刻的印象。使英国部长们首先感兴趣的是，德国政府是否打算要求延期偿还扬格计划的付款。他们害怕这样不仅会损害英国本身业已够紧张的国家预算，而且也会动摇整个欧洲的信贷体系。在会谈期间，英国驻华盛顿公使接连打来三份电报说，美国方面对德国政府6月5日声明中所包括的“使德国人从不堪忍受的赔款义务中摆脱出来”的要求非常不安。这些电报也被念给德国客人们听。由于英国银行总裁蒙塔古·诺曼的出席，会谈更加活跃，他同维也纳和巴塞尔（就是国际结算银行）经常保持联系，而且通知说，奥地利信贷银行的危机已发展成威胁奥地利国家财政的危机。[33]整个东南欧处于危急状态。布吕宁和库齐乌斯声明，德国虽然暂

时不愿申请延期付款，而且要尽可能地继续付款，但他绝密地告诉英国人，最迟到11月中，他们将被迫申请延期付款。所发表的公报是同会谈的性质符合的：保持一般的友好关系。

德国对会谈感到成果微小，不很满意，这是可以理解的。但是“民族主义右派”的批评只揭露他们缺乏责任感。民社党人的最高领导人之一戈林在一次讲话中大声疾呼：政府是为了保证继续偿还债款才颁布这项紧急法令的，他的党将不履行政府所许下的任何诺言。“你们愿意借贷多少随你们便，我们则分文不还！”[34]难道还有一种重新提高国际信任的更有效的措施吗？

390 反对派首先想达到的目的是立即召集国会。当然，紧急法令和外交政策给国会辩论提供了足够的材料，但辩论只能取得完全是消极的结果，因为各政党在抱怨新的负担方面虽保持一致意见，但对一种积极的出路形成不了多数。在6月10日回到柏林的布吕宁总理向国会各政党领袖表明，如果他们坚持要求召开国会，他将辞职。这时，经济形势如此紧张，以致一种危机顷刻间必将造成灾难深重的后果。接着在6月11日召开的元老会*会议上，只有民社党人、德意志民族人民党人、经济党人和共产党人赞成召开国会，从而未能通过。两天后，即6月13日，德国国家银行的贴现率马上从5％提高到7％，即增加2％，这是一级风暴来临的征兆，对这一征兆，连德国国家银行总裁路德博士也予以承认并被德国国家银行6月中旬的报告所证实。这个报告表明德国的黄金和外汇储备从27亿马克减少到19.7亿马克，这使严峻的局势只能是更

* 元老会是协助议长的咨询机构，由议会党团代表组成。——中译者

加明朗化。路德强调说，国外大量取消贷款和抛售有价证券并非是由于德国国内经济的变化，而是由于其他一些事件所引起的，其中奥地利信贷银行的事件起了特殊的作用。英国银行给予处于生死关头的奥地利国家银行一笔1.5亿先令的短期贷款，从而防止了在信贷银行事件中可能出现的最坏情况。库齐乌斯认为这笔贷款是他和蒙塔古·诺曼在切奎斯会谈时就已定下来的。[35]

尽管由于贴现率提高暂时有所好转，但这时的形势仍然相当
严峻，以致德国政府认真地思考，是否它现时应申请一次延期付款 391
（这同布吕宁在切奎斯发表的声明不一样）。这时，由于美国总统采取了一项令人出乎意外的伟大措施，德国政府才突然从这一决定中脱身出来。

胡佛总统已有一段时期以来怀着怏怏不快的、部分是不赞同的态度注视着在欧洲所发生的事件。他还在6月6日对布吕宁的声明大发雷霆，因为他把这一声明视为申请延期付款的预告，他害怕本来已经严重和问题颇多的美国经济危机更为尖锐化。另一方面，美国驻柏林大使萨克特详尽地向胡佛报告了德国形势。萨克特是亲德派和布吕宁的崇拜者，而布吕宁在他动身去华盛顿之前向他倾诉了衷肠。他使胡佛相信，美国支持包括布吕宁在内的议会制政府的维护者以反对国内威胁他们的政治力量，这是符合美国利益的。胡佛在他的备忘录中写道："这些民主政府是欧洲持久和平的希望的基础。"[36]正当1931年夏中欧形势越来越尖锐，尤其是恰好在伦敦停留的财政国务卿安德鲁·梅隆敦促美国政府采取一种应急行动时，胡佛就毅然决定快刀斩乱麻。他为了在美国制

造这一印象，请兴登堡总统发出一个紧急援助呼吁书。这封信终于到达了，但只是在胡佛宣布他的措施之后。兴登堡在信的结尾说：“总统先生，您作为伟大的美国人民的代表能够采取立即实施改变当今威胁德国和其他国家形势的措施。”

1931 年 6 月 20 日，全世界都知道，胡佛总统建议各国政府之
392 间在赔款和重建债款上互相延期一年偿付所有付款。因为美国是最后的债权国，绝大部分的赔款最终会流到它那里，所以这意味着美国愿意使它以前的盟国一年为期从战争赔款的偿付中摆脱出来，条件是这些盟国也要以同样长的时间放弃德国的赔款偿付。这是金融史上史无前例的一个伟大创举。

胡佛总统的这一宣布在德国不仅被政府而且也被所有识时务的人当作一种拯救行动而受到欢迎。6 月 22 日，柏林的汇兑行情几个月来第一次又回升了，这对过分贬值的有价证券的行情来说是非常必要的。[37]金融市场也平稳下来，而且黄金的外流停止了。与此相反，反对派的报刊制造了一种希望破灭的印象，尤其是戈培尔的《进攻》报达到了登峰造极的地步，该报报道文章的标题是《德国又充当了美国恐吓的牺牲品》。[38]

可惜，实施胡佛计划遇到了这位总统显然没有估计到的困难。多数国家特别是英国，都接受了胡佛计划，并收回它在具体细节上的异议，可是法国坚持的条件看来危及计划的实现。法国是赔款的主要债权国，它特别参加了所谓的“不受保护的”年金，而根据扬格计划，这部分的付款是不能包括在任何延期偿付之内的。法国人特别担心的是，假如这笔年金在宽限的一年内只要一次不付，那么正常的赔款支付就将不得恢复。后来事件证明，这样一种担心

是完全有道理的，而从另一方面来说，在德国，人们却希望胡佛计划产生这样的结果。因此，法国议会在其6月27日的决议中强调了“无条件缴付年金的不可侵犯”，这是它对胡佛计划所持的态度。
谈判，特别是美国人同法国人的谈判持续很长，直到7月6日才最 393
后达成一致意见。法国在协议中坚持**在形式上**保留它要求德国必须缴付不受保护的年金的立场。但这只不过是一种形式，因为法国另一方面又声明同意把“国际结算银行”的付款立即退还给德国。因此，法国只让作了一种账本上的转账手续，这仅仅具有一种象征性的意义。

但是，有关胡佛计划的谈判还在另一方面对德国政策有一种特殊的影响。无论是美国政府，还是英国政府都认为德国能够而且也应该对实现胡佛延期付款的计划做出自己的一些贡献，因为它在当年使德国减轻15亿马克之多的赔款。在他们心里特别明白的一点是，德国军费开支的增长，尤其在当年的预算中要拨出1000万马克作为列入计划建造的第二艘装甲巡洋舰的第一期付款。但当美国大使萨克特向德国总理建议，这艘装甲巡洋舰能否推迟建造时，布吕宁立即予以拒绝。他说明三点理由，其中之一是减少海军预算会导致**兴登堡总统的下台**。[39]不足为奇的是，美国人对此大为生气并指使他们的大使向德国政府强调，如果它不愿对实现胡佛计划做出任何一点贡献的话，那么它就不能指望从中得到任何好处。[40]亨德森指责德国政府蓄意歪曲事实，以总统下台作为威胁，对英国政府不会有什么重要影响。[41]但是布吕宁利用这一罕有的论据表明了他依附兴登堡及其心情已达到何等深重的程
度。这位老先生以老龄的僵化程度及其军人视野的局限性死死抱 394

住军事预算。因此，布吕宁感到不得不也这样做。1931 年 11 月间德国财政部国务秘书同德国银行和其他主管部门代表有关未来的国家财政预算平衡的谈话也说明了这一内在联系。有几位先生建议削减国防预算时，这位国务秘书答复说："这不行。我们终究要最严厉地压出这一成果，即在我们坚持我们立场的情况下，一场国家危机将会爆发；至于预算，我们如今已处在一种军事独裁之下了。"

美英两国政府敦促德国做出让步的第二点是德奥关税同盟。这两国政府对关税同盟草案本身是漠不关心的，但看到法国人在政治上的不安情绪，故而希望消除关税同盟在国际上的影响，以能有助于安抚法国人的情绪。当美国大使开始谈这个问题时，德国外交部国务秘书冯·比洛打断了大使的讲话，并声称，这样的建议"当然是不能讨论的"。[42]库齐乌斯也持同样态度。如果还存在任何实现关税同盟的较大可能性，那么这一态度还能令人理解。但是，对政治事态冷静考虑的每一个观察家都知道，关税同盟的整个计划已悬在空中爆裂。尤其明显的是，奥地利人根本不再可能实现这项计划，而且他们对此也已失去兴趣。所以，人们只能这样来解释德国政府的态度，即它希望不对西方做出任何让步，以避免反对派的新的攻击。因为反对派的报刊每天都表明，它们都是从内政的观点来看待关税同盟的整个问题，以便在其夺权斗争中捞取
395 资本。在法国人和美国人之间的谈判达成谅解并从而使胡佛的延期付款的计划得到实施有了保证后，英国驻柏林临时代办打电报说："民族社会主义的报刊，在某种程度上也包括了胡根贝格的报刊，对给予德国的援助毫无谢意，其明显的原因是这项援助打乱了

它们反对赔款斗争的阵脚。”实际上，这同莱茵地区撤军时的表现同出一辙。当时，这些报刊破口大骂不愿从莱茵地区撤退的法国人；后来当法国人真的撤军时，他们却又认为撤军是理所当然的，而且咒骂施特雷泽曼并通过钢盔团的示威游行对法国人进行挑衅。现在他们又成年累月地谩骂，说德国被赔款负担压垮了；而且在宣布免除德国一年的赔款负担后，他们却又说法国人通过拖延手法把这一措施的全部好处毁掉了，并且继续用同样激烈的声调进行挑拨。6 月 9 日，这时由胡根贝格和希特勒共同领导的“民族主义反对派”举行了一次代表大会并做出了一项决议。决议强烈反对所谓“当今的当权派，不管民族和经济处于显而易见的崩溃边缘，在隐蔽的新形式下力图继续保持履行赔款的政策”。对这些先生来说，夺权斗争显然比他们向全世界呼喊德国必将崩溃而产生的损害更为重要。

德国经济生活的前景当然够暗淡的了。在 6 月 23 日，即紧接胡佛的延期付款计划宣布之后，在不来梅的北德毛纺厂和精纺纱厂（德国最大的纺织康采恩之一）公开承认了它们的经营情况凄凉，濒于绝望，而且这家康采恩的破产是不可避免的了。北德毛纺
业的破产首先归咎于迄今名望很高的该厂领导人拉胡森兄弟违法 396
的错误，当然也由于不景气的营业状况所致，特别是纺织品价格的下跌，这就使他们的错误无法挽回了。在这种情况下，这好比教堂唱诗班把胆怯的甘泪卿*驱入绝望境地的恐吓性语句被证实了：“纸是包不住火的，任何事都会弄得水落石出。”

---

* 出自歌德的《浮士德》。——中译者

当破产的康采恩的银行负债总数达到一亿马克后，这一破产所引起的巨大震动更加使公众感到普遍不安。这些恐惧不安特别集中到德国四大储蓄银行之一、同北德毛纺业有密切联系的达姆斯塔特国家银行。事实上，这家银行在这家毛纺康采恩破产中损失近 4 000 万马克。存户开始纷纷提取存款，该行股票行情暴跌。银行行长为了不使银行股票的下跌成为无底洞，决定采取购买本行股票的应急措施。他们设法从德国国家银行借得必需的资金，但他们很快不能再向国家银行交出作为预支款保证金所需的一级汇票。7 月 8 日，他们不得不通知德国国家银行和财政部，他们已陷入极大困境，而且在几天后不再有能力向其顾主付款。然后进行了几天激动而耗人精力的谈判，参加谈判的有内阁、总理本人、国家银行和其他大银行。德国总统路德博士飞往伦敦和巴黎请求那里的中央银行调拨预支款，但一无所获返回了德国。7 月 11 日星期六中午，达姆施塔特银行的业主向德国政府和国家银行声明，由于最近一个时期的大量提款，7 月 13 日即星期一不再开业。

这是欧洲大银行历史上还没有出现过的一次灾难，而且严重
397 的危险是这一灾难还在继续扩大并将波及其他银行，因为群众一旦惊慌失措，就只有一个念头：“人人自救！”他们并不耐心地去审查他们债务人的偿付能力。为了防止出现这一危险，政府就决定对达姆施塔特银行的债权人通过国家途径确保他们的要求，并且委任一名代表这家银行的国家托管人。为此立刻颁布了必需的法令。星期一早晨，达姆施塔特银行关闭了营业窗口，而在窗口上的一张布告却宣布了国家的这一保证。提款者当然挤向其他银行的窗口。当天下午，这些银行的代表来到总理府声明，没有一家银行

能在明天再开业了，至少要安排两天“银行例假日”。布吕宁没有别的选择，尽管考虑重重，不得不通过紧急法令宣布银行例假日。因为预计这两个例假日不会了结此事。事情不出所料，直到8月5日才得以恢复正常的支付往来。在这期间，交易所也不得不被关闭停业，直到9月3日才重新开业。德国国家银行在7月15日把贴现率从7%提高到10%，这也持续到9月1日。此外，紧急法令接踵而来：实施由国家管理外汇；对资本外流和逃税现象采取措施；甚至对出国旅游还收取100马克手续费，几星期后，由于有关国家的一再抗议，在8月26日又取消了这项规定。7月27日颁布的一项紧急法令授权德国政府参加由各大银行合作集资两亿马克资金而新成立的“保兑银行”，以使达姆施塔特银行恢复支付能力。在这期间，反对派竭力把形势搞得越来越糟，一再迫使国会进行谈判，但是他们遭到多数派反对而未能如愿以偿。

然而，世界上所有紧急法令都不能堵塞住由于不断抽走黄金 398
和外汇而造成德国经济钱库裂开的大漏洞。迪特里希声称，自从9月选举以来由于信任危机而抽走的马克已达30亿至40亿。但估计还有50亿至60亿马克外国贷款在德国，而且几乎全部都是短期贷款。沙赫特的政策虽然反对不太危险的长期贷款，但并不关心致命的短期贷款。对这一问题，德国政府一家是无法应付的。对此，需要其他国家政府的合作。幸运的是，国外已有人认识到，这涉及一个国际性的问题。在欧洲大国和经济强国中的一个国家发生一场这样大的危机，如不加以制止，势必在国际经济的紧密联系中波及其他国家。所以，英国政府也准备召开一次各大国参加的会议，德国当然会被邀请参加这次会议。德国总理意识到法国对

这次会谈将起重大作用，决定途经巴黎而去伦敦。[43]

布吕宁本人是很不愿意做出这一决定的。他强烈地感到，法国人的思想观点和精神状态对他来说很生疏，反之，他对英国人却很理解，因为他掌握英语。同时，他看到法国有一股敌对势力，它在缔结和约后也尽可能给德国带来生存的困难，而且它所做出的一些让步由于拖延不决的态度或纠缠不休的条件而黯然失色了。但布吕宁的顾问们说明有必要不使法国人产生猜疑，好像德国人有意躲开他们，也许在背后同英国人和美国人达成谅解。这样，布吕宁在7月17日晚偕库齐乌斯和比洛登上了赴巴黎的火车。同
399 时到达巴黎的，不仅有英国外交大臣亨德森，而且还有胡佛总统的两名内阁成员（国务卿史汀生和财政部长梅隆）以及意大利、比利时、日本的代表。法国总理皮埃尔·赖伐尔真诚地希望同德国达成谅解，这给英国和德国的观察家留下了深刻的印象。布吕宁实事求是地、迫切地讲述了德国的严峻形势，对此赖伐尔给予明确的肯定并谈到筹措一笔可以帮助德国的贷款。他提出了同这笔贷款相联系的一些条件，但立即遭到了布吕宁和库齐乌斯的拒绝。

巴黎会晤只是伦敦会议的非正式的前奏，会议从星期一（7月20日）开到星期四（23日），参加的有德国和包括美国在内的债权国的代表。部长们还带来财政和经济方面的专家一起与会。会议谈判情况付印成册，[44]而且表明所有与会国都怀有最良好的谅解愿望，但也遇到重重困难，部分困难是无法解决的。当时一般认为不再处于权力顶点的拉姆赛·麦克唐纳作为英国首相心平气和地、公正地主持了这次会议。法国人一开始就把赔款问题不得不列入谈判作为条件。英国财政大臣斯诺登[45]是违反该协议唯一的

人，但麦克唐纳在这一违反行动还未造成伤害之前就机警地对他
同事的越轨行为作了弥补。[46]一致确认会谈的主题是探讨德国当
前的财政困境和可能的补救措施。与会各方强调德国经济现状绝
不表明，各方提取存款所造成的普遍不信任是正确的。对此所得
出的结论是，不信任的原因不是经济方面的，而是政治方面的，各 400
方一致把 9 月国会选举当作引起提款的原因。因此，胡根贝格和
希特勒在 7 月 21 日发给在伦敦的布吕宁的一份公开电报是何等
的一项杰作！他们竟在电报里宣称，他们将不承认伦敦会议的、包
括法国损害德国主权的任何协议具有约束力。[47]再次给人以良好
印象的布吕宁所希望的有两条：一是不再继续抽走贷款：二是德国
取得新的贷款。另一方面，他表示坚决反对延期付款，因为这一步
骤将会给德国信贷及其经济带来灾难深重的后果。

也许只有法国才会提供一笔新的贷款。英国已自顾不暇，工
党政府几周后向全世界宣布下台，因为它不能解决财政问题，而且
代替它的“民族主义的”大联合政府在 9 月 20 日竟采取震惊世界
的脱离金本位制的措施。所以，英国银行总裁蒙塔古·诺曼有充
分的理由在伦敦会议上保持极大的保留态度，并且甚至在私下声
明，他没有资金来帮助德国了。但另一方面，法国人可能提供一笔
贷款，但他们却提出了触及政治方面的条件。这在巴黎德法两国
部长的会谈中已出现过，而且英国外交大臣亨德森在伦敦也力图
通过同库齐乌斯和比洛的会谈探究困难之所在。根据这些会谈的
记录，[48]似乎是法国人希望得到某些保证，即德国人将不援引国际
联盟章程第 19 条提出东部边界问题，特别是所谓“波兰走廊”问 401
题。库齐乌斯向亨德森吐露，虽然德国政府根本不想在今后几年

内提出这一争议问题，但它考虑到德国公众舆论的现状不能作这样的许诺。毫无疑问，亨德森是具有真诚的和平意愿的，他力图找到一条出路而且向库齐乌斯指出，这并不涉及德国应放弃其应有的权利；它只是应准备在一定的时期内暂不使用这些权利。接着比洛严厉地插话说，这是同出一辙的；德国公众舆论是绝不会容忍任何一种开辟即使暂停使用德国权利的可能性的套话的。这对亨德森本人来说也觉得太过分了。他把比洛的态度称之完全不可想象的，并把比洛比喻为在罗马大火时期的尼禄*的昏庸无能。[49]这次谅解的努力毫无成果，而且德国人不得不像离开巴黎时一样，钱袋空空地离开了伦敦，这是令人不足为奇的。

尽管如此，伦敦会谈对德国来说绝非毫无用处。德国虽然没有得到新的贷款，但制止了库存的货币外流，这一点至关重要。伦敦会议向所有在德国还存有钱款的债权国建议，在一定时期内放弃收回贷款的要求。其结果是签订了先是为期六个月的"债务延期清偿协定"，后来一再被修改生效。因此，飘浮在德国上空的一种危险被消除了。但事情还有另一方面，对此大多数人最初并不知道。再次帮助德国代表团出主意的卡尔·梅尔希奥博士立即认识到了这一点，因为他不仅作为一名瓦尔堡银行活动家对这些协议熟谙实情，而且具有在这些实业家中少见的原则思想。他在同被说服实行债务延期清偿的最重要的英国债权人谈话之后对国务秘书汉斯·舍费尔博士说："我们今天所经历的事是破坏资本主义

* 尼禄（Nero，公元37—68），古罗马暴君，54年继承皇位。64年罗马大火后，他按照希腊风格重建了罗马城。——中译者

体制的根本规律，这种资本主义体制是奠基于严格遵循这些规律之上的。这是我第一次不得不拒绝遵守我本人自愿签字而应尽的 402
一项义务，因为国家要求我这样做。德国的资本主义体制是不能忍受离开它的规律的。因此，事情越走越远，而这一体制终将走向崩溃！”在以后的几年，事实证明他所说的话是多么正确！在那些年里，背信弃义成了司空见惯的事了。

德国方面的兴趣也在于这次会议要求在巴塞尔的“国际结算银行”设立一个专家委员会，以研究德国急需的新贷款和把部分短期债务转为长期债务的可能性。委员会成员应由各国中央银行行长指定。梅尔希奥博士以德国代表身份再次发挥了他专业的才能和卓越的机智。英国银行总裁主意高超，派出了著名的《经济学家》周刊编辑瓦尔特·莱顿。因为莱顿被委任起草的报告既中肯，又令人信服，这份报告被所有专家于 8 月 18 日签字通过。[50] 报告确认，德国政府在困难情况下表明了它决心把德国的公共财政建立在健全的基础上；如果严格贯彻这一政策，它将有助于加强德国的信贷。报告还坚决赞成所有向德国提供贷款的长期性，但以同样坚决的态度强调了人们当前所以迟迟不签这样一些贷款的理由。报告坦率地举出有两个根本困难：“第一个是与此相联系的政治风险。只要德国与其他欧洲国家之间的关系没有牢固地建立在**友好合作和相互信任的基础上**，只要由此对德国来说**内政困难**的一个主要根源未消除，那么一种持久的、和平的经济发展就没有保 403
证。这是提供贷款的首要的、也是根本的前提。”这一论断无疑是十分恰当的，而且与此相关的、对世界各国政府必须采取重建信任并在**互相信任**的基础上建立国际政治关系的告诫是明智的和正确

的。虽有这种明智的告诫，但不幸的是，每个人却不联系自己，而只联系邻居；每个人都以为缺乏信任是由于别人的过错。这样，德国人就期待法国人，他们应为重建这一信任做出第一步，而法国人则回答说，只要他们所视为一种威胁的民族社会主义运动像在各州选举中所表明的那样继续发展，那么德国就无权要求获得任何信任。了解内幕的人不得不也注意到连同民社党人进行公开斗争的布吕宁政府在其对外政策上也要考虑到他们。只要回想一下国务秘书比洛对亨德森的说明就够了。8 月 23 日，布吕宁同莱顿的谈话言词虽很谨慎，但莱顿仍有这种印象，德国总理对他本人的地位感到虚弱，如果英国人不支持他，他就害怕同法国人发生冲突。[51]

莱顿报告中强调说，第二个根本困难是经济政策的性质。伴随业已形成的国际支付体系而来的是债务国对债权国的巨额付款；这样的支付要求在国际贸易中有自由的货运才是可能的。但是各国政府对这一自由货运设置了新的障碍。这显然是指国际贸易中日益发展的保护主义，美国不久前刚提高关税就是一种试验。
404 莱顿也和倾向于同英国签订一项有较多自由贸易性质的贸易协定的布吕宁谈到了这一问题。但这项倡议实际上并未实现，部分原因是后来在英国发生的政治变化（8 月 24 日英国工党政府下台）。

伦敦七月会议产生的另一结果是英国大臣麦克唐纳和亨德森以及法国政治家赖伐尔和白里安对柏林的访问。这些访问表明了外国政府对布吕宁寄于良好的意愿和特有的尊敬，法国人访问中最值得一提的事是白里安到柏林路易森施塔特公墓去瞻仰施特雷泽曼的墓地。我们对白里安站在他已故的对手和朋友的墓前究竟有何感想和话语是无可奉告的，但这不难设想，他会感到自己站在一个时代的墓碑面前，而他本人曾是这个时代的中心人物，如今这个时代即将结束。几个月后，他在1932年1月8日从政治生涯中隐退了。对他来说，命运至少免了他不得不一起去观察他的谅解政策如何被另一种导致一场新的世界大战的政策所代替。早在1932年3月7日，死神夺走了这位对欧洲不再有用的、疲惫的病人的生命。

这些人的柏林之行几乎没有取得任何实际效果。如果说访问显示了布吕宁在国外享有一种特殊的威望，但这对他在国内的反对派起不了任何影响。国内的反对派对其政策依然持严厉批评的态度，所有情况表明反对派的势力有增无已。此外，德国外交政策还在同奥地利缔结关税同盟问题上遭到了惨败。库齐乌斯尽可能久地维持这种假象，好像在关税同盟计划上还有一定生命力，然而他也早已察觉到，奥地利人迫不及待地把这个同盟计划置于死地。9月3日，朔贝尔终于在日内瓦声明奥地利政府决定不再继续实 405
行关税同盟计划。事先肯定知道这一声明的库齐乌斯不得不附和了朔贝尔的这项声明。于是，这项计划最终被埋葬了；几天后，当海牙国际法庭宣布，这同奥地利1922年接受国际联盟贷款时所表示的诺言不相一致时，这一计划只不过还具有法律上的意义。而且，这项决议是仅以9票对8票的微弱多数获得通过后做出的。毫不奇怪的是，特别也在德国法学界并未取得一致赞同的意见。不久后举行的德意志法学家协会的一名热情的主席用席勒的以下诗句辱骂海牙法庭："世界历史是世界法庭。"但事情并不取决于这一情况。首先海牙国际法庭只能（实际上必须）通过初审和终审按

章遵循这一古老原则来决定："**罗马作证，案子保密**"，因为这是设立海牙国际法庭的宗旨。但首先这事的法律方面并不是最重要的。任何一个比较客观的评论家不得不承认，特别是法国人必定把关税同盟看作是德国走向"合并"的步骤，即使两国政府小心翼翼地力图说明关税同盟计划条文同奥地利的条约义务是并行不悖的。威望极高的瑞典银行家马尔库斯·瓦伦贝格是德国的一位真诚朋友，经常对德国提供宝贵的帮助。他同塔尔迪厄详谈后在1936年1月对一位德国朋友说，他现在才理解法国人对拟议中的关税同盟何以如此恼火，即使他认为这只是针对奥地利的；因为奥地利力图利用1922年这一条约形式的好处，正如人们所熟知的那样，这种形式可以有意识地唤起某种含糊感觉，旨在使当时的奥地利政府在国内少丢丑而已。但事情一如既往，德国人，从部长到学校老师，总喜欢引用俾斯麦的话："政治是可能办到的事物的艺

406 术。"但事情证实有必要发展这一艺术时，德国人却表明他们根本没有理解这句话的真谛。像奥地利这样一个弱小而负债累累的国家难道能推行一种使自己同一部分大国处于对立地位的政策吗？更何况是对它对之负债累累的大国？难道德国有足够的把握能把奥地利引入这样一种冒险行动而且自己也参加进去吗？今天绝不会有人怀疑，这个回答必然是明确的"否定"。难道担任过前德国经济部长的库齐乌斯就不能负责地找到这一相同的答案吗？几乎令人毋庸怀疑的是，库齐乌斯的动机更多地出于内政而不是外交；他想先发制人，抢占"民族主义反对派"的上风，表明他自己能同他们一样在代表"民族利益"方面发挥很大的积极性，因为他当然也知道，他们正在呼喊要取得像冯·比洛在同朗博尔德对话中那样

的“战利品”。库齐乌斯发现在他这次失败后自己的“战利品”已丢失，这并不使他感到意外。早在1931年9月，德意志民族人民党召开党代会，胡根贝格作了两次战斗性的演说。他把政府放弃关税同盟说成是一次失败，不仅要求库齐乌斯辞职，还要求整个布吕宁内阁下台，而且解散和重新选举国会。他还坚持说，外交政策的领导权现在必须移交给右派。如果有人从胡根贝格的讲话中引出这两点：第一，他也把关税同盟解释为“合并”奥地利的第一步；第二，他内心深处欢迎关税同盟计划的失败，因为布吕宁政府的困境对他来说似乎更接近自己的目标，难道这样说就冤枉他了吗？

但真正的悲剧是，德国国民经济遭受这次招致不幸的试验的直接后果。正是这年胡佛提出延期付款计划，按此计划德国至少暂免所有的赔款支付。其后果本来应该是德国经济的繁荣，特别是对那些把赔款视作德国苦难最主要的、即使不是**唯一**的原因的 407
人来说更是有理了。然而，关税同盟试验所造成的后果却引起大量外资抽走，其数额远远超过了因赔款支付而造成的损害。如今人们蔑视地谈论着不久前德国的“虚假繁荣”，因为这种“繁荣”只能依靠外国贷款才是可能的。但是，依靠外国提供资本作为基础而建立的这样一种国民经济在19世纪和20世纪的很多发展缓慢的资本主义国家内都有过，无论如何美国在第一次世界大战之前也一直是债务国。当然，这样一种国民经济形势有其本身的政治上的后果，对于这些后果，人们只能是冒险而漠视之。一个债务国必须尽量避免动摇国际信任的一切做法，而德国在施特雷泽曼逝世和大联合政府崩溃以后恰恰是这样去做了（德国的选民比政府做得更厉害）。胡根贝格在讲话中越走越远，他声明他和他的党不

受布吕宁已签订的或将要签订的任何协议的约束，甚至明确指出要同法国进行谈判。很明显，这对恢复法国及其盟友对德国未来和欧洲和平的信赖并不是最可靠的手段！

库齐乌斯如今不得不辞职，这是不可避免的了。至于布吕宁，他顶住了这场风暴。总统依然支持他。他虽然在形式上同内阁一起下了台，但他马上又接受兴登堡委托组织一届新的政府。大部分部长虽留任，不过改组后的政府明显向右摆，而且人们不难看出布吕宁为迎合总统的愿望而作了让步。排挤约瑟夫·维尔特博士无疑就是这种让步；维尔特博士逐渐尽可能抑制自己的感情，但他
408 在敌友双方都被认为是在中央党内积极拥护共和制国家思想的代表人物。但年迈的兴登堡，正如国务秘书迈斯纳作证的那样[52]，始终没有忘记维尔特在拉特瑙被害后所说的这句话："敌人在右边！"1931 年 9 月 20 日，格勒纳给他的朋友写信说："'山上的老人'喜欢别的人，而不愿要维尔特和居拉尔特。"这位居拉尔特也是被排挤掉的。格勒纳还补充说："另外，维尔特无论从哪方面看几乎没有自己独立的理想。他能干的国务秘书(茨威格特)主管部门的工作，而约瑟夫·维尔特却沉溺于喝比尔森啤酒消磨时光。"[53]然而兴登堡的影响不仅限于这点。他委托布吕宁组织第二次内阁并作出规定，改组政府"不应受党派的约束"。实际上，这意味着总统把同各政党协商已不放在眼里了，而且改组后的政府应比过去任何一届在更大程度上是一个"总统制内阁"。

实际上，这些努力首先是针对社会民主党的。迄今为止，正是该党投票帮助了布吕宁在国会里保有多数票并阻止了总统解散国会的紧急法令。因此，兴登堡和布吕宁就应向社会民主党酬谢，但

是中央政府总理同普鲁士总理的关系却已大大疏远了。布吕宁在8月间以显然针对普鲁士政府的方式修改了7月12日对付新闻界越轨行为而颁布的一项紧急法令，对此布劳恩对布吕宁感到特别反感，之所以这样，因为普鲁士政府在反对右派胡根贝格的公民表决的斗争中委托报界发表了一项招致右派极大愤怒的、纠正性的公告。布劳恩的国务秘书魏斯曼博士在8月20日同英国大使朗博尔德谈话中就流露出对布吕宁的这种不满情绪。[54]随后，连迄今一直让其议会党团投票拥护布吕宁的布赖特沙伊德也开始对在国会继续支持布吕宁是否明智，表示怀疑了。可以想象，在这种倾 409 向中所出现的征兆必然使这位老元帅对趾高气扬的社会民主党人感到恼火，而且不容怀疑，施莱歇尔不失时机地也朝着同样方向行动。在这期间，施莱歇尔同希特勒发生了联系，当然他肯定自信将会稳操胜券。兴登堡本人大概已重又厌恶社会民主党了，这对他这位普鲁士老军官来说是不言而喻的。还在第一次世界战争期间，兴登堡曾对帝国首相贝特曼-霍尔维格说："有关德意志帝国和皇帝的谈话实在太好了，但对此他是太老了，只能把他看作是普鲁士国王。"[55]对这样一个人还能期望什么呢？兴登堡对新部长人选的建议清楚地表明，他不愿考虑社会民主党人的情绪了。他想把格斯勒作为维尔特的继任人安插在内政部，不论格斯勒的政治思想倾向怎样，其人对社会民主党人来说是不受欢迎的。在此我们对格斯勒不作什么评论，但他在国会由于敏捷雄辩无疑将会加强政府的力量。但格斯勒对此断然予以拒绝，无奈只得实行一种结合，这大概出于施莱歇尔富于想象力的脑袋，然而也得到了兴登堡和希吕宁的赞同。国防部长格勒纳同时兼任了内政部长。为此，

布吕宁对这一安排在国会上说明的理由是：德国处于危难之际有必要集中政府权力。将军们打算（不是格勒纳个人的打算）是用这种方式把内政部置于他们的影响之下。格勒纳在他上任后不久的一封私人信件里写道："我在柯尼希广场*幸运地遇到一位非常聪明的国务秘书，他高兴地得到部长的支持和永远结束了党派的优柔寡断。他叫茨威格特，而且同施莱歇尔亲密合作。我之所以变成'双头鹰'，这首先要归功于这位老头子，因为他最喜欢的想法就
410 是这样。"[56]特别有意思的是，茨威格特和施莱歇尔之间在这方面被证实是融洽一致的，因为几个月后，正当施莱歇尔推翻格勒纳时，他归罪于内政部的高级官员，说他们把部长引入了歧途。但是，施莱歇尔玩弄两面派手法早在那时就开始了。几乎同上面所提到的格勒纳的私人信件的同时，施莱歇尔就有一封给民社党人、冲锋队队长罗姆的信，信的日期是1931年11月4日。在信中，施莱歇尔不仅表示坚信民社党及其领袖的绝对合法性，而且否认他在内政部有任何影响，这一说法同格勒纳发表的言论是完全不一致的。施莱歇尔对报道自己同希特勒谈话的《柏林日报》和《人民报》编辑大发雷霆是最能说明问题的了；他称这些编辑是"莫泽**的共党分子"，而且辱骂他们进行"恶意中伤的、欺骗读者的描述"[57]。如今，这确实说明施莱歇尔总是爱用刻薄的、粗俗的语言，但在他把完全是民主派的记者推到共产党人一边后，他就极尽诽谤之能事（除非有人假定他肤浅地只是认为对站在中央党左面的

* 指位于柯尼希广场的内政部。——中译者

** 指鲁道夫·莫泽出版社，一家有名的自由派出版印刷公司。——中译者

政党无必要加以区别）。

很多左派报刊都怀疑施莱歇尔，正是他安排了希特勒在10月10日即在政府危机期间谒见了兴登堡。如果说他的打算是通过这一方式让兴登堡接受这位成功的煽动家，那么这位将军完全失败了。希特勒的雄辩口才对这位年迈的总统是无动于衷的，而且他对被他称之谓“波希米亚的下士”所得到的印象只是敬而远之的。但如果兴登堡认为他能说服希特勒对德国的政治生活采取更加积极的态度，那么他同样是大错特错了。所以，这次谒见是毫无结果的，而且希特勒很快表示他对这位陆军元帅不值得去尊敬，而他的宣传鼓动将不受任何影响地继续下去。

此外，改组内阁的结果并未给人留下深刻的印象。对布吕宁 411
来说，最典型的是，他未指定库齐乌斯的继任人，而是自任外交部长。因此，外交部国务秘书的作用当然要加重了，而且这方面没有什么改变。比洛留任国务秘书，而且按英国大使的看法，他在招致失败的关税同盟计划方面至少比库齐乌斯所负的责任更大，后者在英国人眼里享有较高的威望。霍勒斯爵士写道：“我的主要同事和我痛惜库齐乌斯博士离开了外交部，虽然他不具有施特雷泽曼的想象力、远见和政治才能，但他仍不愧是一位冷静思考问题的政治家，由于他彬彬有礼，举止安详，使人愿意同他谈判。”[58]兴登堡曾希望由德国驻英国大使冯·牛赖特男爵代替库齐乌斯的职位，此人大概曾经向总统自荐自己出身于贵族世家，但未能如愿，也许因为牛赖特认为自己的时机尚未成熟。[59]其他的新任命没有重大的政治意义。《前进报》用以安慰自己的是，布吕宁至少没有接纳一个对工人阶级进行挑拨的人参加政府。

另一方面，“民族主义反对派”立即以尽可能强烈的方式表示，他们将一如既往地尽一切力量反对这届政府。在 10 月 11 日（星期六），即新内阁上任后的第二天，也即希特勒谒见总统的第二天，所有反对派（胡根贝格的德意志民族人民党人、“钢盔团”和希特勒的民社党人）在哈尔茨堡浴场联合举行了一次大规模示威游行。这次示威游行的意义在一篇似由胡根贝格起草的、冗长的声明中表达出来了。只要举出声明的头几句话就足以说明他们如何把德国迄今推行的政策歪曲成一幅不符合事实的、不负责任的、通俗得出奇的漫画：“多年来，民族主义反对派一直徒然警告要反对德国政府和国家机器面对马克思主义的血腥恐怖所表现的无能为力；
412 反对通过阶级斗争进一步实行文化布尔什维主义和我们民族的分裂；反对有计划地把民族主义势力排挤出国家领导机构；反对实行超越凡尔赛和约所强加的苛刻条款而在德国的政治、经济和军事方面进行篡改的政策，等等。”这些民族主义伙伴在国会每次表决时都指望共产党人的帮助，但又吹嘘自己有决心“保护我国免受布尔什维主义的危险”。但是，今天还去探究为说明推翻德国政府和普鲁士政府所陈述的这些理由的蛊惑人心的论调，已是不值得的了。也根本不值得去探究在哈尔茨堡所作的一些发言（除了一个例外），因为这些只是些令人听腻了的空话。哈尔茨堡大会只对这个与会者集团才有意义。当然又是几名霍亨索伦家族的王子和一群普通的旧军官参加了大会，为首的是这时作为德意志人民党党员参加国会的冯·泽克特先生。他的党在这个被大会这样诬蔑的时代里是所有历届政府的成员，这一事实显然一点也不使泽克特感到难堪，同样（根据格勒纳的报道）他从外交部因为搞了秘密差事而接受了高金厚礼，自己却恬不知耻。[60]民社党人同所谓“正直”的反对派成员似乎看来达到的联合给公众留下极为深刻的印象。但这种假象具有更多的欺骗性。实际上希特勒是以一切可能的方式愚弄他的“伙伴”，特别嘲弄“钢盔团”而自得其乐的。“钢盔团”的原第二把手迪斯特贝格上校在一本反对希特勒的小册子里对此作了令人信服的证明。这本小册子仅仅有这样一个缺点，它是在哈尔茨堡的种子早就萌发而造成德国严重损害后，并在其收成再次被踩平以及希特勒的幽灵消逝后才于 1949 年出版的。在这期
间，迪斯特贝格亲身经历了究竟谁在德国实行“血腥恐怖”，而且经 413
历了褐衫队的看守员在集中营里如何把他们的哈尔茨堡伙伴当作“钢盔团猪猡”进行虐待。[61]

我们还不得不提及的一次讲话就是雅尔马·沙赫特在哈尔茨堡的发言。这位前德国国家银行总裁向听众自荐为不参加任何党派的、关心社会的爱国者。然后，他在一篇放肆的猛烈抨击现存“制度”的演说中谴责这一制度“阴险、混乱和优柔寡断”。他显然把坐在主席台上聆听他长篇大论的希特勒看作德国回到“真诚和秩序”的希望和保证。如果说沙赫特再次扮演了无罪羔羊的这一可悲角角，似乎他在巴黎专家委员会上成了“未能获得民族主义派支持”的一届德国政府的牺牲品，那么逐渐看穿他那毫无节制的利己主义的人对他的发言是不会感到惊奇的。但引起震惊的是正是他怀疑国家银行的月报，如有人信任他的话，那么这些月报出于政治原因掩盖了真实情况。这一非难不只是对路德的攻击，因为他不能饶恕路德继任了他的工作；而且主要的还在于作为反对派运动的企图的一部分，以摧毁在德国经济恢复中显露出来的任何信

任感。集合在哈尔茨堡的大批“爱国者”把德国经济灾难简直看成是自己力图攻克政权这一堡垒的攻城槌，在他们眼里，最不欢迎的是看到布吕宁政府成功地使这一灾难得到了减轻。这样，德国前敌国的政治家和专家尽管竭力使世界相信德国是值得信赖的，但是这些超级“爱国主义者”却向全世界大声疾呼，德国的困境不仅是绝望的，而且比人们按德国官方公布的数字所想象的要糟糕得
414 多。由于信用和信赖首先是心理上的产物，这样一种煽动宣传必然对德国经济产生一种破坏性的、消极的影响，更何况这些话出自一名前德国国家银行总裁和公认的专家之口。“民族主义反对派”幸灾乐祸地自以为又一次做对了。即使沙赫特在某些问题上是对的——根据德国统计，德国的短期债款比巴塞尔专家委员会认为的要高得多——但是这样不经德国政府的通报和许可就向全世界嚷开这些情况，是同爱国主义或民族主义背道而驰的。

德国政府对沙赫特无视法纪的行为至少在这一次并未保持沉默。财政部长迪特里希明确声明，像沙赫特所作的这些说法对民族利益来说是不能容忍的。沙赫特声称，货币不再为正常的商品流通服务了，这种说法是完全错误的。沙赫特的整个讲话是以谎言为依据的，这是不负责任的，而且致使德国贷款的最后来源丧失殆尽。布吕宁在10月13日的国会讲话中不得不说：“我不想在这里反对在哈尔茨堡所表述的一些提法。但我不得不作为负责的政治家更加反对那些用一些提法动摇德国人民对本国货币的信任。”这显然也是针对沙赫特的。

把沙赫特的讲话描绘成“耸人听闻”的英国大使在他一份关于哈尔茨堡大会的详细报告中写道：“民主派的《法兰克福日报》似乎

有预见性地先已指出沙赫特将会发表一篇惊人的声明。在10月11日晨的那期(即还在大会召开前)报上声称,如果工业集团争取不到布吕宁赞成一次新的通货膨胀的话,那么他们就打算通过有意识地散布悲观主义造成新的银行危机,并以这种方式导致马克崩溃。”[62]不能认为沙赫特甘愿成为这一集团的工具,可是应该说 415
这样一些肯定他会知道的流言必定使在讲话中更加小心谨慎。不过,对一名这样野心勃勃的人来说,人们不可能期待他会用指导一名务实的政治家的思考来指导自己的行动。

喧嚣一时的哈尔茨堡大会的整个效果是在政治术语词典上增加了“哈尔茨堡阵线”这一新的词汇。不过,这一词汇主要限于涉及胡根贝格及其同伙而使用之,民社党人很少去使用它。当然,民社党人很愿意接受胡根贝格和“钢盔团”的犬马之劳,[63]但希特勒从来也不想让胡根贝格及其同伙干预他的政策。才只几个星期后,胡根贝格在12月2日举行的德意志民族人民党委员会的会议上抱怨说,尽管召开了哈尔茨堡大会,但民族社会主义的宣传仍尖锐地在全国各地反对德意志民族人民党人。[64]

对哈尔茨堡大会的与会者来说,他们无论如何也没有达到这次示威游行的本来目的,即推翻布吕宁。几乎在紧接哈尔茨堡大会召开后的那个星期日,即10月14日,举行了国会的会议,民社党人和德意志民族人民党人的这两个议会党团提出这项联合提案:“国会应对这届政府撤回信任。”正当德意志人民党领袖丁格尔戴终于声明,他虽然对布吕宁本人是很赏识的,但他的议会党团由于许多令人失望的事件而决定不能再支持总理时,民社党人和德意志民族人民党人所寄托的希望达到了高潮。如今,推翻这个人

终于成功了！可是在10月16日投票数字结果表明，以295票对270票再次否决了他们的不信任提案。有几名依然坚持施特雷泽曼遗训的国会议员离开了德意志人民党，其中有老教授卡尔和西
416 格弗里德·冯·卡尔多夫，他们同几位朋友投票赞成布吕宁，另有两名议员在投票前离开了会场。普鲁士州议会议员冯·艾纳恩对于丁格尔戴对德意志人民党的领导工作深为不满并发表了异常尖锐的声明和放弃了自己的议席，他在声明中坚持施特雷泽曼的“政治上理智的路线”，并认为丁格尔戴实现“拥护民社党人的抉择”已成为不可挽回的“定局”。[65]布吕宁原先寄予希望的农民党，除了施兰格-舍宁根的一票以外，都投了反对布吕宁的票。但经济党却一致投票拥护他。反对派的其他提案同样遭到了否决。

布吕宁自己对这一胜利起了相当大的作用，他在国会辩论中的多次发言非常务实，思想水平远远超过其他大部分发言者的水平。他在闭幕词中针对右翼或左翼爱走极端的人说：“如果德国要得救，那么必须推行的路线将是调和的路线，而不是一条对一方或对另一方压迫的路线。”这话是何等正确！而且在今天也很少有人对此有异议。在当时的德国还存在不计其数的人，对他们来说，压迫其他人恰恰成了政治活动的主要吸引力。

布劳恩比起布吕宁更不会屈服于哈尔茨堡大会的豪言壮语。但他的政府由于普鲁士财政部长赫普克尔-阿舍夫的辞职蒙受了巨大损失。这一辞职同哈尔茨堡大会是无关的，原因是在某些立法细节上的实际分歧。这些分歧是否严重到使他必须辞职的地步，对此有各种各样的看法。奥托·布劳恩和泽韦林在他们的回忆录中叙述到这一小插曲时都持否定意见，而且他的许多党友也

不能信以为真，而是说他长了一个威斯特法伦人的顽固脑袋。没有能物色到一名能同他旗鼓相当的继任人。接管财政部的普鲁士
中央合作社银行的行长克勒佩尔博士无论在州议会上，还是在州 417
政府中都不能取得同其职位相称的地位。[66]

11 月底在所谓的“博克斯海默文件”公布后，人们不得不想到布吕宁在国会发言中建议用调和路线代替压迫路线的那番话。民社党人于 11 月 15 日在黑森自治州选举中又一次获得很大的胜利，议席从 1 个猛增到 27 个。但在民社党内部这时却产生了争吵，该党州议员之一舍费尔博士认为有必要向法兰克福（美因河畔）警察局长递交黑森州民社党人领导人在沃尔姆斯附近的博克斯海默庄园会议协议的某些文件。文件包括一份《我们领导人在废除前政府当局和夺取公社后的首次公告》。在这一时刻，所有权力应移交民社党组织、党卫队和类似的组织，而且这些文件令人震惊地明确揭示民社党人如何实施他们权力的意图。反抗党权力机构的任何一项命令“将原则上处以死刑”。在缴回一切武器的命令发布后仍持有武器者“将被不经审讯就地枪决”。对付任何一种可以想象到的事件以处死威胁的命令接踵而来。所有食品供应权均移交民族社会主义当局，否则处以死刑。而党在经济方面的狂热用意味深长的条例来庆贺其胜利。“在另外的规定公布之前，不得再有私人的收入。”更有甚者，采取喀提林*以来所有蛊惑者惯用的手法，取消了对支付利息和租金的一切要求。通过义务劳动和

* 喀提林（Catilina，约公元前 108—前 62），罗马共和国末期的贵族，当过行政官，为当时臭名昭著的阴谋家。——中译者

418 赡养的条例规定，犹太人不能得到口粮，即让他们饿死。这些令人震惊的文件的作者是法院陪审官维尔纳·贝斯特法官，任民社党黑森大区党部法律处领导人。这一成绩在希特勒及其帮凶的眼里显然使他有资格担任最高政府部门的职位，一直到后来他在希特勒大战期间晋升为被占领的丹麦的"德国专员"。

在法律上讲，这一以文件形式草拟的计划按刑法第81条和86条的精神堪称为进行一次叛逆活动的准备。严肃对待这一事件的共和主义报纸要求主管叛逆罪的德国最高法院对此进行刑事诉讼。但是监察长卡尔·维尔纳却通过接近胡根贝格的"电讯联盟"散布说，他的想法是不一样的。这一叛逆罪是根本不成立的，因为整个计划的前提是"夺取公社"。[67]这位德国法律和秩序的最高维护者力图采用连乳臭未干的孩子都能识破的政治伎俩。连肯定不属于左翼的巴伐利亚人民党机关报《巴伐利亚信使报》也以明确的逻辑性发表了批驳维尔纳的不同意见。德国政府也坚持要进行一次预审，但正如监察长的这一态度所预料到的，这一预审不会有什么结果的。正当布吕宁对此平静下来并让这一事件毫无结果之时，法国驻柏林的使节弗朗索瓦-庞塞所得的印象是，这位总理不能对付他的敌人的残暴行为并且已经认输了。至少后来他在自己的《使馆回忆录》里也讲到了这一点。[68]

但国民的态度比起官方态度是更为重要的。在还具有强烈的是非感的一个民族内部，这样的揭露似会引起惊心动魄的呼声，并对这些血腥暴行的鼓吹者进行坚决的抵制。但这类情况并未发
419 生。揭露这一危险勾当的报纸好像在荒漠里说教而无人理睬，民社党人的胜利大军却继续畅通无阻地前进。

遗憾的是，德国政府在一个极为重大的实际问题上给民社党人再次助以一臂之力。迄今为止，国防军原则上不接纳民社党人和共产党人，因为这两个党都策划暴力推翻共和国的活动。但在1932 年 1 月 29 日，即在博克斯海默文件披露后，格勒纳颁布了同上述原则完全相反的招募新兵的新指令。新指令的委婉语气实际上意味着限制应征入伍的只限于那些“被证明为以非法手段参与力图改变德国宪法现状的人”。但这一禁令却立刻又被后一句话所推翻：“各社团……个别领导人的越轨行为不能成为不接受这些社团所有成员参军的理由。”如果一名民社党人找不到跨越这一障碍的办法，那他一定笨拙透顶，尤其他反正会得到负责接受新兵任务的地方指挥官的友好帮助。“遗憾的是，地方指挥官还以为，一名由一个爱国协会大亨推荐的伙伴才是真正合适的人。”说这话的人不是别人，正是 1932 年 1 月 29 日指令的作者格勒纳，他是在1931 年 4 月 26 日给他的朋友格莱希的一封信中这样说的。[69]难道格勒纳在此期间对此已忘了吗？还是他已屈从于另一种影响？在2 月 24 日的国会辩论中，所颁布的指令受到了像德意志国家党议会党团主席（镇静沉着的议员）奥古斯特·韦贝尔博士等人的严厉谴责。格勒纳对此辩护说，民社党人先已向他做出了“预先效劳”，即“放弃在国防军内进行任何破坏活动，领袖一再向我声明，他将 420
开除任何进行这种活动的人出党，以及党的领袖确认严守合法性活动”。经历过希特勒统治岁月的人对于这种轻信希特勒的许诺，即“预先效劳”，所表现的天真幼稚只能是令人摇头了。格勒纳按兴登堡的愿望同希特勒进行了谈判。1932 年 1 月 11 日军事领导人会谈记录中，格勒纳谈到他对希特勒的印象写道：“有情投意合

的印象，谦虚的、怀有善意的正派人……此人举止刻苦勤奋，发奋自强……坚决扼制革命思想……希特勒的打算和目的是好的；但他充满狂热的激情和似火山爆发力那种的精神，所以他常常会采取错误的手段。”[70]不言而喻的是，格勒纳的女儿企图为其父亲自己说过的或者曾经同意过这些无稽之谈而受到的指责进行辩解。[71]她指出，格勒纳未在谈话记录上签过字。她引证格勒纳差不多在同时写给格莱希的一封信说：“希特勒本人给我留下的印象是老奸巨猾的政治家……在谈话时，他往往对实质性问题持回避态度，天花乱坠地一再重复几个世纪的德国史。不容易打断他的讲话并引导他回到谈话中心。听他的讲话叫人感到精疲力竭。”这封信使格勒纳免受人们对他的怀疑，即像那份谈话记录表明那样对希特勒作了完全错误的判断。只可惜他在 1 月 29 日颁布的有争论的指令更符合那份国防部的谈话记录。无论如何，人们绝不会说，德国的这两个部的部长当时对威胁国家的这位最危险人物已有明确的、坚定的看法。

国防部的知情人士猜测，格勒纳让他的部长办公厅主任冯·施莱歇尔作主，颁布了这一令人费解的指令，社会民主党国会议员
421 舍普夫林在《前进报》上发表的一篇文章里直率地讲了这一点。[72]
巴登的议员舍普夫林最多是一名激进者，而绝不是一名挑拨者。他作为该党制订国防预算的代表同国防部和施莱歇尔关系很好。但是他现在把冯·施莱歇尔将军公开称之为这一“向纳粹投降令”的“责任编辑和原作者”。在施莱歇尔以伤人感情的和卖弄风情的信回答舍普夫林后，他就以更具体和严厉的方式重复了对施莱歇尔的指控。他特别把施莱歇尔的“合法性”这一论点驳得体无完

肤。“面对这些事实，希特勒的这些保证有什么价值呢？事实是，所有下层领导人无一例外地……天天在宣传诉诸暴力和彻底摧毁现存的国家形式……而且我们发现，……不是别人，正是国防部想方设法去说明，人们不能根据个别人的言论来判断一个党……之所以发生这样的事情，您，将军先生应当对此负有责任。这一指令是一件政治性行动，因为军事上并不需要它。而您是国防部里的政治代表。”

舍普夫林所说的每句话都是有道理的，人们不禁要问，像施莱歇尔这样聪明的人怎么会犯这样的严重错误？这可信吗？在博克斯海默文件被揭露后，施莱歇尔本人曾对泽韦林这样说：“难道人们以后不能用火钳去接触这个社团了吗？”[73]这样，施莱歇尔这一说明表现了他过高估计自己，自信能凌驾于所有文职政治家之上，包括希特勒在内，以致他会最终吹起让这些人跟随着他翩翩起舞的曲调。施莱歇尔不就是“政治事务的红衣主教吗？”因为他的聪明才智令人钦佩并受到总统的恩宠。格勒纳在 2 月 24 日的国会辩论中力图为其指令辩护后，《柏林日报》的编辑特奥多尔·沃尔夫写道：“除了一直满怀欣喜的冯·施莱歇尔将军之外，在国会大厅里，几乎没有一个人感到格勒纳所作的是一件杰作。”[74]

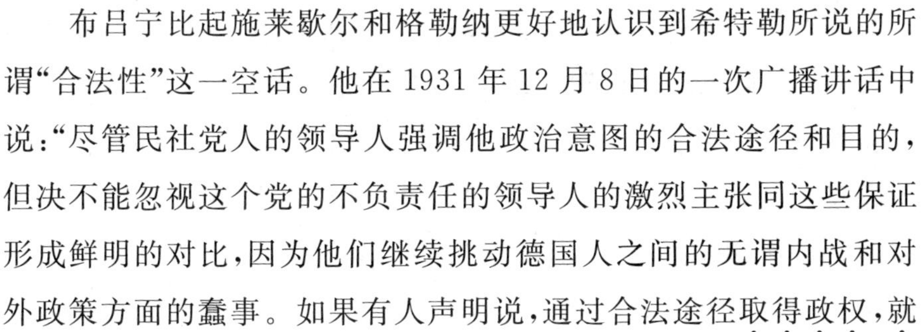

布吕宁比起施莱歇尔和格勒纳更好地认识到希特勒所说的所 422
谓“合法性”这一空话。他在 1931 年 12 月 8 日的一次广播讲话中说：“尽管民社党人的领导人强调他政治意图的合法途径和目的，但决不能忽视这个党的不负责任的领导人的激烈主张同这些保证形成鲜明的对比，因为他们继续挑动德国人之间的无谓内战和对外政策方面的蠢事。如果有人声明说，通过合法途径取得政权，就

会突破合法的界限，所以这绝不是合法性；而且如果他们同时在小集团内搞复仇计划，那么这就更谈不到合法性了。”特别是最后这句话击中了要害。可是，布吕宁为实现自己这一观点做了些什么呢？四个星期后，他出于所谓对民社党领袖所发表的合法性声明的信任，授权接受民社党人参加国防军。难道是他的行动能力没有达到自己这一观点的高度，还是屈从于总统府的压力？

布吕宁在 1931 年 12 月 8 日的广播讲话主要说明他在同一天颁布的“保障德国经济和财政以及维护国内和平”这一新的紧急法令的理由。这项紧急法令内容广泛，影响深远，共分九个部分，占了不少于 46 页的德国法令公报的篇幅。法令除了不可避免的财政政策之外，主要的目的在于降低物价，或者如布吕宁所表述的那样，“制止降低实际购买力”。为此，不仅委任一名全国物价监督专员（由莱比锡市长格尔德勒担任，他后来作为反希特勒的抵抗运动领导人和牺牲者而闻名于世），而且还规定了降价的幅度和最高价格。如果说几年前通过升值法案想帮助债权人，那么这次紧急法令力图通过降低抵押资金和其他利息以帮助债务人。[75]不过，紧急法令也打算降低工资和薪水。在各种新的进口税中特别强调偷税
423 漏税，不是因为它本身至关重要，而是因为它指出特别法的危险而且表明已发布的法令的含义变化，对此摩菲斯特的话称之“理智成了胡闹”。几个逃税事件被公布了，在这些事件中有钱人把资产变成现金并携带它移居国外，以逃脱德国税收的重担。政府认为，在依赖于每个纳税人的这一个时期里决不能容忍这种行为，因此在紧急法令中规定对这种移居国外者课以逃税，其数额为其财产的四分之一。可是在希特勒统治时，民社党人不惜把这种税收强加

到犹太人身上。他们谈不到为逃税而离开德国，而是被当政者运用政治和经济的所有压力赶出德国。所以，歌德在《东西方诗集》中的预言变成了现实：

你不想让人最卑劣地夺走自己，
藏起你的金子，瞒着你的去向以及你的信仰吧。

紧急法令的动机部分也是出于外交政策的考虑，尤其也考虑到赔款。莱顿给各有关政府的报告发出紧急呼吁，要求立即采取结束德国和世界性危机的有效措施，在这以后，布吕宁认为，对德国来说采取扬格计划所规定的步骤以延期偿付赔款中可推迟的那部分赔款的时机已经成熟。在一系列的外交准备工作之后，特别在英国表现了很多让步之后，德国总理于 1931 年 11 月 20 日向国际结算银行提请召开一次“咨询特别委员会”的会议。布吕宁特别
意识到自己在伦敦、巴黎和罗马作私人访问时从外国政治家那里 424
取得的高度威信。德国的提案附以详细的说明，不仅按扬格计划阐明理由，而且额外要求特别委员会“从整体上、在考虑提案的各种因素的情况下审核这一问题”。在法国(也在世界其他地区)，人们认为这是说明德国旨在为今后取消支付赔款所进行的努力。因此，法国政府认为不得不声明，它虽然确认在当前危急情况下有必要作出较大的让步，但它否认德国将永远处于危机状况之中，因此法国原则上坚持赔款的支付。

“国际结算银行”行动迅速。它在 11 月 25 日就宣布了特别委员会的组成，它的许多成员曾是前专家委员会的成员。德国又派

梅尔希奥为代表，英国派莱顿为代表。还在年底前，即 1931 年 12 月 23 日，特别委员会提出了总结报告。这份报告不仅详细讨论了德国的经济危机和赔款支付对德国经济的影响；而且它对德国政府迄今采取消除危机的措施（包括 12 月 8 日的紧急法令）给予高度评价。这个评价使布吕宁对自己在国内受到的激烈攻击得到某种程度的安慰。这个委员会不仅声明德国的提案按扬格计划的精神是完全有理的，而且特别强调这一"史无前例的危机""不容置疑地超过了扬格计划所设想的较短时期的萧条"。报告把取消所有在国与国之间的债务、赔款和其他战争债务视为恢复信任——"经济稳定和真正和平的最可靠基础"——的唯一持久有效的步骤，并且要求各国政府迅速行动起来。

425 这位德国总理对于这份报告是相当满意的。它为进一步谈判打下了一种有利的基础。英国大使在 1931 年最后一天的报告说，德国公众舆论利用这份报告进一步表现出生硬的态度。所有政党都一致坚持这一立场，即现在应最终解决赔款问题，而且认为唯一可以的解决办法是彻底地、永久地废除赔款。[76]这份专家报告未述及德国在危机过去后是否仍无力支付赔款的问题。但是，人们从一篇有关德国国营铁路的未来的评论中可以得出结论，专家们仍指望德国以后继续付款。它是这样说的："德国和其他国家一旦重新获得均势，并出现了一种正常的经济状况之后，德国国营铁路（原则上是一个正常的企业）将能获取同其他铁路大企业相类似的企业利润。"[77]此外，特别委员会的成员英国代表莱顿在 1932 年 1 月 13 日的一次公开讲话中声称，德国以后将能支付，这是非常清楚的。[78]

与会各国政府完全准备响应特别委员会的号召而迅速行动起来。英法两国政府希望很快在洛桑举行会议。比较困难的是对会议日期难于达成一致意见，因为主要的部长都不得不考虑自己的议会任务。此外，法国政府已度过了一次危机；在白里安的隐退和国防部长马奇诺逝世后，赖伐尔内阁于 1932 年 1 月 12 日辞职。但他又组成了一个自己兼任外交部长的新内阁。总之，不久就通知会议在 1 月召开。

这时发生了一次灾难性的意外事件。在 1932 年 1 月 8 日，布 426
吕宁总理召见英国大使商谈即将召开的赔款会议的问题。[79] 参加这次会谈的还有德国驻伦敦大使冯·牛赖特。在会谈时，布吕宁斩钉截铁地宣布，他将在赔款会议上发表声明，现在还是在将来的任何一个可以预见的时刻，德国是没有能力支付赔款了。换句话说，他本人接受了德国公众舆论的立场。

布吕宁可以料到，英国政府对他的立场将会予以谅解。当时约翰·西蒙先生担任国民联合政府的外交大臣，他是一名杰出的英国法律学家，作为前自由党人曾是阿斯奎斯政府的成员；在战争时期他辞了职，因为他不能决定对普遍义务兵役法表示赞成，这一事实相当清楚地表明他低估了军事实力的因素，而这一低估对于处在风暴年代的一名外交大臣来说是很不适宜的。如果西蒙认为，完全取消赔款是解决困难问题的最佳方案，那么他的观点可能受了伦敦财政集团的影响所致，这一集团出于不言而喻的业务利益的理由得出了这一相同的结论。但伦敦财政集团对那些针对德国债务的私人要求很感兴趣，这些要求现在由于债务延期清偿协定而冻结了。伦敦的金融界人士不得不担心，如果这些要求必须

服从赔款要求的话，那么这些要求将永远不会得到实现。实际上，世界各国的这些私人债权人就会被迫在反对赔款的共同斗争中成为德国的盟友；而且自1931年9月日本武装侵占满洲里以来，西蒙强烈感到，世界和平的巨大威胁来自东亚形势的发展。如果说
427 这会有助于使他倾向于通过让步以回避这样一些实际困难，那么可以这样说，这一倾向同他对英国外交政策任务的一般观点是符合的。非常有意思的是，西蒙在1932年1月18日的一封信里就出现了后来成为声名狼藉的用词“绥靖”。

不过，西蒙非常聪明地知道，如果他不想招惹法国的严厉反抗，他就不能把自己对根本取消赔款的赞同意见公开出去。法国议会对这个问题说得非常明确，而且任何一届法国政府只要赞同完全取消赔款，将立即被赶下台。还有一个相当麻烦的问题是由美国的态度所造成的。英国认为，如果在另一方面它对美国的债务得到免除，它才能容忍取消德国的赔款。但美国人不承认在这两者之间的联系。美国国会在批准胡佛的延期偿付计划时非常明确地说，欧洲盟友的战债不得削减（1931年12月19日和22日）。如果这一问题过早地提出来，那么这对西蒙的希望将是生死攸关的。

但实际发生的事是，布吕宁在1月8日向英国大使所作的通报还在当晚被路透社办事处向伦敦报告并在次日清晨在英国各报发表了。一件轻率的行动发生了，但对这事的产生未能说清；人们只能说，英国驻柏林大使馆是并无过错的。[80]这些消息的披露在法国引起了极大的震动，财政部长弗朗丹向英国大使蒂勒尔勋爵递交一份照会，照会也指出对德国取消赔款的要求的全面让步将不

会导致欧洲和平，而只会导致德国人进一步提出修改凡尔赛和约的新要求，而且他为了说明理由还指出德国人在1930年莱茵地区撤军后的表现；英国政府公开同意德国人的要求将摧毁英法协约；他说，这一点正中德国人的下怀。西蒙费了九牛二虎之力才把这场风暴平息下来。布吕宁在同天(1月9日)把沃尔夫电讯报的主编叫来，以便发表一项声明，而这一声明虽然同路透社的报道没有什么矛盾，但明显地力图消除路透社报道所产生的影响。当时，弗朗索瓦-庞塞对蒂勒尔说，他对德国的形势发展感到忧虑。赔款不再是一个财政问题，而且是一个政治问题。现在德国人被“动员起来”，为勾销赔款发动攻势，而政治领导人正洋洋得意地谈论“突破”。这是对“合并”失败的“报复”。他还说，这再次表明俾斯麦的强权政策还决定着德国的政策。布吕宁是一名有趣的、明白事理的人，但支持他的周围的官员、社会阶层和国家机器多年来使欧洲面临战争。不论总理本人的打算和愿望怎样，他总是屈从于这一压力。[81] 428

很快就传出消息说，洛桑会议将不得不延期举行，预计在6月或7月前召开。这时，英国政府打算就过渡性解决办法取得谅解，这一解决办法即把胡佛的延期偿付计划延长一年，到1933年6月30日为止；对此，法国政府也表示同意，但只有胡佛计划的附加条件也继续生效才行。法国所指的是，德国必须向国际结算银行交付不受保护的年金，银行把已收到的款项又马上付回给德国或者确切地说给德国国营铁路。西蒙接受了这项建议并也请德国政府予以同意。他不失时机地指出，英国对此已承担了一次相当大的风险，因为它从美国方面没有得到任何许诺，即把拟议中的延期偿 429

付计划延伸到包括英国对美国的战债。[82]但对布吕宁来说并未留下丝毫印象，因为冯·比洛显然又给他出了主意。布吕宁断然拒绝附加在新的延期偿付计划的所谓胡佛条件，尽管连牛赖特也承认接受这些条件将是德国方面的一次必然的让步。[83]西蒙在给霍勒斯·朗博尔德的一份电报中表示失望，并说："德国政府的态度令人极不满意。如您所知，迄今为止，人们对德国问题怀有广泛的同情。但德国人现今的态度将摧毁这种同情，而且德国人几乎成了一个不断要求人们对自己办事而永远不想自己对别人作出报答的民族。"[84]西蒙的批评虽然很尖锐，但他再次作出了让步。经过多次协商终于取得的成果仅仅是为最终解决赔款问题的洛桑会议延至6月召开。

但当6月来临时，布吕宁下台了，而且他不得不看着冯·巴本先生摘取了自己耕耘的劳动果实。

布吕宁在下台以前还以同样的热情关注解决当时德国人民特别关心的另一个国际问题——**裁军**。

在日内瓦多年的准备工作之后，**国际裁军会议**在1932年2月举行，而且在会议开始商谈的一般性讨论中，这位总理作了一次极为重要的、纲领性的发言，引起了全世界的关注。他的纲领包括以下一些话语："德国政府和德国人民在其解除武装之后要求普遍裁军。德国对此提出了一种法律上和道义上的要求，这是毋庸置辩的……我谨此声明，德国作为国际联盟一个拥有全权的和负有全

430 部责任的会员国……将致力拥护这样一种普遍裁军，即一种在国际联盟条约中对所有会员国以同样方式所规定的明白无误的裁

军，也即一种对各国人民创造同一安全尺度的普遍裁军……”

这就是布吕宁作为德国政策的内容而宣布的德国同所有其他国家享有的平等权利。它同通过和平条件所规定的法律状态是完全适得其反的，而且意味着德国要求摆脱凡尔赛和约第三部分规定对德国的所有限制，而且排除其他国家将接受这些相同的限制。

德国要求平等权利的这个论点早在洛桑会议前就已提出来了，并且成了大国之间的长期的和细致的思想交流和照会往来的主题。这个论点在英国从一开始就得到大多数人的同情。英国在世界大战爆发之前一直未实现普遍义务兵役制，而且在战争结束后又立即取消普遍义务兵役制，这几乎是可以理解的。但在左派集团里也有人认为裁军是和平的保证。而且坦普尔伍德勋爵（以前叫塞缪尔·霍尔爵士）在其回忆录中强调了一种典型的英国人性格在起作用。他写道：“我们不是善于仇恨的人。在我们违心地卷进一场斗争之后，我们希望尽快宽恕我们的敌人；在斗争结束后，也就忘了敌人的罪行。”他还相当有理地接着说：“我们如此坚信裁军带来的幸福，以致我们非常容易对其他民族，特别对我们过去的同盟者法国人（如果他们不同意我们的意见）感到愤慨。反法情绪非常强烈，而且对我们过去同盟者的愤慨几乎变成了一种对我们过去敌人的偏爱。”[85]

当然，这个问题对法国人来说是完全不一样的，[86]因为法国是 431
德国的邻国，而且在一个世纪内有三次在自己领土上看到德国的军队。他们指出，布吕宁也引证的、国际联盟章程第八条有关裁军的条款强调把裁军应限制在“同民族安全相一致”的范围，而且指出，如果人口众多的德国得以扩充军备，或者他们被迫削减自己的

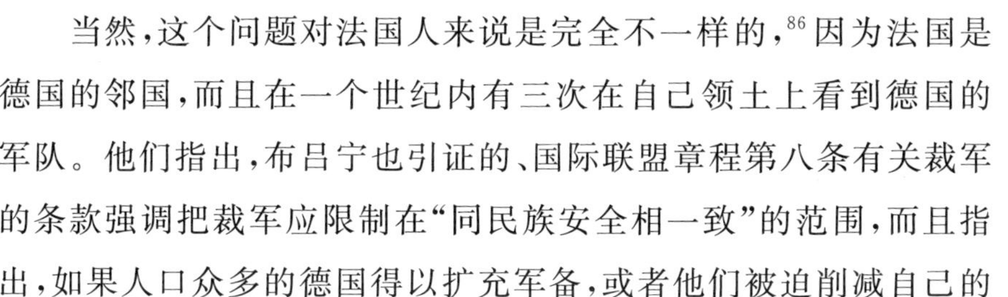

国防力量，那么他们的民族安全将会受到最严重的威胁，因为每个法国人都坚信，这一进攻的危险只能来自德国方面，而他们自己是根本不会采取这一步的。法国当然同意，这种情况会起变化，如果英国和美国现在向他们许诺在受到进攻的情况下给予支持的话：英美两国在凡尔赛曾向他们答应过这种支持，但由于美国的退出，此事已化为泡影。但每一届英国政府不得不向他们这样答复说，英国人民无条件地拒绝任何新的国际义务。法国政府提出了一项裁军协定草案，草案建议建立一支由国际联盟管辖的国际部队或国际警察部队。我们不知道这一想法是否得到其他大国的同意。不过，布吕宁在其开幕词中无论如何拒绝了这项草案。

所以一开始就很清楚地看出，这次会议必定还会拖得很长。但这位德国总理已不可能与会很多天了。他为解决德国内政问题必须尽快返回柏林。然而，在这些问题中，首要的还是选举总统的问题。

第二十二章　兴登堡再次当选和他的背后一箭 432

魏玛宪法第43条规定："德国总统任期七年，可以连选连任。"由于兴登堡在1925年4月26日当选为德国总统，而且这一选举在1925年4月29日通过，他的任期就要到1932年4月才期满。1931年兴登堡已经84岁，这样一位高龄的老人怎么能继续担任德国最高的、当今人所共知负有最大责任的职位呢？或者，谁又能接替他的职位呢？布吕宁首先必须研究这个问题；他不仅是德国政界的负责领导人，而且也自认为是兴登堡的忠实顾问。

马克斯·韦贝尔对全民直接选举德国总统是要比其他人更负有责任的。他似乎相信，常有一些"对群众具有影响的杰出的领袖人物"可由德国人自己选举。[1] 但实际上，德国非常缺少这样的人物。如果希特勒要竞选德国总统，那么他当然会向群众施加影响，而且毫无疑问地将取得几百万张选票。但是，布吕宁正确地认为自己的最高职责正是要阻止这样的蛊惑者当选。可是，他的眼光虽然远大，但他除了高龄的兴登堡外找不到一个能够有效对付希特勒的人。看来布吕宁希望兴登堡连任总统，并同另一种令人惊
异的思想相联系，即以改革的和现代化的形式复辟君主制。惠勒· 433
贝内特至少在他依据同布吕宁的谈话所写的兴登堡一书中就暗示了这一点。[2] 也有一些当时同布吕宁接触的人认为，他曾主张共

和国在目前状况下难以维持了，而且考虑通过不经内战或革命威胁的途径来恢复君主制。对他来说，兴登堡再度当选总统似乎就是这样的途径，他可在适当的时候挑选一名前王储作为他的继任人，这同法国君主主义者在选举麦克马洪元帅时所希望的情况相类似。但要把这些事情看作是历史叙述的主题就缺乏文件依据和证明了。无论如何有人提到这一毫不怀疑的事实，即右派集团曾考虑扶植当时的王储任总统，而且如果不是他的父亲对此加以制止，那么王储本人也是很愿意接受的。

自从布吕宁几个月前宣布兴登堡暂时精神衰竭以来，他很清楚这位 84 岁高龄的陆军元帅再次参加总统竞选将会引起许多方面强烈的疑虑。但总统的国务秘书迈斯纳根本否认布吕宁的说法。但不论情况如何，许多人都知道这位老先生一天之中只有几个小时的工作和谈话能力，而不断增加的工作重担沉重地压在他的肩上。兴登堡越是勤奋工作，以牺牲国会和各政党来加强总统的权力，这种权力就越使他觉得不快，因为他被迫运用权力颁布不受欢迎的、遭到强烈反对的紧急法令。他在同奥托・布劳恩的一次谈话中说：“我早就讨厌政党活动和国会争吵，我作为职业军人
434 习惯于服从命令或发号施令。”[3] 诚然，兴登堡如今仍可通过紧急法令发布命令，但是他所发的命令并不受到欢呼的掌声。兴登堡不放弃这一义务，但是一再迫使他处于这一困境的这个人[*]越来越失去他的宠爱，尽管他过去对这个人寄予了同情。

尽管如此，布吕宁仍绞尽脑汁以确保兴登堡的总统宝座。他

* 指布吕宁。——中译者

无论如何相信，只要兴登堡的总统任期能在国会得到延长，他就会从这些极大的困境中找到解决办法。为此需要制定一项由三分之二多数通过的宪法修正案（德国宪法第 76 条）。从法律上讲是没有理由反对这一程序的，更何况已有这样的先例，在 1922 年 10 月艾伯特当政时期就曾运用过这一程序。但怎样才能获得必要的三分之二的多数呢？即使把迄今支持布吕宁的、赞成这一宪法修正案的全部议员计算在内，也绝不会达到三分之二的多数。因此，布吕宁不得不同“民族主义反对派”的两位领袖胡根贝格和希特勒进行商谈。

布吕宁首先同希特勒进行接触。格勒纳请希特勒来柏林商谈并在 1 月 6 日晚接见了他。第二天，布吕宁也参加了会谈，施莱歇尔也在场，而希特勒由罗姆陪同。施莱歇尔似乎相信，根据他同希特勒保持的交情将能说服这位领袖同情德国总理的计划，实际上希特勒开始时对德国宪法修改案的想法并不完全持拒绝态度，但他提出了条件并保留了决定的权力。在他所提的条件中就有要求德国政府正式承认其目标和方法的合法性，关于这一点，布吕宁似乎准备同意的。但他是否也准备允许希特勒同时提出的解散国会和重新选举国会这一点，这是非常令人怀疑的；除了所有其他的理 435
由外，布吕宁可能因此丧失了社会民主党人的支持，因为它对通过他的计划同样是不可缺少的，而且他在同社会民主党领导人希法亭和韦尔斯会谈中试图取得这一支持。但布吕宁还是不能对此作出决定，因为希特勒的大多数党徒不愿放弃一次竞选机会。戈培尔在日记中写道：“主要问题是，我们决不搞妥协。”[4] 随后胡根贝格在 1 月 9 日到柏林，而且同他一开始就无法取得任何谅解。他

在第二天的谈判中向布吕宁宣布，他的党将不同意宪法修改案。以后，他同希特勒举行了一次长谈，而且在会谈中也坚持他的反对立场。[5] 他在代特莫尔德非纳粹化审讯中所递交的辩护书中对自己的这一顽固态度的原由却保持沉默，一笔略过；但他在后来说，兴登堡的重新当选意味着“在这一严重时刻使德国在决定其历史进程的岗位上失去了一位坚定的、具有清醒头脑的领袖”。[6] 但这看来很像是事后的臆造。事隔不久，他要求给予德国总统以更大的权力。他就在这封向布吕宁说明 1 月 12 日所采取拒绝态度的理由的信中，指责布吕宁公然向中央党人和社会民主党人保证谅解。看来，胡根贝格在这里的主要动机是，把社会民主党排除在德国政府之外这个最重要的目标。希特勒当然又充分利用这一时机进一步煽动，同时向布吕宁递交了一份冗长的备忘录并立即予以公开发表。他对拟议中的计划的合法性所表示的疑虑在此就不值一提了。但是，希特勒对布吕宁关于这时从外交角度考虑进行一次竞选斗争是值得疑虑的论点，打出了这张王牌：他把导致战胜现
436 存制度的任何事件都看作德国在外交上的胜利。他号召要“战胜这一制度，因为它在历史上同在对内和对外政策上贬低我们民族的时代紧密联系在一起”。布吕宁轻而易举地在复信中对这种纯政党的应时口号给予相应的回答。希特勒向总统代表、国务秘书迈斯纳说，如兴登堡解除了布吕宁的职务，成立了右派政府并解散了国会，他准备让兴登堡作为民族社会主义工人党人和德意志民族人民党人共同的候选人，希特勒的这一本意就昭然若揭了！所有这些事发生在布吕宁代表德国参加国际裁军会议召开的前十天。

这样，通过议会规定解决总统问题的这一想法从此告终了，而且陆军元帅要求德国总理不再在这方面继续谈判下去。不得已只好进行一次新的大选了，政府和反对党这时都面临谁应被提名为候选人的问题。在反对党方面，很快表明他们就提出一名共同候选人的问题达不成一致的意见。希特勒丝毫没有考虑把自己党徒的选票提供给胡根贝格所欢迎的人。胡根贝格在上述辩护书中声称，[7] 他在1931年想提出一名共同候选人的想法在哈尔茨堡大会的当天晚上就已放弃了。但是这一论点只能使他后来采取的手法越来越不为人们所理解，因为他根本没有下决心要以其本党相近的党徒数来同民社党的党徒数相抗衡。但是，他在主观上（诚如有人所认为的那样）真诚地坚决否认自己曾有意要提携希特勒的想法。从逻辑上来理解胡根贝格这一政策的企图显然是毫无希望的。

民社党人将提出一名候选人这一点是不容置疑的，但是希特勒是否接受这一提名却是有些疑问的。希特勒自己最初预见封自己将在大选中遭到一次失败，对此他想绝对地避免。在那时候的戈培尔的日记清楚地描述了当时这一举棋不定的态度。437
戈培尔本人是绝对赞成提名希特勒为总统候选人的，而且甚至在2月22日，他在柏林体育馆召开的一次群众大会上公开宣布了这一提名。由于戈培尔做事从不半途而废，所以他在宣布时附以这样一句预告："希特勒会成为德国总统的！……如果我说他是我们的候选人，那么我肯定也知道，他一定会成为我们的德国总统。"

但是，这位未来的德国总统事先还不得不办妥一件小事。这就是他至今还不是德国的公民，而且即使魏玛宪法并不包括在其他宪法中常有的保护条款，但它要求德国总统必须具有这一资格。然而，在不伦瑞克这个小州内有一个民族社会主义的政府是为了什么目的呢？这位忠实的弗里克在图林根任部长时就已设法帮助希特勒取得德国国籍，为此他任命希特勒为希尔德堡豪森的宪兵队长。但是这个职务对希特勒本人来说觉得太声名狼藉了，因此他予以拒绝。不伦瑞克部长克拉格斯就做得不那么愚蠢，他任命希特勒为不伦瑞克驻柏林代表处的政府参事，希特勒于2月26日，即宣布他为总统候选人之后，第一次也是最后一次来到了不伦瑞克驻柏林代表处办公室，以宣誓忠于魏玛宪法，从而取得了德国公民的权利。这该算作希特勒所经常称颂的合法性的一次胜利吗？还是阿道夫·希特勒对任何政敌所运用的手法称之为“犹太人手法”的一种诡辩术的胜利？无论如何，这堪称为对1933年4月7日恢复职业官员制法律的一次前奏，而德国总理希特勒正是从此开始了他可怕的立法生涯。

戈培尔在体育馆宣布希特勒为下届德国总统后，兴登堡就在
438 2月16日公开表示参加新的大选。这项决定对他来说是很不容易的。他曾是一名保守派人物。他对右派寄予全部同情。对他来说，社会民主党人是令人厌恶的，而他对“天主教徒”——他以此称呼中央党人——是生疏的，也许甚至是阴森可怕的。但他要当选，就需要选民。对他足以告慰的是，至少有一些、但并不众多的保守派，如韦斯塔普伯爵和他的朋友们，赞成他竞选。在他看来，这给整个事态增添了体面的光彩。

以柏林市长萨姆为首的无党派委员会提名兴登堡为总统候选

人。[8] 萨姆发出呼吁，把兴登堡称颂为坦能堡战役的胜利者和消除党派意识的元帅，甚至把称颂华盛顿的“在战争中、在和平中和在同胞心中的第一个人”的有名颂词也运用到他的身上。几天之内就有300万人在委员会的花名册上签名以表达他们对兴登堡作为候选人的欢迎。当萨姆将这一名单交给兴登堡时，他就表示愿意接受这一提名，正是因为对他的这一声誉不是来自某一个特定的党或某一个利益集团，而是来自德国各方面联合组成的各委员会。他还利用这一机会强调，他已坚决拒绝研究各政党所提出的任何条件。

提名兴登堡意味着中间和左翼政党将放弃本党的提名，当然只有共产党人除外，他们再次提名台尔曼参加竞选。对社会民主党人来说，这时当然不会轻易地去选举这个人，因为他们在七年前曾同他作了尖锐的斗争。勒贝颇有道理地称之为“一个悲剧”，但他还补充说，兴登堡是唯一能阻止希特勒上台的德国总统，除此之外，别无选择。[9] 但胡根贝格在当时所形成的而且自己对此负有很大责任的形势下被迫提名为候选人。他不能向其党徒推荐去投希 439
特勒的票，因为这样做，他就可能永远失去这些拥护者了。大概他也明白，他参加竞选是没有希望当选的。但他在辩护书中阐述他对提名的动机时说，他想在第一轮选举中阻止做出决定，“以便在第二轮选举时保留提名一名新的、无党派的人士的可能性”，这种说法无疑也是事后的一种臆造，又是一次笨拙的手法。胡根贝格和“钢盔团”挑选“钢盔团”联盟的第二主席迪斯特贝格作为总统候选人。这肯定是因为他是退役中校，因此能唤起德国人的好战本性。如果民社党人早知迪斯特贝格的祖父是犹太人家族出身，那

么这分明会是这场悲剧中的一幕喜剧。虽然这位祖父在历次解放战争中被授予铁十字勋章凯旋而归。[10]但是这也未能阻止这位权贵戈培尔给这位德意志民族人民党人和“黑白红”旗组织（“钢盔团”）的候选人贴上“劣等种族”出身的标签。此外，吹捧德意志民族人民党的人后因自己的祖父或祖母是犹太人而走向毁灭的，并不只是他一个人。

在2月23日至26日的德国国会讨论中确定了大选日期，这些讨论对这时已达到高潮的这一竞选运动展现了一种可靠的前兆。戈培尔作为第二大党的发言人揭开了这场辩论。他的讲话目的显然要挑起一场骚乱。他指责兴登堡说，他当选是为民族主义的德国服务，但他所作所为适得其反。在民社党人内部流传这样的话：“告诉我吧，谁会称颂你，而我会告诉你，你是什么样的人。”“兴登堡所得到的称赞不过是从柏林低级趣味的报刊来的，从逃兵党派来的。”他所指的就是社会民主党人。这绝不是一时冲动的越

440 轨行为，而是残酷无情的恶意中伤。当然在社民党人那里爆发了一阵愤怒的浪潮，而在民社党人那里却掀起一阵热烈的掌声。在社会民主党议员中，有一些人曾作为军人参加过这场战争，而这位瘸子戈培尔那时只不过躲在乡里度过这场战争。在战争中受重伤致残从前线回来的社会民主党人库特·舒马赫博士给予戈培尔以最有力的当头一棒。他把民社党人的整个煽动称之为一种“对披着人皮的国内猪猡们发出的冗长号召”，并夸奖他们在德国政界第一次“成功地把人类的愚蠢势力进行了总动员”。民社党人后来为了进行报复把他长年关在集中营里。戈培尔由于严重侮辱德国总统而被国会主席勒贝当场逐出会场，而施特拉塞代表民社党人声

称这是一次“闻所未闻的暴力行动”。后来他在 1934 年 6 月 30 日*领教到了当时他的党友所搞的何等震惊的“闻所未闻的暴力行动”，连他自己也未能幸免于难。在国会辩论中，民社党人所表现的精力已达到了顶点，他们不是有计划地粗暴破坏，就是团结一致地退出会场。但值得注意的是，德意志民族人民党人也一起退场。甚至在这一时刻，他们根本就不知该怎样维护自己的独立性了。

在辩论中引人注目的是德国总理的一次长篇讲话。他在讲话中以雄辩的事实和广博的知识有力地驳斥了德意志民族人民党人弗赖塔格-洛林霍芬教授和民社党人罗森贝格对外交政策的指责（这两人都不是地地道道的德国人）。布吕宁总理从原则上反驳了反对派。他说：“我永远不会自欺欺人地去推行一种通过煽动在国内选民中间争取威望的、但从长远看危害德国人民生存利益的政
策。”这是针对当时在选民中占优势地位的情绪而发表的一项具有 441
胆识的声明，而且它在国外留下了一种良好的印象。当然，那时国外人士并未充分估计到布吕宁的权力地位已岌岌可危。也许有人在这里补充说，在“力图在国内取得威望的政策”和国防部所称的“积极的政策”之间是很容易引起混淆的。民社党人在德国总理讲话时的表情使在场的英国大使回想起自己在 1913 年在北京的中国议会上所见到的情景。[11]特奥多尔·沃尔夫在《柏林日报》上写道：“自从渔民妇女尖声怪气地参加巴黎的国民代表大会以来，

* 指希特勒一伙镇压所谓“罗姆暴动”的事件。在这一事件中施特拉塞被枪杀。——中泽者

人们还从未在任何一次人民代表大会上见过有这么一大批流氓恶棍。”[12]

在国会议员的讲话中，值得提一下德意志国家党议会党团主席奥古斯特·韦贝尔博士的讲话。国家党太小了，以致它在政治决策方面通常不起举足轻重的作用，但有时从该党的行列中能发出一种为广大阶层愿意听到的呼声。韦贝尔在国会第二天的辩论中指责民社党人在政治谋杀的道路上走在前面，民社党人对此报以这样大的野蛮叫嚣，致使会议不得不中断。但韦贝尔并未被这种街头吵闹的手法吓退，他在辩论最后一天的会议上再次发言论证他的观点，这一次民社党人宁肯采取退出会场以回避听到控诉他们的罪行录。罪行录是骇人听闻的，但给人印象最深的是叙述了这样的事。“1920 年，有一名穷苦雇工被人诬告，说他企图向普鲁士警察局告发一起偷运武器案，因而被凶手用手枪对准其脸部逼供并两次扣动扳机而被枪杀。这个凶手被判了五年徒刑。民社

442 党把这位凶手根据 1927 年 5 月 31 日的什切青的判决……开除出党。现在这一凶手又成了民社党党员和该党议会党团的成员。”这指的是海纳斯议员，韦贝尔所提供的情况是以法庭判决书提出这些无可辩驳的事实为依据的。我们应当认为，这些事实足以在一切正直的人们心中把这个杀人犯除掉，可惜这些事实既未对罪犯本人也未对民社党损伤一根毫毛。几个月后，一群民社党议员竟在国会餐厅里袭击一名他们所不喜欢的退役海军上尉克洛茨，并把他虐待和折磨成重伤。海纳斯又是其中的一员，但这次又未对他有所损伤，陪审法庭以其造成人身致伤和使用暴力侮辱罪只判他三个月的徒刑。“民族主义派”的激愤更多地指向柏林警察局副

局长魏斯博士，因为他在国会大厅指挥了由议长叫来的警察并当场抓住了这些罪犯。由于魏斯是犹太人，所以，这个“民族主义”德国人的案件就不了了之了。

随着这一序幕开始了这场竞选斗争。奇怪的是，为兴登堡的竞选宣传所必需的资金很难获得。泽韦林对此作了一些令人吃惊的细节报道。[13] 相反，希特勒竞选活动的宣传却没有因缺乏资金而受到损害。这些钱究竟从哪里来，现时已再也不可能去精确探究了。但人们也不会忘记，希特勒的各级组织是毫不顾忌地去想方设法借债的，而且它们对这些债务的清偿也几乎不必去大伤脑筋。支持民社党人的财源之一肯定是一些特殊的利益集团，即德国重工业界。当时工业界的处境非常糟糕，特别是在英国脱离了金本位制、因而首先为其出口要求居于领先地位之后。莱茵地区的工业资本家中，年轻的蒂森是希特勒忠实的追随者，尽力对他资助，后来他却公开表示非常后悔。另一名重要的追随者是德国雇主协会西北分会的秘书长路德维希·格劳尔特博士。此人在 1928 年 443
鲁尔钢铁危机中是资方的主要代表。[14] 蒂森说服了在杜塞尔多夫的颇有声望和影响的工业俱乐部理事会邀请希特勒到那里演讲。这次演讲是在 1932 年 1 月 27 日举行的，而且获得了很大的成功。工业资本家非常愿意接受他的观点，即建立在效益基础上的私人经济同建立在人人平等基础上的民主是不能协调的。他们甚至还乐于聆听希特勒关于布尔什维克危险的神话并且对他宣传民社党坚定不移地根除在德国的马克思主义的讲话欢欣鼓舞；也使他们感到高兴的是，听到希特勒要同和平主义进行斗争，鼓吹极权国家，明白表示要在德国重整军备。尽管希特勒口若悬河，讲

话长达两小时之多，但听众在他讲话结束时仍报以热烈的掌声。当然，他们并非都变成了民族社会党人，但他们隐约看到希特勒现在是支持他们的人，他不仅反对共产党人，而且反对工会，因为他们中的许多人至少把他们看作最危险的敌人。这次演讲首先给希特勒带来实效，如今希特勒所迫切需要的钱财就从重工业界源源而来。[15]

希特勒很快就充分利用他新得来的资金。不能否认，民社党人从领袖到最小的基层组织投入竞选所表现的激情和牺牲精神是令人难忘的，并且超过了在德国历史上的任何竞选活动。但是，这种鼓动充满无限仇恨和肆无忌惮。它挑动信徒们的全部狂热情绪，不惜在会场殴斗和制造流血事件。但人们却害怕，事态愈演愈烈。在德国内政部，报告接踵而来，民社党的冲锋队正设法侦察国
444 防军的武器库，而且令人非常担心的是，冲锋队最重要的岗位会以前军官来充任，人们认为他们同国防军可能有很好的关系。[16]但警察根据泽韦林的指示只是密切注意，这样做，似乎已经够了。

在兴登堡的追随者一边表现最突出的一个人要算是德国总理布吕宁博士了。他以大会发言者的身份不知疲倦地在全国各地讲话，他的演说深思熟虑，安详明智，给所有怀有激动心情、但还能冷静思考的那些人留下了深刻的印象。如果说兴登堡能够在这次竞选中获胜，那么他不能不给布吕宁记上一大功劳。

兴登堡取得竞选的胜利，当然也不是没有经历过担愁的时刻。在 3 月 13 日，兴登堡获得比希特勒略多 700 万张选票（1 860 万张对 1 140 万张），而台尔曼获得近 500 万张选票，迪斯特贝格只获得一半那么多的选票（255 万张）。对这位陆军元帅

来说达到多数只差 0.4%的票，以致还需进行第二轮选举，其结果才算获胜。虽然希特勒失败了，但他使民社党的选票从 1930 年 9 月的国会选举以来增长了 86%（从 650 万张增至 1 150 万张），而且他洋洋得意地自夸获得了全部选票的 30%，而且连最大的怀疑者如今也不得不承认，只有兴登堡参加竞选才能击败希特勒的这次竞选。

在第二轮竞选中，迪斯特贝格不再参加竞选了。他的彻底失败表明胡根贝格面对相当激烈的竞争表现得无能为力。迪斯特贝格本人在第二轮竞选中要求他的支持者投兴登堡的票，[17]胡根贝格则让其党徒在希特勒和兴登堡之间自由选择。当然，这是对他的尴尬处境的一种解决办法，但是这一处境是胡根贝格推行目光短浅的政策所导致的必然结果。在被推翻了的弗里德里希·威廉王储公开宣布自己投票支持希特勒时，这就更加引起轰动了。[18]这
完全是违背了王储自己的诺言，他以不干预德国政治生活的保证 445
才在 1923 年回到了德国。公开声明支持现存国家的最凶恶的、最危险的敌人，这难道不就是明目张胆地干预政治吗？对任何一个正直的人来说，这位永远不会发展成熟的霍亨索伦家族的后代想必完蛋了。[19]此外，从他复辟君主制的立场看，这一步也是一个严重的错误，因为他在这一公开声明中表示对兴登堡不再抱任何希望了。我们对兴登堡本人及其幕后支持者在多大程度上帮助过这位年轻的王储，至今都还不知道，但有意思的是，施莱歇尔对弗里德里希·威廉采取的这一步感到非常气愤，根据格勒纳的报道，因为这样做毁了施莱歇尔关于“通过选举王储当德国总统以复辟君主制的计划”。[20]霍亨索伦家族的这位王储似乎认为，兴登堡已老

态龙钟，他的用处不会持久了；而希特勒却是掌握未来的人，如他现在投其一票，他将会感谢之至。但相信希特勒一旦取得政权会把对德国的统治拱手让予别人，这只能表明弗里德里希·威廉王储对希特勒的真正本性及其目标毫无认识；而指望希特勒的感恩，这简直是滑稽可笑！因此，人们对他这种可使罪责减轻的情况只能给予认可，因为比他聪敏的人也犯了类似的错误。

总之，这位青年王储又一次把情况失算了。由于4月10日的选举结果，兴登堡以1939万张选票再次当选，而希特勒只获得1341万张选票，这对希特勒来说意味着增加了200多万张选票，即所投票数的36.8%。从心理观点上来说，这个结果是够坏的了。共产党人的票数这次减少了100万张。希特勒在第二轮竞选中的这一增长究竟有多少来自迪斯特贝格的以前的选民，有多少来自共产党人的选民，这就无人证实了。[21]

446 正如普鲁士国务秘书魏斯曼向英国大使所透露的那样，无论是兴登堡还是布吕宁都对第二轮选举的结果不完全满意。[22]统计向这两位共和国领导人表明，德国的不满现状的人和青年人一如既往涌向希特勒的行列，而且他的运动不断向纵深发展。对希特勒的选票增长无论怎样感到悲观失望，但也仍能感到某种欣慰的是，相当多数的德国人，估计有几百万人，对希特勒拒不投票，而且戈培尔在体育馆扬言希特勒将成为下届总统的无耻狂言已被证实纯属骗局。

在4月24日举行了右派久久渴望的普鲁士州议会选举。这次选举给民社党人带来了极大的收获，在州议会里的议席从9席增至162席。另一方面，德意志民族人民党人却没有任何理由对这一结果表示满意，因为他们的议席从 71 席减至 31 席。社会民主党在上届州议会中拥有 137 席，如今只有 94 席了，因而不得不把最大的议会党团的头衔和议长的交椅让位给民社党人。中央党再次显示了它具有经受危机考验的能力，虽然它在迄今的 71 议席中也失去了 4 席。自由派政党的情况很糟：人民党降至 7 个议席，国家党甚至降至 2 个议席。与此相反，共产党人可以夸耀自己的议席从 48 个增加到 57 个。布劳恩政府无疑失去了多数。对此，哈尔茨堡阵线估计对了，但该阵线将获得多数的希望和预言却未能实现。这两个集团想要获得多数都需要共产党人。对此，还将在以后详细叙述。

4 月 13 日，正好普鲁士大选前不久，德国总统颁布了一项法令，看起来好像这位年迈的兴登堡最终鼓起勇气，下决心采取行动反对民社党人在全国范围内极端危害秩序的不法行为。这一法令规定解散和禁止民社党所建立的私人军队——冲锋队和党卫队。447
本来就没有再比一支私人军队，特别是隶属于某一个政党的私人军队，同普鲁士-德意志传统背道而驰的了，但是凡尔赛和约对德国军队的过度限制造成了一个空缺，这几乎很自然地需要有准军事组织来加以填补。前老战士的右派组织“钢盔团”发现共和派组织“国旗队”是一个对立组织，因为它以保护现行宪法为己任。但民族社会主义的组织冲锋队和党卫队在目标和手段上却走得相当远，超出了传统的限度。他们以保护本党召开的会议为名，行有计划地破坏其他政党会议之实，并且在他们走到哪里就竭尽其能对其政敌实行恐怖统治。这不仅是社会民主党人泽韦林领导的普鲁士警方的看法，而且也是所有德国中部各州政府的观点，甚至在过

去早年时期尽最大努力扶植希特勒及其运动成长的巴伐利亚政府也持这种观点。巴伐利亚总理黑尔德肯定不是被怀疑为同“马克思主义者”眉来眼去的人，但他在州议会上宣称，由于民社党的越轨行为，情况已变得忍无可忍了，因为民社党人力图对人民群众，特别对官员们，施加压力，以致无人再敢恪尽职责并对外代表州的整体利益。[23]如果说这样的事情发生在天主教神甫还一直有巨大影响和巴伐利亚人民党足以有效对抗民族社会主义的攻击的巴伐利亚的话，那么人们可以想象到德国东部地区的情况了，因为一个恪守信念的共和主义者在那里存在要么被看作是一种奇怪的自然现象，要么也简直被看作是祖国的叛徒。在总统大选期间，形势已
448 大大恶化了。各部，甚至德国内政部都收到报告反映有关冲锋队和党卫队策划极为可疑的行动。3 月 17 日，普鲁士警察局认为有必要对一些民社党指挥部搜查和没收物品。希特勒为了阻止揭发它们的阴谋活动提请莱比锡最高法院发出临时指令，要求退还全部被没收的文件。在 3 月 24 日的谈判中，普鲁士政府代表巴特博士处长宣布，警察局拟立即退还对他们进一步侦察无用的文件。[24]接着，谈判主席、最高法院院长布姆克博士宣布不考虑临时指令，并提出了一个双方都能接受的调解建议。有趣的是，鉴于这些事实，施莱歇尔在 3 月 25 日给格勒纳的一封信的开头这样写道：“首先是许多美丽的复活节彩蛋，但不是来自像在莱比锡的泽韦林-巴特公司所孵出来的那种布谷鸟蛋*。这样恶劣的手段企图挽救一次失败的行动实属罕见。”[25]这样写只能出自那些对社会民主党和

* 喻来历不明的礼物。——中译者

普鲁士警察局充满强烈偏见的人之手。查抄结果表明，慕尼黑的褐色大厦*发表了在总统大选之日处于戒备状态的指令，并且许多民社党分支机构为德国的一场内战作了准备。[26]当然，民社党人及其同伙采取了恶人先告状的手法，把水搅浑，然后声称，他们只是为了应付可能的共产党的骚乱而保护自己的。3 月底，巴伐利亚警察局也认为有必要没收在因部和希姆部的“巴伐利亚保卫团”的武器，以防止民社党人可能进行的一次袭击。[27]

国防军对一部分暴露出来的材料特感兴趣。多年来国防军一直或是或非地担心波兰军队武力入侵德国东部地区。对这种入侵，不仅国防军要反击，而且所谓“边防军”也要反击。希特勒如今 449
在紧挨波兰走廊边界线的波美拉尼亚后面的一个小城劳恩堡举行的一次集会上发表竞选演说时声称，他不愿为拯救这个“制度”（指共和国）牺牲他的战士，而是只有在现存制度的代表人物被消灭之后才去保卫德国边界。这显然是把党的存在完全置于祖国之上。这同希特勒 1923 年的立场是一脉相承的，当时他声明必先消灭“十一月罪犯”，从而破坏了计划中的反对法国入侵鲁尔区的德国统一阵线。在查抄中表明，劳恩堡长篇空论不仅是领袖的泛泛诡辩，而且同冲锋队收到他的指令是完全一致的。几乎很难想象这事竟在国防部里会引起这么大的恐惧。但它对部长办公厅主任施莱歇尔将军却似乎没有什么影响。[28]

反之，现在所有大州的部长们都要求对希特勒的、大多数由前军官领导的准军事组织采取强有力的行动，其中不仅有普鲁士人

* 指民社党总部。——中译者

和巴伐利亚人。根据格勒纳在4月10日向布吕宁的报告，萨克森、符腾堡、巴登和黑森都采取同样的立场。格勒纳认为，如果中央政府依然不采取有效措施，那么所有这些州政府都将宣布取缔冲锋队和党卫队。“最近几周所发生的事件迫使人们作出抉择。”格勒纳的这封信也表明，民社党头目“不断表示的效忠保证”给政府采取有效措施设置了多么大的困难。针对这一点格勒纳写道：“这同国家的威望是不相称的，一个政党被允许拥有一支按军事化组织建立起来的私人军队，其头目的大部分是旧军官，力图发展军
450 事势力从而达到本党私利，这就必然会使自己同国家的政治领导和权力工具发生冲突。”这是毋庸置辩的，但是格勒纳为此却掉了脑袋。

布吕宁在他1947年7月给《德意志周报》编辑鲁道夫·佩歇尔博士的一封著名的信件中写下了值得注意的以下语句：“1932年4月兴登堡重新当选后对冲锋队和党卫队的解散是在我离开柏林去参加竞选斗争而缺席的情况下由军队和各州内政部长所决定的。按我的看法这一步是草率的。”但事实并非完全如此。布吕宁在1947年的说法同格勒纳-盖尔夫人在为其父亲所写传记中所收集的确凿文件所表明的事实是互相矛盾的。[29]

根据证据，布吕宁确实在第一次讨论这一问题的会议上不在场。他未参加4月6日的会议是因为他要去作竞选旅行。4月8日星期五，格勒纳同陆、海军司令官和施莱歇尔将军讨论他的计划。施莱歇尔在这个问题上力主公布一项其草案已提交给了他的紧急法令；哈默施泰因将军的态度是一样的。雷德尔海军上将建议是否可以同时禁止“国旗队”，施莱歇尔却坚决反对。讨论结果

在格勒纳和将军们之间取得了一致的意见。施莱歇尔甚至还采取其他措施：他打电话通知总理府国务秘书平德尔博士，告诉他眼前就要在心理上做好坚决打击的准备。

在这个情况紧急的星期五，施莱歇尔的态度同他在亲信中所谈的观点是一致的。格勒纳在 1932 年 6 月 13 日，即布吕宁下台后，给他朋友格莱希的一封信中写道："约十周前在俄国大使馆的一次宴会上，施莱歇尔对几位德国客人说（国务秘书舍费尔可以作证），国防军永远不会容忍纳粹上台。"从舍费尔谨慎记载的日记中也可以看出，这次谈话的时间是在 1932 年 3 月 3 日进行的。施莱 451
歇尔为重申他的这一立场把哈默施泰因将军叫来并问他是否同意他的观点。哈默施泰因向他和在场的朋友保证说，他也持同样的看法并在不久前召集他的将军们担保无条件跟从他，如希特勒上台，他们拒不服从他的命令。如果德国人发疯会推举一名傻瓜当领袖，那么我们就不得不考虑尽力以必要的措施来对付灾难的发生。如果说这是施莱歇尔和将军们的立场，那么他们就必会热烈欢迎拟议中的对冲锋队的取缔令的。

但是，从星期五至星期六期间，情况却起了突变。施莱歇尔再次拜访格勒纳，并向他坦白地说，他疑虑重重，彻夜未眠。他并不反对解散冲锋队这事本身，而是可以另辟途径。他建议，格勒纳向希特勒书面提出一系列条件，如希特勒不履行这些条件，才通过紧急法令宣布解散冲锋队。这是一个讨厌用简单和直接方法的人的典型思想。他的思想方法一般就是："既然事情这么错综复杂，何必简单从事呢？"格勒纳对此写道："我认为施莱歇尔的建议完全是一种诡计，正是反映了他的思想方法。有人不断提醒我对施莱歇

尔要警惕……但我总是对所有这些企图动摇我对这位老友可靠的信念断然予以驳回。”但格勒纳并不能体会施莱歇尔的建议。他不仅派内政部国务秘书茨威格特去同施莱歇尔详细了解他的计划，而且也把这一情况向兴登堡作了报告。但总统立即答复说，先不要给希特勒写信，而是马上宣布这一禁令。这样，格勒纳在他亲笔的记载中就谈到了这一情况，而且国务秘书平德尔的记载也证实这一叙述是正确的。

452 迄至此时布吕宁并未过问这件事，因为他不在场，正在竞选途中，最后到达柯尼斯堡。4 月 10 日星期日，他回到了柏林。当天下午在他家里讨论了禁止冲锋队的事，参加的还有格勒纳、司法部长约埃尔、内政部国务秘书茨威格特、总统府办公厅主任迈斯纳和总理府办公厅主任平德尔。施莱歇尔作为国防部部长办公厅主任也在场。所有与此有关的德国政府各部和机构也都派人参加。格勒纳就把施莱歇尔的建议用上述的备忘录向布吕宁作了汇报。他在报告中对这一建议表示反对，并说：“在当前内政极度紧张的时刻，对中央政府选择这条行动道路……将意味着一种软弱的决定。在公众舆论面前将会产生这一印象，似乎德国政府想让民社党赢得时间，把它的军事组织改编为无害的集团。”[30]

施莱歇尔针对格勒纳的意见拿出给希特勒将发出的信件草稿。格勒纳声称，这封信听来像是一种乞求，因此他不愿签名。约埃尔继续对这一步骤在法律上阐述了很有道理的顾虑。随后展开了非常热烈的长时间的讨论。在讨论中，正如平德尔所记录的那样，迈斯纳寻求一种尽量使兴登堡不卷入这事的办法。但在会上他和其他参加者都不愿意接受施莱歇尔的建议。平德尔直截了当

地说，布吕宁主张立即采取行动，也就是赞成格勒纳的建议，同时“把自己在竞选旅程中最近所发生的事情和所观察到的情况举了很多例子来说明”他的立场。这无疑说明，他感到基于冲锋队和党卫队的暴力行动而引起的紧张局势已达到了无法容忍的程度，以
致只有采取立即宣布禁令才能挽回局势。布吕宁从讨论中得出结 453
论，他将在次日上午去请总统做出决定。

施莱歇尔在这次决定性的讨论中处于完全孤立地位。他对之深感难受，而且在作了一次非实质性的汇报后用一种预示真正决裂的方式离开了会场。[31]他同格勒纳的老交情从此结束了。格勒纳开始时还不怎么信以为真，但不久后就感觉到了。施莱歇尔的动机究竟是什么呢？我们不相信许多人所解释的那样，他是有意识地让他的老朋友去“触礁”。我们和格勒纳女儿的观点是一致的，从施莱歇尔 3 月 25 日给格勒纳的信里可以得到我们在一开始就引证的解释。该信证明施莱歇尔对社会民主党抱有一种强烈的偏见，在这个时候，他看不到或者不想看到社会民主党对稳定政府的职能。如果这些老爷们诅咒“政党意识”，那么他们总是指他人的政党意识，而看不到政党意识在他们身上却同样如此强烈而具有破坏性。从这封信里摘引三行字就足以说明他的态度了：“最近几天的事件之后，我确实很高兴地看到，我们有以纳粹形式出现的一股抗衡力量，尽管纳粹分子不是好伙伴，而且在利用他们时要谨慎小心。如果这里没有纳粹分子，我们也不得不去创造他们。”这样写的人当然是不可能出自内心去采取坚决措施打击纳粹分子的了。这也不仅仅表明，施莱歇尔连几个星期之久都不能遵守一条稳定的路线（我们对他 3 月 3 日的言论作了对比），他对自己向宪

法宣誓效忠的并作为政府高级官员而应承担的义务丝毫没有责任心；他的继续描述也表明，他根本无能有效对付那些对他来说也并不掩盖的危险。去咒骂“莫泽共党分子”固然容易，但要把受风暴
454 威胁的这只国家大船开进港内却是很困难的事情。这位对政治一知半解的军人的自信超过了自己的实际能力，这看来是他的特性。

施莱歇尔虽然遭到了严重的挫折，但决不承认自己的失败。如果说他在正面攻击未能得逞，那么他就从背后伏击。最初兴登堡根据布吕宁的报告同意发布紧急法令，但在当天下午，迈斯纳宣称，这位老先生在施莱歇尔的影响下对在 4 月 24 日普鲁士选举前颁布这项法令产生了顾虑。施莱歇尔显然又到了自己过去在同一个兵团的老战友、总统儿子奥斯卡那里，而奥斯卡担心他父亲如果颁布这项法令会遭到右派的谩骂。当时形势的特点是，左派可以任意写文章和发表演说，但在总统府中却不会有人去理会；但如果曾使用有效武器同陆军元帅进行过生死搏斗的右派只要眉头一皱表示不满，那里的人就会害怕起来，竭力寻求一条既能挫败右派、但又不反对他们的道路。

布吕宁和格勒纳在同布劳恩和泽韦林商谈后深信普鲁士和上面提到的其他各州都不再准备容忍中央政府继续犹豫不决的态度，否则它们将自行采取措施。为此，他们再次向总统汇报，而总统终于答应签署法令。德国内阁会议一致表示同意，于是这一紧急法令在 4 月 13 日颁布了。

所有忠于国家的人都对总统和总理所表现的决心和力量表示欢迎。

啊！这一美好的瞬间却又消逝得多么地快！

4月15日，即在德国总统取缔冲锋队和党卫队的紧急法令发表后的两天，各报发表了这同一位总统给格勒纳的一封信建议他考虑取缔“其他政党所保持……的类似组织”。这位陆军元帅在这封信中继续说他已根据格勒纳的请求签发了这一紧急法令，而且 455
只是在格勒纳把这项法令视为保卫国家所“绝对必需”而签发的。但是，在此期间他了解到其他政党也有类似组织。“为公正地履行我的职责……我不得不要求，如情况属实，也对这类组织同样处理之。”兴登堡随信还附上格勒纳给他寄去而“收到的材料”，这些材料实际上全是涉及“国旗队”的材料。

这封信从形式上看已是很奇怪的了。德国总统如果对自己签发的法令有疑虑，他怎么能不经过有关部长或总理的同意，即在事先未通知他们的情况下，就向公众散布自己的疑虑呢？宪法第50条规定：“德国总统的所有法令和指令即使是在德国武装部队方面的法令和指令，须有德国总理或有关中央部长的连署才能生效。”[32]安许茨教授对此在其评论中说，部长的职责不仅限于狭义上的政府法令和指令，而且还要负责处理虽非官方形式而可能以私人形式（信件、讲话、言论）、但已产生了或可能产生政治影响的行动和言论。人们对这些最高当局所谓的“私人”政治言论从威廉二世时代就有过极不愉快的回忆。宪法第50条的精神就是在魏玛共和国不应让往事重演。但正是发生了这样的事情，总统在总理或有关部长表态以前，就把他对某位部长的批评公布于众。总统这样做是出于自己的想法还是出于某个毫无职权的顾问的建议，这在国家法律上讲当然是无关紧要的。虽然大家都知道，总统不仅是“钢盔团”的荣誉成员，而且也是该组织积极的保护人，然而

456 他却声称只在最近两天内才知道其他政党也拥有“类似的组织”，他的这种说法确实令人感到十分奇怪。如今却提出针对“国旗队”的罪证材料。这些材料来自国防部，但却不是由国防部长格勒纳交给总统的，而是由国防部长的一位部下交给的，根据各种可能是由施莱歇尔将军或哈默施泰因将军交给总统的。从一种有条不紊的政府立场来看，这种显然有意绕过部长并通过国家总统掩盖这一不正当手法的行为确是恶劣透顶的了。

这就是受到称颂的总统制的赤裸裸的实际表现！1931 年 10 月 7 日，总统委托总理组阁时明确指令“不受政党约束”，从而自己则成为这一新体制的核心。在这以后，他认为有权号召公众舆论反对由自己任命的并依赖他的信任的部长们。这样的事正好发生在他借助这些部长们得以重新当选总统后才五天，而且他在竞选中的对手正是借助冲锋队和党卫队并威胁国家秩序和安全的这个人。对此，总统口头上说建议，实际上是他要求取缔“国旗队”，可是，“国旗队”把保卫现存国家视为己任，而且在刚结束的大选期间针对希特勒的冲锋队的捣乱保护过许多支持兴登堡的竞选集会。那么根据哪些材料呢？国防部所提供的材料很不充分，以致格勒纳得以挥笔一勾，搁置一旁了。[33]这位部长说，他没有理由采取行动反对“国旗队”，也不值得去反对“钢盔团”。

所以，只有冲锋队被取缔。正如戈培尔的日记所记载的那样，民社党人等待这项禁令已好多天了。当禁令发布后，希特勒的这
457 位宣传部头子说：“这是格勒纳开的一枪。但这也许因此使他下台。我们了解到，施莱歇尔并不赞成他的方针。”[34]在兴登堡给格勒纳的信发表后，戈培尔作了以下评论：“兴登堡抱怨关于对‘国旗

队’的材料，并要求政府方面对这个组织的叛国行动密切注视。这就造成政府在道义上的一次严重失败。”遗憾的是，戈培尔的话果然说对了。兴登堡的这封信实际上把他同自己政府之间的、特别是在这位陆军元帅和他的前军需部长格勒纳将军之间的裂痕公诸于众了。难道这位老先生对格勒纳为他和自己的荣誉不受玷污所做的一切忘得一干二净了吗？当然这是他们两人之间的个人事件，但施莱歇尔同格勒纳的疏远也起了作用。[35]格勒纳已多年丧偶。他在1930年再次结婚，而且这次结婚不仅没有办理手续，而且由于过早生下儿子而使人对之怀疑。这位扎根于保守的普鲁士传统观点中的老元帅感到这事不光彩，不应发生在一位德国将军身上。如果说总统通过使他既当国防部长又当内政部长而成为“双头鹰”的话，这绝非出于个人恩爱，而是希望军队的影响扩展到内政部的结果。但是1932年4月16日给格勒纳的信和这封信的过早发表，绝不是一位朋友或一位战友避免使用较强硬语调的做法。无论如何这一做法摧毁了格勒纳对总统的信任，因为他使格勒纳担任官职并批准和签署了由他建议的法令。比洛侯爵在他的《回忆录》[36]中写道，在他接受国务秘书这一职务之前，勒文费尔德的这位老上校对他警告说：“进入议会的每位部长总是使我想起一 458
名进了猛兽笼的驯兽人。……如果猛兽把他撕咬吞噬，那么我们从包厢里观看的那位最尊贵的老先生也不会因对他怀念而流下太多眼泪的。”格勒纳不得不对自己说，这位老元帅将不会怀念他而流泪的；至于谈到这些“猛兽”，国会从1929年以来取得了进步，以至于每个爱国者现在不得不感到痛心疾首。议会制的敌人把这种野蛮化归咎于议会制，但这只是一种最肤浅的观察。

任何一个议会或多或少地都表达了它的选民的感情和思想，在德国国会所发生的这种恶行只是由于几百万德国男女选民对此表示乐意才是可能的。

在4月25日，格勒纳给他的朋友格莱希写道："我很清楚，有人以一切可能的手段使我下台，兴登堡已暴露他固有的保守心灵并期望有一个比布吕宁更多地向右转的政府……如果兴登堡不能变得像威廉一世那样强大和可靠，我预见可怕的日子即将来临。"[37]

但现在有一位完全不同的霍亨索伦家族成员、威廉一世的曾孙出来讲话了。这位前王储在4月14日写信给格勒纳[38]，信里有这样一句值得令人思考的话："我不理解，正是您作为国防部长要去帮助摧毁团结在冲锋队和党卫队之内的、并在那里接受如此精良训练的宝贵的人力资源。"今天来谈论这种"宝贵的人力资源"和他们的"精良训练"是多余的了；而且人们也能理解，为什么这封信的作者在经历了随后发生的灾难之后力图否认这封信是自己写的。[39]真正的不幸在于他作为前王储在军官团中有相当影响，并且正如他公开承认的那样，他企图利用这种影响"在国防部和民族主义组织（特别是民社党）之间建立互相信任的关系"。

459 如今格勒纳受到最大的打击是，国防部背弃了他。施莱歇尔有一个考虑得不太成熟的计划，按这个计划，他想把所有的军事组织改组为一个完全非政治性的体育组织，这个组织将在以后，即在盟国的同意下，应改编为补充国防军的民兵组织。他这样认为，这个计划因对冲锋队发布禁令而受到破坏了。施莱歇尔当时同希特勒已暗中有联系，这是肯定无疑的了。[40]施莱歇尔的朋友在第三帝

国崩溃后声称，施莱歇尔所追求的目标是最终阻止希特勒实行独裁统治，这是有可能的。然而这只表明施莱歇尔沉湎于幻想，并且他完全错误地估计了希特勒对独裁统治的强烈欲望及其毫不妥协的态度。这些朋友说施莱歇尔首先考虑保卫东部边界，他们的这一辩解是站不住脚的，因为可以肯定，国防军绝不会依赖希特勒集团，更不会依赖“国旗队”，因为那些高贵的将军对“国旗队”的偏见总是根深蒂固的。对施莱歇尔的行动所进行的一切辩解都不能抹煞这一事实，即他自己原已同意和欢迎了这项禁令，以后在原则上也并未拒绝这项禁令，而且他只是为达到同一战略目标建议采取另一种方法。更不能原谅的是，他同总统阴谋勾结以反对他自己的部长，正是这位部长的信任才使他任职，因此，他按所有官员和军人概念曾向这位部长表示过效忠。我们不愿意冤枉一个被希特勒阴谋杀害的人，但也不能回避施莱歇尔在这些日子里走上了导致自己悲惨的结局*的道路。普遍认为，施莱歇尔将军及其战友
们同兴登堡陆军元帅一起所搞的这些阴谋勾当旨在把国防军不仅 460
变成国中之国，而且升格为一个凌驾于国家之上的机构。这是一次大赌注；可悲的是，所有这些穿着军人制服的赌徒未能看到他们的行为所危及的，不仅是共和国，而且是国防军和他们自己。

对格勒纳来说，结果是他被自己首先所赖以支持和结为友谊的那些人抛弃了。5 月 10 日他在国会中挺身而出，对民社党人的猛烈攻击进行自卫并捍卫总统的法令。这时他发现自己处于窘境，正如席勒在《华伦斯坦》中所写的：

---

* 施莱歇尔及其妻子在 1934 年 6 月 30 日被纳粹暴徒暗杀。——中译者

单单智慧保护不了人，
因为大自然的眼睛是这样看待人。
那种高贵的忠诚必须有警卫，
才能使裸露的后背免受敌人的袭击。

格勒纳感到他的后背没有了依靠，这就使他在这一瞬间失去了急需的一部分力量和机智。

民社党人让议员戈林出面攻击禁止冲锋队的法令。选择戈林充当这一角色是很明智的，因为他作为现役飞行员由于成功显赫而获得过德国最高战功勋章，因而很早就得到军界的同情和支持。戈林善于故作和颜悦色的姿态，给人的印象好像比坐在他周围闹事的人要高人一等。格勒纳的回答不乏有力的论据。他论证了自己的观点，说冲锋队对保卫东部边界是不可靠的；他指出了罗姆的叛国活动的影响，由于这一影响，冲锋队自 1931 年秋季以来日益变得令人无法忍受，而且它已变成一支“绝对的私人军队”，这支军
461 队发展成为“反对这个国家的国家”的。格勒纳指出民社党人对“国旗队”的攻击是站不住脚的，因为“国旗队”从未把警察和军队的权力攫为己有，而且也从未策划过颠覆活动。他对戈林“没有冲锋队，德国就不会有秩序”的论点，针锋相对地提出“如果没有冲锋队，我们德国该会多年来就有了安定和秩序”的论点，而这一论点在当时已恰如其分地并且在后来被希特勒以自己的行动在 1934 年 6 月 30 日所证实了。

但是，格勒纳的这个讲话并未起什么作用。部分原因要归咎于他自己。正如一位对他很友好的观察家指出的那样，格勒纳的

全部智慧中仍然欠缺一位演说家所必须有的那种施加强烈影响的能力，例如他的前任格斯勒在这方面的能力就很强。格勒纳还由于感到自己被人抛弃而使这一缺点肯定加剧了。如果发言者知道，不仅他的公开敌人，而且他的所谓朋友们都等待他的毁灭，那么他的发言就不可能发挥出吸引力了。格勒纳在自己的文件里写道："事实上，我对国会和将军们的前后夹攻心情不会特别愉快的，这简直是公开反对我。"[41]但格勒纳即使是一位能力较强的议员，他面对民社党议员持续的蓄意策划的打断发言和恶言伤人也无法控制局面。遗憾的是，格勒纳在他发言时不是由勒贝议长，而是由中央党副议长埃塞尔主持会议，他对民社党人制造的这一攻击场面束手无策。

这样，国会的辩论对格勒纳所产生的效果像是一次惨败，而且辩论就这样立即被他的对手充分利用了。最糟糕的是，施莱歇尔将军和哈默施泰因将军现在公开反对格勒纳。他们散布流言说他病了，而且在两天后施莱歇尔竟厚颜无耻地劝格勒纳请病假休息。人民保守党的四人议会党团的攻击也同样是具有威胁性的。始终还认为格勒纳要对1918年11月11日推翻君主政权负有责任的
韦斯塔普伯爵和林戴纳-维尔道在这次国会辩论场面结束后马上 462
跑到布吕宁的办公室，劝他甩掉格勒纳。韦斯塔普伯爵自己写道，他向总理解释说，对于**受民族社会主义强烈影响的国防军**来说，如果它依然由一位不中用的人来指挥，那将是灾难性的。布吕宁犹豫不决，但请了一些保守党的先生们来参与决定，在当天晚上的会议上，大家都不赞成格勒纳的辩解。然后，布吕宁在第二天发表的长篇演说中，主要谈了裁军和战争赔款问题，对冲锋队禁令只谈了

几句话。实际上，他谈得很明确。他说："我已忍耐够了，但如果我当前不把某些事情最终了结，那我在历史法庭面前将被认为是不负责任的。"当他在 1947 年给佩歇尔博士写信时，他对这句话似乎已记不起来了，却说按他的看法这一步是草率的。此外，国会的多数在这个问题上依然忠于布吕宁。民社党人、德意志民族人民党人和共产党人对整个内阁提出的不信任案以 287 票对 257 票遭到了否决。

在这期间，总统府里的幕后活动仍在继续。正如韦斯塔普自己所说的那样，他在 5 月 13 日被迈斯纳叫到总统身边。他又把前一天向布吕宁所提的要求和论据向总统提出来。"当我在这里也强调说，为了外交政策还必须保留布吕宁时，总统表示点头同意。"可是，只两周后，事情完全变了！总统"认为格勒纳的辞职是绝对必要的，他同迈斯纳商量怎么做法。迈斯纳报告说，哈默施泰因和施莱歇尔正在同一时刻以国防军的名义要求格勒纳下台，迈斯纳
463 等待格勒纳近期露面并提请辞职"。这样，兴登堡陆军元帅、国务秘书迈斯纳和普鲁士老保守派韦斯塔普伯爵对国防军擅自接管一位部长的职权都未表示反感。难道这是普鲁士的传统吗？还是遵循了南美军官起义的光辉榜样？为纪念冯·奥尔登堡-雅努绍先生必须说明：他在 5 月 21 日给盖尔[42]的一封信中对"政治将军们所在的国防部内的情况，包括这次反对部长的情况"，表示自己的不满，虽然他"愿意格勒纳得到这一不妙的结局"。

我们不能不回想一下国防部长格斯勒博士在 1923 年是如何挫败了泽克特将军宣布国防军停止支持德国总理施特雷泽曼的企图的，以及 1926 年在泽克特放肆地把部长看作微不足道的

人物后又是如何迫使泽克特辞职的。当时，还有一个能完成自己最重要任务的国会，而现在却只有一位总统和凌驾于宪法之上的总统顾问。

格勒纳在5月3日递交了辞呈。他向一位朋友说明自己的失败归因于在对冲锋队的禁令和他在1月29日所发的指令之间的内在矛盾，[43]通过1月29日的指令，他使国防军向民社党人开了大门。不过，格勒纳并未像其对手们所期望的那样辞去两个部的部长职务，而只是辞去了国防部长的职务。他继续担任内政部长。人们可以认为，布吕宁会坚持这点，不使民社党人的胜利过于引人注目；[44]无论如何对冲锋队禁令本身无任何改变。布吕宁依然是德国总理。究竟还能任职多久呢？还在当天晚上，总统出发去位在东普鲁士的诺伊德克庄园度圣灵降临节的假期。

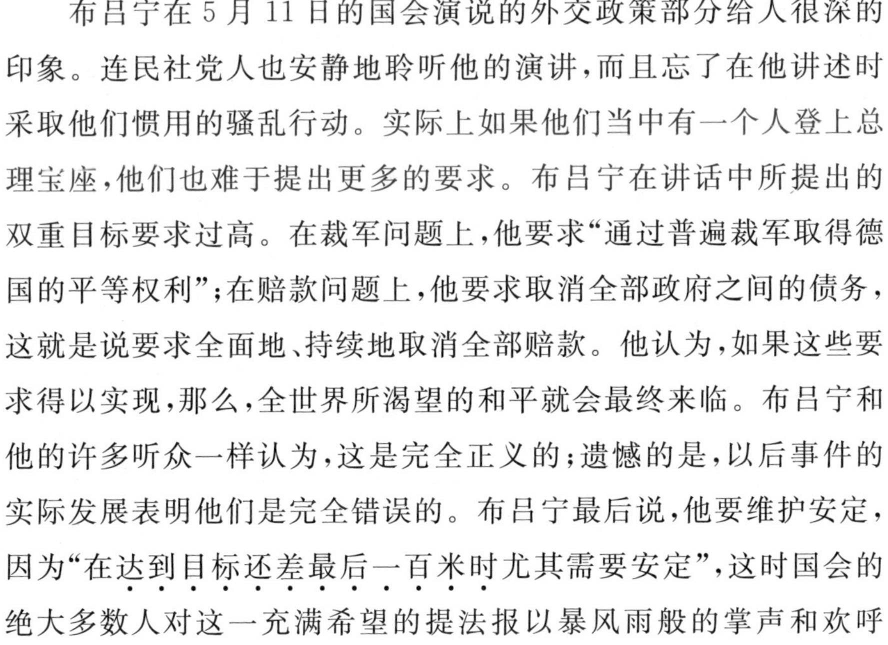

布吕宁在5月11日的国会演说的外交政策部分给人很深的
印象。连民社党人也安静地聆听他的演讲，而且忘了在他讲述时 464
采取他们惯用的骚乱行动。实际上如果他们当中有一个人登上总理宝座，他们也难于提出更多的要求。布吕宁在讲话中所提出的双重目标要求过高。在裁军问题上，他要求“通过普遍裁军取得德国的平等权利”；在赔款问题上，他要求取消全部政府之间的债务，这就是说要求全面地、持续地取消全部赔款。他认为，如果这些要求得以实现，那么，全世界所渴望的和平就会最终来临。布吕宁和他的许多听众一样认为，这是完全正义的；遗憾的是，以后事件的实际发展表明他们是完全错误的。布吕宁最后说，他要维护安定，因为“在达到目标还差最后一百米时尤其需要安定”，这时国会的绝大多数人对这一充满希望的提法报以暴风雨般的掌声和欢呼声。这种乐观态度看来并非没有道理的，因为布吕宁在同外国政府领导人会谈时曾公开表示了这种立场和观点，而且他的看法已“在很多国家里获得了广泛的支持”。

事实上，布吕宁在裁军问题上已经取得了很大成果。在 1932 年 4 月 15 日之后，英国首相麦克唐纳、美国国务卿史汀生和德国总理布吕宁已同时到达日内瓦。布吕宁私下向这两位盎格鲁-撒克逊国家的代表建议同意德国以下的要求：把兵役时间从十二年减少到六年；增加德国军事力量，方式是德国可再训练和武装十万人，或作为国防军的组成部分，或作为国防军之外的民兵；扩大德
465 国的权力，也包括和约禁止德国取得的武器的权利；废除凡尔赛和约第五部分，即关于限制德国武装的所有条款，并且通过新的公约代替这部分条约。[45]麦克唐纳和史汀生两人对此表示同意。他们肯定认为在兴登堡大选中战胜希特勒之后，他们所信任的布吕宁的地位将在短期内得以巩固。意大利代表格兰迪也表示赞同。另外一些人紧急邀请法国总理塔尔迪厄迅速赶到日内瓦，但他以患病为由未能到达。他是否出于外交政策原因而夸大了病情，这在当时议论很多。无疑，除医嘱原因外，至少还有政治原因。塔尔迪厄正在大选中，而且在大选结束前他是不可能同意废除凡尔赛和约第五部分的。至少有相当大的一部分法国选民非常重视凡尔赛和约的这一部分。

因此，裁军问题被推迟解决了。布吕宁除获得英国、美国和意大利的同意外，没有得到更多国家的同意而不得不回到柏林。即使如此也有一大成就。如果布吕宁继续留任总理，他也许会扩展这一成果。可是，两周后他下台了。有人常这样说，如果塔尔迪厄

当时去日内瓦或表示一个肯定的答复，那么布吕宁的下台是可以避免的。但这种说法的根据是不足的。我们看到，兴登堡失去对布吕宁的信任是完全另有原因的，尽管总统还在5月13日表示同意韦斯塔普的观点，即布吕宁出于外交政策的理由必须被保留。只要裁军问题依然悬而不决或即将解决，那么这些外交政策的理由日益重要。在布吕宁辞职的当天，他还接到美国大使的通知说，如果布吕宁立即赴日内瓦谈判，那么法国是准备同意的。但兴登
堡甚至没有给他时间去通报这个消息。但如果有人问，这样的成 466
就是否能使布吕宁在德国人民中获得更巩固的地位，那么只有幻想家才会这样认为。事实上，德国人民中的民族主义者认为他们政府所取得的每一项外交成就都是理所当然的，或者对此持漠不关心的态度，而反对派的鼓动宣传却是进一步加强了。

此外，布吕宁在5月11日的国会演说也并非受到所有友好国家政治家的普遍赞同。正如约翰·西蒙在5月14日坦率地对牛赖特所说的那样，英国政府愿意在德国和其他协约国之间充当“真诚的掮客”。他继续说，如果德国总理放弃他公开的和教条主义式的这一立场，那么担当这个角色才容易些。[46]西蒙担心的是，这在法国引起反响，因为法国总理塔尔迪厄曾在巴黎举行的白里安追悼会上向他表示了对德国的裁军和扩军计划的严重忧虑。[47]完全取消所有政治债务这一想法必会引起美国最强烈的反抗。英美两国于4月23日在日内瓦的一次会谈中，史汀生曾向英国的部长们强调说，他希望布吕宁不要自以为，德国最终地、持续地得以不支付赔款的这一立场将会得到美国的同意；德国已（通过通货膨胀）补偿了自己的内债并重新装备了自己的工厂。[48]史汀生对法国驻

华盛顿大使说:“美国希望德国在将来继续支付赔款。除了德国诚恳声明,即使在原则上,承认它的经济义务之外,对我们来说没有再比这更好的承诺和有利于澄清局势了。在这方面,我们是同意法国的立场的。”[49]

467 通过1932年5月1日和8日的法国大选的结果,德英两国对法国态度的顾虑大大减少了。法国大选结果表明法国舆论出乎意外地强烈趋向左倾,特别是激进派取得了很大进展,而且很清楚地表明,激进派领袖赫里欧将是下届法国总理。但赫里欧是一位富有谅解精神的人,人们可以期待他比塔尔迪厄对德英两国的立场作出更多的让步。

这样,布吕宁所谓距离目标还有100米的这种说法看来在很大程度上就得到维护了。然而,在1932年5月30日由于布吕宁及其整个内阁下台的这一突如其来的消息使全世界感到震惊。

这怎么可能呢?兴登堡主要因为布吕宁的支持才得以重新当选为总统,这不过为期才七周!布吕宁的下台的情节是非常复杂的,而且在具体细节上也有很多争论。只有一点是不容怀疑的,即布吕宁总理对这位老人兴登堡来说已不中用了。这位总统想收拾掉他的总理。

在兴登堡的旨意下,布吕宁政府的努力对组织东部援助计划起了很大作用。对东部的援助是国家对有利于东部省份、特别是对东普鲁士农业发展的一个巨大的援助项目。东普鲁士尤其遭受到灾害,一方面是自然条件的原因,另一方面是出于波兰走廊而使之同德国其他地区的隔离。国家对农业所处的困境有义务给予援助,这在任何一方面都是不会有争议的。但也必须承认,由于受灾地区的增多和国家财政的贫乏使这一援助有一部分化为泡影。然而，同样也很清楚的是，没有什么可以使德国东部地区的农业主感到满足，而且总是死抱住老容克鲁佩雷希特-兰赛恩先生在1893年对他们的劝诫不放：如果你们想要其他阶层居民为你们作出牺牲，你们就必须尽力大声疾呼。而对这些要求，中央政府的援助可 468
能性受到了一定程度的限制，但像在巴本和施莱歇尔主管下的农业部长马格努斯·冯·布劳恩男爵那样的农学家明确承认，“布吕宁及其政府已尽人力之所能”。[50]政府关注的一个具体表现就是任命施兰格-舍宁根为东部援助的全国专员。当然，他是一名保守派农学家，但他同时很聪明，以致不能不最坚决地去反对胡根贝格这样顽固的反对派政策，而且也认识到希特勒是德国的严重危险。[51]他确实尽了最大努力帮助他的农业同行，但是还有很多情况，纵有良好愿望，也无能为力。

“东部援助”的主要任务之一就是减轻或偿还沉重地压在庄园身上的债务。设法解除高息贷款并由国家通过发放低息的、较优惠的贷款来代替它；充分利用国家的担保促使农场主的债权人作出让步，从而完成对他们的补偿。但是即使竭尽全力，总是还会在一些情况下无法再进行帮助和挽救，不但减轻债务毫无希望，而且连地产也无法保住。在这种情况下该怎么办呢？

施兰格-舍宁根和主管的劳工部合作着手解决这个问题。劳工部部长是中央党议员施特格瓦尔德，他是基督教工会的一名领袖。出于这个原因，他不受右派的欢迎。施兰格-舍宁根于1931年11月间曾在一次记者招待会上说：“必须把一大批德国人迁往人烟稀少的东部地区去，那里有大量可耕地。认为不能再整治的 469

农场必须尽快有人去定居。”东部地区的大地主特别注意这一讲话。实际上，没有理由去反对这一思想。马克斯·泽林[52]把19世纪末叶以来许多农业领导人，特别是那些在政治上更多持保守观点的人所要求的“国内移民”解释为“对在殖民民族的家乡地区重新移民有计划地提供了论据”。甚至有人会问，共和派政党，特别是社会民主党，在他们还执政的时候是否在这方面的工作也许做得太少了呢？但现在在失业现象日益严重而达到登峰造极之时，把那些合适的失业工人及其家庭成员迁往原来主人不再能维持的庄园的设想完全出于无奈。只是大地主们对此有不同的看法。在他们看来，这显然是要使几十年来，也许许多世纪以来就在世袭的领地上生息的家庭背井离乡，为给那些同土地毫无内在联系的人们即大城市的无产阶级让出地盘。在施泰因-哈登贝格改革时期，有一位容克地主就大声疾呼过：“如果自由农民来做我们的邻居，我们的家园将要变成我们的地狱。”当然，现在他们是不再能这样露骨地表白了，但如果认为在易北河东部的地主中，有很多人不乐意接受为那些发展为无产阶级和极可能是社会民主党人或天主教中央党人的小农所包围的思想，那么这对他们来说是无可非议的。[53]

发动同这种危险的移民趋势进行斗争的显然是这位总统，因为他作为诺伊德克庄园主属于东普鲁士的大地主阶层，他回到诺伊德克休假时，就在他们之中生活。在那里他度过了5月的圣灵
470 降临节。他的国务秘书迈斯纳来到这里谒见总统并在自己的回忆录里写道，如冯·奥尔登堡-雅努绍等人的东普鲁士农业主向总统抱怨政府的“农业革命”计划，给他留下了深刻的印象。不过，由于这些老爷们都说他们从未同兴登堡讨论过这些事，而且迈斯纳本

人也没有说在这些讨论中自己也在场，因此还不能把他的说法当作是被证实的情况。但他也讲到其他情况，总统在诺伊德克曾十分忧虑地对他说：“他到处碰上来自农业界对政府意图表示不满和不信任的浪潮，而且东普鲁士各界都迫切要求他任命一些接近农业界的民族主义者到政府任职。”[54] 如果认为这是迈斯纳有意说谎，那么我们只能把这种说法驳回。但是当时的情况和后来发展的情况没有理由让我们这样去做。此外，至少发现有一份材料直接说明了东普鲁士大地主是作了这些努力的。

这是 1932 年 5 月 24 日由威廉·冯·盖尔男爵给总统兴登堡写的一封信。当然难于把盖尔男爵同其他一般眼光狭隘的农业主等同视之。他有才干，有思想。他毕业于普鲁士行政管理学校，而且多年来领导着一家对东普鲁士农业极其重要的企业——移民银行。他在德国参议院和普鲁士参议院代表着东普鲁士，并且在这两个核心机构里起着一种当然是德意志民族主义分子的杰出的作用。这封信的内容涉及一项鼓励东部农业移民的法令的草案。该法令授权“东部援助办公室”拍卖不再提供资金的土地而且可不经债权人的申请强行拍卖。对此，盖尔视为对“私有制”的“进一步的侵犯”和“重新沦为国家社会主义”。最后的这个词当然是考虑到 471
总统的偏见和同“民族主义的”术语概念相一致而有意选择的。考虑到兴登堡的又一句措辞是这句话：“道义上的腐蚀在东部地区继续可怕地进展着。它逐步影响到迄今**代表反对波兰的民族意志**的那些阶层的抵抗力量。”[55] 一位冷静思索的人尚且这样写，那么可想而知，普通的东普鲁士容克地主会用什么样的语调正在大声疾呼了。如果说这种大喊大叫不会传到在诺伊德克休假的年迈的陆

军元帅的耳朵里，那倒是一件真正的怪事了。

值得注意的是，盖尔所提的所谓草案根本不是拟议中的法令的最后草案，而是一名部的处长所拟的许多草案之一，正如在这些立法计划中常常要草拟很多份的草案以供负责人做出抉择那样。这样一些草稿当然都只是向主管人送审的官方机密，提出的问题是这份文件是怎么会在盖尔先生的办公桌上发现的呢？难道在政府各部就有暗中帮助政府敌人工作的间谍吗？冯·盖尔在他 5 月 24 日的信里特别提到，东部地区广大阶层通过这一草案的透露感到严重不安，而这个部门负责人所草拟的草案还根本没有可能在广大圈子中公布。同盖尔交往甚笃的冯·布劳恩男爵也证明了这后一情况。施兰格-舍宁根的助手赖夏德司长在 1952 年 10 月 17 日的一封信里证明了盖尔把事情大大夸张了。[56]

兴登堡读了冯·盖尔的诉苦信并指示迈斯纳转告盖尔，说他将把他的顾虑同布吕宁谈一谈。[57]但同时，迈斯纳打电话给施兰格-
472 舍宁根，提请他注意农业主的攻击，因为他们把他咒骂为“农业布尔什维主义者”，迈斯纳还建议他在总统回到柏林后立即向他汇报，“以便把事情真正办好”。[58]施兰格-舍宁根认为这样汇报显然是毫无希望的，也许因为他不再相信这位老先生会听取他的必然相当复杂的说明。

因此，施兰格-舍宁根给总统写了一封信，而没有去面谈。此信陈述得非常清楚。他在信中表示自己的愤慨，他说，正是他自己为之做了许许多多事情的这批人现在以其狂妄的私欲使他陷于最大的困境。如果说，一名保守派的波美拉尼亚地主以尖刻的语言反对“这些瞎了眼的分子”，而他们如同其先辈在冯·施泰因男爵

时代那样反对一种必要的发展并力图使之置于他们自己的利益之
下，那么这说明德国确实已经越走越远了。[59]施兰格-舍宁根预言，
总有一天历史的风暴将席卷这些顽固派，现在被逐出家园的易北
河以东的地主的后代对此决不否认他所坚持的这一预言是有理
的。他在信的结尾说，在总统拒绝这一法令最后草案中所建议的
方针的情况下，他将辞去自己的职务。迈斯纳说，兴登堡以“一位
年轻部长采取相当不寻常的行动方式”之语对他怒不可遏。[60]如果这
一报道属实（当然我们是没有理由对此怀疑的），那么这只能再次说
明，从其对政府部长的关系看，兴登堡并不把自己看作一个共和国
的总统（事实上，他是按宪法通过人民选举而就任的），而是更多地
看成一位将军，因为他总是要求他的军官守纪律。总之，不管在施
兰格-舍宁根的信里已包含的劝导，兴登堡对无法维持的庄园的移
民问题只能从大地主的立场来看待，不会有其他立场。不过，兴登 473
堡对所谓“农业布尔什维主义”的威胁的激情也许只决定了他从诺
伊德克赶回柏林的心情的因素之一。另一个因素是同“施莱歇尔”
这个名字有关的。有一天，施莱歇尔将军去诺伊德克拜会了总统。
我们只能从施莱歇尔当时的其他言行里相当肯定地推断出他向总
统及其儿子报告了些什么事情。在施莱歇尔把格勒纳赶下台以后，
现在他又想推翻布吕宁了。相当长时间以来，施莱歇尔对布吕宁已
不再满意了。还在最近的危机之前，即提到过的3月3日俄国大使
馆的宴会上，他已强烈地表示反对纳粹，他还以惯常无所谓的态度
对泽韦林说，我们不能再眼睁睁地看着“善良的海因里希”* 这样

* 指布吕宁。——中译者

工作下去了；此人优柔寡断，越来越多的失业者涌向了街头。[61]施莱歇尔的这一看法是很典型的，因为布吕宁在冲锋队问题上下决心时，给他制造困难的恰恰不是别人，而是施莱歇尔。同样典型的是，泽韦林进一步说明，施莱歇尔在发表反布吕宁的、煽动性讲话以后不几天在泽韦林在场情况下同布吕宁以极为亲切的态度进行交谈。今天放一滴毒药，明天又装扮一副笑容，搞这一套手法对像施莱歇尔这样一个人来说是并不困难的。但如果说，他在 3 月初还拿不定主意是否该把刀藏在袖里，还是抽刀出鞘，那么他在 5 月间就决心拔出刀子来了。他的这一决心明显地表现在他拒绝了布吕宁建议他继格勒纳之后任国防部长，而且其拒绝方式像一把尖刀刺向了布吕宁。惠勒-贝奈特也许是根据布吕宁的谈话叙述这件事。布吕宁在结束这次长时间的、毫无顾忌的谈话时预言，施莱

474 歇尔将最终卷入他自己的编织的阴谋罗网之中。[62]这当然制止不了施莱歇尔继续搞他的阴谋。他到诺伊德克拜访总统显然是他的阴谋的一部分，除了摧毁兴登堡对布吕宁的最后那一点点信任之外，不可能还有其他的目的。

施莱歇尔并不感到这是一件困难的事，因为兴登堡老先生对这位总理反正已经感到厌烦，原因恰恰是，按照常人的观点，总统理应对其重新当选对他表示感谢。这次选举所以取得成功是因为借助了社会民主党人和天主教教徒（这位决心充当新教徒的总统对中央党人的称呼），而且反对了那些在 1925 年拥护过兴登堡的大多数人。兴登堡的“老战友”费尽心机利用任何机会指责他，而奥斯卡·冯·兴登堡想起自己父亲随时可能会受到社会方面的抵制而感到胆怯。这位元帅则把产生这一令人不快的情况归咎于这

位总理，正是因为他为兴登堡凑成胜利的同盟并使之导致选举的胜利。弗朗索瓦-庞塞说布吕宁“天真幼稚”，因为他未能预料到，这一罕见的局面必定把他的一生毁灭了。[63]但是这种责备太没有道理了。如果兴登堡不希望由社会民主党人去选为总统的话，那么他本应说明这一点；当清楚地表明他的竞选只有借助他们的支持才有可能时，也就是说在胡根贝格的坚决反对击毁了布吕宁通过议会延长兴登堡的任期的希望之后，他本应拒绝重新提名。但是兴登堡没有这样做，正是因为他本来就愿意依然留任总统。因此，他无权抱怨在他自己完全知道和同意下进行自己的竞选所走过的途径。每个人能够，也必须懂得，最基本的道德思想对自己还应有约束力。这一奇特的选举状况不仅对陆军元帅来说

感到不快，而且对几百万共和国的选民来说也感到不悦，因为元 475
帅的思想方法并没有向信赖他的选民们作出任何许诺：他将保护宪法和反对民族社会主义的颠覆活动以维护国家。英国有这样一句成语：万事不能两全其美。但兴登堡所希望的正是两全其美。

兴登堡是带着这种精神状态在 5 月底回到柏林的。5 月 29 日上午 11 时，总统接见了布吕宁总理，并听取了他的汇报。但兴登堡没有让他谈得很久。布吕宁正还有时间谈及内阁已准备好的新的紧急法令，其中包括一项劳动就业计划，这时总统粗暴地打断了他的讲话并声称，他今后不再签发紧急法令了，要求将来把一切文件经过法定的国会三读程序。然后兴登堡转换话题，按照事先准备好的一页文件宣读了他的要求。历史学家弗里德里希·迈纳克[64]按“可靠的资料来源”把这些要求转述如下：

1.将来的政府决策将继续右转；

2.要结束工会书记的经济；

3.要结束农业布尔什维主义。

对第 3 点，上文已有说明，不再赘述。这清楚地表明，不论是在诺伊德克还是在其他地方，东普鲁士的和其他地主成功地欺骗了这位年迈的元帅。布吕宁力图向兴登堡说明拟议中的东部援助法的真实意图，但兴登堡毫不留情地打断了。第 1 点是兴登堡的思想方法，即撤销最后还作为具有民主主义的或共和主义的留任的部长，[65]如迪特里希·施特格瓦尔德，尤其是格勒纳，由具有德意志民族主义意识的、即使不属议会党团的人士来取代他们。但
476 这意味着布吕宁也逃脱不了被解除总理职务的命运，因为兴登堡谅必知道，布吕宁在被政敌包围的内阁里是无法留任总理这一宝座的。事实上，兴登堡在拒绝继续签署紧急法令时已明白表示他本人不愿挽留布吕宁继续当总理了。他在第 2 点说“要结束工会书记的经济”，所指什么，始终是不清楚的。在内阁成员中，只有一名前工会书记施特格瓦尔德（兴登堡肯定不会把布吕宁列入这类人员）。施特格瓦尔德在兴登堡的眼里已被当作“农业布尔什维克”而早就成为不受欢迎的人了。人们不得不同意迈纳克对兴登堡的这三点要求所作的解释：“同社会民主党工人阶级决裂，正是这个人民阶层正在以最大的决心反对希特勒和保卫魏玛宪法而进行着斗争。”也许这是来自工业集团的诉苦的反响，因为他们一直在总统面前抱怨说，德国经济只有把工会镇压下去或者至少使它们不起作用之后才能恢复，向前发展。

布吕宁从总统蓄意冷淡的整个态度和语言中看出总统不会太久就会抛弃自己了。最后，布吕宁直截了当地问兴登堡，是否希望他辞职。兴登堡既不肯定，也不否认，但他说，他的良知不允许他保留一个像最近大选所表明那样的、不受欢迎的内阁（连总统也非常熟悉这一共和派的术语），但布吕宁还应留任外交部长。兴登堡为这一令人惊奇的要求还援引了1923年施特雷泽曼的例子作为先例，这只能说明他既不理解当时的政府更迭所具有的完全不同的性质，也不理解他当前所要求的变化的规模。布吕宁对之立即予以拒绝，他明确向元帅表示，他也有荣誉和声望，绝不为了一个部长职位而出卖自己。

布吕宁随即召开了一次内阁会议。他向内阁报告了兴登堡对他的态度，并建议政府集体辞职。所有部长表示赞同，但经历了前任总参谋长的背信弃义的格勒纳听了暴跳如雷，并且宣布他将向全世界揭露兴登堡的真面目。布吕宁立即表示反对，并发表了对他来说很典型的、同新的实际情况不再符合的看法。他说，尽管如此，元帅仍是“德意志民族唯一的振兴中心”。实际上，这是无稽之谈。几百万德国人所以投他的票，只是因为他们对布吕宁寄予信赖；当他们知道这位老元帅解除了他的总理时，这些选民只会把这位总统视为一名叛徒。

布吕宁立即在总统处约定时间，以便向他递交内阁集体的辞呈。总统定在5月30日上午10点半接见。但布吕宁去总统府之前，他在9点接见了美国大使萨克特先生，因为他有急事通知布吕宁。他的通知确实很重要。萨克特所通知的只是法国新总理赫里欧愿意去日内瓦参加塔尔迪厄未曾参加的、有关接受布吕宁建议的讨论。同赫里欧谈过话的、美国中间人休·吉布森给这位美国大使打了电话，请他说服布吕宁尽快返回日内瓦，他可望迅速取得成果。布吕宁不得不告诉萨克特，他的消息来得太晚了，因为他自己正在准备递交辞呈，萨克特听了感到深为震惊。

尽管如此，在感情上对老元帅尚未完全消失其忠诚的布吕宁，正如我们所看到的那样，看来还寄托着微弱的一线希望，如果他向总统报告这一极为重要的消息，他也许会改变他的态度。正在这时，总统府打电话来通知说，定在 10 点半进行的谈话推迟到 11 点
478 55 分。无论如何，这意味着谈话只是很短，布吕宁只能刚有递交内阁辞呈的时间，因为在 12 点整斯卡格拉克警卫队就要列队检阅，而对老元帅来说，对这一检阅比一次内阁的更迭更为重要。是否这次推迟接见是由于布吕宁的政敌通过其侦探活动已得知美国大使的拜访而造成的结果，这就不得而知了。人们也可以解释为老元帅希望尽量缩短那种只能使他感到不快并且他也感到不能胜任的谈话。无论如何，这是一种肆无忌惮的反对这位总理的行径，而且再次证明兴登堡只是从自己的地位出发表现了那种几乎是君主专制的形象。

帷幕在军乐声中徐徐降下，布吕宁时代就宣告结束了。

海因利希·布吕宁对自己所遭受的待遇深感气愤。7 月初，他对一位朋友说：“我确实并非是毫无抵抗能力的，但是最后几周，我感到非常糟糕，至今我还没有恢复元气。”布吕宁大概早已知道有人激烈地反对他了，但是他总感到自己比那些在暗中爬动的敌人要强有力。在兴登堡当选后不久，当他通知布吕宁要求内阁正

式下台时，布吕宁已体会到自己不能再完全依靠兴登堡了。当时兴登堡想限制他组织新政府的任务，他说明政府应“暂时”留任；而且这使布吕宁经过长时间的说服才使兴登堡勉强同意从文件上取消“暂时”这两个字。但布吕宁经常深深体会到自己是怎样通过机灵处理问题、但又要考虑这位老人的心情才能成功地把他引上正道。然而，他现在不能相信自己还会再次获得成功。他从来没有想到陆军元帅会打断他的讲话，并且剥夺他实事求是讨论问题的 479
任何可能性。至少布吕宁并不认为总统会在这个时候让他辞职，这不仅因为这位老先生显然还得大大感谢他，而且还因为讨论赔款问题的洛桑会议迫在眉睫，布吕宁无疑是这次谈判最理想的德国代表。外国的政治家不断表示他们对他寄予特别的信任，而且在德国也有一些人，只要他们的头脑不被“民族主义反对派”的蛊惑宣传所蒙蔽，即使右派分子，仍对他深信不疑。连兴登堡自己本来也很想让他为这些目标担任外交部长，但他以其军国主义的思想方法未能料到，一位像布吕宁这样地位的政治家不仅不能让自己成为他上司手中的一件工具，而且不得不考虑自己在历史上所作所为的政治荣誉和声望。

每一个有见识的人都清楚，所谓“总统制”已被证实是没有生命力的。事实上，这一总统制通过肮脏的交易和政变只有几个月之久的苟延残喘。人们日益斥责党派之间的争吵，但稍有一点积极的进展就被一些怀有一孔之见的集团取而代之，并陷入相互争吵之中，这难道会好一点吗？兴登堡曾“在上帝和历史面前”抱怨过党派意识，但现在他要求“继续右转”并因而推翻在两星期前才取得国会多数的一届政府，这难道不是“党派意识”吗？

布吕宁本人对于这一软弱无能的“总统制”的出现所负的责任究竟有多少，要回答这个问题是相当困难的。人们必然会指责他
480 在 1930 年 7 月解散国会从而破坏了建立一个议会制政府的最后可能性。在此，我们不妨援引我们第二十章第 340 页的叙述。如果布吕宁能善于向兴登堡达成妥协，也许在 1928 年 5 月 20 日选出的国会还能够生存到 1932 年 5 月，也就是到兴登堡的任期结束为止。但当时他那种几乎是不可思议的信念表明，他能够依赖老元帅的支持顶住所有的敌人。随后，这使他面对 1930 年国会罕有的困境采用了简便的但致命的方法，根本不再遵循传统的、按宪法规定的办事方式，而是通过总统签署颁发的紧急法令来完成整个立法程序；而且给予国会老一套的任务以在有限的几天会上否决旨在废除紧急法令的提案。在某种程度上讲，这无疑是必要的；所有这些由政府不得不承受的、不受欢迎的新担子淹没在国会的闹剧里去了。但有没有过例外的情况呢？难道就不可能采取这一种或那一种较有建设性的措施吗？按照这种措施可先提交国会，让各政党表态，如消极态度占上风，才颁布紧急法令。布吕宁的方法实际上对激进的反对派，特别对民社党人来说，大大有利于他们进行纯鼓动宣传的态度。如果他们被迫对积极性的建议表态，那么在他们队伍内部就会产生分化或者表明他们理论的空泛，只是听起来好听，但经不起考验。明显的例子就是在 1932 年 5 月举行的国会最后一次辩论会上，格雷戈·施特拉塞力图制订一项民社党的经济计划。这使特奥多尔·豪斯得以论证这一计划的整个危险
481 性，并且指出民社党宣称的自给自足经济实际上意味着在德国蓄意制造饥饿，把最优秀的德国人赶往国外，并引起一次新的通货膨

胀。如果经常进行这类辩论，那么尽管大街上的闹事者不会产生疑虑，但是那些还在怀有希望的人或者不得不丧失财富的人将会产生疑虑。

如果说布吕宁在议会问题上的处理对民社党人进行有效的打击不力，那么他在对他们直接采取行动方面，既缺乏果断，也缺乏对总统应有的独立性。他并不缺少对危险的预见能力，但他不能断然进行干预。例如奥古斯特·韦贝尔博士在同布吕宁进行的私下长谈中催促他利用国家权力机构来反对民社党人，但是没有效果，而且韦贝尔在同他分手后确信，希特勒为自己夺取政权，这只是一个时间问题。

但在这样批判性的评价方面，布吕宁也不失为魏玛共和国所有政治家中的最后一位重要人物。他以其伟大的思想才能、意识的纯洁性和热爱祖国的无私精神给人留下了深刻的印象。他确实足以在德国历史上占有一席地位。

希特勒一直以刻骨的仇恨咒骂魏玛共和国为“耻辱的年代”，这种托词非常简单，如同他的听众所表现的狂热鼓掌那样简单，因为他们以为，只要把战争的后果归咎于这一共和国的体制，就可以把失败了的战争的回忆忘得一干二净了。事实上，共和国的政治家们为使德国逐步地、但成功地摆脱战争失败必然带来的负担和障碍做出了巨大成绩。施特雷泽曼不仅使德国国土摆脱了任何一个外国的占领，而且还撤除了协约国的管制委员会，并且善于阻止协约国的监督机构继续留在被占领的土地上。他还限制了和约规 482
定的赔款负担，而且布吕宁在完全解除赔款问题上达到如此程度，致使他的继任人在洛桑会议上不费吹灰之力而摘取了丰硕的果实。在裁军问题上，布吕宁使他以前的政敌极大地遵循了德国享有平等权利的思想，以使他的继任人得以获得好的结果。他通过签订延期付款协定使德国经济免遭进一步的严重损失；并且通过外汇管理保证了国家对公民财产的流动产生了一种决定性的（正如后来所表明的那样）、巨大的影响。布吕宁同迪特里希一起发挥了他们充沛的精力和敢冒天下大不韪的勇气，在1928年内把120亿马克的国家支出降低到1932年的80亿马克。其中除厉行节约以外，首先是废除了将近20亿马克的赔款。[66]他们基本上克服了伴随经济危机而来的财政困难。

但是，从这些成果中得到好处的不是布吕宁，而是希特勒。如果希特勒的前任不去把凡尔赛和约的枷锁完全松开并成功地对德国财政进行改革，那么希特勒就绝不可能建立他的恐怖统治，也不可能武装德国去发动另一次战争。这就是最拙劣地、最致命地运用了维吉尔*的古老箴言（Sic vos non vobis）的一个例证：

> 喔，鸟儿们，你们筑巢，即使不是为了你们自己栖息。
> 喔，耕牛们，你们拉犁，即使不是为了自己耕耘。

对于这一灾难性的罪恶，首先应由兴登堡负责。在1932年5月30日，他把暗箭以其空前无比的背信弃义的方式从背后射向布吕宁；他这样做不仅毁了德意志共和国，而且毁了欧洲的和平。

---

* 维吉尔（Vergilsche，约1470—1555），意大利人文主义者，写有《格言录》《论发明》以及《英国史》26卷。——中译者

第二十三章　绅士骑士充当总理和政变者 483

年迈的普鲁士民主党人弗朗茨·齐格勒(1803—1876)曾向资产阶级政党的朋友们呼吁，他们应以容克的自信心来武装自己：如果普鲁士国王命令他的一位贵族警卫队军官去指挥柏林歌剧院的乐队，尽管他从未举起过指挥棒，也将会奉命去照办。现在普鲁士国王已没有了，但是还有一个前普鲁士王家的退役陆军元帅，而且他找到了自己可以委以重任的前普鲁士王家的退役骑兵少校，虽然不是让他去指挥歌剧院的乐队，而是让他去领导德意志国家，即使还没有任何人发现他具有适合于领导岗位的才能。这位骑兵少校叫弗朗茨·巴本；他在上流社会中以绅士骑士而著称，而且在绅士俱乐部里起着一种重要的作用，因为他在那里所表现的不寻常的社交才能得以发挥很大影响。但他的思想才华却是微不足道的。消息灵通的法国大使弗朗索瓦-庞塞的报道说，无论是巴本的朋友还是他的敌人对他未曾认真对待过；人们说他为人肤浅贪婪，头脑糊涂，虚伪阴险，刚愎自用。[1] 惠勒-贝内特对这一描述认为是“并非不公正的”，冯·巴本最多只能是被排行在“第三等级”的人。[2] 霍勒斯·朗博尔德在冯·巴本下台后以其外交官的克制态度说，巴本是一位才能属于二等的人。这位冯·巴本先生曾在德 484
国驻华盛顿大使馆当过武官并在战争期间被美国人驱逐出境，因

为他被美国指责为组织并资助破坏活动（未经证实）。后来他在土耳其前线服役打仗，在那里他经历了战争并且英勇善战，这点是不容置疑的。巴本出身于威斯特法伦的一个笃信天主教的贵族家庭，同萨尔地区梅特拉赫的维勒洛和博哈的一家大石器厂老板的一个女儿结了婚。同这么一个半法兰西化了的富有家庭的结合，不仅使巴本能够更好地熟谙人们希望法德谅解的思想，而且在物质上的独立性使巴本可以参加议会生活。威斯特法伦的天主教农民和地主选他进入普鲁士州议会。在议会里，他按选民的要求加入了中央党。从内心来看，巴本不是一个中间派，而是极右派。所以，他同中央党的政策是格格不入的。从他的议会生涯中唯一可以报道的行动是，他在 1925 年破坏了中央党领袖马克斯为普鲁士总理进行的竞选活动。因为他没有国会的桂冠，他就利用自己一大笔钱买下了中央党的重要报刊《日耳曼尼亚》的绝大部分股票。即使如此，巴本也未能被接纳进入德国国会和外交部门。[3] 所以，他为未能得到满足的虚荣心而苦恼过。那些阻碍他晋升的人低估了他的政治知识和能力，但他后来在自己的回忆录里提供了证明，这些人是很正确的。像在这本自传里所表现出来那样的在政治上的无知和浅薄并带有一种自命不凡的态度是少有的，而且这位作者通过给德文版冠以骄矜自持的书名《通向真理之道》而丧失了文
485 明处置的权利。事实上，冯・巴本先生的回忆录比起冯・明希豪森男爵的散文更无权使用这一书名。

但是，正当政治家们对冯・巴本持怀疑态度时，将军们却发现了他身上的优点。向总统推荐他任总理的功劳应归功于库特・冯・施莱歇尔将军。“亲爱的库特”和“亲爱的弗朗茨”乃是至交。

冯·施莱歇尔并不认为巴本真有雄才大略。他深信巴本以其随机应变和社交才能会得到总统的赏识。巴本为满足兴登堡计划的第一要点肯定向"右"站得很远的了。在施莱歇尔看来,巴本作为中央党党员有其另一个优点。施莱歇尔总是怀着这一糊涂想法,即通过委以部分政治责任使民社党人得到教训,从而减少和放弃独裁专政的愿望。中央党人以其长期的政治经验和拥有相当一部分人民群众的坚定支持对施莱歇尔达到自己的目的将是十分有用的。[4] 此外,施莱歇尔还导致破坏一切右派集团内心所渴望的普鲁士联合政府*。

但是,施莱歇尔的这部分计划立即全面破产了。他在自己的盘算中忽略了在议会政治中还存在某种可说是"集团精神"、"战友情谊"或"联盟忠诚"的东西。中央党团结在布吕宁的领导下,不仅因为它赞同他的政策,而且因为它依附于他本人。布吕宁的倒台,特别是使布吕宁倒台所采取的阴谋手法,使全党及其领袖、宗教顾问卡斯博士感到非常气愤。该党议会党团立即发表一项决议,其尖锐的语调同那种小心翼翼的妥协语调显然不同,为此中央党名 486
气增大。中央党议会党团对最近事件所进行的"一致的强烈谴责"特别体现在这样一句话里:"一些对宪法不负责任的人直接在目标明确的国际谈判之前竟玩弄轻率的阴谋诡计而使推行一条大规模建设计划的充满希望的路线突然中断了。"持有这一观点的中央党议会党团绝不是孤立的。英国大使于 6 月 4 日打电报给英国外交大臣说:"总统使外交政策从属于内政,也即从属于教区利益,这显

* 指由社会民主党人和中央党人组成的普鲁士联合政府。——中译者

然有人给他出了坏主意。”[5] 他也明确告知抱怨英国报刊的尖锐批评的国务秘书冯·比洛，布吕宁的倒台是直接发生在洛桑会议之前，而且伴之而来的一些情况使英国公众舆论感到严重震惊。[6]

在总统突然提名冯·巴本任总理后，鉴于中央党公开暴露的激情，巴本的处境就复杂化了。在他做出最后答复之前，他至少不得不通知中央党的正式领袖。卡斯却毫不含糊地对这位被选中的总理说，中央党认为，如果一名党员企图取代布吕宁的地位，那么它将把这事看作一种不可饶恕的违纪行为。冯·巴本在聪明才智和灵活机智方面以及在政治经验方面是无法同卡斯比拟的，他认为只有自己向总统发表简要声明，他将不接受总统给予他的职位，除此之外，他没有别的办法。从卡斯6月2日给巴本的信里，非常清楚地看到巴本声明的明确含义。卡斯写道：“如果所说的话确实算数和有意义的话，那么我根据我们的谈话不得不……肯定地认为，您是以被迫的理由不接受总理这一职位的。从这一认
487 识出发，我在（党的）常务理事会会议上对您的决定的真诚性做出了保证。接着传来消息说，您与您向我所做的保证相反，做出了另外的决定。”

因此，只要巴本再次站在总统面前，他总是倒行逆施，满口答应。他后来在自己的回忆录中对这事作了这样的说明：总统对他讲，“您不能把一位老人抛弃不管”，他作为军人必须响应祖国的召唤。他是以爱国为理由响应了这一号召的。即使这一会谈实际是这样进行的，这也没有对他的叛党予以原谅。他也看到，在自己钻进去的死胡同里除了退党之外没有别的出路了。这位新任总理竟在24小时内做到了不仅同自己的党处于对立地位，而且背上了食

言的恶名。天主教群众对食言尤感严重，因为这涉及他作为一名天主教教士的食言。因此，人们不难想象，当巴本宣告他的计划将包括“坚决和彻底实现我们基督教世界观的不可更改的原则”时，巴本以前的党友将会产生什么样的感情。

巴本虽然在政治中和个人生涯中有过惨重的失败，但还是在极短时间内得以组织一届政府。然而，这绝不证明他有什么个人才干，也不证明他所代表的政治流派有什么力量，而是证明了冯·施莱歇尔和其他主谋者进行了周密的准备工作。在他的粮食部长马格努斯·冯·布劳恩男爵的报告中谈到巴本组阁的指导思想时有一段评语给了我们启示。巴本同他第一次谈话时问道：“亲爱的布劳恩，您愿意同我一起组织一个绅士内阁吗？”[7]“绅士内阁”，顾名思义，就是由那些按出身和社会地位才有资格参加的绅士们所组成的一个高级俱乐部，这就是说，应排除工人、工会干部以及非 488
“绅士”的人。布劳恩还作了另一种同样不会得到人们赞同的解释，正如他对巴本本人所作的评价一样，因为他在解释这一评论时不仅把巴本看作一位绅士，而且还看作一位“真正的理想主义者”。[8] 布劳恩在其回忆录的另一处所写的话则比较接近事实：“的确，不可否认的是，我们（部长们）中间的大多数人的出身相当近似。巴本、盖尔、埃尔茨和我都是波茨坦警卫团的，施莱歇尔是兴登堡父子同一个团里的战友，居特纳是巴伐利亚炮兵团的，牛赖特是符腾堡的奥尔加轻骑兵，克罗西克是波美拉尼亚的重骑兵。”[9]这就够说明问题的了。这就是一种把后备役军官复活起来充当统治阶级的企图。这也许就是为一名陆军元帅而组成的右派社团，而这位元帅同时任德国总统，而且冯·布劳恩报道他时说，他“在

自己的新内阁成员的社团里就会感到舒服满意了”。冯·布劳恩男爵的另一个报道也是富于启发性的。他在谈到巴本如同兴登堡的整个一生一样永远是君主主义者以后，他说：“有一次，我在这位‘老绅士’那里向他报告情况时，他作了这样一个评语是极其典型的：‘您知道吗，这还停留在共和国部长们的时代。’当时我情不自禁地笑了笑，他就以其动听和蔼的低调说：‘噢，您是知道我想的是什么。’”[10]老绅士虽然仍表示他对宪法的忠诚，但这个共和国对这位国家元首来说已是寿终正寝的了。

本德勒大街的将军们大概对由后备役军官组成的内阁也是感到满意的，因为他们的首领现在在内阁中担任国防部长。但是，究竟哪些人民阶层团结在这个目前被各方称之为“男爵内阁”的周围，初看起来还是模糊不清的。既不能算作马克思主义者、又不能

489 算作“无业游民”的巴伐利亚总理黑尔德博士于 6 月 27 日在科隆的一次讲话中用以下的话来回答了这个问题：“内阁的组成给人的印象是，似乎德意志民族就是由大农业主、重工业资本家和初出茅庐的知识分子所组成的。”[11]

逐个去研究巴本内阁的各个成员是没有多大意义的。他们之中的大多数人在公众舞台上是昙花一现，然后又很快销声匿迹。“风吹到他们那里，好像他们就永远不见了。”从他们的整体特点看，最重要的是以巴本为首的五个人后来都成了希特勒的部长，其中之一就是德国司法部长居特纳。他曾担任过巴伐利亚的司法部长，而且正如我们所见到那样，是用手保护希特勒的人。他将作为宣布过希特勒所制造过的 1934 年 6 月 30 日屠杀事件为“正确”的司法部长永远载入史册。正如冯·布劳恩所说的那样，[12]同这个

内心受过创伤的居特纳名字永远联系在一起是一种耻辱，因为他曾为建立恐怖政权效过许多犬马之劳而洗刷不掉，尽管他后来希望摆脱这一恐怖政权。更加难以理解的是，另一名部长走上了通向希特勒的道路。这就是财政部长施威林·冯·克罗西克。根据他的《在德国发生的事》一书似乎给人留下的印象是，他为人公正明理。在担任部长以前，克罗西克一直在财政部任司长和预算负责人，被人看作是负责具体事务的工作人员。英国大使说，克罗西克是违背自己的意志，并在受到威胁的情况下被迫接受财政部长这一职务的，人们曾要挟他，如果他拒绝接受这一职务，那么他将被解职。[13]

特别要提到的另一位成员是内政部长冯·盖尔男爵。他在智力上远远超过巴本，而且具有认真的改革思想。如果人们不愿这 490
样称呼对普鲁士进行的成功政变，那么在这些改革思想中，没有一件是得到贯彻的。但是，他的计划，不管是正确的还是错误的，由于他犯了对实现这些计划所依靠的力量和方法并不清楚的错误，因而导致了失败。牛赖特男爵从伦敦回到柏林任外交部长，这是符合兴登堡的愿望的。他在伦敦留下的印象并不坏，而且他的新的任命似乎向英国人保证，即使在巴本领导下，德国的外交政策将一如既往地采取明智态度。美国人对巴本特别持反对态度。特雷维拉努斯告诉韦斯塔普说，一个访问他的美国人对他说，由于战争事件，在美国激起了反对这位新总理的极大的愤怒情绪。特雷维拉努斯说："那边的人们正在把帷幕降下来。如果我们德国人总想**在月球上孤立生存**，而不顾其他世界各国人民的呼声，那么对我们是不可能有所帮助的。"[14]美国国务卿史汀生也对英国大使说，德

国任命一个人当了新总理，“如果这个人被推荐担任驻美国大使，那么我们会立即予以拒绝”。但史汀生补充说，美国政府绝不会因为这事将影响其政治态度。[15]

新任国防部长施莱歇尔将军当然会在“男爵内阁”中享有一种特殊的地位。他是这个政府的主要策划者，而且认为可以随心所欲地指挥这个政府。如果人们以为施莱歇尔把巴本当作自己可以任意操纵的木偶，那么，这未免过于夸张了。因此，只要巴本稍稍超越施莱歇尔本人的思想，而且更多地在发展自己的独立性，那么这必然会产生冲突。而总理这一威望高高的职位往往最能被用来发展这样一种独立性。所以，人们读了英国大使 6 月 14 日所发的一份电讯作以下评价是不会感到吃惊的：“一位有声望的评论家认
491 为，当前的内阁是一个尔虞我诈的内阁。巴本先生认为，他已战胜了施莱歇尔和希特勒；施莱歇尔认为，他已挫败了希特勒；而希特勒这一方则认为，他击败了这两人。”[16]朗博尔德对代替平德尔而担任总理府新任国务秘书的普朗克作了类似的评语：“一名完全可靠的消息灵通人士告我，普朗克博士……受施莱歇尔的委托长期来对布吕宁进行暗中监视，而且布吕宁的电话经常被国防部窃听。”由于普朗克在 1944 年 7 月 20 日事件*中成了希特勒复仇的牺牲品，所以，人们听说他在认识到自己帮助谁干了事后曾书面请求布吕宁给予原谅，对此人们对他表示满意。[17]普朗克是伟大的物理学家马克斯·普朗克的儿子。著名历史学家埃里希·马尔克斯

---

* 指以施陶芬贝格为首的一批青年军官在 1944 年 7 月 20 日发动暗杀希特勒的事件。因事件失败，大批人遭到纳粹逮捕和枪杀。——中译者

之子马尔克斯少校也被提拔为新政府的新闻发布官。这两人都是施莱歇尔的忠实信徒。

新政府迅速组成了，但政府想依靠谁的问题仍是难以解决的问题。仅仅总统一个人是不够的。他现在也不是绝对的统治者，而是要同国会进行或多或少的直接合作才能继续统治。对此，即使那些政治记者通过狂热的宣传来庆贺巴本内阁作为摆脱民主的束缚的一个“新国家”的就职典礼也不能改变这一事实。巴本在同中央党决裂后并受到社会民主党和还拥护民主国家的中间党派的拒绝后被迫去寻求右派的支持。胡根贝格的德意志民族人民党人的力量在数量上已显得不足，因此他至少必须使希特勒对他的政府持“容忍”态度。对此，施莱歇尔早就做了准备工作。现在兴登堡和巴本同希特勒进行了个人会谈。我们不知道希特勒在会谈中 492
许诺了什么，但我们知道，他是不会遵守自己所做出的诺言的。越来越清楚的是希特勒要求了什么，而兴登堡和巴本又答应了什么。取消冲锋队禁令和解散国会（戈培尔认为这是“最重要的”）都被重新提出来了。巴本同当前的国会的确是无法一起执政的。这一点是清楚的。但是对进行一次新的选举，巴本能有什么希望呢？难道组成一个只不过对巴本给予消极支持的国会是可以设想的吗？巴本对此显然是不会绞尽脑汁去想的。解散国会将给他几周时间（新的选举已定在 7 月 31 日举行）去施展其统治才能，而无须考虑国会。总之，他是属于急功近利、只顾眼前利益的这类人。

6 月 16 日，总统已签发了一项新的紧急法令，取消了希特勒所要求的和兴登堡所希望的冲锋队禁令。兴登堡在签发这一紧急法令时附了一封信，他希望“在政治上的意见争论……将来应采取

较为和缓方式进行，并且停止暴力行为”。这一期待是根本不存在最起码的事实依据的，正如在德国不得不同政界周旋的而且尤其熟悉民社党人的每个人所知的那样。总之，这是希望所谓巩固国家主权的政府的奇特序幕。新的紧急法令立即遭到巴伐利亚和巴登的强烈反对，这两个政府在这时就采取措施禁止穿着统一的制服，并且重申它们过去的禁令规定。这样，在全国刚建立起来的立法状况的统一性再度遭到了破坏。

政府所要达到的积极目标究竟是什么呢？政府在6月4日发表一项声明，表明它由于国会已解散，它无法将声明草案同时提交国会讨论，因此只能通过广播电台传布。政府声明极其空泛。一
493 开头就对布吕宁政府进行攻击，该政府成员立即发表一篇严厉的声明据理驳回。此外，它还包括了当时在反动集团内经常传布的政治口号。新政府反对“削弱民族道义力量”的“福利国家”；它不仅针对“敌视民族团结的阶级斗争”，而且还针对“以其腐蚀的毒液威胁并毒害我国民族最优秀的道德基础的文化布尔什维主义”进行论战。整个声明更多像是一篇极右报纸的社论，并不很像是一篇明确自己任务的政府纲领。被赶下台的财政部长赫尔曼·迪特里希在《致全国朋友们》的一项声明中切中要害地说：“巴本新政府无论是根据自己的反动意志想在德国实施权力，还是在选举后想把政权拱手交给民社党人，它在任何情况下都是希特勒的工具。这届政府使德意志民族和国家招致危险，而我们相信刚由总统选举去除了这一危险。”[18]

但是，巴本却很快得以摆脱了这次不满的浪潮，因为他在6月16日作为德国代表参加了在洛桑开始的赔款问题的国际会议。

几天前，麦克唐纳和西蒙赶往巴黎，以便同法国新任总理赫里欧在这次会议上所持的态度达成谅解。英国人首先持这一立场，为使世界经济恢复，应完全取消赔款。赫里欧虽然承认德国在目前和不久的将来完全没有能力偿付赔款，但是时代在改变。有朝一日，德国总又会有偿付能力的。因此，他们不能被德国蒙蔽，而且不允许他把现状完全颠倒，使债权国受到损害。德国大使冯·赫施先 494
生在两天前就告诉赫里欧说，德国每年的赔款额为 15 亿马克，而它每年出口盈余只有 12 亿马克。对此，赫里欧反驳说，大使所提供的数字至少表明，德国是能够偿付"一些"赔款的。赫里欧的印象是，德国企图首先利用债权国的宽宏大量，然后再迫使它们无路可走。由于英国人建议把取消赔款同签订一项为期十五年的政治停战协议联系起来，所以赫里欧回答说，这只是一纸空文罢了，而且一张纸对德国人并不像对其他人那样具有同等价值，请看一看比利时吧。[19]

双方协议，对 7 月 1 日到期的应付款项不再索取了。在会议开始时由债权国宣读的一项声明中写进这一点，即在会议期间不索取债款。

代表德国参加洛桑会议的，除巴本外，还有牛赖特(由国务秘书冯·比洛陪同)、施威林-克罗西克和经济部长瓦姆博尔德。会议是按通常的方式以首席部长的原则性的长篇讲话而开始的。巴本所准备的讲话使债权国代表听了满意，之所以如此，因为他没有去重复布吕宁以前的声明说德国即使在将来也不能支付赔款。此外，巴本一口流利的法语给人留下好的印象。

在举行最初的几次正式会议以后，会议进入由主要大国代表团之间，特别是在英法德三国之间的代表进行具体商谈。只要有英国人参加的会谈，在英国档案文件中都有记载。这说明他们是多么认真地去充当“诚实掮客”的这一自愿选择的角色。英国首相
495 拉姆赛·麦克唐纳当选为会议主席，他充分利用这一点，不仅以不懈的热情把会谈向前推进，而且还尽可能保持不偏不倚的态度，使他既称呼“我们的德国朋友”，也称呼“我们的法国朋友”，从而创造了使洛桑在目前布满暴风雨的动乱世界上暂时像在和平岛那样的一种气氛。有关巴本和赫里欧之间的个别会谈，据我们所知，双方都把情况通报了英国人，而且巴本对此也向记者作了透露。

从这些资料中清楚地看出，德国总理向法国总理建议，作为对取消赔款的回报，在两国之间缔结一项军事同盟协定，并在双方参谋部之间经常互通情报。[20]这事本身几乎是一种胸怀大志的、可以说是崇高的想法。代替两大民族之间几世纪一再威胁欧洲和平的争吵，如今在莱茵河两岸将彼此妥协，建立联盟，这肯定会令人动听的。但是，崇高的思想并不意味着它能在你死我活的挣扎中被滥用于加强内政的地位。难道这不就是一种手腕吗？对此俾斯麦常说，这是他的首要思想：“谁当谁的傻瓜？”

如果这一建议来自同人民心连心的真正合法代表之口，那么这一建议可能是很崇高的；如果它来自一个根本得不到德国人民支持的而且只是通过一再解散国会才能维持执政的人之口，那么这一建议本身就很值得怀疑的了。因为这位老总统和一些将军们对自己目标模糊的策略肯定不会对德国政策的根本改变提供深厚的基础。巴本在 6 月 25 日回到柏林用几天工夫同全体留在柏林的内阁成员进行了商谈。这时，他不得不觉察到自己的建议根本

是悬在空中。从这时起，他对法国人不厌其烦地谈过的话不说了， 496
而且根本不提军事同盟的事了。6 月 27 日，赫里欧对麦克唐纳说："今天，当我同从柏林回来的巴本谈话时，我感到他的情绪完全变了样，而且他什么也不再说了，似乎德国不能再支付赔款了。"[21] 麦克唐纳问巴本有关他同法国人的谈判情况时，巴本所发表的意见更是典型的。巴本说，他的确提出过这一问题，如果法国同德国结成联盟，法国人是否将把这视为"安全"，但他又补充说，"这种想法不论是在法国还是在德国都是无稽之谈"[22]。对巴本来说，很典型的是，他在自己的回忆录里引用英国的文件报告时，却删掉这句重要的句子。[23]估计这正好为他的回忆录使用的标题《通向真理之道》进行辩护。鉴于他对麦克唐纳的实际说明，我们就要在这两种解释中选定一种，要么巴本想通过提出一个联盟建议以欺骗赫里欧，要么他想通过把建立联盟的想法说成无稽之谈以欺骗麦克唐纳。"谁当谁的傻瓜?"无论如何，作这样的解释就造成事实上的困难，对此巴本在当时并不明白，他至今还似乎不领悟，他的"无稽之谈"的建议对法国人和英国人来说似乎不得不作为削弱他们联盟的一种企图。巴本的这一行的未经最起码的预先协商就采取出其不意地进行突击的方式，这就够清楚地说明他难以胜任自己的任务。西蒙勋爵(以前是约翰爵士)在其回忆录中写道，赫里欧有一次在洛桑的会议桌旁看到巴本后悄悄地对西蒙说："我越端详这位德国骑兵军官的脸，我就越赞美——他的马。"[24]

英国人在同法国人的谈判后终于相信，完全和逐步取消战争
赔款是不能办到的了。在法国人指出美国人也对取消战争赔款表 497
示自己的疑虑后，对法国人的态度更不能加以指责了。美国没有

参加这次会议，因为它不属于战争赔款债权国之列。但是美国是这些债权国家的债权国，而且它非常担心这些国家对德国的让步会转嫁到它的肩上（1932 年 6 月 9 日国务院声明）。胡佛总统不愿承认在德国赔款和盟国的战债之间存在内在联系，但国务卿史汀生却考虑得要更现实一些。[25]胡佛认为，如果债权国通过裁减军备来弥补由于取消赔款而不得不出现的预算赤字，那么这就可以避免取消盟国的战债。他把这一想法的消息在 6 月 27 日传到了日内瓦。他似乎并未想到取消赔款就会便于德国通过增加军备而准备可能的侵略计划。然而，这种情况恰恰出现了，虽不是马上出现，但在几年之后就出现了。

在洛桑的德国代表团逐渐认识到，完全取消赔款将永远不能实现，而且代表团必须想方设法，避免德国将至少在其经济恢复时期不得不继续支付赔款，虽然这同扬格计划所要求的数字可能相距很远。代表团获得这一认识先于在柏林的同事们。7 月初，牛赖特通知麦克唐纳说，柏林内阁成员在 7 月 1 日会议上一致做出决议，鉴于德国公众舆论的态度，代表团应拒绝今后的任何义务。但代表团拒不接受这一立场。[26]可是，巴本现存却力图对德国这一
498 不可避免的让步通过把它同协约国方面的政治性让步联系起来赋予成功的假象。巴本重弹战争赔款的老调并要求取消凡尔赛和约第 231 条。他还要求协约国承认他在争取德国平等权利的套话下德国在裁军问题上的立场。[27]但是赫里欧断然予以拒绝。他对英国人说，他不会接受政治上的先决条件。他说，裁军是一回事；战争的责任是另一回事，而赔款则是第三件事。[28]如果他同意德国的条件，德国人将在这三件事上欢呼“胜利”。[29]他希望同德国人达成

协议，但他不能接受具有不良声誉的德国的条件。巴本的攻势遭到了反击，他不得不同意放弃那些条件并无条件地承认德国的赔款义务。

关于赔款额问题还进行了反复的长时间的谈判，直到大家一致同意 30 亿马克的数额为止。比数额更重要的是赔款支付方式，即在巴塞尔的“国际结算银行”被委以负责转汇任务。德国政府在该行储存协议的 30 亿马克的有 5%固定利息的长期债券。但银行不得在三年前把这些债券投放市场，即使在以后也只能在银行把债券按至少 90%的汇价下降的情况下抛售。这一汇价是为了保证德国的贷款机构得以恢复正常工作。这项协定批准后，1930 年的海牙协议即扬格计划就随之失效了。

但在 7 月 9 日由全体与会者在洛桑签署的协定上还有一条（暂时保密）的补充条文。债权国政府当然要考虑它们怎么同它们
共同的债权国，即美利坚合众国，进行协议。为采取一致行动，英 499
国、法国、意大利和比利时相互之间达成了一项“君子协定”。按协定，它们相互保证，只有同它们的债权国达成了满意的协议，它们才接受按洛桑协议规定的批准方式。如果达不成协议，那么应该在胡佛延期偿还提案通过前恢复原有的法律地位。它们把这一协议也通知德国总理，但同时也回答了他的问题，如果洛桑协议不得批准，那么将重新召开会议。会议以此结束了。[30]

为了结束赔款这一节，我们不得不先在这里叙述一些后事：同美国的谅解未能达成，洛桑协定从未批准，而且德国对要求赔款 30 亿马克也分文未付。在三年过去之后，有人在 1935 年 6 月写道，在此期间，德国通过协定摆脱了每项赔款的支付。当时，希特勒已上台两年而且在德国又实施全面义务兵役制三个月了。

今天，谁回顾一下洛桑会议，谁就不得不承认战胜国——法国和英国——政府对德国当时的处境表现了很大的让步和极大的谅解。即使洛桑协议实现了，它们也可能会放弃约 90％的要求。同样，不管对巴本和他的方法有什么看法，也不得不承认他在会议上取得一次相当大的成就。但是，如果巴本因此希望自己作为胜利者凯旋而会受到热烈欢迎，那么他就会大失所望。在英国大使 7 月 13 日的一份很有启示性的笔记中，报道了当时德国新闻界的概况。[31]第一句话就点到了德国内政形势的核心：该协议不能根据其
500 本身的实际功绩，而应根据各政党利用它在 7 月 31 日即将举行的大选中所能获得的资本来加以判断。对此，当然只有巴本本人负有责任。正是他在洛桑会议前解散了国会，因而就必然会得出这一看法。过去在大选中涉及外交政策问题时，总是表明最极端的观点占了上风。如果有一个政党说，“我们不愿再付分文”，那么这对其他政党来说，如果它们承认也许在几年后情况好转时至少可以支付一点点，就会有致命的危险。正如霍勒斯·朗博尔德所报道的那样，民社党的报纸趾高气扬地指出，“犹太人报纸”是唯一支持政府的报纸，所指的报纸是《福斯报》、《柏林日报》和《法兰克福报》。这些报纸虽然对巴本有疑虑，但仍努力进行实事求是的表彰。不足为奇的是，希特勒的《人民观察家报》认为巴本是神经质地屈服于赫里欧压力之下的软骨头，并且要求由一个具有较好神经的较强的人来取代巴本。这也不用去问这人是谁就很清楚的了。中央党人的态度很大程度取决于他们对巴本的厌恶感。因

此，巴本竟要求停止出版《科隆人民报》——中央党在莱茵地区的主要机关报——以示报复。布吕宁在布雷斯劳的一次讲话中说，中央党坚持认为，右翼政党要对洛桑协议的批准承担责任。社会民主党的立场也是这样。但没有把它作为实例来检验。此外，左派报纸指出，这一协议属于“谅解政策”这一范畴，并告诫总理应多谢他的前任们，即那些主张同西方取得谅解而备受指责的政治家们。

但是，人们不应当认为，如果没有大选，德国人就会对自己过 501
去敌人的让步做出更多的赞赏。保尔·施密特[32]再次证实，“取消赔款……在德国所获得的赞赏是微乎其微的”。德国人早就决定不愿意再支付战争赔款，而且他们还认为，他们对德国进行战争所造成的损失也不承担什么义务。本来有一段时期德国人完全能够适当地分期支付几十亿马克的赔款，但他们宁肯把钱花在建造大炮和潜艇上。其结果如何，这是人人皆知的了。

如果说巴本因听命于希特勒解散国会而使自己的情绪一落千丈，那么他废除对冲锋队的禁令更表明是一场灾难。拿破仑一世确是一个名副其实的统治者，他非常了解他所提出的这句名言：“军令，反军令，直至混乱不堪。”冯·施莱歇尔将军和冯·巴本总理对于这位“科西嘉*的暴发户”这样的认识并不在乎，可是德意志民族却很快领教到拿破仑的这句话是多么正确！男爵内阁所推行的政策带来了何等可怕的乱子！当然，由希特勒很快恢复的冲锋队和党卫队由于自己体验到政府对他们的退让而大大加强了自

* 指拿破仑，1769年他生于科西嘉岛阿雅克肖。——中译者

信心。他们洋洋自得的情绪不能不严重鞭挞了对手们的情绪。民社党人和共产党人蓄意挑起流血冲突，而且要去探究哪个党经常是侵袭者或是挑动者，这是不可能的，而且也无好处。如果读一读戈培尔在其日记中根据在普鲁士州议会上一次极其令人作呕的殴斗所写下的一段得意的记录，那么就可以对这些殴斗成性的家伙
502 的道德水平有个印象了。[33]这样一种近似内战式的街头殴斗统计结果是，在一个月内死亡 99 人，伤 1 125 人。[34]这却不妨碍巴本政府通过 6 月 28 日发布的一项紧急法令把穿制服禁令归于无效，这项禁令是各州政府为了维持秩序在各州内颁布的。[35]在 7 月 17 日，星期日，大选前的 14 天，在阿尔托纳发生的街头殴斗达到了高潮，在那里游行的民社党人和共产党人射击手之间发生了一次真正的战斗。民社党人举行一次示威游行，通过共产党人的城区阿尔托纳。共产党人认为这是一次挑衅行为，他们就以“自救”方式予以回敬，即从屋顶上和屋子里开枪射击。在这个浴血战斗的星期日，有 17 人死于非命。

阿尔托纳的警察局长是社会民主党人。他允许民社党人和共产党人在这个星期日举行某些集会，禁止他们举行某些其他集会。他不敢禁止民社党人的游行示威活动，因为据说他鉴于中央政府的态度害怕，[36]一项意外的禁令会被政府机构在民社党人的申诉下废除掉。这一态度是否对，还可争议。但无论如何，这给共产党人进行“自救”提供了一个理由，因为他们要向这位社会民主党的警察局长表明，他们比他抵制纳粹分子要强得多。

社会民主党尽了最大努力来恢复秩序。7 月 13 日，社会民主党领导人布赖特沙伊德和韦尔斯在中央内政部长盖尔男爵那里递

交了一份材料，向他通报了形势并说明了禁穿制服令的必要性。[37]
但是，盖尔对重提禁穿制服令不予理睬并给了一个几乎是挖苦的 503
回答，他说维护秩序乃是州政府的事。正是说这话的人却把州政府禁穿制服令归于无效，而且从上到下声称：“对恢复穿制服自由所表示的极大忧虑过于夸大了。”[38]泽韦林还号召人民保持安定。在阿尔托纳星期日发生流血事件后，盖尔不得不通过 7 月 18 日宣布在全国禁止政治性游行示威而至少后退了半步。但当普鲁士州政府的一位社会民主党党员要求恢复禁穿制服令时，内政部长盖尔退出了会场。盖尔、巴本和施莱歇尔都另有打算。阿尔托纳的流血事件看来正是为他们长期策划反普鲁士政府的行动提供了一个合适的借口。

普鲁士的布劳恩政府在 4 月 24 日的选举中失去了多数，它在 5 月 24 日新的州议会召开前夕就宣布下台。这时，州议会不得不选举一位新总理。原州议会还根据民主党议员努施克的提案修改了会议议程，按议程，新选总理必须有议会的绝对多数。但这一绝对多数是无法凑成的。民社党人和德意志民族人民党人大约占有 200 个议席；社会民主党人和中央党人占有约 160 个议席；此外，共产党人还占有 57 席。这 57 票虽可投不信任票和行使其他否决权之用，但既不能为选举一名右派总理，也不能为选举一名左派总理之用。因此，迄今的政府仍不得不暂时继续主持日常事务。在大多数州内，如巴伐利亚、巴登、符腾堡，目前都有这样继续主持日常事务的各个部，它们享有一种有条件的留守的合法性，但肯定不会比巴本的政府差，因为它悬在空中，而且正如不久所表观的那样，它根本得不到国会的支持。

无论如何，奥托·布劳恩从这一状况中得出自己结论。他根
504 据选举结果把自己看作一个“已下台了的人”，而且也许觉得自己不能再依赖他的下属官员了。“在当了十四年部长之后”，他已无乐趣“在这个已沦为下等酒吧间的领导核心组织内把自己置身于议会暴徒流氓式的谩骂之中，因为这个州议会无能去指定一位继任人了”[39]。人们对布劳恩深表同情，但他于 6 月 6 日即布吕宁下台后几天，“出于健康原因”去度假，这次度假被敌友双方视为他辞去了职务，事情这样严重，以致人们不得不怀疑他这样做是否对。事实上他确实这样做了，因为他毫不隐讳地表示了他“再也不回工作岗位的坚定信念”。总理的职务就落到了内阁最老的成员，即福利部长中央党人希尔特西费身上。

巴本上台不久，就谣传四散，说他计划在普鲁士指派一名“全国专员”。但各州政府对此坚决反对，以致他迅速辟谣。他暗地里仍坚持这一计划，并等待有利时机实现这一计划。许多事实说明，巴本因对希特勒承担了约束性的义务而作茧自缚，而希特勒首先把普鲁士的保安警察局视为一种政权的工具，力图要把它从这位普鲁士社会民主党人内政部长手里夺过来。[40]总之，巴本一再企图同新任普鲁士州议会主席克尔（民社党的一位司法书记，后来成为希特勒统治下的普鲁士司法部长）互相勾结干预普鲁士政局的发展，但未能得逞。即使对希特勒不存在这一义务，巴本的指导思想也是基本相同的：他想把社会民主党从其最后的、对它来说还残存
505 的权力地位赶下台，并夺取其警察局。巴本在其回忆录中作了这样的叙述，好像他的目标是阻止民社党人夺取警察局；稍有判断眼光的读者将在书中一眼看穿这是事后的臆造之一，因为在这本题

为《通向真理之道》的书中，这种臆造是举不胜举的。

7 月 14 日，巴本在施莱歇尔将军和盖尔男爵的陪同下，来到诺伊德克拜会陆军元帅兴登堡，据说是向总统汇报洛桑会议的情况，实际上是让总统签署一项新的紧急法令以便他依此对普鲁士政府进行攻击。

巴本在其回忆录中谈到了这一法令出笼的前史，在这里似乎值得重复一下。我从最初发表的英文版作了引证，在后来的德文版中按一位专家考证建议剔除了几处很明显的错误。“当我从洛桑回来后，施莱歇尔向我讲述了他从普鲁士内政部的一名高级官员那里得到的一份报告，根据这份报告，看来往社会民主党人国务秘书阿贝格和普鲁士州议会一名共产党人议员卡斯帕尔之间举行了多次谈判……这两个马克思主义政党之间的一种联盟绝对不是不可能的，而且如果这一联盟一旦建立，它势必形成一种极端危险的形势。”[41]虔诚的读者不得不从这位有远见的政治家那里获得了深刻的印象，因为他一眼看到了对国家的一个巨大危险正在来临，而且挫败了这两个马克思主义政党之间的联盟，他由于其朋友施莱歇尔的杰出的间谍工作而看到了这些最初的兆头。在 6 月 4 日，阿贝格和卡斯帕尔确实举行了一次会谈，但它本身并不能为巴本的童话故事提供素材，因为阿贝格一生从来也不是一名真正的社会民主党人。他自认为是德意志民主党人，而且是属于民主派
俱乐部的成员。当然，他的部长泽韦林确是社会民主党人，但他对 506
这次会谈一无所知，而且巴本在口袋里装着紧急法令立即召见了泽韦林谈话，这时他小心翼翼地也没有同他谈及此事。在施莱歇尔给巴本先生的报告中，所提及的这位“高级官员”就是阿贝格的

亲信、政府参议员迪尔斯*博士，他曾陪同阿贝格参加了同卡斯帕尔的会谈。迪尔斯是自愿向施莱歇尔通报情况的呢，还是服务于施莱歇尔将军的德国大学生联合会成员逼迫他上钩的呢？这还不清楚。直到那时，迪尔斯是民主党人，他同阿贝格一样是民主派俱乐部的成员。根据迪尔斯（而被阿贝格否认）的叙述，阿贝格曾向卡斯帕尔议员和陪同他参加谈判的共产党人国会议员托尔格勒提议，在普鲁士重建一个也许在其他人的领导下的共和制政府是多么必要；如果共产党的州议会党团在选举州总理时对于一位有威望的中央党议员取得一致意见而投他的票的话，那它对此能起到决定性的作用。如果阿贝格真的这么说了，那么他只是说出了任何一个负责的共和派人士所想要说的话而已。但他的建议所含有的唯一的错误是，共产党人根本怀有另一种看法，因为他们荒谬地总是认为社会民主党人是他们真正的敌人，这些难以想象的“革命无产阶级”对维护共和国，即使只是维护法治国家，都没有丝毫兴趣，他们顽固透顶，以致向他们讲理是没有什么希望的。泽韦林的回忆录也表明，社会民主党人和中央党人都对同共产党人结盟根本不抱任何愿望。自6月4日举行会谈起至7月中旬巴本到诺伊德克谒见兴登堡为止，在这期间根本没有发生任何事情，这一情况可能被当作是共产党人的反对态度有了变化；仅仅这一事实得以向
507 像巴本先生这样的人表明，阿贝格的会谈，不管其内容如何，根本没有产生任何后果。尽管如此，巴本不仅在总统面前利用这一事

* 迪尔斯（Diels）曾是戈林的亲信，戈林起先任命他当盖世太保的头子，在1934年4月间，他被希姆莱取而代之。——中译者

实，而且还在二十年后向读者把此事作为最阴暗的事实提出来，这说明这位“政治家”对真理的热爱和在政治上的明智实际上究竟有多少呢？

但是，上述侦察得来的情节对普鲁士采取一次暴力行动所提供的依据很薄弱，所以巴本把这项紧急法令仍保留在口袋里达几天之久。但在阿尔托纳发生星期日的流血事件的消息传出后，他认为主动出击的时机终于已经到来了。7 月 20 日清晨，他把普鲁士的部长泽韦林、希尔特西费和克勒佩尔请到总理府，据称是讨论农业和财政问题。在这些先生们到达后，巴本先生（站在他旁边的是盖尔先生）开始向他们说，按德国宪法第 48 条第 1 款和第 2 款，德国总统颁布了一项新的紧急法令。根据法令，弗朗茨·冯·巴本被任命为普鲁士州的全国专员并授权解除普鲁士州各政府部长的职务。巴本首先对布劳恩和泽韦林使用了这一权力，任命前埃森市市长布拉赫特为普鲁士内政部长。遭到这一突然袭击的普鲁士部长们强烈抗议在国家法上和事实上毫无道理的这一行动。巴本针对泽韦林的讲话回答说，他的行动是以国家最大利益为重的，并询问泽韦林是否愿意把职务移交给布拉赫特。泽韦林答复说，他将只在暴力下让步。[42]

中央政府是决不会在使用暴力上后退的。在针对普鲁士颁发的这项紧急法令之后，接着又颁布了宣布柏林进入紧急状态的第二项紧急法令。施莱歇尔把军事全权授予国防军第三军区司令冯·龙德施泰特将军。全国专员巴本及其帮凶布拉赫特凭借国防军的支持把普鲁士的部长们统统赶下台。实际上布拉赫特只重新任命 508
了一名警察局长和派两名警官到了泽韦林的办公室，这样显示了

一下“暴力”，就迫使泽韦林让了位。为了不让人对这次行动的政治意义产生怀疑，这位全国专员毫不迟疑地将所有不受右派欢迎的官员解除职务，被迫解职的有柏林警察局长格莱钦斯基、副局长魏斯博士、警察局指挥官海曼贝格以及国务秘书阿贝格、施陶丁格尔和克吕格尔。然后，各省政府很快也被清洗了：几乎所有社会民主党人，实际上所有具有共和主义思想的人从各省和专区政府部门被赶下台了。谁只要睁开眼睛看，他就会看到巴本不仅要把德国社会民主党置于死地，而且也要把每个忠于宪法的共和国的人排挤出去。

所有这些都是在一种令人震惊的速度和无力抵抗的状况下发生的，人们不禁要问：难道这必然是这样的吗？难道普鲁士政府没有可能以暴力对付暴力吗？政府不能依靠约90 000人的普鲁士警察吗？难道社会民主党的工人阶级不能像在1920年驱散卡普幽灵那样去驱散巴本幽灵吗？普鲁士的部长们当时对这些问题给予了否定的答复。奥托·布劳恩和泽韦林在他们的回忆录里坚决认为，他们的态度是唯一可能的，而且任何反抗都是毫无希望的。[43]许多历史学家指责了这一态度；这些不经反抗而屈服的部长们由于他们在关键时刻所持的消极态度必然严重地损伤了人们对他们的缅怀之情。

我们认为不能把这些理由，特别是泽韦林所提出的理由，漠然置之。但这些理由使这个最后的实际问题依然不得解决。泽韦林认为不可能举行一次总罢工，这是对的。因为工会很清楚，有几百
509 万的失业工人正等待就业时，工会怎能号召它的会员离开工作岗位呢？不能设想这些失业工人会为了同工会团结一致而去拒绝这

些空着的就业岗位。这不仅因为他们的苦难太深重和太长久地压在他们的身上，而且也因为他们之中的很大一部分人从一开始就拒绝同工会团结一致。无产阶级绝不像传统的社会主义观点所认为的那样在政治上表现得如此坚定，他们之中有几十万人动摇不定，不仅有人向左倒向共产党人，而且也有人向右倒向民社党人，而且他们对工会所表现的无能为力反而感到莫大快乐。一位久经考验的老工会领导人、五金工人协会主席亚历山大·施利克的一封信揭示，即使在工会内部的情况也不是很妙。他在1938年4月给威廉·凯尔的一封信中抱怨自己在协会里的经历。“**我对群众失去了信任**。他们跟着别人鹦鹉学舌，从一个极端走向另一个极端，并轻信资产阶级的和激进无产阶级的报纸对他们自己选出的领袖所进行的任何污蔑……如果是协会的新手，这还能理解。但连工会的一些白发老人不仅参加他们的活动，而且还经常举着造反火炬走在队伍的最前头……”[44]虽然这一叙述并不直接述及巴本政变的时期，但也肯定以此能说明工会对巴本政变的消极态度。因此，同反对卡普暴动而取得胜利的总罢工相比较是不行的，因为那时罢工者获得公众舆论的支持，特别是公职人员的态度对取得胜利作出了很多贡献。可是，现在却谈不上了。现在社会舆论至少也是不一致的了。大部分德国人，其中有许多有影响的人，对摆脱社会民主党的人所作的努力拍手称好，而且如有可能，也摆脱工 510
会。共产党人突然号召举行一次总罢工，这也不能改变这一局面。没有人能相信他们的诚意，因为他们早先就尽力同民社党人和德意志民族人民党人勾结以推翻布劳恩-泽韦林的“法西斯主义”政府，而且他们在它倒台时却又何等地高兴。

然而，普鲁士警察进行一次武装抵抗的可能性又是怎样呢？这样的一次武装反抗在总统的紧急法令和龙德施泰特将军的执行令公布后，可能已构成一次革命行动，而且没有人敢说，警察对按宪法成立的政府的一般尚存的忠诚能否足以支持自己针对中央政府及其军队的一次公开反抗。无论怎样，有人设想，面临灾难的泽韦林可能在柏林政府所在地区召集足够可靠的武装警察使他能以暴力对付国防军的一次暴力行动。肯定地说，这也许是内战的开始。抱有这一乐观态度的人总认为，这样做虽不一定能吓退巴本，但至少可以吓退兴登堡。也许行，也许不行。对于脱离现实的假想可以无休止地进行讨论。事实是泽韦林并不是一名有心能承担一次内战责任的人。社会民主党的理事会的成员也不是这样的人。早在战前，哈尔顿*就以讽刺的口吻向总是自诩为“革命”的社会民主党声称：“在审判室里是闹不起革命来的。”泽韦林预感到灾难即将临头，乃于7月16日同党的理事会讨论是否可能动用警察来对抗国防军。《前进报》总编弗里德里希·斯坦普费尔在会上
511 对他说：“您无权牺牲**警官来显示您的勇敢**。”泽韦林接受这一看法作为自己的看法。[45]但是，这是一种普通老百姓的立场！对这位军人来说，理所当然的是，步兵死于战场，而将军则凯旋而归，实际上在推行普遍义务兵役制的德国，士兵们和老百姓都有这一观点。但是从社会民主党旧学校出来的政治家们都是追求国内和世界和平的人；对他们来说，流血是十恶不赦的罪行。难道因此就指责他

* 马克西米利安·哈尔顿（Maximilian Harden，1861—1927），德国的著名新闻记者和政论作者，写有《战争和和平》和《德国、法国、美国》等著作。——中译者

们吗？当然，不能否认，正是由于这个原因，他们在大街上和在国防部的办公室里面对那些来自左的和右的残暴敌人总是处于劣势地位。尽管有许多理由可以说明普鲁士部长们及其追随的群众所以承受巴本-施莱歇尔政变所造成的被动局面，但他们不作抵抗总是留下了恶名。凡是不战而降的人得不到当代和后代舆论的同情。反动的幕后操纵者轻而易举地扫除了他们胜利进军的最后的巨大障碍，清除了长期建立起来的共和国的最后权力阵地，这就加强了他们及其更危险的继任者的信念，即他们对共和国和共和主义者是无所畏惧的。没有人敢说，是否能通过哪种方式延缓共和国的没落，但是没有人举手阻止共和国的没落这一事实不仅是悲剧，而且也发人深省。

虽然普鲁士的部长们面对中央政府的暴力政变，援引那么多的理由为自己这种消极行径进行辩解，但是这种消极行径仍然是令人不快的。魏玛宪法（第 19 条）为德国建立了最高法院，它主管中央和州之间非私法性质的纠纷（1921 年 7 月 9 日关于最高法院的法律，特别是第 16 条和第 31 条）。[46]这样一次纠纷颇为引人注目。难道面对一次武力政变还有一种重新恢复被破坏法制的正常办法吗？魏玛宪法对此似乎是非常明确地给予了肯定，因此
普鲁士的部长们向德国最高法院（该院特别在院长布姆克博士 512
主持下享有盛誉）呼吁慎重地、但明确地和坚定地解决赋予它的困难任务。

首先，普鲁士政府申请发布一项临时法令，应指令全国专员暂停执行任何公务。经过长期的谈判，最高法院在 7 月 25 日拒绝了这项申请，理由是要求颁布这项临时法令会预示这一争执的最终

裁决，而且按法院常规程序，这样一种预先办理是不许可的。也就是说，这场争执不得不以正式的诉讼程序进行。诉讼程序一直拖延到 1932 年 10 月。政治意义重大的是，普鲁士部长们不再是孤立无援，因为他们获得巴伐利亚和巴登两个州一定程度的支持。这两个州由它们政府各自作为代表，因为它们同普鲁士一样只是还“负责日常事务”。巴本费了九牛二虎之力阻止南德的这两个州进行这样的干预。巴本在发动政变的那天派遣驻这些州的代表、公使馆参赞冯·莱尔斯纳拜会了巴伐利亚总理黑尔德博士，以便向他片面地、歪曲地叙述事情的经过，并首先安抚他说，总统的紧急法令肯定不是反对德国国家联邦体制的序幕。他解释说，普鲁士事件只是一种临时性措施，因为德国总理是一位笃信联邦制思想的人，而且根本没有考虑对其他各州也采取类似行动。黑尔德有充分理由既不相信莱尔斯纳，也不相信巴本，他明确表示，中央政府的行动是非法的，违背宪法精神的，更不用说这些行动在政治上也是错误的。各州显然关心反对这一暴力政变，要不然的话，就
513 会在明天或后来轮到它们自己身上。[47]巴伐利亚人民党主席、政府参议员舍费尔对莱尔斯纳说得更加明确，并指责中央政府按民社党人的指挥棒行事。[48]在这一安抚企图失败之后，巴本于 7 月 24 日召集除普鲁士以外的各州总理到斯图加特开会，并竭其三寸不烂之舌以安抚他们。巴伐利亚的历史学家写道：“他对联邦制的信仰按照普鲁士的传统方法大大夸张了，即如果你到南德去，你就必须尽可能口头上谈联邦制，才能完成你所希望办的事情。所以他声称，从俾斯麦以来，在总理宝座上还没有一位德国总理像他那样是一位彻底的联邦主义者。”看来巴本很喜欢引证俾斯麦的话，因

为他在自己的回忆录里也一再重复这种引证。但巴本能说会道，娴熟地使用伪君子的语调，可是他并不善于取得人们对他的信任，并使他们相信他的忠诚。巴伐利亚政府肯定不会对普鲁士的社会民主党的部长们寄予很大同情，但它很清楚，巴本及其同伙竭力指责泽韦林要对破坏安定负责，这实际上是他们自己屈从希特勒而造成的后果。

直到最高法院审理之前所发生的事件对此提供了更多的血腥
证据。如果巴本、施莱歇尔和盖尔这些先生们对普鲁士情况的分
析正确，那么在普鲁士的流血骚乱就应当随着任命全国专员和撤
掉泽韦林的职务而得以制止。但是，就在(7 月 31 日)国会大选之
夜，柯尼斯堡却经历了一场以民社党人动听的术语所称谓的“长刀
之夜”。民族社会主义的帮派对其政敌竟使用炸弹和手枪进行暗
杀的行动。其中，他们把被全国专员撤职的前警察局长冯·巴尔
费尔德打伤致残，尽管他的极端可恨的敌手也并不认为他是属于
“红色分子”的；他的观点接近德意志人民党。一名共产党的市参 514
议员被民族社会主义的帮派枪杀在床上。这次不能像通常所说的
那样说成是“为了反对共产党的攻击而进行自卫”。

柯尼斯堡的暗杀之夜仅仅是德国各地发生流血事件中最严重的一起。中央政府不得不对此采取一些必要的措施。8 月 4 日至 6 日召开的内阁会议，召集普鲁士专员布拉赫特出席参加讨论，但没有取得任何结果。还在 1933 年希特勒统治时期出版的《舒尔特海斯 1932 年历史年表》写道：“在恐怖行凶、开枪袭击和爆炸暗杀连连发生期间，政府似乎对其宣布的措施表现得犹豫不决。”德国政府在 8 月 5 日甚至认为，可以谈到“普遍安定”已经来临，而布拉

赫特博士……则“归咎于共产党的报纸和领导的有意挑衅，因为这种挑衅加剧了政治上的紧张局势，以致产生暴力行动”。这真是拙劣的诡辩术的一个杰作，因为即使最坚决反对共产主义和共产党人的人，也不得不对此感到气愤。巴本在8月9日，从休假地回到柏林后，政府才决定以一项新的紧急法令对付这一政治恐怖事件。兴登堡仍在诺伊德克。紧急法令是通过电话请求才得到兴登堡应允签字的。兴登堡现在大概相信自己“认为在德国政治上的不同见解之争会以温和的方式进行，并且暴力行动将会停止”的这一信念是错误的。

8月9日反对政治恐怖的法令(《政府法令公报》，1932年，I，403)规定对那些“怀着仇恨和愤激、热中于政治斗争而对其对手采
515 取致命袭击的人处以死刑”，即使这不属于德国刑法的谋杀，也属故意杀人。紧急法令为判处这类罪行规定设立了特别法庭。

紧急法令几乎还未发表，就发生了一起特别骇人听闻的罪行。这虽然不是谋杀，但却属于这一法令所规定的死刑条款。在上西里西亚的波泰姆巴地方，有五名身穿制服的冲锋队员闯入一名叫皮特尔佐赫的共产党员工人住宅，在这位工人的母亲面前把他拳打脚踢，践踏致死，并且通过同样凶残手段把这位工人的兄弟重伤致残。博伊滕特别法庭在8月22日宣判这些杀人团伙为死刑。这次判决无疑是正确的，也是必要的。但是，法庭挤满了由身穿制服的一名冲锋队头目海涅斯所率领的纳粹党党徒，正是海涅斯是政治谋杀的凶手。对其罪行，奥古斯特·韦贝尔曾在1932年2月26日的国会会议上进行了谴责。这伙暴徒在宣判后鼓噪喧嚷，海涅斯甚至大声叫嚷，威胁说这些法庭将受到民社党人的报复。[49]博伊滕法院对于这种显然是破坏社会安宁的勾当却表现得束手无策。这只好留给希特勒在 1934 年 6 月 30 日*把海涅斯弄死了。

如果说，博伊滕事件已够严重的了，那么这事通过希特勒立即亲自给那些被判刑罪犯的那份电报更大大地超越了一般的危害性。电文说："战友们，鉴于这一令人愤慨的死刑判决，我同你们无限忠诚地团结在一起。从这天起，保释你们就是我们共同的荣誉问题。同造成这一判决的这一政府进行斗争乃是我们的义务。"接着为希特勒掩饰的《人民观察家》报还以其骄矜自持的语调号召说："冯·巴本先生，我现在才认识到你血腥的客观现实性……我
们将从一种'客观现实性'的束缚中解放民族主义的概念，博伊滕 516
的判决以其真正的内在实质反对民族主义的德国。冯·巴本先生以这一判决利用德国战士的鲜血把自己的名字载入德国史册。现在长势茂盛的幼苗将再也不能容忍惩罚来窒息。为挽救五名战友的生命的战斗开始了！"

如果这种无稽之谈有什么内容的话，那么这只能被视为对法治国家的根基的一种宣战罢了。所以，希特勒反复所说的"合法性"的真实含义就是这样。对于负责的人看来，难道毫无顾忌地执行这一判决的必要性不比通过拥有几百万人的一党领袖的这种反叛叫嚣更清楚吗？但才在普鲁士政府面前装扮为强人的巴本却缺少勇气去对抗希特勒的愤怒。正是所谓为了维护安全和秩序在普鲁士安插全国专员的同一个政府，现在卑躬屈膝地在 9 月 2

---

* 1934 年 6 月 30 日希特勒制造了血洗冲锋队头目罗姆等人的事件，海涅斯在这次事件中丧命。——中译者

日赦免了在波泰姆巴那些被判处无期徒刑的杀人团伙，这当然无异于许诺释放他们，希特勒将能上台。德国任何一届政府还从来不曾公开地向政治恐怖这样低过头。连对任何行动自鸣得意的巴本也不得不在自己的回忆录里承认，这次赦免是一个“严重的政治错误”。[50]

这样，巴本对普鲁士所搞的暴力政变的理由在几个月后就公开露出其破绽来了。但在最高法院面前，巴本的代表们重弹老调。审理持续进行了六天，在审判中，双方的每一方代表都得到德国各大学法学教员的支持。最高法院在 1932 年 10 月 25 日宣布裁

517 决。[51]这项裁决在“这一方和那一方”都未能满足这一希望，即一项严重政治纠纷通过法律程序得到澄清。有人把这次判决称之“所罗门式的[*]”。[52]但这一比喻只有在这位聪慧的国王让刽子手把两个妇女争执的孩子劈成两半才是确切的，而国王基于自己对女性心灵的了解预知，真正的母亲是绝不会让孩子死去的。德国最高法院的所作所为实际上是分裂了普鲁士的政权，其方式就是在理论上虽承认撤销普鲁士部长们是不合法的，但不予实际上的帮助。

兴登堡的紧急法令是以德国宪法第 48 条第 1 款和第 2 款为依据的。法院明确驳斥对第一款的引证，因为这一款是以侵犯对国家应尽义务为其前提的。法院在仔细调查中央政府所提出的指责后确认并不能够证明有违背义务的现象。法院的这一确认是对巴本的一次沉重打击，因为他恰恰公开强调这一点是兴登堡法令

---

* 所罗门(Salomon，公元前 965—前 925)，古以色列王国国王，大卫之子，以智慧著称。——中译者

的基本动机。

但是，法院对待第二款却持另一种态度，因为第二款赋予德国总统有权“在德国的公共安全和秩序遭到严重破坏或危险时”，作出为恢复公共安全和秩序所必要的措施。法院肯定了这一先决条件，其理由是该项法令是在各大政党相互敌对、充满斗争的这一时刻公开发布的。最高法院用以下的话回避了最重要的问题：是否有必要为镇压这些冲突而通过紧急法令采取行动对付普鲁士，也就是说，是否任命全国专员才是一种适当的途径。法院的话是这样写的：“德国总统**可以**在这样的形势下在考虑自己应尽义务之后认为有必要为此目的不仅将普鲁士的政治权力机构掌握在中央政 518
府手中，而且将整个政权工具为有利于德国和普鲁士而集中于一人之手，并使德国和普鲁士这两个政府的政策联成一体。”最高法院还不惜使用这些危险性的、难以令人信服的字句。法院说：“在这方面，如果危险形势至少由于德国政府自己的内政措施而引起的说法是确实的话，那么情况就很难会有所变化。”对这句话，不论从法律角度上如何理解，在政治上却为那些不择手段进行极端行为大开了绿灯。最高法院认为，说这项紧急法令是在巴本和希特勒协议基础上颁布的，这是未被证实的。但是它认为有权声明，即使是这种情况，也不能得出这一结论，“法令所采取的措施不是为了恢复公共安全和秩序而是为了其他目的”。法院以极其广泛的含义解释总统所采取的行动自由权，并不把总统法令授权全国专员攫取“并不直接属于建立公众政治或维护公共秩序范围内”的那些普鲁士各部的事务视为违反宪法的行为。

德国最高法院在这样把普鲁士政权的核心交给总统支配之

后，它给这些被撵走的普鲁士部长们所留下的仅仅是外壳而已，因为法院对他们说，这项法令只有在它干预了德国宪法条例后才是违背宪法的，因为这些条款对总统独裁权力来说是不可侵犯的。宪法第17条保证各州可以拥有自己独立的政府，而且只有州政府才有权在德国参议院中代表本州，因此法院声明，“这一法令剥夺了普鲁士内阁及其内阁成员在国会、参议院或其他全国机构，在州
519 议会、州参议院或在同其他各州的关系中的代表普鲁士的权利”，因此，该法令被视为是无效的。

人们不会抱怨普通百姓不习惯这些拐弯抹角的想法，并用简单的句子表达这一判决的意思：普鲁士部长们仍是部长，但他们不再拥有任何权力了。对此应当理解的弗兰茨·冯·巴本显然至今还没有理解到，因为他认为自己有权向英国读者说明，德国最高法院宣布总统和他所采取的措施是完全符合宪法的。[53]如果他理解了这项判决而仍然这样记录，那么他就不负责任地违背了他在《通向真理之道》一书中所作的诺言。也许他根本没有注意到最高法院极其谨慎地也只宣布了一句话，即总统正确运用了他的决定权。因此，人们不得不明确告诉这位德国前总理，即使有了1932年10月25日的判决，他的政变行动仍然是一次政变，因为一名不负责任的冒险家滥用了一位年老体弱的老人发动了这一政变。格勒纳用“马鞭方法”这个词形容巴本反对普鲁士政府的行径。他在1932年11月29日给施莱歇尔的一封信里就有这个提法，以此他非常明确地、但和善地回答了他以前的这位“义子”的辩解意图。格勒纳在这里写道：“通过暴力消除德国-普鲁士二元制的企图是一种愚蠢……必须停止使用这种马鞭方法。希特勒也能这样做。

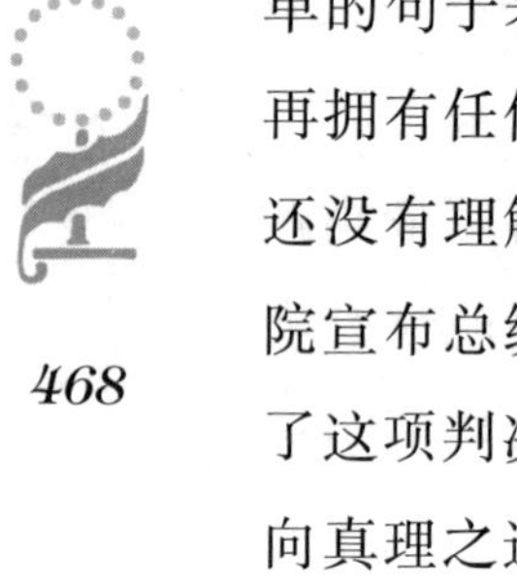

我们不需要您这样做。"[54]

从纯法律观点看,这项判决当年说服不了大多数批评者,更不能说服二十多年后的今天的读者了。正如这项判决所作的那样, 520
这就给了总统这样大的、广泛的特权,这根本不是魏玛宪法的本意。我们不想对做出这一判决的那些法官,特别是那位经历丰富的最高法院院长,责备他们不公正。但是,我们不得不怀疑他们是下意识地受制于自己对兴登堡这个人的顾虑。他们不愿因为宣布他的整个行动违背宪法并由此也许引起难以预料的国家危急,从而伤害这位老人。今天,显而易见的是,没有再比三个月以后实际发生的情况更恶化了。

这项判决可以说是"实施宪法权力的悲剧"的一例,因为它在实质上并不能解决"在政治观点上根本对立的两个政府之间的一种主要政治斗争"。[55]我们认为,这种绝望的结论是错误的。一名法官必须能够正确解释宪法和其他法律,不需要左顾右盼,迟疑不决。当然,要体现出莎士比亚在《亨利四世》中大法官勋爵身上所体现的那种伟大传统,这也许要几百年之久。这位英国大法官告诉年轻的国王说,他不惜逮捕王位继承人,因为他敢于

> 从你威风的宝座上撕毁正义,
> 翻倒法律的轨道,使利剑失去锋刃,
> 因为它庇护你们的安全和和平。

这一判决以后的发展情况很快传开了。普鲁士部长们再次努力,至少达到恢复了他们原有地位,从而对法庭表现了自己的尊

敬。奥托·布劳恩为此目的同总统进行了谈话，巴本作为总理在场。谈话没有结果。普鲁士总理布劳恩竭力使兴登堡明白自己面
521 对最高法院的这一裁决该做些什么，但这些图谋被巴本圆滑的插话而失败了。奥托·布劳恩写道[56]："德国总统对这一争执显然感到不快，他对此事的相互联系也几乎不理解；他认为普鲁士和德国应是一体。这大概就是人们争取他支持这一暴力政变的流行语。"最高法院已明确说过，这一政变并非按照宪法第48条的办法进行的，但兴登堡对此却听而不闻。

奥托·布劳恩对这次谈话补充说："我很长时间没有见到总统了。在这次谈话中……兴登堡给人的印象变得非常苍老，以致我对这一法令的气愤情绪被对这位老人的同情抑制了，因为他出于责任感再次承担了总统的重担，现在又被这批无耻之徒卑鄙地利用。"

这位令人同情的白发老人是当前德国留存的、基于一种明确的人民选举而具有合法性的唯一权威，而巴本的合法性只是因在国会上表示过的、但建立在令人震惊的不信任投票基础之上的。这在下面还将提到。

巴本绝不会由于最高法院的判决而对普鲁士停止他肆无忌惮的行径。10月31日，巴本以全国专员的名义任命普鲁士各部的所谓副部长。实际上，在判决后就不该任命这些职务即部长了。被任命的人，其中包括前全国财政部国务秘书波皮茨教授，都接受了这些职务。对新当权者不受欢迎的官员继续被清洗。巴本先生也许把加强德意志民族法律观念并显示他自己对"基督教世界观不可变更原则的"信念作为正确的道路。

现在，我们回顾一下1932年7月31日的国会大选吧。不论人们对这次选举如何评论，有一点是一目了然的：这次大选对巴本政府来说是一次惨败。任何一届政府为获得一个听命于自己的国会总是不惜为此目的解散国会。巴本所喜欢引证的俾斯麦在1878年和在1887年就是这样做的。但巴本把新的国会和他在7月解散的国会相比，连他自己也不能不承认其前途很不美妙。选举最引人注目的是，民社党人的选票和议员的席位增加了一倍。民社党拥有1 370万选民，它在国会总共608名议员之中拥有230名。这样，施莱歇尔和巴本计划通过吸收民社党人参加由总统亲信领导的内阁，以教育他们负起政治责任，但这一计划由于选举结果而告吹；现在人人都能估计到希特勒已不满足于在政府中充当第二把手的地位了。谁能想象希特勒会把第一把交椅让给议会党团已减至只有37个席位的德意志民族人民党的领导人？巴本自以为这次选举将会粉碎自己肆意攻击的社会民主党，但对他来说未能做到这点。社会民主党的议会党团仅减少三人，依然回到了国会。对这位总理来说，连对这一微小成果的喜悦也不得不由于共产党人的议席从78个增至89个而被冲走了。中央党并未因为其以前成员的背弃而使自己遭受任何损失，该党不仅赢得了选票，而且在国会的议席也从19席增至22席。 522

另一方面，中间党派的前景暗淡，在自由的中间派中仅剩七名人民党和四名国家党人（其中包括特奥多尔·豪斯）。持自由思想的人在德国已处于少数地位。同样，经济党从21名议员减至2名。那些不能显示权力的政党已丧失吸引力。几百万选民被民族社会主义的浪潮冲走了。 523

这个曾被热情洋溢的文笔先已赞赏的巴本的“新国家”究竟是怎样的呢？德国总统在争取政府摆脱党派束缚方面取得了什么样的成就？盖尔部长想利用 8 月 11 日庆祝魏玛共和国宪法十三周年的时机宣告他所认为必须实行的“改革”。那些想为这些改革尽力的力量又在哪里呢？巴本通过对希特勒考虑不周的恩爱所能换来的，只是他不得不同希特勒再次进行谈判。但是这次谈判的条件远不如解散国会前那样有利得多了。

会谈在 8 月 10 日至 12 日举行，以确定在 8 月 13 日下午总统同希特勒进行一次会谈。巴本及其同伙提出各种建议，寻求解决难以解决的问题，这就是以对待一个仿佛不是极权主义的党的方法来对待一个极权主义的政党。甚至中央党也参加了这出戏，尽管它提出的条件是民社党应把它作为平等伙伴被接纳加入一届政府之内。所有这一切都归于失败，因为这不可能达成任何结果。希特勒坚持这一立场，即它只能符合他个人和由他领导的运动的要求。希特勒要求政府的领导权，此外他要攫取整个国家权力。但这位白发元帅是不愿退位的，而且人们能够想象到，不会自愿让出总理的位置的巴本无疑会更加坚定兴登堡的这一立场。在兴登
524 堡和希特勒之间的会谈中所产生的分歧是非常清楚的，官方发表的公报显然把存在于作为全体人民代表的总统和作为一个政治运动代表的希特勒之间的矛盾和盘托出了。公报说：“总统询问希特勒，他是否愿意独自或同其他合适的民社党人一起参加由巴本总理领导的政府。希特勒表示不愿参加，并要求总统将政府的领导权和全部国家权力完整地交给他。兴登堡总统坚决拒绝这一要求，并说明，他的良知和他对祖国的职责都不允许他把政府的整个

权力完全交给力图利用政权营私谋利的民族社会主义运动。”这一公告后来还通过以下通告作了补充，通告说，希特勒“要求取得像墨索里尼进军罗马后所占有的这一地位”。民社党人在他们的文章中否认希特勒曾要求“接管政府的全部权力”。我们在看到了希特勒政府实际上的所作所为之后，今天再来谈希特勒是否明确提出这一要求的问题已无任何意义了。非官方还透露，总统向希特勒表示，他愿意并且有能力来回击任何使用暴力重新调整权力关系的图谋。新闻界人士对此评论说：这位陆军元帅对这位“波希米亚下士”毫不含糊地大声疾呼，“希特勒先生，**我要开枪了**”。

几百万德国人看到这位老总统似乎还有力量遏制这位渴望权力的蛊惑家后，感到松了一口气，但他们却想不到他只几个月后就
要突然变卦。希特勒对兴登堡向德国人民公开了这件事怒不可 525
遏，这是不言而喻的。但他想到他的庞大的选民队伍和送进国会的整营议员却对自己的事业更加充满信心。清算的日子为期不远了。按宪法规定，国会的第一次会议最迟在大选后的第 30 天召开（第 23 条第 2 款），于是国会定在 8 月 30 日召开会议。

一开始新国会似乎像希特勒所希望的那样发展。当然，民社党人不能阻止共产党人克拉拉·蔡特金*作为老议长主持国会开始前的组织工作，也不能制止她以嘶哑的声音表达她对建立一个苏维埃德国的信念和希望。民社党议员们在会议期间所保持的模范秩序，表明他们已接到命令，避免采取任何骚乱行为，以使政府

---

* 克拉拉·蔡特金（Klara Zetkin，1857—1934）时年已 75 岁。按国会程序规定，年纪最大的议员，不论其所属党派，要主持国会正式会议前的国会组织工作。——中译者

没有任何借口再次解散国会。但进入选举主席团后，按国会多年的惯例，议长总是由最强大的议会党团担任，因此就肯定要选一名民社党人当议长。戈林以 367 票当选，而迄今的议长勒贝只有 135 票，共产党人托尔格勒只有 80 票。在选举副议长时表明，迄今通常对反对派官员的宽容态度突然消失了，没有一名社会民主党人被选入主席团。戈林匆忙在发表就职演说中明确向政府表明，政府没有任何理由解散这届国会或者只是发布新的紧急法令。戈林说："我向整个德意志民族说，……我当选议长清楚地表明……国会拥有具备工作能力的绝对多数，因此绝无必要实际存在一种合法的紧急状态。"

526 虽然戈林的这一开幕词的矛头主要是指向德国总统的，但他仍利用在 9 月 8 日通常接见国会主席团成员的机会，当着总统的面直接地重复了这一讲话。由迈斯纳陪同的兴登堡反驳说，国会主席团不是政治机构。但正如在德意志民族人民党人国会副议长格雷夫讲话后所表明的那样，在主席团内部也是存在分歧的。格雷夫的讲话不仅附合兴登堡总统的观点，认为国会主席团不必向总统提出任何政治性建议，而且他还把戈林的说明看成是议会主义的一种倒退并指控民社党人连同中央党一起企图再次玩弄老的"联合政府的游戏"，这将意味着"一种绝对的倒退"。他在发言中大力支持巴本内阁，因为它特别自 8 月 13 日以来比过去更加决心推翻希特勒。在德意志民族人民党人和民社党人之间的矛盾虽未表现得更加明显，但哈尔茨堡阵线看来已彻底摧毁了。

在向总统介绍国会主席团成员时，总统已用一项紧急法令表明他决心不理睬戈林的警告。9 月 4 日公布了一项内容广泛的

“振兴经济”的法令，这项法令是巴本几天前在明斯特举行的威斯特法伦农民协会一次会上草拟的。这项法令是从基于许多事实提出的看法出发，认为经济危机已处于谷底，以致人们能够考虑逐步重建的工作。促使私人经济重新振兴的主要手段是发行一种“税收证券”，把纳税人于 1932 年至 1933 年所支付的销售税、营业税和土地税中的 40% 作为“税收证券”交给纳税人。在 1934 年至 1939 年期间，这些证券可作为国家收税折价收进，但在此期间，这种证券作为“新开业的基本贷款”并可在交易市场进行交易。为了 527
鼓励工业家雇用新工人，他们在这种情况下有权为增加新的工人而降低工资，[57]这就是说，他们可以把工资低于生效的劳资协定规定的工资数。这可满足雇主愿望，因为他们总是抱怨说，法定的劳资协定已使私人经济停滞不前。但这当然会引起工人、工会会员和社会主义政党的最强烈的抗议，因为他们把每一次侵犯劳资协定的自主权都看成是闻所未闻的、极端危险的倒退。这在戈林定于 9 月 12 日召集的国会会议上就立即表现出来了。

总理原想利用这次会议全面阐述他的政策。但在进入国会议长在 8 月 30 日所宣布的议程之前，共产党人托尔格勒提议改变这项议程，而且首先要求不经讨论就对取消 9 月 4 日紧急法令和对巴本政府的不信任提案进行表决。如果没有议员提出异议，这一议程的改变才能成立。在元老院里已出现了这一异议，那就是由德意志民族人民党议会党团主席奥伯福伦提出的。但当戈林在会上问大家是否有异议时，全场鸦雀无声，于是戈林满意地宣布没有人反对，从而决定了改变议程。如果说共产党人在这一意外的转折时刻叫喊“这是胡根贝格的炮弹”，那么他们是有道理的。德意

志民族人民党的铁腕人物显然体会到，在国会对不信任提案表决前，政府立即想解散国会，而且由于这符合胡根贝格的愿望，故他指令他的追随者不提异议。但他没有预计到，这一小算盘也有漏洞。弗兰茨·冯·巴本随身却并未带着总统解散国会的命令。怎
528 么会发生这样的事，这还不完全清楚，但无论如何对这位靠吃政治饭的绅士骑士巴本来说总是发生了这件倒霉的事。另一件不幸的事件得到了避免，原因是在民社党人似乎对当时应持什么态度还未作出决定的情况下由弗里克提出休会半小时的提议，并且在中央党的帮助下这项提案得到了通过。

由于有半小时的休会时间，巴本才得以使自己取得总统的解散国会令。这项解散令是在诺伊德克炮制的。兴登堡在那里停留到 9 月 7 日。在解散令上，“诺伊德克”被划掉，改为“柏林”。在宣布会议重新开始时，这位总理面带胜利的微笑，把自俾斯麦以来制作的装有解散令的著名红色公文包放在自己面前的桌子上。但是，巴本在艰难地克服了第一个障碍之后，在第二个障碍上可耻地绊倒了。现在在弗兰茨·冯·巴本和赫尔曼·戈林之间的政治斗争已成了一次赛跑。这一方想在表决对他的不信任提案前宣读解散国会的命令，另一方则想用绝对有把握取胜的不信任提案给他制造困难并制止他解散国会。但事实表明，这位退役的飞行上尉比这位退役的骑兵少校，如果不说是在机灵的程度上，无论如何在卑劣无耻之心上，有过之而无不及。

巴本作为总理在任何时候都有权在国会上发言（宪法第 33 条第 3 款），即使未经讨论而进行表决时也有权发言。这也是他的打算。但主持开会的戈林即刻宣布：“我们现在进行表决。”他说完就

向左看看，故作姿态，因为他知道坐在右边的巴本总理要求发言。巴本立即站起来，要求发言，但戈林拒绝他的发言要求，并在民社党人和共产党人的热烈掌声中宣布：“我们进行表决。”在大厅一片 529
大混乱中，这位总理走到议长座位前，把解散国会令放到戈林面前。戈林对此令视而不见，用手势推在一边。国务秘书普朗克又试图把解散令塞到戈林的鼻子下面，仍然无济于事；这样巴本没有别的办法，只好率领他的全体内阁成员离开会场以示对议长的做法表示抗议。在此期间，表决继续进行，戈林满意地宣布以 512 票赞成对 42 票反对和 5 票弃权通过了取消紧急法令的动议和不信任提案。最后，他才低头拿起解散令，但只立即宣布，该令无效。戈林说该令是由总理和内政部长盖尔连署，而这两人“通过刚才通过的不信任提案已被视为倒台”。他还威胁说：“我决心既要维护国会的威信，更要维护德意志人民代表的权力，按照宪法继续工作。”

无论如何，戈林作为魏玛宪法的忠诚卫士的表演已淋漓尽致，而巴本所扮演的角色也丑态百出。巴本作为唯一从未在国会发过言的德国总理而载入了史册，而且他也只有一次力图发言，却未能得逞。他不得不逐渐领教到自己同什么样的对手打交道，并且以后该怎样去迎合他们。在这里不再多谈，在这两人之间主要以书信方式进行的法律争执，而且在争执中双方相互指责对方破坏宪法的行为。戈林认为通过了不信任提案因而解散令已归于无效的论点当然是站不住脚的。对此，他本人在书面上和口头上最终也是都承认了的。这样，国会仍然解散了。新的选举定于 1932 年 530
11 月 6 日举行。社会民主党一开始就拥护了这一立场。

总理和总统根本就无视国会 9 月 12 日的决议。9 月 4 日被国会否决的紧急法令依然有效。在施莱歇尔政府统治下和在新国会谈判(12 月 8 日和 9 日)之后，紧急法令的社会政治部分才在 12 月 4 日和 17 日被取消。德国政府不管这一不信任提案的通过并未下台，而是照常继续“执政”。但即使不信任提案在法律上并不产生什么后果，但在政治上却不能从人们的心中抹掉它的影响。对巴本及其同事们所表示不信任的 512 张票如今像支持他的极小少数派一样由官方记录在案。换句话说，现在不容置疑，德国还从未有过一届政府会像这届由男爵和预备役军官组成的政府那样达到如此孤立的地步。但是这些“绅士们”竟没有一个人对此承担什么后果。也许他们还想通过新选举能获得一个多数，但是在德国已不再有人认为这是可能的了。

这个内阁的政治主张是：它只要得到总统的支持，国会的意见就根本不在话下。这一态度在由巴本和盖尔连署的总统解散国会令中尤其清楚地表现出来了。它说明解散令所以有必要，是“因为存在着国会将要求取消我 9 月 4 日紧急法令的危险”。首先这种说法是不能接受的，即一个国会行将做出的决议的“危险”能足以说明国会解散的理由；这样人们不得不提出理由，总统按宪法第 48 条所采取的紧急措施只能被视为**临时**干预手段而考虑的；因为按宪法同一条款，这些紧急措施“可在国会要求下宣布为无效”。
531 以这一理由而实施解散国会令也意味着德国总统想利用他个人权力把临时措施变为长期措施。换言之，德国总统想通过宪法使他的地位从享有有限权力的立法者改变为享有无限权力的立法者。这难道还是恪守宪法的态度吗？

但谈了上面这一点后，还不得不谈及另一方面，即忠于祖国的那部分人民也振振有词地欢迎解散国会。1932 年 7 月 31 日选举所成立的国会是一个根本不可能为积极目标服务的产物，以致它的迅速完蛋是令人高兴的。如果说民社党人在国会里仍未取得自己希望的多数，但他们的势力已迅猛增长为一支强大力量，使大家有充分理由害怕他们可能在这届国会较长期持续存在过程中会夺取兴登堡在 8 月 13 日拒绝给予希特勒的整个国家权力。这意味着什么危险呢？对此虽然只有极少数人才能明白，但一般的人对纳粹上台的可能性已深感不安了。

在新选举这些天里又发生了一件事，这事把民社党人的肆无忌惮和危害性充分暴露在光天化日之下。市属**柏林运输协会**鉴于严重的经济萧条想在同工会谈判新的劳资协定中必须降低计时工资。大部分职工要举行一次罢工来作为回敬。但是对进行一次罢工所必需的表决未达到规定的在职人员的四分之三多数。尽管如此，共产党的“革命工会反对派”仍决定罢工。在仲裁人于 11 月 3 日宣布裁决具有约束力之后，一般工会拒不参加罢工。可是，意外的情况就发生了；民社党人的企业组织决定参加罢工运动，并同共 532
产党人一起组成罢工领导小组。实际上，这一领导小组的组成符合这样一次罢工的野蛮性。为应付这次紧急状态下的交通，柏林副市长埃尔扎斯博士进行了准备工作，很多志愿者参加了这一工作，但这些计划被共产党人和民社党人的暴力所阻拦，因为他们不惜制造血腥暴行。戈培尔在他的日记中对当时洋洋得意的描述暴露了他政治思想的虚伪本质。他写道：“在柏林，电车和地铁中断。公众同罢工者表现出出奇的团结一致。红色报刊夺取了每一种反

对我们进行煽动的工具……[58]工会竭力通过破坏手段扼杀罢工。我们处于一种确非令人羡慕的境地。很多资产阶级阶层对我们参加罢工感到震惊。但这不是最重要的。我们以后可以很容易地重新争取这些阶层。但如果我们一旦失去工人，那么工人就将永远离我们而去了……罢工的工人采取积极的恐怖行动反对破坏罢工的人。在城里，电车轨道被撬起，人们用石块袭击偶或行驶的电车。大批人已受了伤……[59]工会从背后袭击罢工工人。如果罢工失败，那么这应归咎于工会和它们所豢养的头目……在韦丁区和新克尔恩区发生了残暴的街道殴斗。交通已全部瘫痪，柏林已变成一座死城。我们的人当然在柏林所有市区夺取了罢工的领导权。这是唯一的办法。既然你们干起来了，那么你们就得努力去干！”[60]

这就是民社党人在“夺权”后立即镇压罢工并使工人不再可能举行罢工的宣传头子的看法。有人认为，戈培尔在1934年出版他
533 的日记前在时间上作了修改，这一看法是颇有道理的。

罢工当然失败了。在11月6日选举日过去后并以希特勒失败和共产党人的胜利告终后，民社党人对继续罢工的兴趣已消失。而且罢工领导小组在次日中断了罢工。但右翼的和左翼的激进分子兴高采烈地在一个选举日使柏林居民的公共交通陷于瘫痪了。

11月6日选举最轰动的结果是民社党人的选票减少了200万张，从1 370万张选票下降到1 170万张。虽然该党以其196名议员在国会仍是最强大的议会党团，但认为该党的进展不可逆转和不可战胜的神话却被打破了。相反，人们所获得的印象是，民族社会主义运动已达到了高峰并正在走向下坡路了。在所有选区的选票数字即使出现在不同程度上的下降，[61]这一下降肯定不是由局部原因，而是由普遍性原因所造成的。难道德国选民开始理智点了吗？如果真是这种情况，那么希特勒8月13日在兴登堡那里的碰壁，以及德国总统公开谴责希特勒要求接管全部国家政权，肯定会对此起了促进作用。我们也可以认为，民社党议长在9月12日国会会议上违反所有良好传统而采取对德国总理的非礼待遇使很多选民，特别是右翼选民，感到受了侮辱。对此可以说明的是，德意志民族人民党人的选票从210万增至300万张，因为它是在国会会议上唯一支持德国总理的政党。该党在新的国会里拥有的议席从37增至51席。我们大概也可以认为，巴本以其税收证券和低标准工资的经济政策看来比民社党人的经济政策更吸引许多对经济生活感兴趣的选民，因为民社党人的经济政策虽然许诺莱

茵地区的工业家可望摆脱工会的束缚，但该党在柏林却参与反对 534

一家公共企业单位的倒行逆施的罢工。在这方面，巴本肯定参与了并取得了成果，并且应该认为巴本使希特勒遭受的失败要比任何人所预料的要大。但共产党人的选票增加70万张，使该党组成达到100名议员的强大议会党团。社会民主党人减少了许多选票，而且现在不得不只有121个议席了，巴本对此是否会感到一点安慰了呢？中央党和巴伐利亚人民党也减少了选票（各减少30万张和10万张）；德意志人民党的选票相对增加（从43.1万增至65.9万张），反之，国家党的选票比7月选举时的37.1万张少了十分之一。

国会最重要的一个任务是组成一个现政府赖以依靠的多数派。但11月组成的国会不比解散了的7月组成的国会更有提供

依靠的能力了。巴本政府在国会组成不了一个多数派这一点已是明明白白的了。巴本以其罕有的熟练技巧得罪了一个又一个的政党，以致各政党对他的厌恶情绪甚至超过了对他们当然敌人的仇恨，所以国会对此也无能为力。如果说德意志民族人民党人和德意志人民党人被看作巴本可以依靠的政党，那么把这两个党的议席加上去的席位总共也不过62席，只占全部议席(584席)的十分之一强。其余十分之九的议员虽然相互角逐很烈，但他们的共同目标是驱逐巴本及其男爵们。对此政府也承认，并声明，新的选举对政治局势不会带来实质性的改变。如果说声明认为政府无意改变或偏离它迄今执行的路线，那么这只能说明政府从这两次国会
535 选举中以及从压倒多数通过的不信任提案中并未吸取教训，而且依然坚持悬在空中的总统内阁思想，因为这个内阁像冯·闵希豪生[*]男爵抓住自己的辫子把自己从泥潭里拉出来的方法那样纯属虚幻。

但是，在这届新的国会里根本看不出会有一个具有行动能力的多数。占有一个微弱多数的唯一的组合是总计有296席的民社党人和共产党人的组合。它的力量足以通过一项不信任提案，但要执行一项共同政策当然是无能为力的。这两党的任何一党不会同其他政党联合组成一个多数派，即使民社党人同中央党人和巴伐利亚人民党人的联合也还差几票组成不了一个多数。更谈不到组成从前所谓的"哈尔茨堡阵线"那样的多数了。中央党人同它以

---

* 冯·闵希豪生男爵(Freiherr von Münchhausen，1720—1797)，德国乡绅，以擅讲故事闻名，著有《闵希豪生男爵的奇遇》。——中译者

前所有的盟友组成大联合也只能组成没有希望的少数。德国选民却顺利地选择了这样的国会，它庸碌无能而只会讲“不”。

巴本和盖尔在国会选举前力图以改革派部长的身份向德国人民自荐，因为这项改革旨在摒弃魏玛宪法的缺陷并建立比较稳定的关系。盖尔部长利用“柏林新闻协会”在10月28日举行的一次宴会来陈述他的改革纲领。他虽然给人以认真地对问题的印象，但仍然停留在准备工作上。首先，他对如何实现改革计划的每项任务没有明确的提示。无论是巴本还是盖尔，都不是能唤起开展一场广泛的人民运动并使之逐步实现自己目标的政治家。相反，如果说有人对他提出的好建议挑起反对意见的话，那么这个人就是巴本。

年迈的兴登堡此时也看透这届内阁的前景渺茫，但他仍抓住 536
忠于他的巴本不放并委托他在11月10日同一些政党领袖会谈，问他们愿不愿意和多大程度上准备支持政府实施其纲领。很快表明巴本这个人是进行任何合作的最大障碍。他要么吃闭门羹，要么大门在大声斥责下打开，叫人不得不逃脱。社会民主党议会党团在11月15日做出决议，拒不接受总理邀请参加会谈。我们对产生这一决议的情绪是很理解的，但不能不指出这一决议是一个错误。这句古老谚语“缺席者总是理亏”至今有效。在11月大选中未能获得议席的威廉·凯尔称这项决议“在政治上不那么明智，从此不仅切断了同总理府的联系，而且也切断了同总统的联系”[62]。他正确地指出，即使有那么多人打心里反对巴本，因为他贪婪地抱住总理的职位不放，但他是在希特勒道路上的一块绊脚石。可是，社会民主党人遗憾地在当时和在几周后都未能理解到

当务之急是不让希特勒取得政权，应把所有合理的仇恨都应从属于这个目标之下。

巴本在中央党那里受到的接待也不比在社会民主党那里热情。卡斯和约斯向巴本递交了一份备忘录，以寥寥几句话要求巴本下台。中央党领导人虽然认为“组成一个政治力量共同体以实现在危急情况下的合作共事”实际上是“完全可能的”，但他们又补充说，这一共同体“在当前的政治领导下和在现今的内阁范围内是
537 被排除了”。这就是清楚地说：“巴本下台！”而且人们可以想象到卡斯用这份备忘录回敬巴本6月2日的毁约该是多么高兴。假如预期胡根贝格和丁格尔戴给巴本以支持，那么这对巴本来说又有什么用呢？这样，巴本给希特勒写了一封私人信件，尽管希特勒在这次选举中遭到失利，但他仍控制着国会最强大的议会党团。但是，希特勒害怕重复8月13日的那次事件，因此拒绝进行口头商讨，怀疑巴本是否具有诚意；他只愿意进行书面商谈。[63]

这样，巴本就无法执行总统委托他的任务。更糟糕的是，他自己的内阁不再团结一致地支持他了。在11月17日的内阁会议上，施莱歇尔建议内阁集体辞职，以便使总统自由地同他新选定的总理进行个人谈判。这一建议完全违背了巴本的愿望，因为他想一直保住总理的职位。不过，巴本不得不认识到，要实施自己日益明显要用武力解决的计划，如果没有国防军是不能实现的，而且国防军当前掌握在国防部长施莱歇尔将军手里。至少有一部分部长看来也站在施莱歇尔这一边。这样，巴本妥协了，并接受了国防部长的这一建议。这一意见分歧具有个人背景是毫无疑问的了。总理对这位将军来说变得过于独立自持。这位将军大概也看到巴本

已在背后玩弄花招，而且他到处惹人厌恶而不能利用在国会选举中针对民社党人所取得的成果。

兴登堡接受效忠他的巴本的辞呈确实感到为难。但他也没有别的办法，而且不得不委托他及其内阁在新政府成立之前暂时处理日常事务。巴本政府如今已下降到被它撵走的普鲁士的奥托· 538
布劳恩政府那样的同等地位了。不过，我们能肯定地认为，不仅巴本而且总统都希望，同总统必将进行的新的谈判将以迄今任职的总理得以重返岗位结束。

社会民主党“由于它给巴本答复的内容和语气”从一开始就被排除在这些谈判之外，该党对此也并不抱怨，也许他们的这一位或那一位领导人现在不得不清醒地看到，动辄发怒是极不明智的。

总统最重要的谈判必然是他同希特勒的谈判。先在11月19日，按希特勒的特殊愿望举行了一次秘密会晤。随后希特勒同其亲信（沙赫特也在其中）进行了讨论，然后同兴登堡交换了信件，然后决定在11月21日进行第二次会谈。随后，总统又委托代表他的国务秘书迈斯纳负责书信来往。谈判在11月24日以迈斯纳给希特勒的一封信而中断了，因为他代表总统宣布谈判无结果。接着民社党人急忙公布了全部来往信件，力图阻止总统又像8月13日那次抢先把他的观点公诸于众。

双方不难指出在对方观点中的漏洞和论点矛盾。如果说双方重复引用宪法，那么今天已无人再怀疑，对希特勒来说这一宪法只不过是一种空话；至于对兴登堡来说，他已经把宪法歪曲（甚至还想继续歪曲它）到这样程度，以致生身之父已不认得自己的孩子了。在所有这些伪装下，这一斗争所集中的焦点在于，兴登堡想把

539 过去两年所执掌的权力无限制地保持下去，而希特勒则想在总统内阁制形式的掩盖下谋求自己的独裁统治。兴登堡一开始提出的条件是很明显的。除了确定一个经济纲领之外，他还要求不得恢复在德国和普鲁士之间的二元制，换句话说，他根据宪法第 48 条所采取的紧急措施（这些措施按最高法院的观点和判决只是临时措施）应被视为永久有效。此外，他要求“对第 48 条不加任何限制”，这就是他本人在扩大解释的含义上理解的第 48 条。另外，兴登堡要求保留“最终同意部长名单”的权力，也就是保留划掉他不同意的部长名字的权力。他还要求自己有权配备外交部和国防部这两名部长，即使在希特勒组成的一届政府里也非常有必要保留这一权力，这样，这位德国总统的权力无疑超越了宪法所规定的范围。希特勒在 11 月 23 日的备忘录里强调了这一观点，但同时试图通过许诺提名施莱歇尔和牛赖特分别任国防部长和外交部长这两职来绕过这一困难。

希特勒保证总统在第 48 条下享有无限制的权力，前提是总统签署他向总统呈递的各种指令；他的要求实际上可理解为兴登堡至少给予他以别的总理所享有过的权威和地位，“即使这些人对兴登堡的声名的伟大价值和意义”所“做出的贡献并不像我那么多”（11 月 21 日）。实际上，希特勒在心里想得很多。他要求颁布一项“授权法”（11 月 22 日迈斯纳的信的第五点），因为它应使他不
540 经国会（实际上也不经总统的同意）进行独裁统治。兴登堡的顾问们认识到其中含有对总统地位的危险性并劝总统要求希特勒组成“议会制的内阁”。对于这点，迈斯纳在 11 月 22 日的信里说：“议会制的政府通常由适于组成一个多数派政府或大联合政府的各政

党的一名领袖和政党代表组成，他所追求的目标主要是在总统只能施加微弱的或间接影响下的目标。”[64] 对兴登堡来说，最后一点当然是至关重要的。因此，兴登堡虽然要求希特勒组成一个议会制政府，但他只能追求这两个目标中的一个，要么他期望在这样一个政府里，其他参加的政党给希特勒的篡权设置有效的障碍，要么他考虑使希特勒组成这样一个政府成为不可能。结果出现了这第二种情况。希特勒大言不惭地拒绝组成议会制政府并坚持要担任总统内阁的首脑。总统回顾了 8 月 13 日所发生的事件并拒绝了希特勒的这一要求。总统通过迈斯纳在 11 月 24 日的声明，即他不能在德意志民族面前决定“把他的总统全权授予一个政党的领袖，而该党则一味强调它的私人目标，而且强烈反对总统本人和他所认为必要采取的措施”。然后，兴登堡继续通过迈斯纳强调了这一顾虑，即由希特勒领导的总统内阁将“运用暴力手段使它转变为一党专政，这样就必然会导致德意志民族内部矛盾的急剧激化”。他不仅说出了几百万德意志人的心里话，而且也正确地预言到以后所发生的事件。然而兴登堡在两个月后却把自己在 1932 年 11 月 24 日对希特勒所说的话忘得一干二净了。

希特勒在这次谈判中所采取的态度清楚地表明，他在这次选举中所遭到的失利丝毫没有降低他的要求。他无视这次选举结果 541
给他和自己的党带来这么多困难，他始终扮演着主宰德国命运的人物。虽然许多表象纯系虚张声势，但对这时已把民族社会主义经过这次失败视为已经完蛋或死去的那些乐观主义者来说是绝无道理的。不仅很多德国人沉湎于这种乐观主义，而且特别是英国人，包括左翼集团，也是这样，因为他们在舒适的和平主义和追

求裁军的狂热中不愿意被大部分德国人表现得很不那么和平的态度这一严峻事实所干扰。英国信奉社会主义的知识分子的大明星哈罗特·拉斯基在工党的主要机关刊物上发表的一篇文章里洋洋得意地写道："民社党人所描绘的那种威胁生存的日子已经过去了……除非有偶然事件发生，今天看来并非不可能出现这样一种情况，即希特勒将作为一名老人在某个巴伐利亚农村结束他的生涯，他傍晚在动物园里向他的亲信讲述自己当年几乎推翻德国的情景。"[65]拉斯基在这方面真称得上是一位令人惊讶的、知识面如此广博的聪明人才。

后来还有一个短暂的插曲。中央党领袖卡斯博士受总统委托做出决定是否有可能组成一个议会制的多数派内阁。由于希特勒和胡根贝格都拒绝商谈，卡斯只好马上交回这项重托。

现在似乎一切都准备让巴本内阁重新回来掌权。这肯定是兴登堡早已希望的。但在巴本作为重新任命的总理面前，这时出现了成堆的实际问题。在这之前，他在政治上是无忧无虑地过日子的，而且这位总理人为地通过一次又一次的解散国会得以苟延残喘。但现在在两次国会选举之后表明，他在第二次选举中虽然获得相当的成功，但仍然处于持续的孤立地位，连他本人再也不能回避地认识到，他必须寻求某种新的支持，而对于这些支持即使用最广义的角度来解释的宪法也已无济于事了。按巴本的话说，这当
542 然不是他的过错，而是魏玛宪法的过错。巴本在自己的辩护书里写道："魏玛宪法没有为出现麻烦情况采取预防措施。"[66]他向总统推荐的对策用自己的话来说就是："我建议我的政府首先应该留任，我们应该使我们的经济纲领生效，而且加速同各州议会商讨德

国宪法的修改问题。看不出有任何理由使新当选的国会就不能像前一届那样行动。假如国会不允许政府行使职能，那么政府只好在短期内在没有一个国会的情况下执政。然后，我们对宪法的修改建议或者提交公民投票，或者提交一个新的国民议会以期同意。”换言之，巴本不仅想用又一次解散国会的方法，而且想用无限期拖延重新选举国会的方法来回敬一次新的不信任提案。当然，他承认这样一种做法将是违背宪法的。他在自己的备忘录中也写到他承认“这一程序将包含总统对现行宪法的破坏”。但他没有提到他对破坏自己宣誓过的宪法也负有罪责。实际上，他显然没有考虑这是值得去讨论的。相反，他却引证了俾斯麦在上个世纪 60 年代普鲁士宪法争执中的态度。把巴本同俾斯麦相比拟，实在令人可笑，这表明德意志史的传统叙述的片面性作用多么令人担心。

这就是巴本叙述自己在 1932 年 12 月 1 日同总统谈话时讨论他重新出任总理一职的报告。根据另一叙述，他的纲领不仅要解散冲锋队、民社党和共产党，而且要解散所有的政党和政治组织。[67]不论他同兴登堡是否讨论了这一建议，但他在贯彻自己的纲 543
领时被迫采取这些手段是相当肯定的。

对兴登堡来说，违背他对宪法做过的誓言是一件难事。但是他现在所处的境况只是他本人所作所为的必然结果，也就是他在六个月前对布吕宁和格勒纳所放的背后一箭的结果。他把还能在自己周围团结国会多数派的前任总理赶下了台，然后用一个永远不能这么办的人来取代了他，这样他就走上了除了同国会陷于公开冲突之外不可能有别的结局的道路。

同巴本一起出席这次会议的国防部长施莱歇尔将军似乎能从

这一绝望境地中提出一种解决办法。施莱歇尔是事实上树立巴本为总理的人，但在最近时期以来不再同巴本追求同一目标了。由于巴本在总统那里取得巨大影响和高度恩宠，使得他的地位受到威胁，因而在这方面产生的妒忌心大概起了作用。但是事务上的原因也肯定起了作用。对施莱歇尔的政治信念是很难下定论的，但无论如何他并不像巴本和兴登堡那样反动。早在7月间，他在一次广播讲话中强调说，国防军是不能用来保护“残存的经济形式或不能立足的占有关系的”。这些话对于把布吕宁和施兰格-舍宁根因其移民计划而告发为“农业布尔什维主义者”的那些人士和组织来说听来十分刺耳。施莱歇尔很重视自己被人看作是“社会”将军这样一种地位，而人们也总是从这一角度来理解他。施莱歇尔清楚地看出，除了德意志民族人民党，巴本在其他政党方面是不受欢迎的。施莱歇尔认为自己比巴本要聪明一点，他确实对此有一

544 些道理。但他比起巴本更不善于坚持一条明确的路线，他在消极批评方面比在建设性活动方面总是强一些。他的主要热情放在搞秘密会谈，或者至少是闭门商谈。在这些会谈里，他们做出一些以后难以具体化的暗示和做出比在严峻情况下实际所作的更多的诺言。现在，他同各个方面商谈。一方面他同各工会的领导人谈判，他对这些工会表现出出人意料的同情；另一方面他同民社党人谈判，竭力向他们劝说积极的合作会有自己的很多好处。他在希特勒那里的讨论遭到了失败，但他仍寄希望于格雷戈·施特拉塞身上，因为他同自己的论点较为接近。

在12月1日同总统的讨论中，施莱歇尔感到自己已有足够的力量来反对巴本的论点并提出自己的建议。他的目标是分裂民社

党，他自告奋勇地不仅表示要把格雷戈·施特拉塞拉进政府，而且还要争取一大批民社党议员（据巴本说有 60 人）的支持。此外，施莱歇尔还发展一种“工会轴心”的思想。他希望把各派工会领导人拉到自己一边，并说服同这些工会接近的政党，首先是社会民主党和中央党，至少能容忍一个亲工会的内阁。他认为这样做，可能获得议会支持并避免公开破坏宪法。

根据巴本的叙述，总统静静地听取了这两位部长的辩论，然后他决定支持巴本，即使公开破坏宪法也罢。巴本告诉我们，总统对他说：“总理先生，我请您立即开始为组织政府所必需的会谈，之后我将责成政府执行您的计划。”如果这一说法是确切的，那么这意味着，总统准备继续在他已经步入的道路上行进，即使他已清楚，这样做只能是导致对宪法的破坏。他对巴本的偏爱在这方面起了 545
关键性作用，对于这一点，几乎不会再有人怀疑。

这样，施莱歇尔打了一次败仗，但他远没有气馁。巴本动辄谈论自己所希望的破坏宪法，但这位将军知道，这样一次行动需要一支可以作为支柱的军队，而正是施莱歇尔本人现在还控制着这支军队。施莱歇尔正是这样的一个人，他完全能在这个看守内阁中使他的同事明白，这意味着什么。他对他们说：巴本的计划本身孕育着极大的冒险性，他所反对的两个激进党——民社党人和共产党人——将会夺取政权。这位将军说，我们从柏林的交通罢工中已看出，他们会干出些什么事来。如果在汉堡、什切青和莱茵河港口的码头工人全部罢工，而一批批身穿褐衫的和佩戴红色臂章的暴徒在所有大街上无视国法而活动，那将会出现怎样一种局面呢？谁能镇压这样一种运动呢？只能是国防军，也许增援的还有德国

政府通过1932年7月20日暴力政变而牢牢控制的普鲁士警察。但对此他们的力量够吗？他们内部的团结能对付这样的严峻考验吗？像这些疑虑虽无济于事，但对政府的其他部长却留下了深刻印象，而且施莱歇尔具有把这种疑虑变为接近可靠的可能的手段。他已给国防部指派任务，举行一次所谓“军事演习”，这次演习是以会爆发一场内战的局势为依据的。

他把这一任务的执行权交给国防部长的亲信奥特中校。他们绘声绘色地假设可能性，其中包括说，波兰将乘德国国内混乱之机入侵德国。根据所有参加“军事演习”的人的判断所得出的结论是，国防军是不能应付这一任务的。[68]

546 巴本在12月2日，即在他同总统进行了满意的会谈以后的次日，就召开了一次内阁会议。他显然想利用这次会议重新稳固自己的地位。但施莱歇尔带着奥特中校与会并促使内阁聆听他的意见。然后，奥特就在会上侃侃而谈，他认为保卫边界和维护针对民社党人和共产党人的社会秩序这两大任务超出了国防军的能力，因此他从军事立场出发必须劝阻宣布“戒严状态”的声明。在他讲话后，多数部长都站在奥特和施莱歇尔这一边。破坏宪法总是一件令人不愉快的事，无论如何应避免预计到会以一次失败而告终的破坏宪法的行动。巴本看到自己内阁的大多数成员都反对他，于是他结束了会议，以便向总统报告已经变化了的局势。

难道这次“军事演习”是施莱歇尔打击巴本而迫使他下台的阴谋手段吗？不应怀疑参加这场演习的军官们是出于自己从以上所述的前提中所得出的结论的真诚信念。但对发生一次全面罢工和起义运动不得不估计的前提条件是否恰当，那就没有人能对此做出肯定的回答了。如果在反普鲁士政变中受到暴力镇压而持消极态度的那些人说，全国的安定将会持续保持下去，那么负有责任的政府领导却总是在估计最坏的可能性。无论是民社党人还是共产党人都还不会感受到那种阻止泽韦林及其同事对巴本政变进行积极抵抗的种种顾虑。

施莱歇尔确实也想使用国防军介入国内的政治斗争。他和绝大部分军官虽然对内政问题的态度实际上很少能保持中立或者毫无偏见，但从士兵向平民不得不进行开火而卷入一场公开冲突的 547
厌恶情绪方面来说，距离还有一大步。部队不愿意像在 1919 年诺斯克一伙人所忍受的那样，再被人骂为“嗜血狗”。但形势显然已进一步复杂化了。冯·哈默施泰因将军在 1932 年 2 月的一次军事领导人会议上毫不怀疑地表明：“我们所有的人都倾向右派观点。”[69]这当然也意味着，军官厌恶把武器对准右派比对准左派要多得多，而且反对民社党人的斗争在军官们眼里就是反对右派。自从民族社会主义的影响渗透到国防军以来，这一进退两难的情况已大大加剧了。特别自 1932 年 1 月 29 日的公告发表以来更是这样，施莱歇尔比当时的国防部长格勒纳对此要负更大的责任。自那时以来，不仅民社党人可以加入国防军，而且许多一直暗中倾向民族社会主义的现役军官公开出场并在他的战友中为纳粹招募伙伴。正是施莱歇尔实施取消冲锋队禁令，这也不能不起着同样的作用。普通士兵怎么会理解到在几个月前被宣布为无害的和“具有民族思想”的那些组织如今成了他不得不对之开火的叛乱者呢？因此，施莱歇尔将军如今抱怨他的军队可靠性差，但他对于部队的这种现状是负有主要责任的。

尤其荒谬的是，对国防军产生这么多消极后果的“军事演习”竟然成功地把这位国防部长扶上了总理的宝座。巴本在向总统报告他的同事在12月2日的内阁会议上不支持他后，他要求总统在“施莱歇尔和我”之间做出抉择，这位年迈的总统不得不看出，这位现任总理已无能为力了。所有政党指责他，这还可以忍受；但连他自己的内阁也联合反对他，这样离弃他的时刻显然已经到来了。
548 现在总统没有别的选择，只有尝试接受施莱歇尔和他的方案了。毫无疑问，这位年迈的兴登堡同巴本分手的心情十分沉重。我们将永远不会知道巴本在自己备忘录中所报道的真实性。他写道：“总统在我告别时，他热泪盈眶。”但这位陆军元帅给予巴本以其力所能及的最高的称誉并在他送给巴本的照片上写上士兵中流行的乌兰德*的诗句：“我有一位忠诚的战友。”

* 乌兰德（Uhland，1787—1862），德国浪漫主义诗人，著有《祖国诗集》。——中译者

第二十四章　从施莱歇尔到希特勒 549

巴本的下台在德国公众舆论界不会有像总统在他离职时所怀有的同样感情。早在11月19日，在巴本递交正式辞呈、但仍主持日常工作时，霍勒斯·朗博尔德大使就向外交大臣西蒙报告说，所有政党对巴本的辞职都感到满意并大大松了一口气，而且这种感情只是由于怀疑巴本是否还会重新掌权而受到压抑。连德意志民族人民党人虽对巴本内阁辞职表示遗憾，但也并非针对他总理本人。朗博尔德大使说，巴本的方法是“不负责任的”，并用这样的话概括了他的特性：“总理的自信心漫无边际……他在青年时期是一位轻量级绅士骑士，并在任职时期又施展了这一特性，对他当然也只能期待这样一种性格。他不仅仅飞快地越过每一个政治障碍，他甚至似乎故意绕道寻找并非属于他跑道上的障碍物。他的才能是第二等级的，他的业绩主要是对各政党、各州以及对他不一致的各种意见不断进行挑战而得来的。”[1] 几个月后，1933年1月25日，朗博尔德大使尤其尖锐地表述了他的这一看法。在同冯·巴本的一次谈话中他竟擅自离走，朗博尔德随后写道：“他的观点和思想方法只能使一个观察家感到惊奇，怎么可能把一个大国的命运，即使在很短时期，托付给这么一个轻率的人（轻率的人按意义最好译为“灵猩”*）。”[2]

---

* 灵猩是一种身体细长、善于赛跑的狗。——中译者

550 看到这么一个阴暗的背景，连冯·施莱歇尔的形象也显得比较光亮了。即使没有一方对施莱歇尔寄予信任，但他至少并未有意去冒犯过人。他所到之处，他使每一个同他商谈的人感到他观点明确，这是他的本领之一。如果政治家们把他看作一名没有政治经验的涉猎者，那么对他们总会留下一些希望的是，他将不会像前任那样反动得顽固不化。冯·施莱歇尔肯定要对巴本发动针对普鲁士的政变这一罪行负有大部分责任。如果没有施莱歇尔将军自愿对此出动国防军，那么这次政变是不能得逞的。因此，社会民主党提出反对他的口号，他并不感到奇怪，尽管朗博尔德颇有道理地猜疑这项决定（任命巴本为总理）是与党的领袖们的真正愿望背道而驰的。[3] 但这位将军在这次政变中更多地站在幕后，因此不像冯·巴本总理那样招致仇恨。因此，正如他向朗博尔德吐露的那样，尽管社会民主党发表声明，他仍希望能同该党进行谈判。[4]

但这时，施莱歇尔已完全暴露在光天化日之下了。大多数观察家认为，他对这一恶名感到不舒服。他甚至对这位英国大使说，他将宁愿回到国防部去。朗博尔德写道：“我认为这是真的。施莱歇尔将军是一位野心勃勃的人，因为他毫不怀疑地希望有朝一日当上德国总理，但他不希望马上就出任总理。不过，他本人似乎在左派报纸方面，如《柏林日报》，被看作是在当今情况下唯一能缓和
551 局势的人。”[5] 朗博尔德不同意施莱歇尔是一名不择手段的阴谋家的说法。他还说，他的政治直觉很敏锐，并认为他已从经济中学会在政治舞台上不应掺杂个人恩怨，最好是同各政党领袖融洽相处。[6]

从施莱歇尔在1932年12月3日所组成的内阁里还得不出什

么结论，因为这届内阁显然只是临时政府。除了两名部长外，他留任了所有前内阁部长。冯·盖尔男爵在12月2日巴本总理内阁倒台时宣布脱离了他的同事站到了巴本这一边。[7] 这时，他同巴本一起离开政府。接替他的是迄今任驻普鲁士全国专员的布拉赫特，这人曾通过颁布一道在公共浴场穿着严格规定的而令人捧腹大笑的衣着的法令表明其立法的使命。这位新总理的思想动向的一条线索就是设置了专门负责"劳动就业的全国专员"。这一职务由德国乡镇代表大会主席格雷克博士担任。这人以制订就业计划闻名于众。这些计划当然在工业界被视为"因通货膨胀引起的"而予以拒绝，但计划却受到很多工会的赞同。[8]

施莱歇尔的光辉思想——可以说，这是他接管领导德国的唯一思想——是想通过首先分裂左的和右的反对派而后使之解体。他想通过吸收一部分民社党人进入他的政府以消除民族社会主义运动的危险性；通过同工会友好相处来安抚社会民主党人。他比起其他任何部长来更多地同民社党人进行接触，部分由自己去进行，部分通过中间人去进行。还在11月30日，他通过自己的亲信
奥特中校同希特勒本人商谈，并且显然是在本人将担任总理的条 552
件下，给他提供副总理和几名部长的职务。希特勒同戈培尔、戈林、弗里克和施特拉塞讨论后拒绝了这一建议。戈培尔对此报道说："施特拉塞表示容忍施莱歇尔内阁。为说明这一立场，他把党内形势说得漆黑一团。这时出现了一种我们永远不可能会有的悲观主义。"[9] 这篇报道明显反映了领袖及其忠实卫士（即这篇报道的作者）对胜利的无限信心。也值得注意的是，该党根据这份报道（好像只是为了表示对政府的容忍态度）提出以下条件："国会延期

至1月开会，实行大赦，政治集会自由和充分保证自卫权。”经历过民族社会主义恐怖统治的人都很清楚，特别是最后的两个条件实际上意味着什么。

这样，格雷戈·施特拉塞对施莱歇尔来说成了他想争取部分民社党人中唯一可接触的要人了。因此可以相信，如戈培尔所报道的那样，施特拉塞“在星期日晚上同施莱歇尔将军举行了一次会谈”；但戈培尔继续说，施莱歇尔向施特拉塞提供副总理一职，而施特拉塞向总理提供一份特别名单以示回报，对这点却是不大可信的了。如今，戈培尔同他以前的支持者施特拉塞是冤家对头，结怨很深，在这种情况下，戈培尔的报道就尤其使人怀疑。无论如何，可以肯定地认为戈培尔的报道是主要武器之一，是用在党内斗争中反对施特拉塞的。

但很快就得出结论，施特拉塞不是一名能同希特勒进行较量的人。施特拉塞是党的组织部长，他为推行其妥协政策所依据的是党的严峻形势，特别是党的巨额债务和选票的显著减少。戈培尔在12月6日亲笔写道：“全国的形势是糟糕透顶的。我们在图林根（在12月4日的地方选举中）自7月31日以来损失了近40%
553 的选票。”但是这些论据对于希特勒的雄辩口才又有什么帮助呢？因为他不仅向他的追随者预言民族社会主义运动即将胜利，而且如果运动背弃他的话，他将以自杀相威胁。施特拉塞既无希特勒那种诱惑人心的雄辩口才，也没有对这一斗争所必需的钢铁般的顽强意志。12月8日，施特拉塞辞去了他在党内的所有职务。按他自己的观点来说，这是他所能干的最错误的事。他给自己的敌人打开了怀疑一切的道路，并使其追随者感到自己被遗弃了，而且

他们不得不尽快同希特勒及其坚定的追随者握手言和。戈培尔在12月9日得意洋洋地写道："施特拉塞的地盘每时每刻在消失。"希特勒利用这一机会把民社党党员更牢固地拴在自己身边，而且自任在此之前由施特拉塞担任的组织部长。施特拉塞的叛党行径在几天后完全失败。可是，希特勒对于施特拉塞企图触犯他的至高无上的权力耿耿于怀。在1934年6月30日，他派人谋杀了施特拉塞，同时也杀害了冯·施莱歇尔将军。民社党人容忍他们谋杀前任组织部长如同国防军容忍他们谋杀前任部长和精神领袖一样，[10]而且也如同德国法官容忍其司法部长声称这些谋杀是"合法的"一样。雅各布·格林以一名德意志爱国者的纯朴的自豪感说，"有一些人即使面对暴力而仍有良心"，然而这些时代消逝到哪儿去了呢！

施莱歇尔同各工会进行的谈判看来蛮有点希望。当总理邀请全德工会联合会主席特奥多尔·莱帕尔特参加他制订的就业纲领时，莱帕尔特就表现了很大兴趣。他在致工会的一篇《新年贺词》中针对那些指责他放弃社会主义理想而同反动派合作的人的攻击进行了辩解。对此，他反驳说，他非常明白这届政府不会实现社会 554
主义，而是想巩固资本主义经济。但作为工人阶级的合法代表，工会对帮助政府解决就业问题不能逃避责任。工会为此提出条件，尤其如废除9月5日紧急法令破坏劳资法的条款。于是，他们也取得了胜利。不过，如果施莱歇尔认为通过工会可以争取到社会民主党，那么他就会感到失望。与此相反，社会民主党却成功地切断了他同各工会之间业已建立的联系，后面将会对此有所揭示。

持续不断的谈判反正取得了稍能安抚情绪的有限成果。这在

12月6日至12月9日举行的短暂的国会会议上表现出来了，因为这次会议没有出现多大干扰而告结束。国会9月会议是以老议长共产党人克拉拉·蔡特金的开幕词开始的，那么如今这荣誉落到了一名民社党人身上，这就是卡尔·利茨曼将军。他在1914年曾以在东线突破布尔采尼而享有军事上的崇高声誉，并且至今由于兴登堡将其获得统帅杖归功于他的旅而吹嘘自己。这位肯定不是最优秀的将军竟干出这样的事，他威胁总统将会受到“历史的诅咒”，因为他在救星业已存在的情况下仍把“德意志民族驱入绝境，把他们出卖给布尔什维主义”。一位有教养的和有经验的普鲁士将军得以如此喋喋不休地空话连篇，这正反映了当时德意志人的精神状态的特点。戈林后来再次当选为国会议长这一事实是不足为奇的，但他为自己所凑集到的选票之少——在545票中只获得279票——却不得不令人感到惊讶。

共产党人所提出的一项不信任案未能列入议程，这正反映了
555 德国政界气氛起了新变化的特点。尤其是民社党人想要避免再次解散国会和重新选举，因为他们把这两件事看作一项不信任提案的必然后果。施莱歇尔竭力散播总统肯定会发布解散国会令的观点。情况是否果真如此，这就很难说了。民社党人提出在总统受到阻碍或者“在总统职位提高空缺”的情况下设立德国最高法院院长为副总统这一提案经过讨论而被通过了。最令人感兴趣的方面是产生这项实际上无可非议的法律的经过。财政部长施威林-克罗西克对英国大使说，没有人像施莱歇尔总理那样花力气去推动民社党人所提出的涉及他们切身利益的这一提案了，因为他要消除总统的担心：一旦他任命希特勒为总理，那么希特勒可能在他提

前闭上眼睛时将实际上成为德国的独裁者。[11]因为根据德国宪法现行的第 51 条，如出现这一情况，那么总统这一职务将落到总理身上。在艾伯特去世时，这个问题就是通过一项特殊的德国法令，把总统职务暂时移交给任德国最高法院院长的西蒙斯博士。

特别令人担心的是，这届国会又再次通过一项内容极其广泛的大赦法令。在德国政府为严格维护安定和秩序尽了一切努力之后，接踵而来的是，这些大赦却严重威胁着社会安全并进一步削弱了原已淡薄的法律观念。有意思的是，民社党人和共产党人在这项大赦法令问题上却握手言和了。这使人回忆起停战时的交换战俘，只是双方在这种情况下又下决心尽快拿起武器。社会民主党还为通过这项大赦法令提供了必要的票数。反之，其他政党都投了反对票。

另一方面，在巴本辞职后所改变的路线的一个标志是，施莱歇
尔政府未说一句反对话就通过了一项由中央党人、社会民主党人 556
和民社党人共同提出废除 9 月 4 日紧急法令的社会政策部分的提案。这首先涉及重新取消企业主在某些条件下可以支付比标准工资低的工资的权利。施莱歇尔立即按这项决定执行，因此他在工会方面必然得到支持。

施莱歇尔感谢国会对他个人的照顾。国会允许他不参加国会的谈判并可不发言。大家都知道新总理不善于在公开场合讲话，尽管他在小范围内和在私下谈判中却能说会道。国会决定延期开会而没有确定新的召集日期，这是符合他的愿望的。看来这给了他广泛地同左派和右派人士进行谈判的可能，从中他希望使政府得到稳定。

此外，施莱歇尔同时不费吹灰之力获得了一项外交成果。12月10日，英、德、法、意、美五大国在日内瓦发表了一项共同声明，承认德国“在确保大家安全的一个体系内”在军备上的平等权利。[12]这项声明有一段重要的来历。

1932年9月14日，德国外交部长冯·牛赖特男爵在致国际联盟裁军委员会主席亚瑟·亨德森的一份照会中声明，在原则上承认德国有关平等权利的要求之前，它将**不参加**裁军委员会的继续谈判。[13]本来自己不太发挥主动性的牛赖特可能是在其国务秘
557 书比洛的影响下行动的，因为比洛想以取得平等权利的要求来补偿他在同奥地利订立关税同盟上所遭到的失败。[14]不过，这位外长也被国防部长所推动，因为施莱歇尔将军想乘机以极其粗暴的方式在公众中提出这一要求。[15]德国这一步骤在法国所发生的作用是令人震惊并出乎意外的；法国人感到被英国抛弃了，加上其他原因，却不能对德国有计划地撕毁凡尔赛和约作出持久的抵抗。赫里欧总理向英国代办吐露，按他的看法，当前的局势比1919年以来任何时候的局势都严峻得多了。该怎样去引导呢？如果允许德国随心所欲地寻找时机和方法，从一条又一条的凡尔赛和约条款中摆脱出来，那么欧洲将永无安宁。也许德国的下一步就是侵犯非军事化地区，然后将是波兰走廊，然后将是上西里西亚，最后就轮到殖民地。德国驻巴黎大使冯·赫施先生毕竟早就坦率地说过，人们只能把这看成是蓄意破坏。德国所有的抱怨都能通过友好和合理的方式、适时地和通过合法途径得到了满足，但如果它试图通过其现在的方式加快步伐，那么责令其“停止”的时刻已经到来了。赫里欧向这位英国官员宣称法国的愿望，尤其是法国政府

的愿望，是尽快实现全面裁军，但它们不愿参与任何计划，以构成对德国重整军备的“楔子的薄薄的一端”。因为如果它们宁可让德国公开违反它的条约义务，那么人们至少可以了解事情真相和采取相应的措施。[16]总之，赫里欧怀着一种绝望的情绪，人们在看到德国方面后来实际所采取的步骤后绝不会责怪他是言过其实的。

德国对平等权利的要求却能在英国唤起同情，因为英国的整 558
个社会生活建立在个人平等的基本思想基础之上。只有少数英国人认识到隐藏在这些娓娓动听词句后面的危险性。只有为数极少的人清醒地看到，在欧洲各国，德国是热衷于战争的唯一的国家，而法国人，特别是赞成赫里欧的党的法国农民，是绝对热爱和平的。丘吉尔指出，肆无忌惮地推行平等权利不得不使人口众多的德国在优势上大大超过法国，而且警告那些主张德法之间在军备上均等的人，并预见性地向他们提出这一问题：“你们要一场新的战争吗？”他在英国下议院呼吁：“就我个人来说，我只能迫切地希望在我和我的孩子们活着的时候，不出现这一均等。我至少对德国人民的崇高品质是钦佩和尊敬的。但我坚信，让德国人像法国一样应具有同等军事水平的看法，一旦付诸实现，无疑将会产生极大的灾祸。”但是，丘吉尔对当时的英国政府和对当时沉湎在和平幻想中的英国公众舆论却处在无望的反对派地位，尽管日本在中国悍然发动的战争已不得不向那些充满幻想的理想主义者表明，“集体安全”只是一句空洞的口号而已。

尽管英国准备也在裁军问题上尽可能迎合德国人的愿望，但约翰·西蒙先生在 1932 年 9 月 15 日的一份官方声明中不得不明确批评德国所喜欢习用的做法。[17]在西蒙指出债权国在洛桑会议

559 上做出的让步之后，他接着说：“鉴于德国经济困难，在这一时刻挑起这场尖锐的政治纠纷，这只能被视为极不明智的；鉴于刚刚对德国才做出让步，这就不得不被看作是特别不合时宜的。”然后他提出英国解释凡尔赛和约的法律观点并反驳了德国认为有权取消其解除武装条款的要求；这些条款仍有约束力，而且只能通过相互达成一致协议的办法才能取消其约束力。只有通过实事求是的协商途径才能有所进展。德国报刊几乎一致攻击这一照会，它们把这称为英国方面不友好的姿态并且再次谈论所谓“背信弃义的阿尔比安*”和他的虚伪性。[18]德国政府宁可不予置复。

但是，在这位英国大臣表明了他的立场后，他重弹较为温和的老调并于 11 月 10 日在众议院声明，如果德国做出声明，它根本不拟诉诸武力实现其要求，那么就在原则上接受德国关于“平等权利”的立场。[19]这在凯洛格公约内虽已包含了这个内容，但西蒙认为最好再次强调声明一下。但在两天后，当霍勒斯·朗博尔德爵士同外交部国务秘书比洛商谈希望德国做出这样一个声明时，比洛却设置了巨大障碍，以致这位平心静气的大使也明白表示他的失望。他猜测，比洛可能由于天天找他谈话的德国国防部代表施加影响所致，因而态度变得强硬起来了。另一方面，冯·牛赖特先生的姿态表现得相当友好，但他同样不愿讨论这一问题。[20]与此同时，同德国国防部军官有良好关系的英国大使馆武官报告，国防军的要求不断地在加码。[21]

560 经过来回商讨，终于 12 月初在日内瓦举行了法、意、英、德、美

---

* 阿尔比安(Albion)，英国最古老的名称。——中译者

五国代表的会谈，参加会谈的有牛赖特、赫里欧、麦克唐纳、西蒙和美国的诺曼·戴维斯。意大利人一开始就站在德国方面。这些会谈的目的是敦促德国决定再次参加裁军会议。赫里欧也准备促成此事，前提是必须保证法国的安全需要。对这些不同利益和愿望的解决办法在英、法、意共同声明中表达出来了，即作为裁军会议指导思想的准则之一应“在一个确保各国安全的体系内”保证德国的平等权利。然后，德国联合英、法、意三国表示愿意同欧洲各国联合起来发表一项庄严的声明，它们“在任何情况下将绝不企图诉诸武力来解决当前的或未来的任何分歧”。1932 年 12 月 11 日的这项声明是由冯·牛赖特男爵代表德国签署的。他的这一签字并未阻碍他在希特勒统治下保留外交部长的职务并且未能阻止德军 1936 年进军非军事化地区而撕毁了洛迦诺条约。[22]

不论人们对 1932 年 12 月 11 日的协议从欧洲和平政策的立场如何思考，但对于德国政府来说这无疑是一大成就，即由布吕宁首先提出的在军事上实现平等权利的要求现在已得到包括法国在内的举足轻重的大国的正式承认。因此，人们理所当然地以为它会在德国得到普遍的欢迎。但当人们翻开第二天的报纸时，却出现了一种截然不同的反响。《法兰克福日报》着重肯定了谈判所取 561
得的成果，而且小心翼翼地指出麦克唐纳和西蒙对这一成果所做出的重要作用。但是，该报在“民族主义的”德国人眼里充其量只不过是一张“犹太人报纸”，因此他们对它根本是视而不见的。另一方面，胡根贝格的报纸则气势十足，它对德国重新参加裁军会议表示遗憾，并且公开主张德国需要的是以自己的武器担保安全，这就是说要以德国扩军来代替普遍裁军。戈培尔先生的《进攻报》干

脆把这项联合声明说成是“对德国的一个陷阱”。这就给整个“民族主义”报刊定下了基调。胡根贝格的德意志民族人民党以该党名义最恶毒地抨击这一联合声明，并且质问，如果欧洲的裁军只是逐步进行，而德国扩军的权利得不到承认，那么怎样在实践中运用德国平等权利的原则呢？[23]如果有人说，这些报纸和政党所赞成的真正目标是扩军，因为它能使德国在实现冯·泽克特将军在讨论洛迦诺条约时所说的话：“我们必须重新掌权，而且只要我们有权，我们自然会重又取得失去的一切”，那么在这一观点的分析中难道还有什么错的吗？

这是在政治上不偏不倚的一般公众吗？在这里，我们再次引用保罗·施密特博士的证词，因为他从日内瓦谈判返回时吃惊地肯定说：“赋予在军事上的平等权利在德国……所得到的承认是多么少。”施密特的另一段话看来是切中要害的：“公众、新闻界、各政党对取得成果的意义根本不知道——或者不想去知道。”[24]这再次表明，白里安早在几年前对施特雷泽曼抱怨，德国人在战胜国不愿
562 做出让步时，总希望它们做出让步；一旦战胜国做出了让步，他们就失去了所有兴趣。但愿这点值得那些人牢记心头，因为他们总认为，如果协约国早一点让步，也许就能避免希特勒上台和第二次世界大战的发生。也许有人会提问，如果德国是胜利者，它是否会愿意做出让步呢，我们就不得不想起弗里德里希·迈纳克的报道提到的他的丹麦朋友和同事埃格·弗里斯曾给他的答复。这一答复是在这位伟大的德国历史学家想让弗里斯了解“德意志民族由于凡尔赛和约不公正的对待而在精神气质上的失常”时提出的。弗里斯反问：“如果德国战胜的话，它会提出一项更适度的和约

吗?”迈纳克未予驳斥而复述了这句话。不过,他大概也谈到“德意志民族迄今代表文化界的那些阶层对强权政治的追求有一种可怕的变质”。[25]值得回忆的是,1918 年在最严重的失败时刻,要求外交部长必须“在缔和时实现吞并隆维和布里”的这个人如今当了德意志共和国的总统。

施莱歇尔 12 月 15 日对德国人民发表的长篇广播讲话中承认德国在裁军问题上已取得的进展。他没有感谢热情促成这次谅解的英国政治家,也没有感谢做出很大让步的赫里欧,而是感谢支持德国立场的墨索里尼。在这种情况下,令人兴奋的是,他提到了七个月前被他赶下台的布吕宁总理的功绩,因为他在全世界各国唤起了对德国立场的谅解。他也提到与此相联系的巴本的功绩,这也是有其道理的。

广播讲话的主旨是发挥施莱歇尔的施政纲领。过去,一位新的政府首脑都要用一次国会讲话来达到这一目的。但一次广播讲 563
话更简便,不会被中间的呼声打断,也不会遭到后来发言者的批评。对这位总理所讲的很多内容很难提出不同意见。他把自己装扮成一位“希望在短暂的危难时期考虑**所有**阶级利益的、超党派的总管”,而且尽可能避免去伤害其他人。在施莱歇尔纲领中也许是唯一新鲜的事物是宣布大规模的移民计划。他宣布想在东普鲁士地区建立约 80 万摩尔根*的移民区,在波美拉尼亚地区建立约 28 万摩尔根移民区,在两个梅克伦堡地区建立约 12 万摩尔根移民

---

* 摩尔根(Morgen),欧洲各国旧有的土地面积单位,约等于 0.25—0.34 公顷。——中译者

区。施来歇尔称这一计划是“按弗里德里希大王所提出的国内移民的精神最充分地利用我国人口稀少的东部地区”和“使大城市疏散并使尽可能多的大部分城市工人如德国西南地区那样有自己的家园”。为了尽可能强调他的“超党派”精神，他谨慎地同所有人所共知的经济体系保持距离。他解释他既非资本家，又非社会主义者，而且像“私有经济或计划经济”等概念对他起不到什么恐怖作用。即使专家们也不能不怀疑其背后隐藏着一种模糊不清的一知半解，实际上听来好像这位总理是一位和稀泥的人。

施莱歇尔总是自诩不会招致新的乱子，而且圣诞节假期比以往过得更加平静，对这一点，连兴登堡也这么讲。12 月 21 日，施莱歇尔接见英国大使时依然摆出了一副颇有信心的面孔，并谈到尽管格雷戈·施特拉塞失败了，他还有可能争取一批民社党人拥护他。然而他在谈话中也表示自己总不能摆脱他过去的幻想，因为他不仅否认对民社党的任何敌对态度，而且甚至表白，他将对希特勒运动的崩溃感到惋惜。在这次谈话中，他也提到社会民主党
564 人，并表示希望也能同他们进行对话，人们不得不承认，他在这方面确实作出了认真的努力。

如果说这些会谈没有成效，那么这不是施莱歇尔的而是社会民主党人的过错。[26]他们始终不能理解到，希特勒已直接站在政权门口，而且同他相比，一名保守的普鲁士将军（尽管有人怀疑他是阴谋家）毕竟还是一种安慰。人们不得不问，社会民主党反对施莱歇尔究竟要达到什么目的呢？另一方面，施莱歇尔的移民计划，尽管它还悬在空中，难道不是社会民主党得以着力参与的一个机会吗？具有政治头脑的并认清形势岌岌可危的诺斯克愤慨地谈到这

些人，因为他们“自夸是领袖”并由于拒绝施莱歇尔的亲近政策而“丧失了在威胁性的毁灭面前保卫自己和他们所有机构的最后机会”。诺斯克也谈及莱帕尔特告诉他说，施莱歇尔请他去讨论在政府和工会代表之间的合作可能性，但社会民主党理事会命令莱帕尔特先到党部报到。“在那里，布赖特沙伊德告诉他（1933 年 1 月 6 日），党领导拒绝同施莱歇尔的任何合作，并期待他持同一态度。”莱帕尔特服从了，从此在总理和工会运动之间的联系就断了。诺斯克在这期间同施莱歇尔进行了一次私人谈话，并基于这次谈话向诺斯克表示，他毫不怀疑地决心制止民社党人。[27]我们不能肯定地说，他是否成了施莱歇尔巧妙的谈话艺术的牺牲品，正如有人说，施莱歇尔在社会民主党人做出较大让步的情况下坚守岗位并

执行一条比较温和的路线。但人们大概也会说，社会民主党理事 565
会已表明，它对自己的任务已不能胜任了，而且它的活动有利于使希特勒的统治成为不可避免。谁要是出于政治和人道的理由惋惜德国社会民主党的这一命运，那么他就更有责任地肯定，它由于本身的过错才大大促进了这一结局的产生。

当社会民主党人顽固地坚持这一毫无用处的、无所作为的反对态度时，他们的死敌在农业法上却非常活跃。施莱歇尔的移民计划给他们提供了这一进攻的信号。最后，他们根本没有推翻像布吕宁和施兰格-舍宁根等人的“农业布尔什维主义者”，从而使一名身为总理的“社会”将军把大城市的无产者迁移到 100 多万摩尔根的地主统治的老农业区。这样，这些右派分子可以对党派意识和党派统治破口大骂，只要总统内阁危害了农业主神圣不可侵犯的利益，他们就充分准备发挥自己的政治力量。唯一的区别是，现

在实现这些利益的途径比在议会制统治下更为简单了，人们不必在国会上公开同其对手讨论，只要懂得窍门儿，登上总统府的楼梯，赢得总喜欢听信其朋友的这位“老绅士”的耳朵爱听就行。1933年1月11日，一个德国农村协会的代表团就到了总统那里，为的是对内阁的庸碌无能提出指责。根据在这一期间公布的报告，农村协会各团体的领导人着重攻击了政府的税收和财政政策，但他们却特别小心翼翼地不去抨击政府的移民计划。[28]兴登堡邀请施莱歇尔总理、农业部长冯·布劳恩男爵、经济部长瓦姆博尔德男爵参加了这次谈话。他们的说明不但不能使德国农村协会代表
566 们满意，而且连总统也不满意。根据一篇报道，兴登堡竟以拳击桌结束了这次谈话，并严词训斥了总理：“我请求您，冯·施莱歇尔先生，作为一个老兵，您是知道的，一个请求只是一个指令的文雅方式。我请您的内阁还在今晚召开会议，准备我们刚讨论的这类法令，并在明天上午送我签署。”

报道这些话的是当时德国农村协会经济政策部主任、地主海因里希·冯·齐贝尔在1951年2月2日所写的一封信。他是在会后很多年才写这些话的，其可靠性是值得怀疑的。因此齐贝尔的这封信可否作为历史资料，对此是有争论的。[29]当然也可以认为，冯·齐贝尔在事隔近二十年后是不再能回忆起兴登堡当时所讲的每一句话的，不过，也没有理由怀疑他对其特别引人注意的看法的一般含义会保留在自己的记忆之中；而且，对此也看不出他有蓄意歪曲的动机。冯·齐贝尔从1928年以来一直是国会议员，起先是“农民”议员，但在1932年7月以后他是民社党的议员。我们的看法是，对照一下兴登堡的这种独断专横的言论和人们依据不

容置辩的言行不得不给他描绘的形象是完全符合的。1930 年以来，他对自己的总统职权，特别是立法权，总是想象得越来越无边无际；他在实施自己的权力时，特别对一位总理兼一名普鲁士将军总是喜欢用军事术语和方式，这肯定不会出人意料的。在这方面，自布吕宁以来的两位总理把他大大宠坏了。这位总统对复杂的国家法或外交政策问题难以去熟悉，但他对以本人全部教育水平所能理解的切身利益却喜欢轻易地去表态。如果回想起他对格勒纳及其冲锋队禁令罕有的公开表态，那么他这样对自己的部长（在某种程度上当着敌人的面）表态，也就不足为奇了。1 月 11 日会议 567

之后，德国政府获悉德国农业协会全国理事会在这之前已事前通过一项决议，要竭力进行蛊惑挑拨和歪曲事实的活动。例如决议宣称，“掠夺农业以利于面向世界的出口工业及其分支机构的万能的钱袋利益”仍在持续发展，并指责政府居然容忍农业贫困化而使之达到“即使在一个纯马克思主义政府统治下也不可能达到这样的程度”[30]。接着，德国政府不仅中断了同农业协会的谈判，而且德国工业协会也以“极大的愤慨”公开反对农业主那种“闻所未闻的……严重损害德意志企业界荣誉”的攻击。这些农业主从卡普里维*时代以来没有多大变化，他们不能原谅德国总理谈论德国发展为工业国的言论。

这次事件的政治意义尤其在于，受到民族社会主义强烈渗透

* 卡普里维（Caprivis，1831—1899），德国将军和国务活动家。1890—1894 年继俾斯麦出任帝国宰相兼普鲁士总理（至 1892 年）。他支持德国工业界，制定有利于工人的社会立法；他的压低食品价格的贸易条约损害了农业主的利益，由他们组织起来的农业主联合会迫使他于 1894 年下台。——英译者

的德国农业协会在德意志民族人民党人方面一直起着巨大作用。施莱歇尔可能同胡根贝格商谈过关于他参加内阁的问题，但拒绝给他一心追求的经济部长一职，因为他要坚持自己的经济政策。现在，胡根贝格也日益持反对态度了。

如果说已下台的施莱歇尔前任已认识到，对他这样有才干的人来说担任德国总理五个月就已知足了，那么施莱歇尔却不管发生上述的一切情况还可能要维持一段时期。可是，弗兰茨·冯·巴本当然远没有这一想法。实际上在这几个月内，巴本对自己的过高估计还在增长，而且他以为自己总占有着为其个人服务的最
568 好资本：总统的宠爱。导致他失败的那些实际困难虽然没有什么变化而且依然存在，但是巴本不得不问问自己："如果我为了重新登上宝座而去求助于曾对我关起大门的那个人，而他居然仍起而排挤我，这将怎么办呢？"

1933 年 1 月 5 日，政界对传来前总理巴本于 1 月 4 日在科隆的银行家冯·施罗德家中同希特勒进行了一次会谈的消息而感到震惊。任何一个稍有政治常识的人立即猜测到，巴本策划了一个反对施莱歇尔的危险阴谋，即使冒着由此帮助希特勒掌权的风险也在所不惜。对此，巴本在其备忘录里写了好几页以反驳在此期间业已证实的这一猜测。他在读者面前把自己打扮成虔诚的奴隶，只有黑心的坏主子才会指控他搞这么恶毒的阴谋。但是绝大部分严谨的历史学家对他的叙述和说明是根本不相信的。[31]

巴本的叙述一开始就是很有意思的。他说起自己 1932 年 12 月 16 日在柏林绅士俱乐部作了一个报告，报告结束后，有一位听众顺便问他，他是否有可能同希特勒进行一次会晤。幸亏我们在

这一情况方面掌握了历史学家特奥多尔·埃申堡教授耳闻目睹的绝对可靠的证据。由于这一插曲对于这个人和当时的形势都是很有意义的，所以我们把埃申堡的描写逐字逐句写下：[32]

> “巴本讲话的原意”……并非是他在备忘录所说的那样，即“希望施莱歇尔政府有一个良好的开端”，或者表明改革和调整德法关系的必要性，而是再次要求民社党人参加政府。我本人在场听取了这一讲话。讲话在众多的听众中，当然也
> 包括我在内，引起了巨大的不安。坐在我旁边的人悄悄地对 569
> 我耳语说：“小鸟，我在听您唱。”我对便餐会的主人冯·格莱兴男爵说：“但您不能在形势这样危急的时刻让他作这样一种报告。这无疑是对施莱歇尔的一支暗箭。同民社党人组织政府的建议必将给他们以新的动力。他们完全知道巴本一如既往仍是兴登堡的亲信。”我对总理府办公室主任、国务秘书普朗克同样表示了这一顾虑。他只回答说：“让他说吧，无关紧要的。不会再有人把他当真的了。”“不过，还有这位老人呢？”我插话说。“没有什么用，”普朗克回答，“冯·巴本先生是个装模作样的人。这一讲话是一名拙劣的失败者在临死前像天鹅一样发出的哀鸣。”

这里，我们不要忽略了普朗克所受到的蒙蔽，因为他似乎没有理解，在搞阴谋方面是不取决于政治家的才能的，而我们只要用简单的论点就够了，即巴本在这一讲话里显然是采取了主动争取民社党人进入政府的态度。根据巴本的这次讲话，他的一位听众也

即是科隆银行家施罗德，向他建议同希特勒会晤，巴本对此立即同意了，然后于1933年1月4日在科隆施罗德家里举行了会晤。事情的前后经过是非常清楚的。可是，巴本仍竭力宣扬他的动机纯洁得像一位天使一样："我丝毫没有想给施莱歇尔制造困难。"——"我一直认为说服希特勒参加施莱歇尔政府是可能的。"[33]那么他在事先是否公开向总理报告过自己想为其内阁物色一名这么重要的但又这么烦人的助手呢？巴本不得不承认自己对他却是一声未吭。巴本所持的理由并不比一位中学生借口遇到意外交通事故以致上学迟到而请求原谅会高明多少。他自己也承认，当他抵达施
570 罗德家时被那里一名等着他的摄影记者偷偷地照了相，这使他感到有些震惊。[34]这时他显然会想到，施莱歇尔这么出色的情报工作使他这次背着他所搞的欺骗企图失败了。因此，他决定在同希特勒会谈结束后马上给施莱歇尔写一封长信，在信里，他把施莱歇尔想要知道的会谈情况叙述了一下。

希特勒所以愿意接受银行家施罗德给他牵线进行的会晤是很清楚的。他显然成功地进行了反对施特拉塞的斗争，但对他的党来说，日子并不好过。民社党的财政状况糟糕透顶。戈培尔在日记里几乎在这一时期每一页都谈到这个问题。该党在一次又一次的竞选中大手大脚地花了不少钱（不管有没有钱），如今却钱库空空，债台高筑，这也并不奇怪。希特勒自己在财政上忧心忡忡。单单所得税一项，他欠了40多万马克。[35]看来，对这么一个狂热的民族主义者来说，只能到全国各地去活动，大谈其德意志民族的荣誉和痛苦，但他根本不想尽每个德国公民最起码的纳税义务。如果慕尼黑财政局对他像对待其他拖延交税的人那样认真地处置他，

那么在柏林的“凯塞霍夫饭店”里的那种奢侈生活就会很快终止。但是，希特勒一旦把政权掌握在自己手里，他更用不着比法官更害怕税务官了，因为法官在谋杀案件中对涉嫌“领袖”时尚且闭上双眼不管。[36]除此之外，同巴本进行这样一种谈判不也是开辟了长久寻求的夺权道路吗？人人皆知，这位年迈的兴登堡让巴本离去而使自己深感遗憾。如果希特勒能同巴本携手合作出现在他面前，难道他不会用更友好的眼光去看待这位“波希米亚的下士”吗？

这就导致 1933 年 1 月 4 日科隆进行的会谈。我们所叙述的 571
这次会谈过程是基于参加这次会谈的唯一证人银行家施罗德本人在纽伦堡审判中对巴本诉讼案所作的宣誓证词。[37]巴本虽然对这一证词的正确性表示抗议，但显然没有理由说明，为什么施罗德为不利于巴本而回避事实真相呢？根据施罗德所述，前总理对这位民社党领袖说，在他看来最上策是，“支持他的保守党人和民族人民党人同民社党人联合起来并组成一届政府。他建议这届新政府如可能，应由**希特勒和巴本以平等方式来领导**”。显而易见，这时的情况和 1932 年 8 月 13 日和 11 月 24 日的情况有了根本的区别，当时巴本坐上德国总理的宝座并决不放弃这一宝座；如今他站在门外并又想进去。为此他需要希特勒，而且由于他从以往的谈判中深知希特勒是绝不会屈从他的，所以向他提出了一个折中方案，这个方案既表明了他的随机应变，也表明了他缺乏责任感。完全不用去谈宪法上不可能存在的这种情况，难道还有比一届政府有两个同等权力的首脑更荒唐的事吗？希特勒当然拒绝了，他从巴本建议中不难看出，巴本多么希望重新上台。因此，希特勒坚持他原来的当总理的要求。施罗德说：“然后，希特勒作了一次长篇

发言；他在发言中说，如果他担任总理，那么对他来说，他必须是政府首脑，但巴本的追随者如愿意同他一起执行其路线，可以作为部长参加他（希特勒）的政府。”

施罗德的这些叙述同戈培尔在日记里的叙述是完全一致的。这个资料来源是肯定可靠的。因而何必去问，戈培尔在这种情况
572 下伪造事件的过程有什么好处呢。戈培尔在 1933 年 1 月 5 日的日记中记述，[38]会谈应保密，但因泄密而成了公开的秘密；施莱歇尔就在报刊上大力宣传。然后登出了这些明显的句子：“人们似乎预感到这里会出什么事……至少有一件事，现政府是知道的，即我们要严肃地对待推翻政府的事。如果这次政变得逞，那么**我们执政就为期不再遥远了**。”次日，戈培尔又写道，如果“我们这次政变得逞”，那么“党组织的恶劣的财政状况是无关紧要的了”。1 月 9 日，戈培尔在比勒费尔德同希特勒会晤并在他日记上记载了希特勒对他所说的话。[39]“我们的事业是顺利的。如果不再发生意外情况，这一次就会成功。当然我们坚持领袖必须担任总理职位的老要求。”接着又述及对这些谈判特别重要的一段细节：“无论如何，**现政府不会发布解散国会令了**。”只有巴本才会把这事泄露给希特勒，因为他现在知道他不必再害怕施莱歇尔了。希特勒对此在其所谓《桌边谈话》中有一段话讲得更加明确。[40]人们在它的 1942 年 5 月 21 日的记述中可读到：“鉴于政治局势这样尖锐，这位老绅士通过巴本同他（希特勒）接触并在著名的科隆会谈中摸底。希特勒在会谈中所获得的印象是，他的前景是一帆风顺的。因此他不容置疑地认为，他是决不准备谋求妥协的解决办法的。”这一报道自然给人以印象，似乎兴登堡一开始就参与了巴本的阴谋。人们是

不愿单单根据希特勒的说法接受这一看法的，尤其是希特勒也力图把兴登堡同他的亲近关系渲染得比实际要更为亲密。另一方面，人们绝无理由怀疑施罗德的最后判断，巴本和希特勒已达成一项“原则性协议”，而且这一结论把科隆整个会谈的主要经过暴露得非常清楚。这一叙述也被迈斯纳所证实。他说，希特勒的一名 573
随从人员对他说，科隆会谈的主题是建立一届右派政府，对此巴本向这个希特勒提出了“二头政治”这一方式。[41]迈斯纳的证词的更为重要的意义是，他证实巴本向总统报告，在科隆会谈中讨论了重新组阁和德国政府的政治组成的问题。

由此显而易见的是，巴本到科隆去的目的是推翻施莱歇尔并借助希特勒重新取代他的职位。德国所有政界人士，不论他们是否同情施莱歇尔，也都是这么个看法。施莱歇尔在同巴本进行一次谈话后发表的一项安抚性的声明是说明不了任何问题的。那么施莱歇尔也许还想做点别的事吧？他深知巴本受到总统极大的宠爱，而他自己在政治上的存在也正是完全依赖于这位总统。突出的例子是，他试图说服兴登堡只当着他的面接见巴本，而且他的这一请求被拒绝了。在这期间，总统府正要改建，巴本下榻的地方离总统住宅很近，他不必过马路就能穿过威廉大街的花园到总统那里，也不会被施莱歇尔的特务发觉。

巴本就为自己充分利用了这些机会。通过他的花言巧语，这位年老体衰的总统居然相信他现在要与之谈判的希特勒，同在 8 月和 11 月同总统会谈时要求全部国家权力而使总统深感不安的希特勒相比，已变得谦逊多了。正如迈斯纳报道的那样，兴登堡在巴本同民社党领袖会谈后告诉迈斯纳，希特勒已放弃移交政府全

部权力的要求，而且原则上愿意参加同右派政党组成的一届大联
574 合政府。迈斯纳继续说，兴登堡通知他，他“同意巴本在这基础上
同希特勒保持绝对秘密的私人接触”。[42]迈斯纳在威廉街诉讼案中
提出的证词还补充了一些重要细节。他说，有关巴本的任务，兴登
堡请他**也对施莱歇尔保密**。[43]

如果迈斯纳的证词属实，那么我们可以得出结论，巴本大大夸张了希特勒所做出的让步，他尤其对总统闭口不谈希特勒无条件地坚持担任总理一职的要求，因为在这一点上，恰恰是兴登堡至今绝不愿意让步的关键。迈斯纳告诉我们，即使在那时，兴登堡也总是把巴本看作自己想重新扶为政府首脑的人。迈斯纳还告诉我们，这位陆军元帅如今已决定抛弃施莱歇尔了，如同他在七个月前抛弃布吕宁总理那样。兴登堡不仅背着任职总理同这名假设的总理接班人商谈，而且还特别指令，让这位现任总理对所发生的事一概不知，这按所有立宪原则都是特别不得人心的。但兴登堡显然已完全恢复了他的老军国主义思想习惯，以致把“他的”总统内阁的首脑看成是由他任意摆布的部下。他在1月11日接见德国农业协会时独断专横的表现同这一情况是完全一致的。

施莱歇尔看来还有一段时间考虑过向各方面扩展其政府活
动。但不久后，他不得不领教到自己早被右派，尤其被胡根贝格抛
进死人堆里去了。[44]他在1月21日收到德意志民族人民党的一项
决议，决议不仅要全面改组内阁（无疑就是要求他下台），而且还使
575 用所有旧的反动语句和小心翼翼地集中了兴登堡的愿望和担忧来
猛烈抨击他的政府。它还写道，政府的纲领显然倾向社会主义和
国际主义的思想，从而就产生布尔什维主义渗透到农业地区的危

险。如果仅仅这种思想还不足以使年迈的总统感到不寒而栗，那么施莱歇尔政府标志着总统在任命巴本成立内阁时所要确立的**独裁原则的瓦解**这一论点就更加刺痛了总统的要害。

在民社党人再次向胡根贝格表明自己有能力夺走他们的选民后的几天，胡根贝格就发表了反对施莱歇尔的这一宣战书。1 月 15 日，约有 10 万选民的利珀-代特莫尔德小州举行了州议会选举。希特勒把这次选举作为显示他的党重新崛起的样板。因此，他把自己有经验的宣传员投入到这一小州。该党的财力还是足够的。在这种情况下所取得的成果，即使不占绝对优势，但也达到了几乎可以预期的效果。[45]民社党人获得的38 000张选票虽然超过了他们 11 月选举的选票 5 000 张，但未能再达到 7 月选举创最高记录的数字。主要丧失选票的不是左派政党，而是德意志民族人民党人；另一方面，社会民主党的选票是在牺牲共产党人的情况下增加了。因此，即使想把这么小的一个选区作为全国选举的样板，但选举结果也不能说明很多问题。可是，民社党人却运用他们全部鼓动宣传手法把这次选举的结果渲染为巨大成就。该党重新鼓足新的勇气，希特勒在党内的独裁地位再次得到了巩固。

在所有这些事件的影响下，现在看来施莱歇尔的乐观主义也
消失了。他现在感到这事同他生死攸关，而且总统也参与了这些 576
阴谋活动。正在这个时候，他对匈牙利大使说，如果总统拒绝颁发解散国会令，他将辞职。[46]但是，他取得解散国会令的希望看来非常渺茫。由于国会定在 1933 年 1 月 31 日召开，所以施莱歇尔还能把他内阁的寿命延缓一些日子。

这时，连中央党和社会民主党也在国会联合发起针对右派农业主的进攻，而且也涉及兴登堡总统及其家庭。中央党议员埃尔辛在国会预算委员会一次会上谈到“东部援助”在分配上不当的传闻，[47]不仅社会民主党坚决支持这一进攻，而且民社党也予以支持。[48]流传的说法是在“东部援助”计划的钱柜里的几百万马克流到了大地主手里，尤其流到了东普鲁士大地主的手里，而且许多人对这一补助没有实际的正当需要也伸手要了去，或者把拿到的钱用于这一计划以外的其他目的。农业部长布劳恩在委员会上所作的答复根本不能令人满意，于是多数人在 1 月 25 日决定，通过国会成立一个调查委员会。这一调查始终未能进行，因为国会已经解散。因此人们不能说，所提出的指控究竟有多少是对的，而且今天这个问题在指控者和被指控者遭到了同样的厄运之后，已经失去现实意义了。

当前对这一争论具有特殊意义的是，许多人随着德国总统的家庭而卷入了这种联系。特别是有这一种观点，认为民社党人想利用这一问题向总统施加压力。事实上，总统并未索要“东部援助”，
577 以致从这方面而言，不能对总统有所指责。但为难的是，兴登堡为了免交遗产税把诺伊德克庄园登记在他儿子奥斯卡的名下。诚然，这事多年来再也不是什么秘密的了。但如果这件事成为公开调查和法庭对证人审讯的案子，这事总是令人非常难堪的。人们也可以设想，奥斯卡·冯·兴登堡不愿意有这种经历。如果说这件事反正会对兴登堡的形象投上一层阴影，那么这一阴影通过这一事实更加严重了：1933 年 8 月兴登堡接受了希特勒和戈林赠送他的靠近诺伊德克的占 5 000 摩尔根土地的大庄园和一大片森林区（靠近阿伦施泰因，名叫普鲁士森林）。马格努斯·冯·布劳

恩男爵认为这完全是正常的。[49]可是，其他许多人却根本不会是这样想的。

在这整个期间，巴本继续辛勤活动，但没有多大进展。可是在利珀选举之后，他成功地在希特勒和总统的周围人士之间建立了联系。在这方面他得到了葡萄酒商约阿希姆·冯·里宾特洛甫的支持。民社党人里宾特洛甫后来不仅被希特勒任命为驻伦敦大使，而且还被擢升为外交部长。巴本在1月18日来到里宾特洛甫家里再次同希特勒会面。巴本力图以在这位“老绅士”那里通不过为理由来反驳希特勒提出任总理一职的要求。在希特勒对巴本的话漠然置之并仍坚持他的要求之后，有人（看来是里宾特洛甫）建议，他应同总统的儿子谈一谈。这次会晤是在1月22日再次在里宾特洛甫的家里举行的。巴本、戈林和其他民社党头面人物都出席了。但希特勒把由迈斯纳陪同下来到的奥斯卡·冯·兴登堡拉到了一边，并同他进行了一次两人之间的长时间的秘密会谈。希特勒在会谈中绝对坚持他担任总理一职的要求，对于这一点人们 578
是早就可以料到的，而且从奥斯卡在回程中对迈斯纳的谈话中看出，他根本不再认为有其他可能性，更何况巴本已经声明，他对自己任副总理一职满足了。迈斯纳说，希特勒在这次会谈中向兴登堡的儿子保证他将“在宪法和法令范围内”履行总理职责。[50]今天任何人都知道，希特勒这一保证的实际意义是多么小；人们也很难想象，当时任何一位稍有一点政治经验的人怎么会相信这些话的价值。

希特勒把奥斯卡·冯·兴登堡争取到自己一边以后，可以肯定已是成功在握。老兴登堡在他的决策中比以往任何时候都依赖

于他周围的人士。即使他对巴本向自己推荐希特勒任总理总是再次表示“不同意”，他屈从于他儿子、巴本和迈斯纳的共同劝说也只是一个时间问题了。

无论如何，当施莱歇尔于 1 月 23 日为请求总统颁布解散国会令谒见兴登堡时，他已经处在失败者的地位了。在会晤时，当然他只好承认他在国会取得多数的计划已经失败。现在他也看到，除了无限期拖延国会的重新选举外没有别的办法。这将会像巴本在 12 月 2 日提出过的解决办法那样是破坏宪法的。兴登堡理所当然地告诫他并提醒他应想到自己当时做出过国防军无能应付这一危急局势的声明。施莱歇尔力图提出异议，说明由于他同工会的良好关系，现在的局势比两个月前更为有利，而且他（同巴本不一样）不必害怕会发生一次总罢工。当然，这一切可能又是施莱歇尔的一种乐观主义的自我欺骗；所有共和主义政党在得知施莱歇尔的计划后提出坚决抗议，根本就不能对他的乐观态度提供什么基
579 础了。在这种情况下，兴登堡同迈斯纳磋商后拒绝了施莱歇尔的建议，那么人们也难以从中去指责他。兴登堡确实在 12 月 2 日曾对巴本说，他愿意走他现在由于施莱歇尔违背宪法而拒绝的同一条道路。但是他对巴本个人的信赖远远超过了在许多方面走自己道路的施莱歇尔，虽然德国人民广大阶层并不也具有这种信赖。

兴登堡总统虽有理由以拖延按宪法规定的新选举来拒绝解散国会，但他能同意在宪法规定内，也就是说遵循宪法规定的新选举期限解散国会。总统和总理当时有理由认为，民社党人害怕一次解散国会的前景，并且除了拒绝总统授权的解散令外，没有更好的办法来加强他们的不妥协态度了。在当前施莱歇尔已放弃他的请

求的这一时刻，他的政府已肯定垮台了。一名像西格弗里德·冯·卡尔多夫的老议员对英国大使说，只要施莱歇尔在口袋里装着解散国会令就可迫使希特勒和胡根贝格做出让步，因为两人都很害怕新的选举。[51]我们并不知道，当时兴登堡和施莱歇尔是否撇开故意破坏宪法不谈而讨论了这一问题。但如果说，巴本在科隆会谈中已告知希特勒，施莱歇尔不会获得解散国会令是确实的，那么人们可以肯定地认为，即使总理并不指望兴登堡违反宪法，但他这时也已不同意发布解散国会令了。

在总统和总理之间的这一冲突表明，这一所谓的总统制内阁 580
注定是要被其自然的、不可逆转的命运所摧垮，它必然会因其本身的内在矛盾而走向毁灭。不管这个政府是由一名像巴本那样喜欢挑起冲突的总理，还是由一名像施莱歇尔那样好协商的总理领导，同国会冲突的时刻迟早总是要来到的，这一冲突虽被总统颁布解散令的职权所推迟，但它最终还是不可避免的。一个根本上只对总统负责的、但又拒绝同任何政党联系的德国政府只有在大部分德国选民愿意以全部忠诚支持总统而不究其迄今所属的党派、也不究其为党派利益斗争的情况下才是可以想象的。实际上，这是根本谈不到的。对这一情况的第一点要求将是人民对总统的不偏不倚和实事求是精神的信赖；但这点已被他自己对布吕宁的不讲信义而摧毁了。而在人民内部，特别在兴登堡愿意与之一起执政的右派方面，同样缺乏支持政府的热情，只因这位总统总是擅自作主组织政府。在所有政党中，德意志民族人民党曾是最愿意同总统制内阁保持一致的。但它在1933年1月21日发表的反对施莱歇尔的一项宣战书中清楚地表明，它像任何其他政党一样生硬地

反对一个不符合它愿望和利益的总统制内阁，而且它也在这一点上认为在一个总统制内阁和一个议会制内阁之间根本没有什么区别。尽管德意志民族人民党以呼吁书形式掩饰它的宣战书，但丝毫也没有改变问题的实质。而且只能表明，普鲁士容克地主的这些后代仍然恪守“只要国王按我们的意志行事，他就是绝对的权威”这一格言。这一体制所以更加无能，因为它掌握在一位超过
581 85 岁的白发老人手里，他的精力远远不能像以前那样去理解他历届政府不得不穷于应付的那些政治和经济方面的难题了。

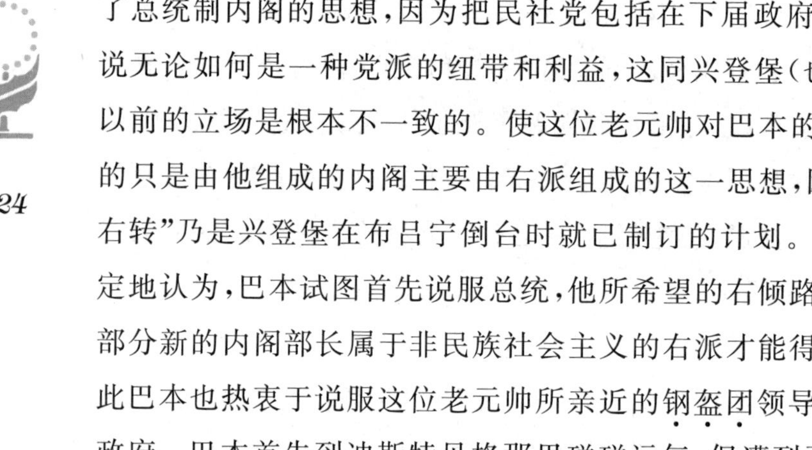

实际上，巴本在决定请求希特勒给予支持时已从根本上放弃了总统制内阁的思想，因为把民社党包括在下届政府之内对它来说无论如何是一种党派的纽带和利益，这同兴登堡（也同巴本）的以前的立场是根本不一致的。使这位老元帅对巴本的计划感兴趣的只是由他组成的内阁主要由右派组成的这一思想，因为“使政府右转”乃是兴登堡在布吕宁倒台时就已制订的计划。人们可以肯定地认为，巴本试图首先说服总统，他所希望的右倾路线将通过大部分新的内阁部长属于非民族社会主义的右派才能得到保证。因此巴本也热衷于说服这位老元帅所亲近的钢盔团领导人参加新的政府。巴本首先到迪斯特贝格那里碰碰运气，但遭到了拒绝，而后到泽尔德特那里，这人面对担任部长的诱惑力而未能抗拒。更为重要的必然是争取胡根贝格了。因为他是在所有被考虑的候选人中唯一掌握一个党的组织和富有政治经验的人。巴本同他在 1 月 26 日，即施莱歇尔在 1 月 28 日提出正式辞呈前两天，举行了会晤。在巴本同胡根贝格 1 月 26 日的这次会谈中，迪斯特贝格也在场。他说，巴本在谈判一开始时就说，新政府必须在希特勒总理的

领导之下；钢盔团也必须接受他的领导。迪斯特贝格表示最坚决的反对，而同时在场的泽尔德特却表示赞同。[52]但最重要的是胡根贝格的态度。他对希特勒任总理根本没有提出异议。胡根贝格以 582
罕有的过高估计自己的态度说，这不会发生什么事的，兴登堡仍当总统和国防军总司令，巴本任总理，他自己接管整个经济，包括农业在内，泽尔德特接管劳工部。这样，“我们就框住了希特勒”。他自 1931 年哈尔茨堡大会以来一再体验过希特勒是怎样胜利地突破他的障碍并使任何一种“遏制”归于无效。但是，这也是胡根贝格的特点之一，他总是不接受亲身经历的经验教训。

胡根贝格后来在多次已提到的非纳粹化审讯中声明，从他这方面而言，他对任命希特勒当总理一职是“没有参与任何活动”的，[53]但这同事实是不符合的。1 月 26 日，在他极愿接受希特勒当总理后，兴登堡仍断然对他的任命表示反对。因此，在巴本向他报告这位德意志民族人民党的专横独断的领袖也已声明愿意在希特勒领导下服务后，这位老总统不得不受到影响。总统谅必会对自己说，有胡根贝格这样的人参加政府，而他将在内阁团结多数并能同兼任普鲁士全国专员的“战友”巴本共同合作，这就可以挫败希特勒单方面利用总理权力的一切企图。

但在新内阁目前还缺少一个人来担任最重要的部门国防部部长职位。施莱歇尔自以为他辞去了总理职位后将能恢复国防部长这一职位。[54]但巴本和兴登堡却没有这一打算。巴本想对这位在患难时刻背叛自己的前恩主大肆报复。他想到施莱歇尔任国防部总会掌握很重要的权力，对此他不得不予以估计。兴登堡也不愿施莱歇尔留在内阁里，因为他的留任只能使总统想起自己过去依

583 靠施莱歇尔的参谋，而如今又把他淘汰了。那么有没有一位德国将军准备来代替施莱歇尔的职位呢？看来实际上是有的。他们想到了在以前的东普鲁士军区司令部的这样一位将军——维尔纳·冯·布洛姆贝格，他现任德国驻日内瓦裁军会议的军事代表。布洛姆贝格是在其军区牧师米勒（后来担任民社党全国主教）和其参谋长冯·赖歇瑙上校（一名铁杆的民社党人）的影响下来到柯尼斯堡的。总统同他早就建立过联系，这种联系只是在施莱歇尔政府正式垮台后才达到出人意料的结果。

国防部官员对当前局势的发展趋向深感不安。过去曾强烈反对让希特勒上台的冯·哈默施泰因将军寻机同总统进行了一次私人谈话。哈默施泰因充分利用了布舍-伊彭堡将军每月一次向总统作关于军队人事问题的汇报。根据布舍-伊彭堡肯定的说法，在他于 1933 年 1 月 27 日，即施莱歇尔辞职的前一天，去向总统汇报时，哈默施泰因就非常愿意陪同他一起去。[55] 在这一点上存在一个迄今仍有分歧意见的问题。将军们的顾虑是针对一届希特勒政府呢，还是针对一届巴本-胡根贝格的政府呢？即使有关这两位将军同兴登堡谈的报道在这个问题上的意见也并不完全一致。哈默施泰因将军告诫总统反对一届巴本-胡根贝格政府，因为这样一届政府会把国防军卷入反对民社党人和全部左派的斗争中去；[56] 而布舍-伊彭堡将军却说，哈默施泰因非常严肃地对希特勒及其过分的要求提出警告，并对民族社会主义渗透到国防军表示强烈不安。双方一致报道，兴登堡的谈话是赞成第二种说法的，他是在对军官
584 们干预政治的企图极不高兴时结束谈话的。他说：“**我的先生们，你们不要相信我会任命这位奥地利下士任德国总理的**。”如果将军

们在这点上的报道是一致的，那么可以相信，哈默施泰因的攻击矛头只能是指向希特勒的。或反对巴本-胡根贝格，或反对希特勒，这个反命题的出现非常鲜明和尖锐。施莱歇尔肯定知道巴本在策划同希特勒组成一个联合政府。他打听到奥斯卡·冯·兴登堡同希特勒也磋商过。即使还远不能确定兴登堡准备任命希特勒为总理，但这一点是明摆着的，即巴本只有借助希特勒才能重新掌权，而且一届没有希特勒的巴本-胡根贝格政府只是一种幻想而已。哈默施泰因如同他的知心者施莱歇尔一样，不会不对此一清二楚。如果说，他在1935年1月28日的证词有另一种说法，那么人们不应忘记，这一证词是在希特勒统治时期和施莱歇尔被暗杀以后写的，那时连一名德国上将也不会去承认自己曾是反对希特勒的人。

无论如何兴登堡的最后评语表明，他在1933年1月27日仍然强烈地坚持反对希特勒当德国总理的。但巴本，正如我们所见到的那样，早已背离总统给他规定的谈判基础，同时争取到胡根贝格和泽尔德特支持一个希特勒政府。

在哈默施泰因进击失败之日，即1月28日（星期六），施莱歇
尔就提出了他和他的内阁全体成员的辞呈。这一收场看来显得过
于仓促，因为农业部长布劳恩男爵还在当天晚上对他在新闻舞会
上见面的英国大使抱怨说，他对施莱歇尔的辞职感到十分震惊。
他是在星期六上午正去办公室时才得知这一消息的。朗博尔德大 585
使说，布劳恩不掩饰他对这一转折的愤怒，但高度赞扬施莱歇尔的
处事方法："他出色地主持内阁会议，并对行政管理的每个细节了
如指掌。"[57]

这样，施莱歇尔将军的总理生涯在短暂的54天后结束了。他

的政治影响也随之消失了。人们对于这一结局不免有两种感觉。一是他只是自食其果，因为他插手让布吕宁下台并鼓励总统去实现其悬挂在所有党派之上的、但无法实现的总统制内阁的思想。在1932年春嘲讽“老好人海因里希*”优柔寡断的这个人现在却被自己的对手们也指责为优柔寡断了，因为它使自己一切努力导致消极结果而负有责任。这位将军曾巧妙地通过一切后门逃之夭夭，并在1924年受泽克德特的委托运用机灵的手法使解散国会化为泡影，从而被格勒纳誉为他的“政治事务的红衣主教”，如今却被另外一些诡秘的阴谋家捆绑起来。这些人指责他掉进他为别人挖掘的坟墓，如今他对此也无理埋怨了。当他想到他的好心朋友格勒纳的倒台时，如今怎么不受到良心的谴责呢？这时，他是否认识到，德国部长们所面临的政治问题比这位来自本德勒大街安全窝而总是对此轻易冷嘲热讽的普鲁士将军所想象的不知要困难多少倍？难道他已真正认识到，在普鲁士军界的狭隘圈子里成长起来的一名将军在政治上毕竟还是半瓶醋，即使他杰出地善于以其辛辣的玩世不恭的态度和装扮成的非党派风度博得了普通议员的赞赏？

586 但在另一方面也不得不承认，施莱歇尔最终至少掌握了从艰难困境中得出的一种思想要领。他希望把各政党代表聚集在一起，以共同解决实际存在的问题，为此每一方虽将不得不做出若干让步，但至少有可能维护国家的基础。无论如何，这种政治家的思想风度超越了巴本那种得罪一个又一个的政党的办法，他在失败

* 指布吕宁。——中译者

后为了自己得以回到政府并重新取得德国总统的宠爱竟不惜把国家权力拱手让给其不共戴天之敌。诚然，施莱歇尔的计划是有困难的，不完善的部分原因是他本人缺乏实现这一计划的必要前提；只有那些已表现出把事业放在个人之上的人才能得到信任。在他面前也矗立着“自己筑起来的一道高墙”，它“严重地阻碍”他回到自己想开拓的求实政策的理智道路。

随着施莱歇尔辞职的消息的发表，德国人民同时得悉德国总统委请巴本先生来“澄清政治局势”。用过去哈布斯堡王朝的话来说，大家普遍认为巴本已被任命为“钦差大臣”。巴本立即充分利用其由此而公开的地位立即又纠缠总统去任命希特勒为总理。在这件事上，他还得到了奥斯卡·冯·兴登堡和迈斯纳的支持。这三人都向这位“老绅士”保证不必害怕，因为这位德国总理将会被胡根贝格领导下的强大的德意志民族人民党多数部长包围，以致不会发生什么事。希特勒在政府里只有两名民社党的伙伴——戈林和弗里克。可是，很快就意识到自己成功在望的希特勒这时却提高了他的要价。希特勒原来只要求戈林出任民用航空部部长一职，现在他要求任命戈林兼任驻普鲁士的全国专员。一心想保留 587
这一职位的巴本虽然终于说服希特勒，但同意做出让步，由戈林只任普鲁士内政部长。这样，希特勒的主要目标达到了，对他来说，关键的是要把普鲁士警察局掌握在自己手里。如果戈林任内政部长，那么要达到这一目标有了足够的把握。巴本自以为自己作为全国专员手上有最后决定权，他可以以这一论点充分说服兴登堡接受这一职务的分配，其实，这只是他的一种幻想。事实上，巴本按其地位和能力根本不可能对民社党在普鲁士警察局和行政部门

的独裁统治设置任何障碍。

不管怎么说，兴登堡的这三名忠实亲信的劝说使他在 1 月 29 日确认了他在 1 月 27 日还对哈默施泰因将军说过不可想象的这件事情：现在他考虑要准备让这位“奥地利下士”当德国总理了。

巴本在 1933 年 1 月 29 日（星期日）向总统递交的部长名单只能使像兴登堡陆军元帅那样的一位不懂政治的人感到放心。人们今天不必再去讨论有关副总理兼驻普鲁士全国专员巴本的政治实力了。希特勒当着巴本的面向总统所作的讲话也只不过是一种空头保证。留任外交部长的牛赖特男爵虽对外国政府是一块有用的招牌，并由此而使它们相信，即使在希特勒执政下，德国仍将执行一种和平政策，但是按他过去的经历和个人能力而言，他都不能做出有用的政治抉择。接任的其他部长，如施威林·冯·克罗西克、

588 埃尔茨·冯·吕贝纳赫和居特纳，对抵制希特勒根本是无足轻重的。钢盔团的领导人泽尔德特任劳工部长，他虽足以使兴登堡感到放心，但事实上他在政府中不准备去起什么政治作用。所以实际上只有胡根贝格才是德意志民族人民党人所期望的、反希特勒的唯一的人。

另一边站着的是任总理的希特勒、任中央内政部长的弗里克和任普鲁士内政部长的戈林。重要的政治实权无论如何都掌握在民社党人的手里。弗里克在图林根就已表明，一名民社党人如何能利用部长职权并对其同事们实行恐怖统治。因此，迈斯纳在其回忆录中竟称赞弗里克作为前图林根内政部长掌握了专业实践必需的经验，这话听来简直是滑稽可笑的。[58]被选定任国防部长的布洛姆贝格将军根本不能被视为同民社党人的抗衡力量。他那时已

从日内瓦被召回，但还没有回到柏林。

在部长名单上没有中央党和巴伐利亚人民党的名字，尽管这两个党都宣布过在一定程度上愿意参加政府。然而，它们参加这种情况将既不符合希特勒的利益，也不符合巴本的利益。希特勒不希望在他的内阁里通过安插蔑视自己行动的政治作用的人来加强反对派，而且这些人也许关心的是照顾同他们接近的州政府。巴本也出于个人考虑反对这样一种合作，自以为只有他的亲信和志同道合者所组成的内阁多数才会协调一些。

兴登堡对呈送他的这份部长名单表示同意，并约定希特勒及其未来的内阁成员在次日上午 11 点来，以向他们递交委任状。这一天是 1933 年 1 月 30 日星期一。

但是在这项仪式完成之前，又发生了骚乱事件。

施莱歇尔的倒台当然对国防部来说感到极为失望，因为它曾 589
把一名将军能既任国防部长又任德国总理而不得不看作它所有政治成就的顶峰。德国政府享有最大权力的这个部对于这样一次失败是否将乐愿接受呢？因此很快提出这一问题，也是很自然的事。从根本上说，施莱歇尔在他继任人被正式任命之前仍是一名任职总理和国防部长。而且事实上，在施莱歇尔辞职后的这些天里，柏林和德国政界已广泛流传本德勒大街正在策划一次反击的谣言。在这些人心不安的日子里，每个听信和传布谣言的人加上自己某些想象，使谣言越传越令人可怕。特别是一位同民社党关系密切的、绅士俱乐部的知名人士阿尔文斯勒本先生，他似乎扮演了这一角色，像北欧传说中的一只小松鼠一样在树上不停地上蹿下跳，散布流言，叫人听得神乎其神。这些谣传也传到了焦急的被指名的部长们和总统周围人士的耳朵里，这位谣言传布者的特殊目的正在于此。传说国防军波茨坦卫戍部队已动员起来或甚至说它已向威廉大街开拔，以逮捕德国总统、他的顾问和新部长们。

在这些谣传中有真实的东西吗？至今对此仍有争议。哈默施泰因将军振振有词地说，施莱歇尔的政变计划没有他的参加是不可能的；他在上述提到的在1935年1月28日所写的证词这样说，不存在一项政变的协议，并称以上所述的谣传是“荒谬的、骗人
590 的”。布拉赫尔博士在其《魏玛共和国的解体》一书的附件中逐字逐句地刊印了这份证词，而且说：“今天不容置疑，认为施莱歇尔或哈默施泰因要进行一次威胁性的政变的传言是没有具体背景的。”[59]另一方面，一名绝对可靠的证人告诉我，施莱歇尔的国务秘书埃尔温·普朗克，在1月29日给他打电话说，波茨坦的卫戍部队已做好准备，如果这位“老绅士”在巴本及其儿子奥斯卡·冯·兴登堡的影响下任命希特勒为总理，那么部队将整装出发，“以保护这位老绅士免受其顾问们的影响”。因为没有丝毫理由说明普朗克为什么想在这个问题上欺骗他的朋友，所以这只能得出结论，普朗克是作了这一通知，而且相信他所通知的内容。

能由此把哈默施泰因将军的证词看作不符合事实吗？可是这一证词正如前已指出的那样，是在希特勒统治时期写下的，而且这不是有利于全盘揭露事实真相的时候。即便如此，也难于对这位将军的话漠然置之了。再说，如果人们考虑到搞这样一次军事政变计划多么富于幻想和没有希望，正是因为它必然针对这位陆军元帅兴登堡本人，那么人们在这一点上就不能不相信这位将军所说的是真的。这一结论不能不使人认为，国务秘书普朗克的通知

不是依据真实可靠的官方消息，而是依据他所听说的传言。这样的事在极度紧张的动乱日子里也是很可能出现的。

如果我们不相信这一整个政变计划，那么所谓的政变有什么政治目的这一问题对我们来说是不存在的了。哈默施泰因将军的儿子孔拉特·冯·哈默施泰因博士为惠勒-贝内特撰写过一本备忘录《施莱歇尔、哈默施泰因和希特勒的夺权》，根据备忘录，将军
们并不反对希特勒，而是反对一个威胁性的巴本-胡根贝格政 591
府。[60]他的父亲库尔特·冯·哈默施泰因在他1935年1月28日的记述里也作了这一说明。我已经说明，为什么我们对那些同哈默施泰因早先的陈述有根本矛盾的报道可以置之不理。

因此，我们可以把所谓策划了的军事政变列入传奇故事中去。但有时传奇故事并不比可靠的事实所产生的影响要小一些。这一军事政变的谣言所起的作用当然有利于政变所谓要反对的那些人。如果这个魔鬼施莱歇尔正在策划对兴登堡的一次反叛，那么巴本更会作为大天使加百列*登场，拔剑来保护德国总统。

“如果新政府不在11点前组成，那么国防军就将进军。我们就面临施莱歇尔和哈默施泰因的军事独裁的威胁！”这就是巴本在1月30日早晨对着正聚集在他那里的钢盔团领导人迪斯特贝格和泽尔德特会晤胡根贝格时所说的话。[61]迪斯特贝格说，早晨七点他就接到电话要他立即到巴本那里。“当我问正在房间走来走去的巴本，他从哪里得到这个我认为不确实的、有关国防军威胁的传闻，巴本说：‘从兴登堡的儿子那里得来的’。”接着迪斯特贝格急忙

---

* 加百列(Gabriel)在宗教传说中是替上帝把好消息报告世人的天使。——中译者

奔到奥斯卡·冯·兴登堡那里，他的门前站着国防军的一名上士。迪斯特贝格继续说：“我发现这位感情冷漠的兴登堡的儿子也异常激动。‘我没法给您讲得更详细了。我现在要到车站去接布洛姆贝格。不过，我会收拾这个叛徒施莱歇尔的。’”

在两天前倒台的这位总理如今已被打成“叛徒”了。以反对他为理由的奥斯卡·冯·兴登堡迅速动身去车站。布洛姆贝格将军的返回柏林是由巴本集团一手保密的，但施莱歇尔早已知道。施
592 莱歇尔曾试图在布洛姆贝格同总统会晤之前施加影响，于是派了一名自己的副官去车站转达命令，让布洛姆贝克一到车站马上到他那里去报到。可是，总统的儿子同时赶到车站转达他父亲的命令，让他立即到总统府并回避去本德勒大街。就这样，布洛姆贝格面对两种抉择：到兴登堡那里还是到施莱歇尔那里？在兴登堡那里向他招手的是一个国防部，于是布洛姆贝格就听从了总统的命令。施莱歇尔的副官只好两手空空地回到本德勒大街。施莱歇尔从副官的报告中已感到自己不仅处于劣势，而且永远不会再取胜了。布洛姆贝格马上从兴登堡手里拿到了国防部长的委任状，这样他是新政府成立前先于总理任命的第一位部长。这当然是违背宪法的(第 53 条)。可是，谁还来管这些呢？

布洛姆贝格这时又赶到巴本那里，巴本向他祝贺他的决断。根据迪斯特贝格的证词，巴本也向这位新部长重复了“施莱歇尔和哈默施泰因还希望在今天建立军事独裁”的说法。但是，这位新任部长几乎还未认识他的未来的内阁成员，他已知道，这届计划组成的政府大船在进港之前还必须绕过一座非常陡峭的峭壁。

我们再次引用迪斯特贝格的话并看到全体候选部长现已集合

在国务秘书迈斯纳的办公室里。

“巴本祝贺希特勒任德国新总理。希特勒致谢后发表声明。出人意外地，特别使胡根贝格震惊的是，希特勒说，德意志人民现在将必须通过普选来批准业已组成的内阁。希特勒显然认定通过新的选举会给他和他的党提供光辉的前景。胡根贝格非常坚决反对并指出，最近的11月选举的结果已经表明了与此相关的政党力量，而且现政府的组成乃是必然的民主的结果，因此这时举行新的选举是没有必要的。”

当然，两方面所持的这些民主论点只是表面上的理由，而且希 593
特勒是同胡根贝格一样了解得很清楚的。这一方和那一方一样只是为自己的党在着想。胡根贝格根据自己的经验可以很好地设想一次竞选的前景和他的结局究竟会如何：希特勒通过其德国总理职务这一光彩夺目的形象还会增长自己对群众强烈的号召力，并使选民进一步认识到，从现在起每个人的幸运和厄运取决于他的笑容或愤怒。不知有多少选民现在必须迎头赶车，免得误点！可是，德意志民族人民党人的这些可怜虫能对此提供些什么呢？他们在当前国会中的某些有利的力量对比关系通过一次新的选举必将大大变为不利。胡根贝格几天前那么信心十足地大谈其“框住希特勒的计划”又是怎样了呢？巴本本来也应该看到这一点的。一位卓有远见的政治家应当认识到新选举的道路只会导致总统在政治上的彻底失败。但是总统权力的卫士巴本根本没有这样一种远见卓识。我们继续听听迪斯特贝格是怎样说吧：“越来越激烈的争论……缓和了。胡根贝格仍‘不同意’。在这一时刻，他是站在他政治生涯的顶峰。政府的组成看来在最后时刻要失败

了。面对胡根贝格坚决反抗的这一场面而显然陷入狼狈境地的希特勒向这位枢密顾问走去，大概是这样说的：‘枢密顾问先生，我向您庄严起誓，不论选举会有什么结果，我决不会同这里在场的诸位分道扬镳的。’胡根贝格还是‘不同意’。……无论如何，巴本非常担心自己近在眼前的这一目标丧失掉，并说：‘但是，枢密顾问先生，您愿意毁了经过这么多艰难工作才完成的联合吗？您可不能怀疑一名德国男子汉的庄严宣誓！’”

一名德国男子汉，他在法庭上违背誓言的行为早已是声名狼
594 藉的了，而且巴本了解得最清楚。他曾在波滕帕一案中声明过要同法庭被判刑的杀人凶手“以无限的忠诚团结在一起”，其所以这样，因为他们是民社党党徒。尽管这位忠诚的巴本发出激情的爱国主义呼吁，胡根贝格仍不放弃他的反抗。如同一幕羊人剧*总是属于希腊悲剧一样，德国悲剧的这一幕也以一幕羊人剧而告终。

迪斯特贝格接着说：“迈斯纳手持钟表突然冲进房间。‘我的先生们，总统先生主持的就职宣誓仪式定在 11 点整。现在已是 11 点 15 分了，你们不能让总统先生等这么久。’……这时，……胡根贝格屈从了，希特勒得胜了。”

让德国总统等着比把德意志民族的命运交给一名险恶的蛊惑家主宰更为糟糕。胡根贝格尚且对希特勒、巴本、戈林和牛赖特的劝说能进行抵抗，然而对陆军元帅和总统的议程能抵抗吗？不，因为靠胡根贝格的力量是不能匹敌的。多年来，胡根贝格的顽固脑袋

---

* 羊人剧，在希腊戏剧中由耽于淫欲的森林之神担任合唱团指挥的滑稽剧。——中译者

给每一届政府的存在都造成困难，使每次向好的方面的转化遭到了破坏，而且使他自己的党也大伤元气。德国人民以为，这一顽固脑袋会在这一关键时刻制止这一场最大的灾祸，可是他却表现得软弱无力，因为这位枢密顾问先生不能让这位陆军元帅和总统等着。

现在一切恢复了正常秩序，而且这位年迈的兴登堡得以设立了这个“民族团结”政府，然而这个政府却史无前例地把德意志人分裂成压迫者和被压迫者。

关于任命希特勒的消息在 1933 年 1 月 30 日这天傍晚传遍全市后，他的狂热信徒组成了没有尽头的队伍，举着火把，唱着霍斯特·韦塞尔之歌通过威廉大街。这位陆军元帅既迷惑，又吃惊，不
知所措地从窗口望着那些向他彬彬有礼地致敬的、但又完全陌生 595
的人群；只有军队进行曲才唤起他心头的共鸣。但是，希特勒从总理府窗口向“褐衫营”队伍——冲锋队、党卫队和希特勒青年团以及好几千名如痴如狂地庆贺他胜利的追随者致意。这位奥地利人带着眉飞色舞的微笑看着他们，犹如一个把不可能完成的事业变成现实并达到了自己勃勃野心的目的的人。

德国人民当家做主的尝试失败了。现在，德国不再是法治国家的时代来到了。在这个时代里，德国法官容忍一群暴徒冲击法庭，把他们不喜欢的人统统赶走；法官的独立性和不可侵犯性被取消；他们的继续存在将取决于自己在执行公务中是否博得执政党的欢心；政府发言人声明用以为德意志民族——当然是按这位当权派*

* 指希特勒。——中译者

的见解——服务的事情是合法的。在这个时代，蒙在忒弥斯[*]女神眼睛上的带子被扯断了，以便她能清楚地看到，她用自己刀剑所执掌的那些政党怀有什么样的信仰，有着什么样的来历和拥有什么样的政治思想。在这个时代，这位德国总理把成百的政敌不经任何审判就杀害并利用时机还把几名过去的对手暗杀掉，可是德国司法部长却声称，这是“合法的”；在这个时代，德国成了圣奥古斯丁训诫过的最可怕的例子：“没有正义，国家无异于一大群盗匪窝。”德意志人最爱引用俾斯麦所讲的话：“我们德意志人只怕上帝，不怕世界上别的东西。”但他们如今以烧毁教堂和在每个纳粹“官吏”面前发抖的方式把这句话付诸行动。在这个时代，扼杀思
596 想的“一体化”代替了言论自由，而且人身自由被集中营所代替，成千成万的人被任意赶进集中营去备尝一切恶意嘲笑的残暴痛苦，而在剧院里被《菲岱里奥》[**]歌剧中的囚徒合唱团的演唱深深打动的德国同胞却没有为这种苦难和不义行为而度过一次不眠之夜。在这个时代里，写《伊菲革涅亚[***]》的这位最伟大诗人的民族竟实施客籍法，以迫使那些被统治者称为“客籍居民”的、而他们的父辈们世世代代在德国土地上生息、劳动的犹太人成千成万地离开祖

* 忒弥斯，在希腊神话里她是正义的化身，智慧和正义的女神，神意的解释者。——中译者

** 《菲岱里奥》，二幕歌剧。贝多芬作曲。由G.F.特赖奇克修订后在1805年维也纳首演。剧情是妻子（莱奥诺拉）为营救受冤坐牢的丈夫，乔扮男装（化名菲岱里奥）充当狱卒的故事。——中译者

*** 伊菲革涅亚，希腊神话中迈锡尼国王阿伽门农和克吕泰涅斯特拉的长女。阿伽门农为使自己舰队离开奥利斯港去围攻特洛伊，竟将长女献给阿耳忒弥斯女神。歌德以她的故事作题材写成话剧。——中译者

国，因为这位从国外潜入的统治者以其切齿仇恨迫害他们；而且这个民族竟把那些未及在国外避难栖身而沦为奴隶的犹太人驱入毒气室毒死或通过“试验”杀害他们，而它对这种情景却无动于衷，视而不见。在这个时代，未成年的儿童从他们悲哀的母亲身边被夺走并让他们到东线的、不为人知的某个角落里去送死。在这个时代，德意志之名已成为人类诅咒的一切残暴、卑鄙和罪恶的象征。

这一切都是从 1933 年 1 月 30 日开始的。而德国的青年却兴高采烈地挥动着火炬行进。

德国历届政府情况

(1926—1931)

1. 路德,第二届内阁,1926 年 1 月 20 日至 5 月 17 日。

中央党三人:威廉·马克思、布劳恩斯、哈斯林德。

人民党三人:施特雷泽曼、库齐乌斯、克罗内。

民主党三人:屈尔茨、赖因霍尔德、格斯勒。

巴伐利亚人民党一人:施廷格尔。

2. 威廉·马克思(中央党),第三届内阁至 1927 年 1 月 29 日。

中央党四人:威廉·马克思、布劳恩斯、贝尔、哈斯林德。

人民党三人:施特雷泽曼、库齐乌斯、克罗内。

民主党三人:屈尔茨、赖因霍尔德、格斯勒。

巴伐利亚人民党一人:施廷格尔。

3. 威廉·马克思(中央党),第四届内阁至 1928 年 6 月 29 日。

中央党三人:威廉·马克思、克勒、布劳恩斯。

德意志民族人民党四人:赫尔格特、冯·科伊德尔、席勒、科赫。

人民党二人:施特雷泽曼、库齐乌斯。

巴伐利亚人民党一人:舍策尔。

此外:格斯勒至 1928 年 1 月 29 日,后来是格勒纳。

4. 赫尔曼·米勒(社会民主党),至 1930 年 3 月 30 日。

社会民主党:米勒、泽韦林、维塞尔、希法亭(至 1929 年 12 月 21 日),自 1929 年 12 月 23 日起罗伯特·施密特。

民主党二人:迪特利希、科赫-韦塞尔,至 1929 年 4 月 13 日。

人民党二人:施特雷泽曼(至 1929 年 10 月 3 日)、库齐乌斯;自 1929 年 11 月 8 日起:莫尔登豪尔。

中央党一至三人：冯·居拉尔特；自 1929 年 4 月 13 日起：维尔特、施特格尔瓦尔德。

巴伐利亚人民党一人：舍策尔。

此外：格勒纳。

5. **布吕宁**(中央党)，至 1932 年 5 月 30 日。

中央党二至四人：布吕宁、施特格尔瓦尔德；自 1931 年 10 月起：维尔特和冯·居拉尔特。

人民党二人：库齐乌斯，至 1931 年 10 月；莫尔登豪尔，至 1930 年 6 月。

民主党一人：迪特利希。

经济党一人：布雷特，至 1930 年 12 月。

巴伐利亚人民党一人：舍策尔。

保守党二人：席勒、特雷维拉努斯。

此外：格勒纳，自 1931 年 10 月起：瓦姆博尔德。

参 考 书 目

伦敦德文郡街 4 号维纳图书馆目录提供了有关这一段时期历史的文献的最好介绍:《从魏玛到希特勒,1918—1933 年的德国》(*From Weimar to Hitler, Germany 1918—1933*)。该图书馆每季度出版的公报上的文献概况刊登书目补充。我在编写下册时也充分利用了伦敦的“维纳图书馆”,因此我必须向从不拒绝帮助我的阿尔弗雷德·维纳博士先生和他的合作者,特别是沃尔弗夫人和赖希曼博士夫人表示我的谢意。

有关这个时期的概论有以下数种:

F.弗里登斯堡:《魏玛共和国》(F. Friedensburg, *Die Weimarer Republik*),1946 年。

A.罗森贝格:《德意志共和国史》(A. Rosenberg, *Geschichte der Deutschen Republik*),1935 年。

F.施坦普弗:《德意志第一共和国的十四年》(F. Stampfer, *Die Vierzehn Jahre der ersten Deutschen Republik*),1936 年。

P.梅克尔:《德国——存在或不存在?》(P. Merker, *Deutschland—Sein oder Nicht Sein?*),1944 年。

S.W.赫尔佩林:《德国试行民主》(S. W. Halperin, *Germany Tried Democracy*),1946 年。

G.席莱:《魏玛共和国》(G.Scheele, *The Weimar Republic*),1945 年。

卡尔·密施:《群众时代的德国史》(Carl Misch, *Deutsche Geschichte im Zeitalter der Massen*),1952 年,第六章至第八章。

K.霍肯巴赫(K. Horkenbach)的《从 1918 年至今的德国》(*Das Deutsche Reich von 1918 bis heute*)(1930 年)提供了丰富的材料;附有 1931 年和 1932 年的补遗。

注　释

第十一章　洛迦诺条约

1.G.苏亚雷茨:《白里安》,第 6 卷,《1923—1932 年和平倡导者》。巴黎,1952 年,第 61 页。E.P.沃尔特斯:《国际联盟史》,1952 年,第 1 卷,第 275 页。

2.彼特利:《奥斯汀·张伯伦》,第 2 卷,第 227 页。

3.沃尔特斯:《国际联盟史》,第 1 卷,第 288 页。

4.彼特利:《奥斯汀·张伯伦》,第 2 卷,第 259 页。

5.达伯农勋爵:《和平使节》,1930 年,第 3 卷,第 115 页。

6.施特雷泽曼文件,序号 7135。

7.同上书,序号 7415。

8.施特雷泽曼:《遗书》,第 2 卷,第 85 页(1925 年 3 月 16 日)。

9.彼特利:《奥斯汀·张伯伦》,第 2 卷,第 258 页。

10.《国际事务概述》(1925 年),第 27 页。

11.彼特利:《奥斯汀·张伯伦》,第 2 卷,第 271 页。

12.同上书,第 275 页。

13.苏亚雷茨:《白里安》,第 6 卷,第 162 页(1926 年 2 月 25 日)。

14.同上书,第 91 页。

15.施特雷泽曼:《遗书》,第 2 卷,第 115 页。

16.沃尔特斯:《国际联盟史》,第 1 卷,第 286 页。

17.施特雷泽曼遗书,第 2 卷,第 109 页。

18.施特雷泽曼文件,序号 7129。参看其遗书,第 2 卷,第 110 页。

19.参看冯·拉本瑙:《泽克特》,第 417 页(1925 年 6 月 26 日)。保尔·蓬科尔:《两次世界大战之间》,1945 年,第 2 卷,第 102 页。

20.施特雷泽曼遗书,第 2 卷,第 134、185 页。

21.鲁特·费舍:《斯大林和德国共产主义》,法兰克福。

22.让·德格莱斯:《苏联外交政策文献》,牛津,1952 年,第 2 卷,第 39、42、53 页。L.科亨:《俄国和魏玛共和国》,1954 年,第 99 页。

23.M.J.博恩:《流浪学者》,1949 年,第 231 页。

24.施特恩-鲁巴特:《勃洛克道夫-兰曹》,第 145 页。

25.达伯农勋爵:《和平使节》,第 3 卷,第 165 页。

26.施特雷泽曼遗书,第 2 卷,第 513、516 页。

27.达伯农勋爵:《和平使节》,第 3 卷,第 169 页。

28.施特雷泽曼文件,序号 7129。参看其遗书,第 2 卷,第 516 页。

29.施特雷泽曼遗书,第 2 卷,第 517 页。

30.施特雷泽曼文件,序号 7129。

31.达伯农勋爵:《和平使节》,第 3 卷,第 169 页。

32.施特雷泽曼遗书,第 2 卷,第 109 页。

33.施特雷泽曼文件,序号 7129。参看其遗书,第 2 卷,第 151 页。

34.施特雷泽曼遗书,第 2 卷,第 310 页。

35.A.胡根贝格:《过去和现在的启示》,1927 年。《胡根贝格在德国命运攸关时刻的争斗》,多特蒙德,1951 年。参看施特雷泽曼遗书,第 2 卷,第 395 页。

36.弗·威·弗尔斯特:《经历了的世界史》,第 266 页。

37.施特雷泽曼遗书,第 2 卷,第 163、176 页。

38.同上书,第 153 页。

39.冯·拉本瑙:《泽克特》,第 418 页。

40.《国际事务概述》(1925 年),第 2 卷,第 42 页。

41.彼特利:《奥斯汀·张伯伦》,第 2 卷,第 281 页。

42.施特雷泽曼文件,第 2 页(1925 年 9 月)。

43.施特雷泽曼遗书,第 2 卷,第 178 页。

44.《德意志总汇报》,1925 年 9 月 19 日晚。

45.同上报,1925 年 9 月 24 日晨。

46.施特雷泽曼遗书,第2卷,第180页。

47.彼特利:《奥斯汀·张伯伦》,第2卷,第235页。

48.《国际事务概述》,第48页。苏亚雷茨:《白里安》,第6卷,第104页。

49.德格莱斯:《苏联外交政策文献》,第2卷,第55页以下。

50.下面参看我在1955年2月《德意志评论》中的叙述。

51.施特雷泽曼遗书,第2卷,第516页,以施特雷泽曼文件,序号7129为补充。

52.施特雷泽曼遗书,第2卷,第251页。

53.施特雷泽曼文件,序号7129。

54.施特雷泽曼笔记,由K.D.埃德曼在附录中发表,载《东方取向和西方取向的问题或者科学和调查中的历史的问题》,1955年,第3册。

55.施特雷泽曼文件,序号7415。

56.施特雷泽曼遗书,第2卷,第553页;此外:范西塔特:《我生活中的教训》,第69页。R.D.布特勒:《民族社会主义的根子》,1941年,第267页。施瓦茨希尔德:《昏迷中的世界》,第168页。德尔:《日内瓦的喧喧嚷嚷的集会》,1940年,第60页。F.希尔施:《政治评论》,第15、367页。卡尔·米施:《德国史》,第351页。奥斯汀·张伯伦:《这些年来到了》,第188页;特别详尽的是安那里塞·泰默:《古斯塔夫·施特雷泽曼:传说和真实》,《历史杂志》,1956年4月,第287页以下,特别第320页以下。

57.L.布莱顿:《施特雷泽曼和凡尔赛和约的修正》,1953年,第72、175页;保尔·蓬科尔:《两次世界大战之间》,第2卷,第204页。

58.参看安那里塞·泰默(见注56),第133页注1。对于提示参考兹尔比克,我要感谢洛德维希·德希奥教授。

59.施特雷泽曼文件,序号7414。

60.希尔施:《政治评论》,第15册,第374页。

61.苏亚雷茨:《白里安》,第6卷,第119页。《国际事务概述》,第60页。H.路德:《对白里安的回忆》,《瑞士月刊》(苏黎世),1952年4月,第3页。保尔·蓬科尔:《两次世界大战之间》,第2卷,第184页。

62.施特雷泽曼遗书,第2卷,第239页。

63.同上书,第191页。

64.苏亚雷茨:《白里安》,第 6 卷,第 51 页。沃尔特斯:《国际联盟史》,第 1 卷,第 298 页。

65.冯·施托克豪森:《总理府的六年》,1954 年,第 182 页以下。

66.施特雷泽曼遗书,第 200 页。

67.彼特利:《奥斯汀·张伯伦》,第 2 卷,第 287 页。

68.苏亚雷茨:《白里安》,第 6 卷,第 129 页。

69.P.施密特:《外交舞台上没有台词的演员》,1953 年,第 92 页。

70.P.费希特尔:《时代的转折》,第 94 页。

71.施特雷泽曼文件,序号 7342(1927 年 9 月 26 日)。

72.施特雷泽曼遗书,第 2 卷,第 205、247 页。

73.达伯农勋爵:《和平使节》,第 3 卷,第 199 页。

73a.同上书,第 207 页。

74.施特雷泽曼遗书,第 2 卷,第 206 页。

74a.泽韦林:《我的生活道路》,第 2 卷,第 106 页。

75.《泰晤士报》,1936 年 3 月 12 日。

76.施瓦茨希尔德:《昏迷中的世界》,第 165 页。

77.冯·拉本瑙:《泽克特》,第 420 页(1925 年 10 月 4 日)。

78.同上书,第 423 页。

79.施特雷泽曼遗书,第 247、249 页。

80.冯·拉本瑙:《泽克特》,第 401、404、421、453 页。

81.《泰晤士报》,1933 年 11 月 4 日。

82.施瓦茨希尔德:《昏迷中的世界》,第 173 页。

83.1926 年 1 月 28 日共和国总统命令第三条。参看马歇尔《共和国宪法立法》(1929 年)第 737 页。

84.冯·拉本瑙:《泽克特》,第 422 页。

85.加茨克:《施特雷泽曼和德国的重整军备》,巴尔的摩,1954 年,第 46 页以下。

第十二章　加入国际联盟、同俄国的条约和图瓦伊会谈

1.泽韦林:《我的生活道路》,第 2 卷,第 78 页。

2.《统计年鉴》(1926 年)。

3.泽韦林:《我的生活道路》,第 2 卷,第 80 页。

4.施特雷泽曼遗书,第 2 卷,第 321 页。

5.胡根贝格:《启示》,第 83 页。

6.施特雷泽曼遗书,第 2 卷,第 437 页。

7.同上书,第 484 页。

8.冯·弗莱塔格-洛林霍芬:《国际联盟章程第 4 和第 5 条》。

9.沃尔特斯:《国际联盟》,第 1 卷,第 317 页。

10.《国际事务概述》,(1926 年),第 34 页以下。

11.达伯农:《和平使节》,第 3 卷,第 228 页。

12.P.施密特:《没有台词的演员》,第 99 页。

13.冯·德瓦尔:《为和平而斗争》,1929 年,第 158 页。

14.《国际事务概述》,第 46 页。

15.沃尔特斯:《国际联盟史》,第 1 卷,第 321 页。

16.苏亚雷茨:《白里安》,第 6 卷,第 180 页。

17.施特雷泽曼遗书,第 2 卷,第 356 页。

18.科亨:《俄国和魏玛共和国》,第 113 页。

19.德格莱斯:《苏联外交政策文献》,第 2 卷,第 103 页。

20.达伯农:《和平使节》,第 3 卷,第 246 页。

21.科亨:《俄国和魏玛共和国》,第 115 页。

22.德格莱斯:《苏联外交政策文献》,第 2 卷,第 106 页。

23.奥托·布劳恩:《从魏玛到希特勒》,纽约,1940 年,第 214 页。施坦普弗男爵:《德意志第一共和国的十四年》,卡尔斯巴德,1936 年,第 445 页。

24.《舒尔特海斯欧洲历史大事年表》,第 114 页。

25.同上书,第 116 页。

26.奥·布劳恩:《从魏玛到希特勒》,第 218 页。

27.马歇尔:《共和国宪法立法》,第 5 卷,第 561 页。

28.安许茨:《对共和国宪法第三条注 4 的评论》。

29.奥·布劳恩:《从魏玛到希特勒》,第 190 页。

30.P.韦玛尔:《康拉德·阿登纳》,1955 年,第 135 页。

31.同上书,第 130 页。

32.奥·布劳恩:《从魏玛到希特勒》,第 197 页。

33.R.开普纳尔:《纳粹地下组织的设计图》。华盛顿政治学院的研究课题,第 13 卷,第 133 页(1945 年 6 月)。

34.达伯农:《和平使节》,第 3 卷,第 257 页。

35.沃尔特斯:《国际联盟史》,第 1 卷,第 326 页。

36.施特雷泽曼遗书,第 3 卷,第 15 页。

37.苏亚雷茨:《白里安》,第 6 卷,第 218 页。

38.施特雷泽曼文件,序号 7414。

39.国家信贷协会:《德国在 1929—1930 年转变期的经济形势》。

40.舍费尔:《1928 年 8 月 20 日和 11 月 4 日的札记》。

41.施特雷泽曼遗书,第 3 卷,第 18 页。

42.施特雷泽曼文件,序号 7332。

43.苏亚雷茨:《白里安》,第 6 卷,第 224 页以下。

44.施特雷泽曼遗书,第 3 卷,第 28 页。

45.艾克:《威廉二世》,第 250 页。

46.E.费舍尔-巴林:《调查委员会》,载 L.贝格施特莱塞尔的纪念文集,杜塞尔多夫,1954 年,第 136 页。

47.施特雷泽曼文件,序号 7376(1928 年 6 月 5 日)。

48.冯·霍施给冯·舒巴特的信(11 月 8 日)。施特雷泽曼文件,序号 7335。

49.同上文件,序号 7334(图瓦伊委员会,10 月 14 日)。

50.同上文件,序号 7330(1926 年 8 月 13 日)。

第十三章　国防军困难重重、威廉·马克思的倒台和重新组阁
(1926 年 10 月至 1927 年 1 月)

1.冯·拉本瑙:《泽克特》,第 430 页。施特雷泽曼文件(1925 年 7 月 26 日诺尔登内)。

2.施托克豪森:《总理府》,第 232 页。

3.O.E.舒德科普夫:《军队和共和国》,1955 年,第 216 页。

4.拉本瑙:《泽克特》,第 542 页。

5.格斯勒的笔记,第 16 页。

6.希尔巴赫将军给格斯勒的信(1944 年 3 月)。

7.施特雷泽曼遗书,第 3 卷,第 84 页。

8.冯・拉本瑙:《泽克特》,第 536 页以下。

9.费尔普斯:《德意志评论》,1952 年,第 885 页。

10.格斯勒的笔记。

11.施特雷泽曼文件,序号 7334。冯・劳默尔给施特雷泽曼的信(10 月 13 日)。施特雷泽曼给冯・皮埃尔斯多夫的信(10 月 27 日)。奥斯卡王子给施特雷泽曼的信(1926 年 11 月 3 日)。

12.同上文件,序号 7334。舒德科普夫:《军队和共和国》,第 214 页,文件 93(1926 年 12 月 1 日的谈话)。

13.艾克:《威廉一世》,第 183 页。

14.亨茨希尔:《自由发表意见的权利》。安许茨和托马编:《德意志国家法手册》。

15.施坦普弗:《十四年》,第 5 卷,第 453 页。

16.施特雷泽曼遗书,第 3 卷,第 95 页。

17.同上书,第 90 页。

18.施托克豪森:《总理府》,第 236 页(1926 年 12 月 6 日)。

19.鲁特・费舍:《斯大林》,第 643 页。

20.同上书,第 644 页。

21.舒德科普夫:《军队和共和国》,1955,第 217 页。

22.施坦普弗:《十四年》,第 464 页。

23.施特雷泽曼文件,序号 7334(1926 年 10 月 29 日)。

24.此外,文件 93(见舒德科普夫:《军队和共和国》,第 214 页)。

25.施特雷泽曼遗书,第 3 卷,第 91 页。

26.施特雷泽曼文件,序号 7336。

27.《前进报》,1926 年 12 月 17 日,莫尔根布尔。

28.最高法院的决定,载《刑法》,第 62 卷,第 65 页。

28a.参看黑尔姆・施佩德尔:《国防军和红军》,载《当代史季刊》,第 1 卷,第 9 页,以及前言第 11 页。

29.泽韦林:《我的生活道路》,第2卷,第104页。
30.弗尔斯特:《经历了的世界史》,第406页。施托克豪森:《总理府的六年》,第230页。
31.《德国国家法手册第56类》,第1卷,第488页。
32.施托克豪森:《总理府的六年》,第238页。
33.施特雷泽曼遗书,第3卷,第92页。库齐乌斯:《六年》,第47页。
34.库齐乌斯:《六年》,第47页。
35.施特雷泽曼文件,序号7337。遗书,第3卷,第92页。
36.施特雷泽曼文件,序号7338。遗书,第3卷,第94页。
37.施特雷泽曼文件,序号7338。
38.施特雷泽曼遗书,第3卷,第103页。
39.艾克:《俾斯麦》,第1卷,第573页。
40.库齐乌斯:《六年》,第51页。
41.施特雷泽曼文件,序号7337(1927年1月5日)。
42.同上文件,序号7340(1927年2月24日)。

第十四章　社会、经济和财政政策的问题

1.普莱勒尔:《魏玛共和国的社会政策》,1949年,第239页。
2.瓦・欧肯:《我们失败的时代》,1951年,第8页。
3.H.冯・劳默尔:《魏玛共和国时期的企业主和工会》,载《德意志评论》,1954年5月。
4.《论列金》,载泽韦林:《我的生活道路》,第1卷,第317页。
5.普莱勒尔:《魏玛共和国的社会政策》,第53页。
6.同上书,第244页。
7.同上书,第309页。
8.同上书,第210页。卢・勃伦塔诺:《我的生平》,第396页。
9.普莱勒尔:《魏玛共和国的社会政策》,第275页。
10.同上书,第55页。
11.同上书,第231页。

12.霍尼格尔:《劳动法。共和国关于劳动关系的法律规定》,1933 年。
13.同上书,第 219 页。
14.普费斯特尔:《〈整个国家科学杂志〉中的评论》,第 107 期(1951 年),第 564 页。
15.威·罗普克:《当前的社会危机》,第 351 页。
16.普莱勒尔:《魏玛共和国的社会政策》,第 329 页。
17.《赔款代表的最后报告》,第 148 页。
18.尤·博恩:《新的计划》,1930 年,第 179、183 页。
19.普莱勒尔:《魏玛共和国的社会政策》,第 386 页。
20.C.纳夫拉茨基:《居民结构和住宅政策》,1931 年。
21.《社会政策协会文件》,1930 年 9 月,第 235、237 页。
22.G.拉德布鲁赫:《内在之路》,第 178 页。
23.欧伦堡:《币制崩溃的社会影响》,《社会政策协会文件》,第 170 卷,第 87 页(1924 年 9 月)。
24.努斯鲍姆:《银行和交易所法》,第 154 页。
25.《社会政策协会文件》,第 229 页。
26.同上书,第 269 页。参看博恩:《流浪学者》,第 304 页。
27.戚比尔:《德国城市大会史》,1955 年,第 257 页。
28.博恩:《新的计划》,第 130 页。
29.欧肯:《我们失败的时代》,第 8 页。
30.《社会政策协会文件》,第 175 卷,第 185 页。博恩:《新的计划》,第 197 页。
31.库·里特尔:《农业合理化》,载《国家学小词典》增补卷,1929 年,第 787 页。
32.《社会政策协会文件》,第 170 卷,第 140、241 页。
33.奥斯卡·迈尔:《德国外交政策》,《对外政策年鉴》,1929 年,第 108 页。
34.黑尔费里希:《国民福利状况》,第 115 页。
35.约·波皮茨:《财政平衡》,载《国家学小词典》第 3 卷,1926 年,第 1017 页。
36.施威林-克罗西克:《德国发生的事情》,第 85 页。

第十五章　威廉·马克思右派政府

(1927 年 2 月至 1928 年 6 月)

1.施特雷泽曼文件,序号 7340(1927 年 2 月 25 日)。

2.奥托·布劳恩:《从魏玛到希特勒》,第 224 页。
3.施特雷泽曼文件,序号 7374(1928 年 2 月 12 日)。
4.施特雷泽曼遗书,第 3 卷,第 137 页。
5.同上书,第 134 页。
6.同上书,第 137 页。
7.施特雷泽曼文件,序号 7347(1927 年 1 月 18 日)。
8.冯·德瓦尔:《为和平而斗争》,第 185 页。
9.施特雷泽曼遗书,第 3 卷,第 197 页。
10.施特雷泽曼文件,序号 7369(1927 年 9 月 22 日)。
11.《国际事务概述》(1927 年),第 256 页以下和 546 页以下。
12.施特雷泽曼文件,序号 7344。
13.施特雷泽曼遗书,第 3 卷,第 152 页。
14.同上书,第 195 页(1927 年 9 月 21 日)。
15.施托克豪森:《总理府的六年》,第 248 页(1927 年 6 月 20 和 21 日)。
16.施特雷泽曼遗书,第 3 卷,第 190 页。
17.施特雷泽曼文件,序号 7372(巴黎,1927 年 12 月 8 日)。
18.同上书,序号 7374(1928 年 2 月 2 日。2 月 16 日格拉赫的答复)。
19.不同意见请参看汉·加茨克:《施特雷泽曼和重整军备》,第 99 页。
20.施特雷泽曼文件,序号 7340(1927 年 2 月 24 日平德尔致施特雷泽曼的信)。
21.施托克豪森:《总理府的六年》,第 243、245 页。
22.霍尼格尔:《劳动法。共和国关于劳动关系的法律规定》,第 341 页。
23.《舒尔特海斯欧洲历史大事年表》第 85 页。
24.施坦普弗:《十四年》,第 461 页。奥·布劳恩:《从魏玛到希特勒》,第 233 页。
25.R.R.皮尔:《海因里希·布吕宁》,1931 年 5 月 8 日。
26.施坦普弗:《十四年》,第 461 页。
27.施特雷泽曼文件,序号 7371(1927 年 11 月 1 日卡斯特尔致施特雷泽曼的信)。
28.《舒尔特海斯欧洲历史大事年表》,第 489 页。
29.施特雷泽曼遗书,第 3 卷,第 257 页。

30.施特雷泽曼文件，序号7344。
31.1930年5月21日最后报告附件。最后报告，第559页。
32.同上，Ann I，第547页。
33.埃尔克伦茨编：《德意志共和国十年》。
34.社会政策协会。科尼斯贝格，1930年，文件182，第39页。
35.K.施旺德：《君主政体和独裁之间的巴伐利亚》，1954年，第315、336页。
36.科赫-韦塞尔：《统一国家和自治》。
37.奥托·布劳恩：《德意志统一国家或联邦制》，柏林，1927年。
38.施旺德：《巴伐利亚》，第256页。
39.同上书，第292页。
40.《最高法院的民事判决》，第127卷附件25。
41.比勒尔：《财政事务中的权限划分》，《德国国家法手册》，第1卷，第337页。
42.奥托·布劳恩：《德意志统一国家或联邦制》，第261页。
43.施特雷泽曼文件，序号7383(1929年1月26日)。
44.比勒尔：《财政事务中的权限划分》，第329、374页。奥·布劳恩：《德意志统一国家或联邦制》，第260页。
45.最高法院的民事判决，第122卷附件17。比勒尔：《财政事务中的权限划分》，第324页。
46.1953年5月《德意志评论》第471页，《当代史季刊》，第1卷，第22页注1(施佩德尔)。
47.陶洛赛·格勒纳-盖尔：《格勒纳将军》，1955年。戈尔登·A.克莱格：《普鲁士军队政策》，1955年，第11章。舒德科普夫：《军队和共和国》，第235页。
48.格勒纳-盖尔：《格勒纳将军》，第189页。
49.同上书，第390页。
50.同上书，第392页。
51.格勒纳-盖尔：《格勒纳将军》，第339页。
52.同上书，第250页。
53.纽伦堡预审，第14卷，第81、255页。泽韦林：《我的生活道路》，第2卷第494页。舒德科普夫：《军队和共和国》，第239页注608。
54.施特雷泽曼遗书，第3卷，第272页。

55.泽韦林:《我的生活道路》,第 2 卷第 144 页。

56.同上书。奥托·布劳恩:《德意志统一国家或联邦制》,第 250 页。施坦普夫:《十四年》,第 481 页。

第十六章　又一届大联合政府

1.施特雷泽曼文件,序号 7375(库齐乌斯,1928 年 3 月)。

2.奥托·布劳恩:《德意志统一国家或联邦制》,第 245 页。

3.施特雷泽曼文件,序号 7377。

4.施特雷泽曼遗书,第 3 卷,第 298 页。

5.同上书,第 303、299 页。

6.施特雷泽曼文件,序号 7408。

7.同上文件,特别是莫拉特致施特雷泽曼的信(1928 年 1 月 29 日)。

8.同上文件,序号 7377。

9.施坦普弗:《十四年》,第 482 页。

10.奥·布劳恩:《从魏玛到希特勒》,第 252 页。

11.尤·莱伯尔:《一个人走他的路》,1952 年,第 274—275 页。威·凯尔:《一个社会民主党人的经历》,1948 年,第 2 卷,第 344 页。

12.K.D.布拉赫尔:《魏玛共和国的瓦解。民主政体中权力崩坏问题研究》,1955 年,第 315 页注 113。W.H.考夫曼:《魏玛共和国中的君主主义》,1953 年,第 185 页。

13.胡根贝格:《争斗》,1951 年,第 1 册,第 2 页。

14.施特雷泽曼文件,序号 7335(1926 年 11 月 2 日);序号 7383(1929 年 1 月 18 日)。

15.施特雷泽曼遗书,第 3 卷,第 320 页。

16.库诺·霍尔肯巴赫:《从 1918 年至今(1930 年)的德国(有附录)》,第 269 页。泽韦林:《我的生活道路》,第 2 卷,第 187 页。

17.A.布罗克:《德国共产党人和希特勒的崛起》,《第三帝国》,1955 年,第 504、506 页。弗兰茨·布肯瑙:《共产国际》,1938 年,第 340 页;《欧洲共产主义》,1953 年,第 340 页。O.弗莱希特海姆:《魏玛共和国中的德国共产党》,1948 年,第 151 页。罗森贝格:《布尔什维主义史》,1934 年,第 224 页。

18.弗莱希特海姆:《魏玛共和国中的德国共产党》,第 172 页。

19.不同意见参看布拉赫尔:《魏玛共和国的瓦解》,1955 年,第 297 页注 40。也可参看米勒:《欧根·布尔茨》,第 337 页。

20.R.R.皮尔:《布吕宁》,第 51 页。

21.H.沙赫特:《赔款的终结》,1931 年,第 50 页。

22.《国际事务概述》,1928 年,第 178 页。

23.库齐乌斯:《扬格计划》,1950 年,第 21 页。

24.同上书,第 24 页。

25.《国际事务概述》,1929 年,第 127 页。

26.M.J.博恩:《流浪学者》,第 307 页。

27.施特雷泽曼文件,序号 7349。库齐乌斯:《扬格计划》,第 29 页。

28.冯·里希特霍芬:《对外政策年鉴》,1929 年,第 20 页。德格莱斯:《苏联外交政策文件》,第 2 卷,第 335、345 页。《交换照会》,载《舒尔特海斯欧洲历史大事年表》,1928 年,第 487—505 页。

29.施特雷泽曼遗书,第 3 卷,第 354 页。

30.施特雷泽曼文件,序号 7376(1928 年 6 月 5 日)。

31.施特雷泽曼遗书,第 3 卷,第 357 页。

32.施特雷泽曼文件,序号 7349(1928 年 9 月 20 日)。

33.沙赫特:《赔款的终结》,第 51 页。

34.施特雷泽曼文件,序号 7387(舒伯特 1929 年 5 月 13 日)。

35.《国际事务概述》,1929 年,第 138 页。

36.施坦普弗:《十四年》,第 497 页。

37.关于卡斯特尔,参看哈尔加登:《希特勒、国防军和工业》,1955 年,第 87、121 页。

38.施特雷泽曼文件,序号 7382(1928 年 12 月 23、28 和 31 日)。

39.同上书,序号 7383(1929 年 1 月 4 日)。

40.沙赫特:《赔款的终结》,第 57 页。

41.M.J.博恩:《作为德国经济政策基础的新计划》,1930 年。赖希尔特:《扬格计划,财政和经济》,1930 年。阿道夫·韦贝尔:《赔款、扬格计划、国民经济》,1929 年。

42.沙赫特:《赔款的终结》,第 67—75 页。

43.施特雷泽曼文件,序号 7384(1929 年 3 月 1 日)。

44.同上文件,序号 7385。

45.施特雷泽曼遗书,第 3 卷,第 395—400 页。

46.施特雷泽曼文件,序号 7386。

47.同上文件,序号 7387。

48.1929 年 4 月 19 日和 20 日《泰晤士报》。

49.施特雷泽曼文件,序号 7386(4 月 20 日)。

50.泽韦林:《我的生活道路》,第 2 卷,第 185 页。

51.库齐乌斯:《扬格计划》,第 41 页。

52.同上书,第 44 页。

53.沙赫特:《赔款的终结》,第 81 页。

54.库齐乌斯:《扬格计划》,第 43 页。

55.弗朗索瓦-庞塞:《驻柏林大使》,1946 年,第 281 页。博恩:《流浪学者》,第 308 页。1930 年 1 月 4 日格勒纳致格莱希的信,载《格勒纳-盖尔》,第 262 页。

56.施特雷泽曼文件,序号 7387(舒伯特 1929 年 5 月 16 日)。哈尔加登:《希特勒、国防军和工业》,第 127 页。

57.施特雷泽曼文件,同上(5 月 24 日)。

58.德译文由法兰克福社团印刷厂 1929 年出版,并有海伊曼男爵的一篇引言。

59.普莱勒尔:《魏玛共和国的社会政策》,第 400 页以下。

60.施坦普弗:《十四年》,第 490 页。

61.库齐乌斯:《六年》,第 72 页。

62.普莱勒尔:《魏玛共和国的社会政策》,第 405 页。海·梯姆:《大联合的政府的破裂》,1953 年,第 103 页。

63.泽韦林:《我的生活道路》,第 2 卷,第 172 页。

64.奥·布劳恩:《从魏玛到希特勒》,第 272 页。

65.施特雷泽曼文件,序言 7383(1929 年 1 月)。

66.施特雷泽曼遗书,第3卷,第434页以下。

67.1929年4月12日《泰晤士报》。

68.瓦·朗德:《德国教育事业的国家法基础》,《德国国家法手册》,第2卷,第714页。安许茨:《德国宪法对第78条的评论》。

69.汉斯·冯·舒伯特:《宗教权利和世俗权利的斗争》,1927年,第72页。

70.哥·J.埃伯尔斯:《德国和普鲁士邦教会权利》,慕尼黑,1932年,第443页。

71.同上书,第468页。

72.《格·杰立尼克著作和言论选》,1911年,第1卷,第402页。

73.A.达斯曼:《德国宪法和教会法》,1931年,第25页。

第十七章　围绕扬格计划的斗争、施特雷泽曼之死和希特勒的崛起

1.C.斯福莎:《今日欧洲的形成和塑造者》,1931年,第222页。

2.H.温克勒:《亚瑟·亨德森》,载克莱克-吉尔伯特编《外交家》,第326页。

3.库齐乌斯:《扬格计划》,第52页。

4.保尔·施密特:《没有台词的演员》,第183页。

5.奥托·布劳恩:《联邦制》,第298页以下。

6.《舒尔特海斯欧洲历史大事年表》,第311页(1930年7月4日)。

7.库齐乌斯:《六年》,第137页。

8.《1919—1939英国外交政策文件》,第2辑,第1卷,第485页。参看克莱格-吉尔伯特:《外交家》,第440页。

9.施特雷泽曼遗书,第3卷,第565页。

10.《国际事务概述》,1929年,第176页。

11.施特雷泽曼文件,序号7392。

12.《舒尔特海斯欧洲历史大事年表》(1929年),第164页。

13.施特雷泽曼遗书,第3卷,第577页。

14.安·瓦伦丁:《施特雷泽曼》,1948年,第278页。

15.欧根·席费尔:《为自由主义的一生》,1951年,第112页。

16.《英国外交政策文件》,第 1 卷,第 598 页。

17.K.海伊顿:《领袖》,伦敦,1944 年,第 1 卷,第 202 页。

18.《美国史评论》,1955 年 7 月,第 60 卷,第 837 页。

19.弗·迈纳克:《兰格和布克哈特》,载《历史格言》,1953 年,第 150 页。

20.蒙森:《罗马史》,第 3 卷,第 10 章。

21.开普纳:《纳粹地下组织的设计图》,第 54 页。

22.布拉赫尔:《魏玛共和国的瓦解》,第 370 页注 30。

23.格奥尔格·凯森贝格:《德国和各州公民表决提案和公民表决的正式程序》,载《德国国家法手册》,第 2 卷,第 204 页。

24.施坦普弗:《十四年》,第 502 页。

第十八章　大联合政府的瓦解

1.古·施托尔佩尔:《一项财政计划》,1929 年;《民主党的经济和社会世界观。在德意志民主党党代会上的演说》,曼海姆,1929 年。

2.普莱勒尔:《魏玛共和国的社会政策》,第 42 页。

3.关于波皮茨,参看《福斯报》1932 年 10 月 31 日社论和格拉包夫在《财政评论》(1954 年 12 月 15 日)的回忆文章,第 516 页。

4.冯·施威林-克罗西克:《德国发生的事情》,第 92 页。沙赫特:《赔款的终结》,第 154 页。

5.格勒纳-盖尔:《格勒纳将军》,第 262 页。

6.诺斯克:《德国社会民主党的兴衰》,第 309 页。梯姆:《德国社会政策和大联合政府的瓦解》,第 160 页。

7.凯尔:《一个社会民主党人的经历》,第 2 卷,第 362 页也是如此。

8.泽韦林:《我的生活道路》,第 2 卷,第 227 页。

9.库齐乌斯:《扬格计划》,第 91 页。

10.同上书,第 93 页。

11.同上书,第 99 页。

12.沙赫特:《赔款的终结》,第 131 页。

13.《国际事务概述》,1930 年,第 511 页以下。

14.库齐乌斯:《扬格计划》,第 79 页。
15.同上书,第 81 页。
16.同上书,第 85 页。
17.同上书,第 87 页。
18.同上书,第 106 页。
19.同上书,第 109 页。
20.同上书,第 110 页。
21.惠勒-贝内特:《兴登堡》,第 335 页。
22.德国信贷协会:《德国在 1929—1930 年转变期和 1930 年上半年的报告》。
23.H.梯姆(参看注释 6),第 184、246 页。
24.施坦普弗:《十四年》,第 516 页。
25.泽韦林:《我的生活道路》,第 2 卷,第 239 页。
26.施坦普弗:《十四年》,第 516 页。梯姆:《德国社会政策和大联合政府的瓦解》,第 191 页。
27.彼特利的会谈纪要(1930 年 5 月),引自梯姆《德国社会政策和大联合政府的瓦解》,第 186 页。
28.O.威皮尔:《城市大会》,1955 年,第 101 页。

第十九章　从议会制到宪法第 48 条

〔在本章和以下各章,我经常参照 K.D.布拉赫尔的内容丰富而透彻的著作:《魏玛共和国的瓦解》(1955 年)。〕

1.阿·诺贝尔:《布吕宁》,1932 年,第 16 页。皮尔:《布吕宁》,1931 年,第 27 页。
2.施特雷泽曼文件,序号 7381。
3.皮尔:《布吕宁》,第 54 页。
3a.弗朗索瓦-庞塞:《驻柏林大使》,第 17 页。
4.格勒纳-盖尔:《格勒纳将军》,第 262 页。戈尔登·克莱格:《普鲁士军队政策》,第 436 页。布拉赫尔:《魏玛共和国的瓦解》,第 309 页注 86。
5.格勒纳-盖尔:《格勒纳将军》,第 266 页。

6.《曼彻斯特卫报》1930 年 3 月 28 日和 4 月 7 日。

7.凯尔:《一个社会民主党人的经历》,第 2 卷,第 386 页。

8.布拉赫尔:《魏玛共和国的瓦解》,第 331 页注 3。

9.胡根贝格:《争斗》,第 1 册,第 11 页。

10.奥托·布劳恩:《从魏玛到希特勒》,第 297 页以下。

11.泽韦林:《我的生活道路》,第 2 卷,第 230 页。

12.1930 年 6 月 17 日国会。《舒尔特海斯欧洲历史大事年表》,1930 年,第 139 页。

13.奥托·布劳恩:《从魏玛到希特勒》,第 298 页。

14.《英国外交政策文件》,第 1 辑,第 486 页。

15.奥托·布劳恩:《从魏玛到希特勒》,第 300 页以下。

16.G.施托尔佩尔:《一项财政计划》,1929 年,第 47 页。

17.奥·布劳恩:《德意志统一国家或联邦制》,第 296 页。

18.霍尔肯巴赫:《从 1918 年至今(1930 年)的德国》,第 311 页。

19.泽韦林:《我的生活道路》,第 2 卷,第 246 页。

19a.在马格努斯·冯·布劳恩的《从东普鲁士到得克萨斯》(第 209 页)中的复述完全歪曲了。

20.凯尔:《一个社会民主党人的经历》,第 2 卷,第 393 页。

21.同上书,第 388 页。也可参看国务秘书魏斯曼文章,载《英国外交政策文件》,第 1 辑,第 510 页。

22.库齐乌斯:《六年》,第 165 页。

23.布吕宁的一封信,载《德意志评论》,第 70 期,第 12 页。

24.同上书,第 11 页。

25.布拉赫尔:《魏玛共和国的瓦解》,第 305 页注 71。

26.泽韦林:《我的生活道路》,第 2 卷,第 247 页。

27.库齐乌斯,《六年》,第 165 页。凯尔:《一个社会民主党人的经历》,第 2 卷,第 395 页。

28.《英国外交政策文件》,第 1 卷,第 504 页(1930 年 9 月 5 日)。

29.同上书,第 502 页。

30.同上书,第 493 页。

31.同上书,第 500 页。

32.库齐乌斯:《六年》,第 166 页。

33.《英国外交政策文件》,第 1 卷,第 504 页。

第二十章　1930 年的九月选举——布吕宁处于守势

1.施兰格-舍宁根:《此后的早晨》,1946 年,第 25 页。

2.布拉赫尔:《魏玛共和国的瓦解》,第 146 页。

3.特·里特:《民族社会主义对道德趋势的应用》,《第三帝国》,1955 年,第 438 页。

4.P.施密特:《没有台词的演员》,第 201 页。

5.库齐乌斯:《六年》,第 170 页。

6.同上书,第 171 页。

7.《英国外交政策文件》,第 1 辑,第 509 页,照会 322。

8.《1930—1931 年转变期国家信贷协会的报告》,第 28、43 页。

9.格勒纳-盖尔:《格勒纳将军》,第 267 页。

10.舒德科普夫:《军队和共和国》,第 281—287 页。

11.R.开普纳尔:《设计图》(见第 12 章注 33),第 98—105 页。

12.汉斯·弗朗克:《面临绞架》,1953 年,第 84 页(引自舒德科普夫:《军队和共和国》,第 279 页注 735)。

13.布罗克:《希特勒》,第 149 页。海伊顿:《领袖》,第 321 页。施坦普弗:《十四年》,第 535 页。惠勒-贝内特:《权力的报应》,第 219 页。戈尔登·克莱格:《普鲁士军队政策》,第 435 页。舒德科普夫:《军队和共和国》,第 268 页以下。格勒纳-盖尔:《格勒纳将军》,第 397 页(蒂森少校的报告)。1930 年 9 月 26 日《泰晤士报》社论。

14.泽韦林:《我的生活道路》,第 2 卷,第 257 页。

15.舒德科普夫:《军队和共和国》,第 272 页注 203 和第 295 页。惠勒-贝内特:《权力的报应》,第 199 页注 2。克莱格:《普鲁士军队政策》,第 431 页。

16.布拉赫尔:《魏玛共和国的瓦解》,第 381 页。

17.《英国外交政策文件》,第 1 辑,第 524 页,照会 331(1930 年 10 月 27 日)。

18.库齐乌斯:《六年》,第 171 页。

19.奥・布劳恩:《德意志统一国家或联邦制》,第 308 页。

20.泽韦林:《我的生活道路》,第 2 卷,第 258 页。施坦普弗:《十四年》,第 532 页。

21.《舒尔特海斯欧洲历史大事年表(1930 年)》,第 203 页(10 月 13 日)。

22.泽韦林:《我的生活道路》,第 2 卷,第 259 页。

23.《英国外交政策文件》,第 1 辑,第 519 页照会 329(1930 年 10 月 23 日)。

24.泽韦林:《我的生活道路》,第 2 卷,第 266 号。奥・布劳恩:《德意志统一国家或联邦制》,第 315 页。

25.泽韦林:《我的生活道路》,第 2 卷,第 260 页。

26.海克尔:《预算的通过,特别是国会的权利和义务》,《德国国家法手册》,第 2 卷,第 409 页。

第二十一章　关税同盟和银行危机

1.国家信贷协会:《1931 年上半年报告》第 20 页。

2.《英国外交政策文件》,第 1 辑,第 535 页,照会 338。温克勒:《亚・亨德森》,载克莱格:《外交家》,第 337 页。

3.《英国外交政策文件》,第 1 辑,第 540 页,照会 340(1930 年 12 月 10 日)。

4.库齐乌斯:《六年》,第 173 页。

5.《英国外交政策文件》,第 2 辑,第 66 页,照会 46。《国际事务概述》,1931 年,第 68 页。

6.《英国外交政策文件》,第 2 辑,第 68 页(包括在照会 48 中)。

7.库齐乌斯:《六年》,第 176 页。

8.《英国外交政策文件》,第 2 辑,第 47 页,照会 34(朗博尔德 1931 年 5 月 6 日)。

9.库齐乌斯:《六年》,第 146 页。

10.弗朗索瓦-庞塞:《驻柏林大使》,第 240 页。

11.但请参看冯・普利特维茨:《彼得堡和华盛顿之间》,1952 年,第 121 页。

12.库齐乌斯:《六年》,第 191 页。

13.弗里德容:《奥地利》,第 1 卷,第 303 页。

14.艾克:《俾斯麦》,第 1 卷,第 438 页以下。

15.《英国外交政策文件》,第 1 辑,第 579 页。

16.温克勒:《亚瑟·亨德森》,第 338 页。

17.《英国外交政策文件》,第 2 辑,第 3 页。

18.同上书,第 6 页,照会 3。

19.同上书,第 14 页。

20.库齐乌斯:《六年》,第 198 页。

21.艾克:《俾斯麦》,第 3 卷,第 488 页。

22.哈格曼:《白里安等人的欧洲观念》,《L.贝格施特莱塞纪念集》,1954 年,第 153 页。

23.《泰晤士报》1931 年 5 月 14 日社论。

24.《英国外交政策文件》,第 2 辑,第 15 页,照会 8(1931 年 3 月 25 日)。

25.库齐乌斯:《六年》,第 197 页。

26.《泰晤士报》1931 年 5 月 20 日柏林通讯。

27.《英国外交政策文件》,第 2 辑,第 85 页(1931 年 5 月 17 日)。

28.同上书,第 78 页。

29.国家信贷协会,第 20 页。

30.《英国外交政策文件》,第 2 卷,第 70 页,照会 49 和 50。

31.P.施密特:《没有台词的演员》,第 204、207 页。

32.《泰晤士报》1931 年 6 月 10 日社论。

33.《英国外交政策文件》,第 2 卷,第 71—77 页。P.施密特:《没有台词的演员》,第 208 页。

34.《泰晤士报》1931 年 6 月 10 日柏林通讯。

35.库齐乌斯:《六年》,第 199 页。

36.胡佛:《回忆录》,第 3 卷,第 65 页。

37.《英国外交政策文件》,第 2 卷,第 92 页,照会 71。

38.《泰晤士报》1931 年 6 月 23 日柏林通讯。

39.《英国外交政策文件》,第 2 卷,第 116 页,照会 106(1931 年 7 月 1 日)。

40.同上书,第 116 页,照会 109。

41.同上书,第 119 页,照会 113。

42.同上书,第 129 页,照会 124(7 月 3 日)。

43.同上书,第 191 页,照会 193。

44.同上书,第 435—484 页。

45.同上书,第 460 页。

46.同上书,第 463 页。

47.《国际事务概述》,1931 年,第 89 页。

48.《英国外交政策文件》,第 2 卷,第 220 页。

49.同上书,第 221 页。

50.《巴斯勒鉴定书》,德文本有 F.沃尔弗的引言,法兰克福社团出版社,1931 年。

51.《英国外交政策文件》,第 2 卷,第 255 页。

52.奥托・迈斯纳:《国务秘书》,1950 年,第 207 页。

53.格勒纳-盖尔:《格勒纳将军》,第 280 页。

54.《英国外交政策文件》,第 2 卷,第 252 页。

55.弗・迈纳克:《回忆录》,斯特拉斯堡-柏林,1949 年,第 248 页。

56.格勒纳-盖尔:《格勒纳将军》,第 283 页。

57.泽韦林:《我的生活道路》,第 2 卷,第 322 页。

58.《英国外交政策文件》,第 2 卷,第 278 页。

59.同上书,第 293 页。

60.格勒纳-盖尔:《格勒纳将军》,第 278 页。

61.特・迪斯特贝格:《钢盔团和希特勒》,1949 年。

62.《英国外交政策文件》,第 2 卷,第 298 页。

63.迈斯纳:《国务秘书》,第 211 页。

64.《英国外交政策文件》,第 2 卷,第 360 页。

65.泽韦林:《我的生活道路》,第 2 卷,第 308 页。

66.同上。奥・布劳恩:《德意志统一国家或联邦制》,第 351 页。

67.《福斯报》,1931 年 11 月 28 日。

68.弗朗索瓦-庞塞:《驻柏林大使》,第 39 页。

69.格勒纳-盖尔:《格勒纳将军》,第 280 页。

70.舒德科普夫:《军队和共和国》,第 329 页。

71.格勒纳-盖尔:《格勒纳将军》,第 285 页。

72.舒德科普夫:《军队和共和国》,第 334 页。
73.泽韦林:《我的生活道路》,第 2 卷,第 322 页。
74.《柏林日报》,1932 年 2 月 28 日。
75.《国际事务概述》,1931 年,第 238 页。
76.《英国外交政策文件》,第 3 卷,第 5 页。
77.同上书,第 12 页(朗博尔德 1932 年 1 月 8 日)。
78.《国际事务概述》,1931 年,第 141 页照会。
79.《英国外交政策文件》,第 3 卷,第 12 页(1932 年 1 月 8 日),参看第 13、16、17、19 页。
80.同上书,第 15 页(蒂勒尔 1932 年 1 月 10 日)。弗朗索瓦-庞塞:《驻柏林大使》,第 33 页。
81.同上书,第 23 页(蒂勒尔 1932 年 1 月 10 日)。
82.同上书,第 41 页(1932 年 1 月 18 日)。
83.同上书,第 45 页。
84.同上书,第 46 页照会 2。
85.坦普尔伍德勋爵:《不幸的九年》,1954 年,第 111 页以下。
86.《英国外交政策文件》,第 3 卷,第 46 页(备忘录 1932 年 7 月 15 日)。

第二十二章　兴登堡再次当选和他的背后一箭

1.马克斯·韦贝尔的政治著作,第 363 页。
2.惠勒-贝内特:《兴登堡》,第 367 页。
3.奥托·布劳恩:《从魏玛到希特勒》,第 368 页。
4.戈培尔:《从凯撒霍夫到总理府》,第 18 页。布拉赫尔:《魏玛共和国的瓦解》,第 448 页注 14。
5.《英国外交政策文件》,第 3 卷,第 99 页。
6.胡根贝格:《争斗》,第 19 页。
7.同上。
8.《英国外交政策文件》,第 3 卷,第 100 页。
9.凯尔:《一个社会民主党人的经历》,第 2 卷,第 435 页。

10.特·迪斯特贝格:《钢盔团和希特勒》,第35页。
11.《英国外交政策文件》,第3卷,第101页。
12.1932年2月28日《柏林日报》。
13.泽韦林:《我的生活道路》,第2卷,第323页。
14.格·W.哈尔加登:《希特勒、国防军和工业》,法兰克福,1955年,第103页。
15.同上书,第104页。A.布罗克《德国共产党人和希特勒的崛起》,第177页。
16.泽韦林:《我的生活道路》,第2卷,第328页。
17.迪斯特贝格:《钢盔团和希特勒》,第34页。
18.赫莱:《弗里德里希·威廉王储》,慕尼黑,1954年,第209页。
19.《英国外交政策文件》,第3卷,第110页(4月13日)。
20.格勒纳-盖尔:《格勒纳将军》,第327页。
21.《英国外交政策文件》,第3卷,第111页。布拉赫尔:《魏玛共和国的瓦解》,第478页。

22.《英国外交政策文件》,第3卷,第113页(4月13日)。
23.同上书,第124页照会104。
24.拉默尔斯-西蒙斯:《高等法院的判决》,第5卷,第149页。

25.格勒纳-盖尔:《格勒纳将军》,第304页。
26.泽韦林:《我的生活道路》,第2卷,第328页。
27.同上书,第329页。
28.也可参看奥·布劳恩:《德意志统一国家或联邦制》,第380页以下。
29.格勒纳-盖尔:《格勒纳将军》,第296页以下。
30.同上书,第403页。
31.卡罗-安默:《施莱歇尔》,第227页。
32.安许茨对第50条的附注。
33.《英国外交政策文件》,第3卷,第141页。
34.戈培尔:《从凯撒霍夫到总理府》,第80页(4月14日)。
35.卡罗维茨文章,载《当代史季刊》,第1期(1953年),第271页。
36.比洛:《回忆录》,第1卷,第15页。
37.格勒纳-盖尔:《格勒纳将军》,第311页。
38.同上。

39.布拉赫尔:《魏玛共和国的瓦解》,第 492 页注 41。

40.格勒纳-盖尔:《格勒纳将军》,第 314 页。迈斯纳:《国务秘书》,第 212 页。戈培尔:《从凯撒霍夫到总理府》,第 93 页。南尔德肯文章,载《当代史季刊》,第 273 页。

41.格勒纳-盖尔:《格勒纳将军》,第 316 页。

42.《当代史季刊》,第 1 期,第 277 页。

43.《英国外交政策文件》,第 3 卷,第 141 页。

44.同上书,第 143 页。

45.沃尔特斯:《国际联盟史》,第 2 卷,第 506 页。惠勒-贝内特:《兴登堡》,第 382 页。施瓦茨希尔德:《昏迷中的欧洲》,第 205 页。

46.《英国外交政策文件》,第 3 卷,第 139 页。

47.同上书,第 510 页。

48.同上书,第 123 页照会 103。

49.同上书,第 158 页照会 125。

50.M.冯・布劳恩:《从东普鲁士到得克萨斯》,1955 年,第 217 页。

51.奥托・布劳恩:《从魏玛到希特勒》,第 389 页。

52.《国民经济学辞典》,第 2 卷,第 81 页。

53.《英国外交政策文件》,第 185 页(6 月 14 日)照会 136,第 2 页。

54.迈斯纳:《国务秘书》,第 220 页。

55.《当代史季刊》,第 1 期,第 276 页。马・冯・布劳恩:《从东普鲁士到得克萨斯》,第 218 页。

56.《当代史季刊》,第 1 期,第 281 页。

57.同上书,第 277 页。

58.迈斯纳:《国务秘书》,第 226 页。

59.施兰格-舍宁根:《此后早晨》,1946 年,第 5 卷,第 70 页以下。

60.迈斯纳:《国务秘书》,第 226 页。

61.泽韦林:《我的生活道路》,第 2 卷,第 336 页。

62.惠勒-贝内特:《兴登堡》,第 385 页。

63.弗朗索瓦-庞塞,《大使馆》,第 38 页。

64.弗・迈内克:《德国的灾难》,第 103 页。

65.《英国外交政策文件》,第 3 卷,第 165 页照会 129(1932 年 6 月 9 日)。

66.(无名)《整顿布吕宁内宁的国家财政》(作为手稿印刷)。

第二十三章　绅士骑士充当总理和政变者

1.弗朗索瓦-庞塞:《大使馆》,第 42 页。

2.惠勒-贝内特:《权力的报应》,第 246 页。

3.惠勒-贝内特:《兴登堡》,第 396 页。布拉赫尔:《魏玛共和国的瓦解》,第 530 页注 5。

4.《英国外交政策文件》,第 167 页。

5.同上书,第 151 页照会 122。

6.同上书,第 160 页(1932 年 6 月 7 日)。

7.马・冯・布劳恩:《从东普鲁士到得克萨斯》,1955 年,第 208 页。

8.同上书,第 230 页。

9.同上书,第 228 页。

10.同上书,第 257 页。

11.《舒尔特海斯欧洲历史大事年表》,1932 年,第 132 页。

12.马・冯・布劳恩:《从东普鲁士到得克萨斯》,第 239 页。

13.《英国外交政策文件》,第 3 卷,第 186 页(6 月 14 日)照会 136。

14.《当代史季刊》,第 1 期,第 288 页。

15.《英国外交政策文件》,第 3 卷,第 148 页。

16.同上书,第 186 页。

17.布拉赫尔:《魏玛共和国的瓦解》,第 534 页注 25。

18.同上书,第 535 页注 28。

19.《英国外交政策文件》,第 3 卷,第 176 页。

20.《英国外交政策文件》,第 3 卷,第 271、387 页。

21.同上书,第 271 页。

22.同上书,第 274 页。

23.参看艾克:《作为历史学家的巴本》,《德意志评论》,第 78 期,第 1226 页。

24.西蒙:《回忆》,1952 年,第 188 页。

25.亨·史汀生和麦克乔治·蓬迪:《在和平和战争中的有效服务》,第63页。
26.《英国外交政策文件》,第3卷,第332页。
27.同上书,第379页。
28.同上书,第383页。
29.同上书,第385页。
30.同上书,第425页。
31.同上书,第491页照会192。
32.P.施密特:《没有台词的演员》,第255页。
33.戈培尔:《从凯撒霍夫列总理府》,第101页。
34.奥托·布劳恩:《从魏玛到希特勒》,第404页。
35.施旺德:《巴伐利亚》,第444页以下。
36.泽韦林:《我的生活道路》,第2卷,第345页。
37.霍尔肯巴赫:《从1918年至今(1930年)的德国》,第240页。
38.泽韦林:《我的生活道路》,第2卷,第344页。
39.奥托·布劳恩:《从魏玛到希特勒》,第395页。
40.施旺德:《巴伐利亚》,第452页。
41.巴本:《回忆录》,第189页。
42.泽韦林:《我的生活道路》,第2卷,第349页。
43.奥托·布劳恩:《从魏玛到希特勒》,第409页。泽韦林:《我的生活道路》,第2卷,第352页。A.布莱希特:《沉默的序幕》,1944年,第66页。
44.凯尔:《一个社会民主党人的经历》,第2卷,第637页。
45.泽韦林:《我的生活道路》,第2卷,第347页。
46.恩·弗利森汉:《高等法院》,《德国国家法手册》,第2卷,第523页。
47.施旺德:《巴伐利亚》,第456页。
48.同上书,第457页。
49.布拉赫尔:《魏玛共和国的瓦解》,第619页。
50.巴本:《回忆录》,第201页。
51.拉默尔斯-西蒙斯:《高等法院的判决》,第5卷,第149页。
52.奥托·布劳恩:《从魏玛到希特勒》,第415页。卡尔·米施:《德意志史》,第379页。

53.巴本:《回忆录》,第 192 页。

54.格勒纳-盖尔:《格勒纳将军》,第 332 页。

55.W.阿佩尔特:《魏玛宪法史》,第 285 页。

56.奥托・布劳恩:《从魏玛到希特勒》,第 417 页。

57.普莱勒尔:《魏玛共和国的社会政策》,第 416 页。

58.戈培尔:《从凯撒霍夫到总理府》,第 191 页。

59.同上书,第 192 页。

60.同上书,第 193 页。

61.布拉赫尔:《魏玛共和国的瓦解》,第 647 页。

62.凯尔:《一个社会民主党人的经历》,第 2 卷,第 469 页。

63.巴本:《回忆录》,第 213 页。A.布罗克:《希特勒》,第 210 页。布拉赫尔:《魏玛共和国的瓦解》,第 660 页。

64.迈斯纳:《国务秘书》,第 248 页。

65.坦普尔伍德:《不幸的九年》,1954 年,第 121 页。

66.巴本:《回忆录》,第 216 页。

67.布拉赫尔:《魏玛共和国的瓦解》,第 672 页。布吕宁致佩希尔的信,载《德意志评论》1947 年 7 月。迈斯纳:《国务秘书》,第 245 页。

68.巴本:《回忆录》,第 260 页。惠勒-贝内特:《权力的报应》,第 264 页。舒德科普夫:《军队和共和国》,第 374 页,文件 151。蒂罗・伏格尔松:《有关国防军史的新文件,1930—1933 年》,《当代史季刊》,第 2 期(1954 年),第 427 页。布拉赫尔:《魏玛共和国的瓦解》,第 674 页。格・卡斯坦莱:《施莱歇尔、巴本和希特勒的上台》,《战史备忘录》(巴黎),1949 年 1 月,第 23 页。

69.伏格尔松:《有关国防军史的新文件》,第 421 页,《当代史季刊》,第 2 期,第 421 页。

第二十四章　从施莱歇尔到希特勒

1.《英国外交政策文件》,第 4 卷,第 78 页。

2.同上书,第 390 页。

3.同上书,第 90 页(1932 年 12 月 7 日)。

4.同上书,第 384 页(1932 年 12 月 21 日)。

5.同上书,第 384 页。

6.同上书,第 99 页(1932 年 12 月 7 日)。

7.同上书,第 96 页。

8.布拉赫尔:《魏玛共和国的瓦解》,第 625 页注 108。

9.戈培尔:《从凯撒霍夫到总理府》,第 212 页(12 月 1 日)。

10.参看《当代史季刊》,第 1 期,(1953 年),第 71 页:《对施莱歇尔将军被杀害的文件证明》,特别是第 73 页注 8 中的冯・马肯森元帅的可悲声明。

11.《英国外交政策文件》,第 4 卷,第 91 页。

12.同上书,第 372 页。沃尔特斯:《国际联盟史》,第 515 页。

13.《英国外交政策文件》,第 4 卷,第 163 页。

14.同上书,第 196 页(9 月 23 日)和第 201 页(9 月 28 日)。

15.同上书,第 166、178、196、201 页。

16.同上书,第 167 页(9 月 14 日)。

17.同上书,第 172 页。

18.同上书,第 188—190 页。

19.同上书,第 263 页。

20.同上书,第 271、273、284 页。

21.同上书,第 254 页。

22.A.布罗克:《希特勒》,第 313 页。弗朗索瓦-庞塞:《备忘录》,第 251 页。

23.《英国外交政策文件》,第 4 卷,第 378 页(朗博尔德 1932 年 12 月 14 日)。

24.施密特:《没有台词的演员》,第 255 页。

25.迈内克:《斯特拉斯堡-弗赖堡-柏林》,第 194 页。

26.施坦普弗:《十四年》,第 600 页。

27.诺斯克:《社会民主党的兴衰》,第 311 页。参看佩希尔:《德国的抵抗》,埃伦巴赫,1947 年,第 20 页。布拉赫尔:《魏玛共和国的瓦解》,第 690 页,特别是注 56—60。

28.布拉赫尔:《魏玛共和国的瓦解》,第 697 页。

29.反对的是戈利茨:《兴登堡》,支持的是布拉赫尔:《魏玛共和国的瓦解》,第

698 页。

30.《舒尔特海斯欧洲历史大事年表》,1933 年,第 12 页。

31.不同的意见,参看戈利茨:《兴登堡》,第 397 页。

32.特·埃森堡:《弗朗茨·冯·巴本》,《当代史季刊》,第 1 期(1953 年),第 163 页。

33.巴本:《回忆录》,第 227 页。

34.同上。

35.哈勒:《阿道夫·希特勒:出租车付款人》,《美国历史评论》,1955 年 7 月,第 830 页。

36.参看格吕茨纳关于施莱歇尔将杀害的札记,《当代史季刊》,第 1 期(1953 年),第 91 页。

37.埃·维克尔特:《希特勒帝国中的戏剧性日子》,1952 年,第 22 页。

38.戈培尔:《从凯撒霍夫到总理府》,第 235 页。

39.同上书,第 238 页。

40.亨·彼克尔和格·里特尔编:《1941—1942 年希特勒在元首大本营的桌边谈话》,1951 年,第 428 页。

41.迈斯纳:《国务秘书》,第 261 页。

42.同上。

43.布拉赫尔:《魏玛共和国的瓦解》,第 696 页和注 44。

44.《英国外交政策文件》,第 4 卷,第 389 页。

45.布拉赫尔:《魏玛共和国的瓦解》,第 702 页。

46.《英国外交政策文件》,第 4 卷,第 391 页。

47.马·冯·布劳恩:《从东普鲁士到得克萨斯》,第 226 页。

48.奥托·布劳恩:《从魏玛到希特勒》,第 439 页。

49.马·冯·布劳恩:《从东普鲁士到得克萨斯》,第 264 页。

50.迈斯纳:《国务秘书》,第 263 页。

51.《英国外交政策文件》,第 4 卷,第 397 页。

52.迪斯特贝格:《钢盔团和希特勒》,第 38 页以下。

53.博尔希迈尔:《胡根贝格的斗争》,第 25 页。

54.海·弗尔茨:《债务和灾难》,斯图加特,1951 年,第 26 页。

55.布拉赫尔:《魏玛共和国的瓦解》,第 717 页注 137。

56.库特·冯·哈默施泰因将军 1935 年 1 月 28 日的笔记,载布拉赫尔《魏玛共和国的瓦解》,第 733 页。

57.《英国外交政策文件》,第 4 卷,第 397 页。

58.迈斯纳:《国务秘书》,第 268 页。

59.布拉赫尔:《魏玛共和国的瓦解》,第 721 页;弗尔茨:《债务和灾难》,第 27 页;鲁道夫·迪尔斯:《在泽韦林和海得里希之间》,第 279 页。

60.惠勒-贝内特:《权力的报应》,第 246 页注 2。

61.迪斯特贝格:《钢盔团和希特勒》,第 39 页。

人名索引

（索引中的页码系原书页码，即本书边码）